"DIETA SPIRITUALE QUOTIDIANA"

1° Quadrimestre
GENNAIO - APRILE

ELIZABETH DAS

Italian

Copyright © 2024 ELIZABETH DAS

Tutti i diritti sono riservati per l'audio, l'eBook (digitale) e il libro cartaceo. Nessuna parte di questo libro può essere utilizzata o riprodotta con qualsiasi mezzo grafico, elettronico o meccanico, incluse fotocopie, registrazioni, nastri o sistemi di archiviazione delle informazioni senza l'autorizzazione scritta dell'autore, tranne nel caso di brevi citazioni contenute in articoli critici e recensioni. A causa della natura dinamica di Internet, i link agli indirizzi web contenuti in questo libro potrebbero essere cambiati dopo la pubblicazione e potrebbero non essere più validi. Le persone raffigurate nelle immagini di stock fornite da Thinkstock sono modelli e tali immagini sono utilizzate solo a scopo illustrativo. Alcune immagini di stock © Thinkstock. Estratto da: Elizabeth Das: "DIETA SPIRITUALE QUOTIDIANA"

ISBN DIETA SPIRITUALE QUOTIDIANA

ISBN: 978-1-961625-34-1 Brossura
ISBN: 978-1-961625-35-8 Libro elettronico
CONTATTI: nimmidas@gmail.com nimmidas1952@gmail.com

CANALE YOUTUBE "DIETA SPIRITUALE QUOTIDIANA" DI ELIZABETH DAS

PREFAZIONE

Era il 1° gennaio 2018. Ero a casa da sola, a riposare sul divano. La voce del mio Signore mi ordinò di scrivere. In spirito, percepii che intendeva ogni giorno. Ho detto "ogni giorno", ovvero come e cosa scrivere ogni singolo giorno. E l'Eterno disse che mi avrebbe dato ciò di cui avevo bisogno per scrivere. Secondo il Suo piano, tesi l'orecchio per ascoltare la SUA voce mentre condivideva un messaggio per il giorno. Ho scritto, registrato e postato su YouTube. L'ho fatto per 365 giorni prendendo appunti dal Signore. Ora ho un messaggio per tutti voi che vorrete accettarlo. Scrivendo sotto le istruzioni dello Spirito Santo, ho imparato che la religione, le organizzazioni, le denominazioni e le non denominazioni sono organizzate da Satana. Ha un sistema privo di potere per allontanarvi dalla sequela di Gesù e mettervi in un edificio di marca diversa, dove imparate a conoscere Gesù, ma non LUI nella Sua potenza e nel Suo potere. Tempo fa, lessi un articolo scritto da una profetessa satanica che diceva che se vogliamo il regno di Satana, allora dobbiamo convertire la gente alla maggioranza, cioè ai cristiani. E come distruggere il Regno di Gesù? Usando le stesse vecchie tattiche. Prendere di mira il proibito. Il Signore Gesù ha rovesciato la tavola, ha costruito una tana e vi ha messo i ladri. Il più grande vantaggio di etichettare un edificio come chiesa è che non impareranno mai che il loro corpo è la Chiesa di Geova Dio. Inoltre, i poveri, gli affamati, i drogati, gli alcolisti, gli indemoniati e gli oppressi non troveranno mai la salvezza. Non permettete che i santi siano addestrati e istruiti dallo Spirito Santo, ma avviate un collegio teologico per tutte le nostre dottrine divise e in conflitto tra loro e formate le persone a insegnare e predicare.

Che piano! Non solo meraviglioso, ma anche di successo. Continuate a puntare sulle donne, perché loro possono essere le nostre portavoce. A loro piacciono ancora le vetrine, i buoni affari e uno stile di vita affascinante. Hanno una forma di pietà ma negano la potenza. Questi tipi di dottrina soddisfano l'avidità, la brama degli occhi, quella della carne e l'orgoglio della vita. Ho imparato un'altra cosa: vivere nei confini dei territori religiosi non permette alle persone di cercare, bussare e chiedere a Dio! L'autorità religiosa possiede letteratura e libri scritti da falsi insegnanti e profeti. Impedisce anche alle riunioni domestiche di raggiungere la nostra famiglia, i nostri vicini e i nostri amici. Questo si chiama controllo totale. La cosa migliore è che le istituzioni della religione parlano della PAROLA, ma non la praticano. Si assicurano che non facciate quello che Gesù ha chiesto, ma solo quello che dicono loro. La Parola funziona se si agisce di conseguenza senza aggiungere o sottrarre. Stiamo seguendo tutto tranne Gesù. Vi esorto, da oggi, a studiare colui che dovete seguire da quando Gesù ha detto "seguitemi". Il Signore ha detto: "Io sono la via, la verità e la Vita". La via per raggiungere la vita eterna è seguire Gesù. Sono stati anni di ricerca della verità per liberarsi dalla trappola del diavolo. Il Signore ci ha dato meravigliose istruzioni per cercare i suoi discepoli, in modo da non confonderci con il falso piano di Satana. Il Suo discepolo metterà il mondo sottosopra facendo miracoli, guarigioni e opere soprannaturali nella città. Non sono forse questi i frutti che dovremmo cercare là fuori e non nelle gabbie della religione? Secondo il Nuovo Testamento, se ci pentiamo e ci battezziamo nel NOME di Gesù per lavare i nostri peccati, allora il Signore viene in noi per vivere.

Ancora una volta diventare ospiti dello Spirito Santo, o si può dire, la casa del Signore Gesù. Ora il nostro corpo è la chiesa. La comunione casa per casa e città per città con i vostri fratelli e sorelle è necessaria, ma stabilire un edificio no. Siete chiamati a lavorare. Predicare il Vangelo, che è la buona novella, aprendo occhi ciechi, guarendo ogni tipo di malattia, sanando il cuore spezzato e scacciando ogni tipo di demone, è il vostro e il mio lavoro. Lo Spirito Santo dà il potere di fare cose soprannaturali. Lo Spirito dentro di noi fa tutte le guarigioni, i miracoli e le liberazioni. Dobbiamo solo uscire e lavorare come fece Gesù. Per imparare le vie dell'Eterno, è necessario arrendersi e cedere al Suo Spirito. Se non lo facciamo, non troveremo la creazione di Dio oppressa, posseduta, malata, con il cuore spezzato, zoppa, cieca e depressa. Il Signore stesso farà tutto e voi tornerete a casa gioendo. Che eccellente piano di Dio! Non solo, ci sono molti benefici nell'essere Suoi discepoli. Provviste, protezione, pace e tutti i privilegi del lavoro sono extra. Riceverete anche il diritto a una bella dimora in un luogo eterno chiamato cielo. È certo che il viaggio della vita finirà presto. Possa questo libro aiutarvi a comprendere il piano definitivo di Dio. Io ho imparato la Bibbia facendo, e anche voi potete imparare andando in giro e agendo come dice. Che il Signore vi mandi veri profeti, evangelisti, pastori, insegnanti e apostoli per addestrarvi a lavorare nell'esercito di Dio. Seguite Gesù! Amen!

TABLE OF CONTENTS

GENNAIO 1
1 GENNAIO 2
LA PAROLA DI DIO! 2
2 GENNAIO 5
LA SCELTA È VOSTRA! 5
3 GENNAIO 8
INVOCATE DIO! 8
4 GENNAIO 11
CUORE! 11
5 GENNAIO 14
CAMMINATE NELLO SPIRITO! 14
6 GENNAIO 16
CHE COS'È LA FEDE? 16
7 GENNAIO 19
POTERE DEL GIOCO DI PAROLE! 19
8 GENNAIO 22
DIO STA FACENDO UNA COSA NUOVA PER VOI! 22
9 GENNAIO 25
LA FEDE IN DIO È MIRATA! 25
10 GENNAIO 28
INQUINAMENTO SPIRITUALE! 28
11 GENNAIO 30
TEST DI REALTÀ! 30
12 GENNAIO 33
SOGNATE! 33
13 GENNAIO 35
LE SEMPLICI VIE DI DIO! 35
14 GENNAIO 38
IL SALARIO DEI PECCATI È LA MORTE! 38
15 GENNAIO 41
SIETE ILLIMITATI! 41
16 GENNAIO 44
IL MODO DI COMUNICARE DI DIO! 44
17 GENNAIO 47
LA VOSTRA MENTE! 47
18 GENNAIO 50
UN CACCIATORE DI BENEDIZIONI! 50

19 GENNAIO	53
LA CONTABILITÀ NEL REGNO!	53
20 GENNAIO	57
COSA FA LA DIFFERENZA?	57
21 GENNAIO	60
SOSTENIAMO GESÙ!	60
22 GENNAIO	63
IL VOSTRO PECCATO VI PERSEGUITERÀ!	63
23 GENNAIO	66
LA CHIAVE DEL REGNO È DATA A COLORO CHE HANNO UNA RIVELAZIONE DI GESÙ	66
24 GENNAIO	70
VIA DI FUGA!	70
25 GENNAIO	73
AVETE POSTO PER ME?	73
26 GENNAIO	76
IL VOSTRO INCARICO NEL REGNO!	76
27 GENNAIO	79
IL POTERE DELLA GRATITUDINE!	79
28 GENNAIO	81
DO UNA RICOMPENSA ALLE VOSTRE AZIONI!	81
29 GENNAIO	84
TERRA!	84
30 GENNAIO	87
NON DELUDETE DIO!	87
31 GENNAIO	90
LA BIBBIA È LO SPECCHIO DEL VOSTRO SPIRITO!	90
FEBBRAIO	**93**
1 FEBBRAIO	94
SIGNORE, LIBERA IL PRIGIONIERO!	94
2 FEBBRAIO	97
ESEMPIO!	97
3 FEBBRAIO	100
IL TESORO IN VASI DI TERRA!	100
4 FEBBRAIO	103
NON LO CONOSCEVANO!	103
5 FEBBRAIO	106
SIETE CARICHI?	106
6 FEBBRAIO	109
DIO È INSOSTITUIBILE!	109

7 FEBBRAIO	112
IL CORPO È PORTATORE DELLO SPIRITO!	112
8 FEBBRAIO	115
VI CHIEDETE COSA SIA SUCCESSO ALLE PERSONE?	115
9 FEBBRAIO	119
LA COERENZA È ONNIPOTENTE!	119
10 FEBBRAIO	122
CONTINUATE LA MISSIONE DEL SIGNORE!	122
11 FEBBRAIO	125
LA MISSIONE DI SATANA NELLA CHIESA.	125
12 FEBBRAIO	128
PRONUNCIATE BENEDIZIONI SU VOI STESSI	128
13 FEBBRAIO	131
ABBIAMO BISOGNO DI LEADER UMILI	131
14 FEBBRAIO	134
SIAMO PELLEGRINI E STRANIERI	134
15 FEBBRAIO	137
NON LASCIATEVI INGANNARE	137
16 FEBBRAIO	140
STATE CERCANDO DIO?	140
17 FEBBRAIO	143
NASCITA DELLA NAZIONE DIVINA	143
18 FEBBRAIO	146
IMPARATE DALLO SPIRITO SANTO	146
19 FEBBRAIO	150
LE TUE PAROLE SONO COSÌ POTENTI!	150
20 FEBBRAIO	153
IL REGNO DI DIO È NASCOSTO	153
21 FEBBRAIO	156
DIO FA INTERVENTI CHIRURGICI	156
22 FEBBRAIO	159
IL MIO POPOLO MI HA DIMENTICATO OGNI GIORNO	159
23 FEBBRAIO	163
GESÙ È SPERANZA DI SALVEZZA	163
24 FEBBRAIO	166
POTERE VIVIFICANTE DEL SANGUE	166
25 FEBBRAIO	169
LA PISTOLA HA SOSTITUITO LA BIBBIA	169
26 FEBBRAIO	172
DIO, RENDI MAGGIORE LA MIA CAPACITÀ	172

27 FEBBRAIO	175
DARE IL GIUSTO ORDINE ALLE PRIORITÀ	175
28 FEBBRAIO	178
L'AZIONE HA UN COLLEGAMENTO	178
29 FEBBRAIO	181
POCHI SONO GLI ELETTI!	181
MARZO	**184**
1 MARZO	185
SIETE PERPLESSI?	185
2 MARZO	188
CON FATICA O CON FACILITÀ?	188
3 MARZO	191
DAMMI LA VERITÀ!	191
4 MARZO	194
IL POTERE DELLA LODE!	194
5 MARZO	197
IMPARATE A CERCARE DIO!	197
6 MARZO	200
DIO ABBELLISCE I TIMORATI CON LA SALVEZZA!	200
7 MARZO	203
GESÙ MI AMA!	203
8 MARZO	206
PREGO CHE LA VOSTRA FEDE NON VENGA MENO!	206
9 MARZO	209
UN PICCOLO AIUTO PUÒ RIANIMARE E RIPRISTINARE!	209
10 MARZO	212
IMPARATE A GRIDARE!	212
11 MARZO	215
CONSIGLIATEVI CON DIO!	215
12 MARZO	218
LA DOTTRINA DI DIO CONTRO LA DOTTRINA DELL'UOMO!	218
13 MARZO	221
CHE COLUI CHE SI È PERSO TROVI LA VIA D'USCITA!	221
14 MARZO	223
L'ATTESA È LA CHIAVE PER RICEVERE LE PROMESSE!	223
15 MARZO	226
CINQUE SCIOCCHE, CINQUE SAGGE!	226
16 MARZO	229
IL GIUSTO NON SARÀ SMOSSO!	229

17 MARZO	232
SAPETE COSA È DISPONIBILE?	232
18 MARZO	235
RICONNETTETEVI CON DIO!	235
19 MARZO	238
SEME BUONO CONTRO TARA!	238
20 MARZO	241
LAVORIAMO NELLE AVVERSITÀ!	241
21 MARZO	244
DIVENTATE VIOLENTI. PRENDETELO CON LA FORZA!	244
22 MARZO	247
NON ROVINATE LA MIA REPUTAZIONE!	247
23 MARZO	250
NON POTETE FARE NULLA SENZA L'UNZIONE!	250
24 MARZO	253
POTETE FAR MUOVERE DIO!	253
25 MARZO	256
LASCIATE CHE DIO COMPIA LA SUA OPERA!	256
26 MARZO	259
AUTORITÀ DATA DA GESÙ CRISTO!	259
27 MARZO	262
CACCIA ALLE MASSIME BENEDIZIONI!	262
28 MARZO	265
I DONI DELLO SPIRITO SONO DISPONIBILI!	265
29 MARZO	268
NON VIVETE NEI PRIVILEGI!	268
30 MARZO	271
UN SOLO ACCORDO E UNA SOLA MENTE!	271
31 MARZO	274
RIPRENDETEVI DA SATANA!	274
APRILE	**277**
1 APRILE	278
POTETE RISORGERE!	278
2 APRILE	281
ATTIVATE LA VOSTRA FEDE!	281
3 APRILE	284
UN CRISTIANO ATTIVO REALIZZA IL PIANO DI DIO!	284
4 APRILE	287
COMPRENDETE L'OPERAZIONE DELLO SPIRITO!	287

5 APRILE	290
VISIONE CON RIVELAZIONE!	290
6 APRILE	293
COME FAR CADERE UNA PERSONA!	293
7 APRILE	296
COME FUNZIONA IL REGNO?	296
8 APRILE	299
INVIATE LA PAROLA!	299
9 APRILE	302
INCHINATEVI A DIO!	302
10 APRILE	305
RIMPROVERATE CHI FERMA E CHI BLOCCA!	305
11 APRILE	308
LA BENEDIZIONE DI DIO NON AGGIUNGE DOLORE A ESSA!	308
12 APRILE	311
DIO SCEGLIE GLI UMILI!	311
13 APRILE	314
IL PENTIMENTO È UN FONDAMENTO!	314
14 APRILE	317
LA VERSIONE DI SATANA DELLA BIBBIA!	317
15 APRILE	320
CAMBIATE LA STORIA DELLA VOSTRA VITA!	320
16 APRILE	323
IL SISTEMA DEL REGNO!	323
17 APRILE	326
VERITÀ CONTRO FALSITÀ!	326
18 APRILE	329
PRENDETE LA LAMPADA E ACCENDETELA!	329
19 APRILE	332
LA RELIGIONE CONFONDE!	332
20 APRILE	335
LA FINESTRA DEL CIELO!	335
21 APRILE	338
NON PECCATE PIÙ!	338
22 APRILE	341
IL MINISTERO È LÀ FUORI!	341
23 APRILE	344
TRAFFICO DI ANIME!	344
24 APRILE	347
NON L'ATTACCO ESTERNO, MA QUELLO INTERNO VI DISTRUGGERÀ!	347

25 APRILE	350
CERCATE IL PIÙ GRANDE!	350
26 APRILE	353
COME SI PUÒ ESSERE INGANNATI DI NUOVO?	353
27 APRILE	356
QUAL È IL MIO LAVORO?	356
28 APRILE	359
LE OPERE E I PIANI DI DIO SONO IN ORDINE!	359
29 APRILE	362
DOBBIAMO SAPERE COSA C'È A DISPOSIZIONE	362
30 APRILE	365
CAMBIAMENTO PER ENTRARE NELLA TERRA PROMESSA!	365

GENNAIO

1 GENNAIO

LA PAROLA DI DIO!

Buon anno! Iniziamo quest'anno dedicandoci allo studio della Parola di Dio. Sperimentiamo quanto siano potenti le PAROLE di Dio. Che effetto hanno su di noi, in quanto CREAZIONE di Dio?

La Bibbia è il manuale di vita del Creatore per la Sua creazione. Vi invito a iniziare quest'anno leggendo la PAROLA e applicandola alla vostra vita. Iniziate leggendo l'Antico e il Nuovo Testamento. Studiate e meditate e vivete secondo la Parola di Dio. La cultura di oggi cerca il successo, ma qual è il vero modo di raggiungerlo? Le prove bibliche e i documenti storici ci dicono che un uomo di successo ha un legame con un potere soprannaturale chiamato Dio. Davide ha avuto successo grazie all'osservanza della Parola di Dio. L'apprendimento delle Scritture ci dà la speranza di avere successo.

Romani 15:4 ci dice: "Infatti, tutte le cose che sono state scritte in precedenza sono state scritte per la nostra istruzione, affinché, grazie alla pazienza e al conforto delle Scritture, potessimo avere speranza".

Come si può raggiungere il successo? Il successo si ottiene leggendo la Parola di Dio e obbedendole. La Parola di Dio è eterna.

Isaia, 40:8, ci dice: "*L'erba appassisce, il fiore appassisce, svanisce, ma la parola del nostro Dio resterà in eterno*".

Chi mette in pratica la Parola è chiamato saggio.

Matteo, 7:24, dice: "*Perciò chi ascolta questi miei detti e li mette in pratica, lo paragonerò a un uomo saggio che ha costruito la sua casa sulla roccia...*".

Che cos'è la Parola di Dio?

Ebrei 4:12 ci dice: "*Poiché la parola di Dio è rapida, potente e più affilata di qualsiasi spada a doppio taglio, e trapassa fino a dividere l'anima e lo spirito, le giunture e il midollo, e discerne i pensieri e le intenzioni del cuore*".

La Parola di Dio è la mappa del successo. La Parola di Dio entra prima nella mente, poi nel cuore dell'uomo (spirito) e infine esce dal vostro intimo quando si presenta una necessità, parlando della Parola alla vostra situazione. Provate e vedete cosa succede. Nessuno nasce perfetto, ma l'osservanza della Parola ci rende tali. Riponete la vostra fiducia nella Parola di Dio.

1 GENNAIO

Proverbio 30:5 ci dice: "Ogni parola di Dio è pura; egli è uno scudo per coloro che confidano in lui".

La Parola di Dio è una lampada e una luce. Attraverso la Parola di Dio, vediamo quali sono i cambiamenti da fare dal momento che la parola è luce. Inoltre, le persone vedranno la luce che brilla attraverso di voi. Se obbedite alla Parola, sarete sul sentiero della luce.

Il Salmo 119:105 dice: "La tua parola è una lampada per i miei piedi e una luce per il mio cammino".

Le parole di Dio sono state provate sette volte. È la Parola pura e non adulterata.

Il Salmo 12:6 ci dice: "Le parole del Signore sono parole pure, come argento provato in una fornace di terra, purificato sette volte".

Siete alla ricerca di prosperità e successo?

Leggete cosa ci dice Giosuè 1:8: "Questo libro della legge non si allontanerà dalla tua bocca, ma mediterai su di esso giorno e notte, per cercare di agire secondo tutto ciò che vi è scritto; perché così farai prosperare la tua strada e avrai un buon successo".

Leggere la Bibbia per osservarla. La Parola di Dio è al di sopra di tutti i nomi di Dio. Ecco perché Gesù ha usato la Parola di Dio quando Satana è venuto a tentare.

Salmi 138:2b dice: "... perché hai magnificato la tua parola al di sopra di tutto il tuo nome".

Come sapete, il mondo è il vostro campo di battaglia e noi stiamo combattendo contro un nemico invisibile chiamato Satana e altri angeli caduti chiamati angeli impuri e demoni. L'unica arma per sconfiggere questi nemici invisibili è la Parola di Dio. Non si prende una pistola per andare a combattere il nemico invisibile, ma si prende la spada dello Spirito, che è la Parola di Dio. Nessuno è al di sopra della Parola di Dio. I seguaci di Gesù hanno fatto come è scritto nella Parola. Un uomo umile dipende dalla potenza di Dio, agendo secondo la Parola di Dio.

Se vi basate sulla Parola, vi affidate a un terreno solido e la vostra vita sarà incrollabile. La vita ha molti scossoni, svolte e strade incerte, ma se avete una guida attraverso la Parola di Dio, andrete avanti, vittoriosi e imbattibili. Niente potrà fermarvi e la vostra elevazione verrà da Dio stesso. Leggete la Parola di Dio, perché è il libro più importante da seguire. Seguire la Parola di Dio vi renderà seguaci di Gesù Cristo. Gesù ha imparato obbedendo alla Parola, e anche voi potete farlo.

Efesini 6:17 ci dice: "E prendete l'elmo della salvezza e la spada dello Spirito, che è la parola di Dio".

Ricordate che la Bibbia è la Parola di Dio da studiare e a cui ubbidire. Iniziamo quest'anno studiando la Parola di Dio. Rivendicatela quando pregate per qualsiasi situazione. Usate la Parola di Dio come seme nella vita quotidiana. Che il Signore vi benedica e vi dia una comprensione divina della Sua Parola! Che lo Spirito Santo vi insegni e vi guidi attraverso la Parola!

Tutti coloro che hanno avuto successo in passato, l'hanno ottenuto osservando la Parola di Dio data durante la loro vita. Abbiamo la stessa Parola per questo periodo della nostra vita. Cercate nelle Scritture per ricevere la protezione dello scudo e della fibbia. I comandamenti di Dio sono sempre grandi, ma il sangue di Gesù ha sostituito i rituali del passato. Quando leggete e studiate la Parola di Dio, assicuratevi di non usarla per discutere o litigare. Ricordate che è la Parola di Dio e non la vostra. Non è un'interpretazione personale! Inoltre, non c'è bisogno di unirsi a una chiesa (l'appartenenza a una chiesa), soprattutto qualsiasi chiesa che cambi la Parola di Dio per adattarla alle proprie convinzioni o al proprio stile di vita mondano.

La Parola di Dio può liberarvi da ogni tipo di catena, giogo, schiavitù, confusione e dal mondo.

Provate a studiare la Bibbia e ad applicarla quotidianamente alla vostra vita. Quando seguirete la Parola, le difficoltà finiranno, così come la confusione e la fatica, la depressione sparirà, lo scoraggiamento scomparirà, la povertà si trasformerà in prosperità e gli angeli veglieranno su di voi e sulla vostra famiglia. L'impenetrabile siepe di protezione proteggerà tutto ciò che avete. Amen! Dio vi benedica!

PREGHIAMO

Signore, quanto siamo benedetti dal fatto che ci hai dato la Parola di Dio nelle nostre lingue. Riconosciamo che solo la tua Parola contiene informazioni accurate per ogni situazione, problema e difficoltà. Ci dà un aiuto perfetto e noi gliene siamo grati. Signore, dacci dei veri insegnanti che comprendano, seguano e osservino la Parola. Abbiamo imparato che molti non hanno la Parola di Dio, ma noi ti cerchiamo sapendo che tu sei l'alfa e l'omega della Bibbia. Tu sei la Parola della Bibbia. Nulla può farci del male se la custodiamo. La nostra lunga vita e la nostra ricerca del successo sono in questo libro chiamato Bibbia. È una luce, una lampada e una verità per la libertà. È una spada per tagliare la testa a Satana e molto di più. Il Signore ci ha comandato di darla agli altri, ma il modo migliore è vivere e attenersi alla Parola di Dio. Aiutaci, Gesù, a farlo nel nome di Gesù! Dio vi benedica! Amen!

2 GENNAIO

LA SCELTA È VOSTRA!

Il bello è che Dio non ci ha creati come robot. Abbiamo il libero arbitrio per fare le nostre scelte. La Parola di Dio ci informa che ci sono delle conseguenze per le scelte che facciamo. La Bibbia è il nostro insegnamento di vita da parte di Dio, che ci ha creati per vivere sulla terra. La terra appartiene al Signore, ma ci ha dato dei privilegi affinché rispettassimo delle condizioni. La nostra vita può essere la migliore delle migliori se ascoltiamo e obbediamo al padrone di casa, Geova Dio.

Possiamo incolpare Eva, Adamo o qualcun altro per i problemi che dobbiamo affrontare sulla terra. Ma dobbiamo prima guardarci allo specchio per fare un esame di coscienza. Non ci giustifica, perché siamo responsabili al cento per cento e ci riterrà responsabili delle azioni e delle scelte che facciamo nella vita. Geova Dio, dando la Parola scritta nella Sacra Bibbia, ci ha dato istruzioni per vivere in modo sicuro e benedetto. Ottimi risultati per chi obbedisce e cattive conseguenze per chi disobbedisce alla Sua parola. Chi può essere un consigliere più saggio di Dio? Dio, Geova, è l'unico Dio saggio, quindi seguite le Sue istruzioni.

Se scegliete di non aiutare il povero, la vedova, l'orfano e gli operai nei quali sono nascoste le vostre benedizioni, allora perderete le stesse. In questa dispensazione di grazia, abbiamo degli operai dati da Dio chiamati apostoli, evangelisti, profeti, insegnanti e pastori. Le benedizioni di Dio non sono nascoste in un edificio chiamato chiesa. Si perdono le benedizioni promesse da Dio se non si dà un bicchiere d'acqua ai profeti o agli operai di Dio. La vita sarà benedetta se obbediremo alla voce di Dio e non ai falsi profeti e insegnanti. Prendere dei titoli non ci rende pastori, evangelisti, profeti, ecc. Dio deve darci un titolo.

Il profeta Elia scelse la via di Dio e sopravvisse in tempi di carestia. La vedova di Zarefat obbedì alla voce del profeta e sopravvisse alla carestia con il suo unico figlio. Potreste chiedervi: "Perché non sperimento il Signore in questo modo nella mia vita?". Esaminate voi stessi e chiedetevi: "Vado da Dio prima di decidere?". Scelgo la strada stretta chiamata via di Dio? Scelgo di portare la mia croce e di seguire Gesù? Provate a seguire le istruzioni date da Dio, fate pratica e vedete cosa succede. Il sacerdote Eli ha preferito i suoi figli malvagi a Dio. Dio lo aveva chiamato e unto per l'ufficio di sacerdote. Facendo scelte sbagliate, Dio rimosse Eli dall'ufficio del sacerdozio con molte maledizioni legate alla sua generazione. Anche noi non dobbiamo seguire l'esempio del fallimento e ripetere le scelte di disobbedienza. Ricordate ciò che Gesù disse in

Giovanni 5:14: "Poi Gesù lo trovò nel tempio e gli disse: "Ecco, sei guarito; non peccare più, perché non ti capiti una cosa peggiore"".

Il messaggio di Gesù non è cambiato.

In Giovanni 8:11 dice: "E Gesù le disse: "Non ti condanno; va' e non peccare più"".

Salve genitori e nonni, scegliete di vivere secondo i comandamenti di Dio. Insegnate ai vostri figli l'importanza di fare le scelte giuste nella loro vita. Se lo farete, troverete riposo per la vostra anima. Un giorno non dovrete fare la fila in prigione per andare a trovarli. Non dovrete preoccuparvi di dove sono o di cosa stanno facendo, perché avrete fiducia nelle loro scelte. Dormirete sonni tranquilli per i figli che prenderanno le decisioni giuste.

Figlioli, il Signore vi dia dei genitori santi che vi insegnino le vie di Dio. La vita sarà significativa se vi prenderete il tempo di obbedire a Dio. Genitori, che il Signore vi etichetti come donna o uomo saggio per aver insegnato la saggezza divina ai vostri figli. Il Signore favorisce la donna o l'uomo che sceglie la saggezza. La benedizione arriva quando si sceglie di obbedire al Signore al di sopra della paura della morte con qualsiasi mezzo (ad esempio la lapidazione, la morte tramite leone, la morte per fuoco o qualsiasi persecuzione).

La scelta spetta a voi. Le persone seguono gli altri quando li temono. Non temete. Il nostro Dio vi verrà incontro nel momento del bisogno. Nulla lo fermerà perché è inarrestabile e farà ciò che ha promesso nella Sua Parola. Credete a questo o cederete a ciò che piace alla vostra carne, ai vostri occhi e al vostro orgoglio nella vita. Portate la Bibbia agli occhi e dite a voi stessi: "Questo è ciò che voglio seguire e che insegnerò ai miei figli e anche ai loro figli". Quando sperimentate le benedizioni scegliendo il giusto, fate attenzione. Siate sinceri e diligenti per continuare a ricevere le benedizioni. Satana alletta sempre la carne, ma prendete la decisione giusta e il diavolo fuggirà!

Leggete la Parola di Dio per imparare. Studiate i personaggi biblici che non hanno avuto successo con quelli che hanno avuto successo obbedendo. Studiate gli esempi di fallimento delle loro chiamate, come il Re Saul, Eva, Adamo, Eli il sacerdote, Jehu il Re e molti altri. Al contrario, studiate anche i personaggi biblici come Daniele, Re Davide, Re Asa, Mosè e Giosuè. Questi uomini sono stati esempi importanti per noi oggi. Impariamo dal loro rapporto con Dio attraverso l'obbedienza. Hanno portato benedizioni a se stessi, agli altri e alle generazioni future. Fate le vostre scelte seguendo il piano di Dio per determinare il vostro destino.

Leggiamo oggi il capitolo 11 del Deuteronomio. *In Deuteronomio 11:12 si legge: "Un paese di cui il Signore tuo Dio si prende cura; gli occhi del Signore tuo Dio sono sempre su di esso, dall'inizio dell'anno fino alla fine dell'anno. 13 E avverrà che, se ascolterete diligentemente i miei comandamenti che oggi vi ordino di amare il Signore vostro Dio e di servirlo con tutto il vostro cuore e con tutta la vostra anima, 14 io vi darò la pioggia del vostro paese al suo tempo, la prima pioggia e l'ultima pioggia, perché possiate raccogliere il vostro grano, il vostro vino e il vostro olio. 15 E manderò erba nei tuoi campi per il tuo bestiame, perché tu possa mangiare e saziarti. 16 Fate attenzione a voi stessi, perché il vostro cuore non sia ingannato e non vi voltiate a servire altri dèi e ad adorarli; 17 e allora l'ira del Signore si accenda contro di voi, ed egli chiuda il cielo, perché non piova e la terra non dia i suoi frutti, e perché non periate in fretta dal buon paese che il Signore vi dà. 26 Ecco, io pongo oggi davanti a voi una benedizione e una maledizione; 27 una benedizione, se obbedirete ai comandamenti del SIGNORE vostro Dio, che oggi vi comando; 28 e una maledizione, se non obbedirete ai comandamenti del SIGNORE vostro Dio, ma vi allontanerete dalla via che oggi vi comando, per andare dietro ad altri dèi che non avete conosciuto".*

Amici, oggi vi esorto a leggere e obbedir al libro della vita, la Sacra Bibbia. Dio ha dato la Bibbia per vivere, quindi studiate e assimilate la Parola. Così facendo, le promesse di Dio vi benediranno. Non leggete e accantonate, ma leggete con diligenza e nascondete la Parola nel vostro cuore.

"La tua parola l'ho nascosta nel mio cuore, per non peccare contro di te". (Salmo 119:11)

Ricordate che la decisione è vostra e di nessun altro. Fate solo scelte corrette. Non permettete alle autorità religiose o ai vostri familiari di fuorviarvi dal fare le scelte giuste. Conoscerete la verità leggendo la Bibbia, perché in essa troverete la vita.

Deuteronomio 30:19 ci dice: "Io chiamo il cielo e la terra a registrare questo giorno contro di te, che ho posto davanti a te la vita e la morte, la benedizione e la maledizione; scegli dunque la vita, perché viva tu e la tua discendenza...".

Ricordate che Daniele scelse la fossa dei leoni. Shadrac, Meshac e Abdenego scelsero la fornace ardente e diedero gloria a Dio. Decapitarono l'apostolo Paolo e Giovanni Battista, sapendo che la loro decisione avrebbe attuato il piano di Dio.

Non potete addurre la scusa della vostra chiesa, organizzazione, famiglia o del Paese liberale in cui vivete. Sarete responsabili delle vostre scelte. Solo voi dovete assumervi la responsabilità delle vostre azioni quando il libro della vita sarà aperto nel giorno del giudizio. Troveranno il vostro nome? Avete delle scelte da fare e la vostra decisione vi etichetterà come capra o pecora. Oggi, scegliete da che parte stare: destra o sinistra. Amen! Dio vi benedica!

PREGHIAMO

Che il Signore vi dia un cuore saggio. Il suo Spirito Santo vi insegni e vi guidi durante la vostra missione su questa terra. Signore, nostro Padre celeste, veniamo davanti a te, sapendo che sei l'unico Dio che ci ama e si prende cura di noi. Che il nostro cammino sia retto per condurci dove c'è il sole, la speranza, le benedizioni eterne e la protezione divina! Signore, grazie per averci scelto per servirti, aiutaci a fare del nostro meglio. Nel nome di Gesù! Amen! Dio vi benedica

3 GENNAIO

INVOCATE DIO!

"Chiamami, e io ti risponderò, e ti mostrerò cose grandi e potenti, che tu non conosci". (Geremia 33:3)

Una sera ho ricevuto una telefonata da una signora il cui figlio era nei guai con la legge. Era preoccupata per suo figlio: se fosse stato giudicato colpevole, avrebbe potuto essere espulso. La mattina dopo c'era il processo, e lei non sapeva cosa avrebbe dovuto affrontare suo figlio. Una prostituta aveva sporto denuncia contro di lui. Gli aveva teso una trappola come se avesse bisogno di aiuto. Ha iniziato a urlare quando lui ha cercato di aiutarla e ha chiamato la polizia. Essendo una donna, si è approfittata di questo ragazzo innocente. Ha intentato una causa contro questo giovane che stava solo cercando di aiutarla. Nonostante questo giovane fosse innocente, era comunque preoccupato per l'esito del suo processo. Dobbiamo percepire la trappola del nemico.

Grazie a Dio, il nostro Dio può salvarci dalla trappola della rete.

"Perché senza motivo hanno nascosto per me la loro rete in una fossa, che senza motivo hanno scavato per l'anima mia. Che la distruzione si abbatta su di lui all'improvviso, e che la sua rete che ha nascosto si impigli; in quella stessa distruzione egli cada". (Salmo 35:7-8)

"Mi ha tirato fuori da un'orribile fossa, dall'argilla fangosa, ha posto i miei piedi su una roccia e ha stabilito il mio cammino". (Salmo 40:2)

La madre aveva lavorato la notte precedente in ospedale. Il pensiero che il figlio sarebbe stato separato dalla sua famiglia il giorno dopo l'ha sopraffatta. Mi chiamò singhiozzando e io iniziai a pregare nello Spirito Santo, mentre lo Spirito di Dio prendeva il sopravvento. La nube della depressione se ne andò all'istante. L'ha liberata da tutte le bugie del nemico.

Dio è un Dio buono! Invocatelo! Rivolgetevi a qualcuno che possa pregare per la vostra situazione. Chiamate qualcuno che sappia come mettersi in contatto con Dio. Il nostro Dio ha fatto molte cose meravigliose e continuerà ad ascoltare le preghiere del Suo popolo.

"Anche lo Spirito soccorre le nostre infermità, perché non sappiamo per che cosa dobbiamo pregare come ma lo Spirito stesso intercede per noi con gemiti che non possono essere pronunciati".(Romani 8:26)

Mi chiese se poteva chiamarmi la mattina del giorno del processo. Le risposi: "Sì". Mi chiamò la mattina dopo, dato che si trattava del giorno del processo di suo figlio. Abbiamo pregato, e le ho detto che avrebbe ricevuto una una grande sorpresa.

3 GENNAIO

Avrebbe osservato una potente liberazione dalla situazione. Lo Spirito Santo parla attraverso la bocca come se qualcuno fosse in contatto con Dio Onnipotente. Dopo un'ora mi ha richiamata e mi ha detto: "Non crederai mai a quello che è successo".

Ho detto che lo avrei fatto. So che Dio farà molto e molto di più di quello che chiedete e pensate. Questo accade solo se Lo invocate. Ma non aspettatevi nulla da Dio se siete troppo orgogliosi per dirgli i vostri problemi e non gridate a Lui. La madre di questo ragazzo ha detto che il tribunale non è riuscito a trovare alcuna prova nel computer contro suo figlio. Ha detto che anche il loro avvocato ha mostrato le carte scritte che erano state contro di lui. Dio ha archiviato il caso.

Quando abbiamo invocato il Signore, Egli ha ordinato ai suoi Angeli di prendere in mano la situazione ed Essi hanno cancellato tutte le informazioni dal computer del tribunale.

Era gioiosa e continuava a dirmi: "Non posso crederci. Che Dio potente!". So che tutti noi affrontiamo delle difficoltà nella nostra vita.

Ricordatevi di invocare il Signore. Invocate Gesù e vedrete l'opera grande, potente e meravigliosa che non avete mai visto. Portate la vostra situazione sull'altare di Dio. Trovate un armadio in cui gridare o una montagna per mettervi in contatto con Dio. Trovate un luogo dove incontrare Dio e portargli le vostre suppliche. Invocatelo.

La comunità ebraica di Babilonia era in grande difficoltà. Il diavolo aveva in mente di cancellare la discendenza del Messia. La regina Ester proclamò il digiuno e la preghiera e ribaltò il giudizio. Le armi come la confessione dei peccati, il digiuno e la preghiera possono ribaltare il caso contro il nemico per distruggerlo.

Il Salmo 50:15 ci dice: "Invocami nel giorno della difficoltà: Io ti libererò e tu mi glorificherai".

Mosè difendeva il suo popolo schiavo. La vita di Daniele, con tutti i maghi, gli indovini e gli astrologi, era in pericolo. Daniele si mise a pregare. Gente, Dio vi aspetta per mostrarsi potente. Rivolgetevi a Dio per la vostra povertà, la vostra dipendenza, i vostri figli, il vostro lavoro, la vostra situazione lavorativa, il vostro problema fisico, il vostro problema finanziario, la vostra salute o qualsiasi situazione stiate affrontando. Invocate Gesù e vedrete cose grandi e potenti che non avete mai visto né sentito. Vedrete le porte aprirsi, la povertà trasformarsi in prosperità, la malattia in guarigione e liberazione, la guerra in vittoria e la schiavitù in libertà. Ma la salvezza della vostra anima è la più grande. Pregate l'unico vero Dio Gesù ed Egli vi darà l'accesso per entrare nel mondo soprannaturale e invisibile e fare cose soprannaturali che l'uomo naturale non può fare. Ricordate, voi avete la chiave. Invocatelo!

Il Salmo 40:3 dice: "Egli mi ha messo in bocca un canto nuovo, la lode al nostro Dio; molti lo vedranno e temeranno e confideranno nel Signore. Beato l'uomo che fa del Signore la sua fiducia e non rispetta i superbi e non si piega alla menzogna".

PREGHIAMO

Bignore, veniamo al Tuo altare, il Signore di Isacco che hai fornito l'agnello e lo hai salvato. Signore di Giacobbe, che lo hai liberato da tante prove e problemi. Dio di Davide, che lo ha salvato dal nemico della sua vita. Signore di Israele, Abramo e Isacco ti ascoltano quando gridi a LUI! Che il Signore vi aiuti nel momento dell'angoscia! Il tuo Signore risponda a ogni preghiera che fai per i tuoi figli e nipoti! Il Signore sia la vostra guida fino alla fine di questo mondo. Il Signore sia la vostra guida. Invocatelo e Lui vi risponderà nel momento del bisogno. Il nostro Dio ha orecchie per ascoltare e occhi per vedere. Ha il potere di salvarvi, liberarvi e rendervi liberi. Il nostro Dio è misericordioso. Invocatelo e vedrete quanto è buono. Ogni cercatore diligente lo trova. Dio non rispetta nessuno. Dio ha in mente i suoi figli. Guarda nel loro cuore per scoprire quale cuore si appoggia a Lui. Non può aiutare tutti, perché non tutti lo invocano. Invocatelo e vedrete cosa farà per voi. Amen! Nel nome di Gesù! Dio vi benedica!

4 GENNAIO

CUORE!

La Bibbia fornisce i fatti essenziali del cuore. Dio ha creato ogni dettaglio del nostro corpo. Conosce i ruoli significativi che ogni organo svolge.

Dio dice in Geremia 17:9: "Il cuore è ingannevole sopra ogni cosa e disperatamente malvagio; chi può conoscerlo? 10 Io, il Signore, scruto il cuore, provo le redini, per dare a ciascuno secondo le sue vie e secondo il frutto delle sue azioni".

Dopo aver studiato ciò che la Bibbia dice sul cuore, esaminerete il vostro. Qualunque cosa si possa pensare del cuore di un uomo, esso è sempre ingannevole e malvagio. Dovete fare attenzione a come vi considerate. Le vostre "azioni" riflettono ciò che siete come individui, non ciò che "pensate".

Proverbi 4:23 ci dice: "Custodisci il tuo cuore diligentemente, perché da esso escono le questioni della vita".

La fonte della vita si nasconde nel cuore.

Nella Bibbia Dio dice la verità del cuore. Non dovete pretendere di conoscere gli altri o di sapere chi siete, perché Dio dice in Geremia che il cuore dell'uomo è ingannevole e malvagio. Il Re Davide, ingannato dal proprio cuore, commise adulterio e uccise il marito di Betsabea. Dio lo osservava e lo mise di fronte alle sue azioni. Quando Davide riconobbe la condizione del suo cuore, si pentì e scrisse questa bellissima preghiera in

Salmi 51:10 Crea in me un cuore pulito, o Dio, e rinnova in me uno spirito retto. 11 Non scacciarmi dalla tua presenza e non allontanare da me il tuo spirito santo. 12 Riabilita in me la gioia della tua salvezza e sostienimi con il tuo spirito libero.

In Matteo 15:18, le cose che escono dalla bocca escono dal cuore e contaminano l'uomo. 19 Perché dal cuore escono pensieri malvagi, omicidi, adulteri, fornicazioni, furti, false testimonianze, bestemmie:

dobbiamo guidare i nostri cuori secondo le leggi e i comandamenti stabiliti da Dio.

Proverbi 23:19 ci ha dato un principio guida: "Ascolta, figlio mio, sii saggio e guida il tuo cuore sulla via".

Dobbiamo custodire il nostro cuore diligentemente.

2 Cronache 16:9 ci dice: "Poiché gli occhi dell'Eterno corrono da una parte all'altra di tutta la terra, per mostrarsi fa forte in favore di coloro il cui cuore è perfetto verso di lui".

Proverbi 3:1 Non dimenticare la mia legge, figlio mio, ma fa' che il tuo cuore osservi i miei comandamenti: 2 perché ti aggiungeranno lunghezza di giorni, lunga vita e pace.

Giosuè 22: 5 Ma fate attenzione a mettere in pratica il comandamento e la legge di cui Mosè, servo del Signore, vi ha incaricato: amare il Signore vostro Dio, camminare in tutte le sue vie, osservare i suoi comandamenti, unirvi a lui e servirlo con tutto il vostro cuore e con tutta la vostra anima.

Dio guarda al cuore, non all'esterno. Dobbiamo prestare molta attenzione al cuore per mantenerlo purificato e pulito.

Proverbio 3: ci ricorda di 3 Non abbandonare la misericordia e la verità; legatele al tuo collo, scrivile sulla tavola del tuo cuore: 4 così troverai grazia e comprensione davanti a Dio e agli uomini. 5 Confida nel Signore con tutto il tuo cuore e non appoggiarti alla tua intelligenza. 6 In tutte le tue vie riconoscilo, ed egli dirigerà i tuoi sentieri.

È importante sapere che Dio può cambiare il nostro cuore.

In I Samuele 10:1, durante l'unzione del re Saul, "Samuele prese un'ampolla d'olio, gliela versò sul capo, lo baciò e disse: "Non è forse perché il Signore ti ha unto come capitano della sua eredità?". 9 E fu così che, quando egli ebbe voltato le spalle per andare da Samuele, Dio gli diede un altro cuore; e tutti quei segni si verificarono quel giorno".

Dio ci ha creati ed è più che capace di rinnovare i nostri cuori. Cercatelo, imploratelo: il Signore provvederà.

Ezechiele 36: 26 Vi darò anche un cuore nuovo e metterò dentro di voi uno spirito nuovo; toglierò il cuore di pietra dalla vostra carne e vi darò un cuore di carne. 27 Metterò il mio spirito dentro di voi e vi farò camminare nei miei statuti; osserverete i miei giudizi e li metterete in pratica.

Sono testimone del fatto che il Signore cambia il cuore delle persone quando si rivolgono a Dio. Egli si prende cura di loro e abolisce ogni traccia del male che un tempo aveva predato i loro cuori. Il cuore è la radice della nostra vita, buona o cattiva che sia: i problemi della nostra vita nascono dal cuore. Se permettete a Dio di prendersi cura di esso, il problema del cuore scomparirà. Spesso il problema è che non riconosciamo la sua condizione. Ci piace sentire le lodi e non essere messi di fronte ai fatti. Tuttavia, quando arriva il momento della prova, il nostro cuore racconta una storia molto diversa. Dimentichiamo di non conoscerne la vera natura. È necessario leggere e conservare la Parola di Dio nel nostro cuore. Questa è la chiave per un cuore buono.

Il Salmo 119:11 dice: "La tua parola l'ho nascosta nel mio cuore, per non peccare contro di te".

Riempite il vostro cuore con la Parola di Dio, che vi terrà al sicuro dalle azioni sbagliate. Amen! Dio vi benedica!

PREGHIAMO

Padre celeste, creatore del nostro cuore, dove inizia la nostra vita. Tu hai tutto il potere di controllare il nostro cuore. Tu possiedi l'interruttore principale del cuore. Preghiamo il Signore che ci dia un cuore nuovo, crei in noi un cuore pulito e rinnovi in noi uno spirito retto. Riempi i nostri cuori di amore, gioia e pace. Il nostro volto riflette il nostro cuore. Signore, custodisci i nostri cuori! Guida i nostri cuori nelle tue vie e nei tuoi comandamenti. Fa' che la nostra bocca parli della Parola come se fosse una spada. Guarisci le nostre anime. La Parola di Dio rafforza i nostri cuori per fare il bene. Ti ringraziamo per il tuo potere di creare un cuore pulito dentro di noi. Crea in noi un cuore puro, Signore, nel Nome di Gesù. Amen! Dio vi benedica!

5 GENNAIO

CAMMINATE NELLO SPIRITO!

Lo spirito ha bisogno di esercizio, quindi camminate nello spirito. Viviamo in un'epoca in cui il nostro corpo fisico sembra più importante del nostro spirito. Il nostro uomo spirituale è fuori forma ed è malsano se non nutriamo il cibo spirituale. Siamo quasi diventati insensibili e ignoranti nei confronti del nostro uomo spirituale. Non riconosciamo la condizione della nostra salute spirituale: sta morendo.

La Bibbia ha le istruzioni corrette per un esercizio proficuo per il nostro spirito: salverà voi e coloro che vi ascoltano.

Paolo scrive in *I Timoteo 4:8 Poiché l'esercizio fisico giova poco, ma la pietà giova a tutte le cose, avendo la promessa della vita presente e di quella futura. 9 Questo è un detto fedele e degno di ogni accettazione. 10 Perciò noi ci affanniamo e subiamo rimproveri, perché confidiamo nel Dio vivente, che è il Salvatore di tutti gli uomini, specialmente di quelli che credono. 11 Queste cose comandano e insegnano.*

Il tipo di esercizio prescritto nei versetti seguenti riguarda il nostro spirito.

I Timoteo 4:12 Nessuno disprezzi la tua giovinezza, ma sii un esempio per i credenti, nella parola, nella conversazione, nella carità, nello spirito, nella fede, nella purezza. 13 Finché non verrò, occupati della lettura, dell'esortazione, della dottrina. 14 Non trascurare il dono che è in te, che ti è stato dato per profezia, con l'imposizione delle mani del presbiterio. 15 Medita su queste cose, dedicati completamente ad esse, affinché il tuo profitto appaia a tutti. 16 Fai attenzione a te stesso e alla dottrina; continua in esse, perché così facendo salverai te stesso e quelli che ti ascoltano.

La Bibbia dice di camminare nello spirito. Il mondo discute di salute fisica, esercizio fisico, fitness e forma. Ci sono così tanti modi e attrezzature introdotte per una perfetta salute fisica.

Ma dopo aver raggiunto la forma perfetta, soffriamo ancora di molti disturbi e malattie emotive, mentali e fisiche. Perché? Perché non facciamo esercizio spirituale per rimettere in forma il nostro uomo spirituale. La Bibbia parla della nostra salute spirituale. Pur avendo una perfetta forma esteriore del corpo, si può ancora essere pieni di mali dannosi per il proprio spirito e la propria carne.

Avevo una vicina di casa che aveva sposato un uomo che aveva alcuni figli maschi. Anche lei aveva dei figli da un precedente matrimonio. La vedevo sempre malata. Ha subito un'operazione dopo l'altra. I suoi figli e quelli del marito venivano trattati in modo diverso. Il figlio piccolo di suo marito non riusciva a raggiungere i pedali, ma la mattina presto, andava a consegnare i giornali. Era con altri fratelli la mattina presto, in un inverno freddo e sotto la pioggia. Ho pensato: che razza di persone sono queste?

Non sorrideva mai e i figli del marito si nascondevano sempre e avevano paura di fare o dire qualcosa o di giocare quando c'era lei. Qualche tempo dopo divorziarono. Ma la vedevo sempre malata. La sua malattia non era fisica, ma spirituale. L'amore è più importante del bell'aspetto. Era una donna bellissima, ma aveva molte malattie spirituali. Vedendo come si comportavano i bambini in sua presenza, ho pensato che questa signora avesse bisogno di gentilezza e di amore per i bambini piccoli. La malattia fisica è spesso causata dalla malattia dello spirito.

Galati 5:17 "Perché la carne è contraria allo spirito e lo spirito alla carne; e questi sono contrari l'uno all'altro, così che non potete fare le cose che vorreste. 18 Ma se siete guidati dallo Spirito, non siete sotto la legge".

Iniziate il vostro esercizio spirituale leggendo e seguendo i seguenti versetti di

Galati 5:22 Ma il frutto dello spirito è amore, gioia, pace, longanimità, dolcezza, bontà, fede, 23 mitezza, temperanza; contro di essi non c'è legge. 24 E quelli che sono di Cristo hanno crocifisso la carne con gli affetti e le concupiscenze. 25 Se viviamo nello spirito, camminiamo anche noi nello spirito.

Camminare è un esercizio eccellente per la salute fisica. Camminare nello spirito darà salute al vostro spirito. L'esercizio spirituale dell'amore, della gioia, della pace, della dolcezza, della bontà, della fede, della mitezza e della temperanza vi renderà belli e sani dentro. Iniziate a prestare attenzione al vostro uomo spirituale e non solo alla vostra forma esteriore (uomo fisico). Dedicate tempo alla preghiera e al digiuno; il vostro uomo spirituale diventerà forte e la vostra carne diventerà debole.

Galati 5:19 ci dice: "Ora le opere della carne sono manifeste: adulterio, fornicazione, impurità, lascivia, 20 idolatria, stregoneria, odio, discordia, emulazione, ira, contesa, sedizioni, eresie, 21 invidie, omicidi, ubriachezza, bagordi e cose simili: di cui vi ho già detto, come vi ho detto anche in passato, che coloro che fanno queste cose non erediteranno il regno di Dio."

Si può apparire belli, ma solo nella carne, mentre si è malati dentro e fuori. Non si può correggere l'interno adorando e dipingendo se stessi all'esterno. Non farete altro che ingannare voi stessi. Abbiamo ignorato la salute del nostro spirito. Iniziate quindi a fare esercizio per la sua salute. Andate da Dio, il nostro Padre spirituale, e fatevi dare parole di esercizio per il vostro spirito. Iniziate aprendo la Bibbia e imparando le Scritture per il vostro esercizio spirituale. Vedrete come diventerete belli e sani imparando questo esercizio spirituale. Per la vostra migliore salute spirituale, camminate nello spirito; camminare è un esercizio bellissimo. Che lo Spirito Santo diventi un grande istruttore spirituale! Prego il Signore di concedervi uno Spirito sano nel nome di Gesù. Amen!

PREGHIAMO

Signore, nostro Padre celeste, ti siamo grati per averci insegnato la necessità della nostra salute spirituale. Insegnaci la via di Dio, e facci camminare nella divina istruzione dello Spirito Santo. Spirito Santo, ti chiediamo di guidarci e insegnarci la via dello spirito. Mortifichiamo la nostra carne e i suoi desideri. Signore, donaci la sua bontà, verità e giustizia. Grazie per averci dato uno Spirito Santo potente per prendere in mano ogni situazione. Egli è il miglior insegnante per impedirci di allontanarci dalla verità. Desideriamo camminare nella Parola di Dio. Essa dà una perfetta solidità alle nostre anime. Quanto è bello avere i doni dello Spirito? Padre celeste, ti prego di darci la parola per ogni situazione di vita. Nel nome di Gesù! Amen! Dio vi benedica!

6 GENNAIO

CHE COS'È LA FEDE?

La fede è una moneta celeste. Abbiamo bisogno di una carta di credito per ordinare un articolo su Internet. La fede è la vostra carta di credito per ordinare dalla Bibbia. Andate sul sito reale diretto per connettersi con Dio, e si può caricare in base al proprio equilibrio di fede.

Ebrei 11:1 ci dice: "La fede è la sostanza delle cose che si sperano, la prova delle cose che non si vedono".

Ricchi o poveri, ma se avete la Fede, siete ricchi. Potete avere milioni di dollari, ma essere comunque miserabili e poveri senza la Fede. Dove mettete la vostra fede? Fallirete se questa è riposta in qualcosa di deperibile, come il vostro conto in banca, la vostra istruzione, la vostra laurea, il vostro lavoro o la vostra salute. Ma se la vostra fede è in Dio e nelle promesse della Sua Parola, allora erediterete tutte le promesse.

In Matteo 8:8, un soldato disse a Gesù: "Il centurione rispose: "Signore, non sono degno che tu venga sotto il mio tetto; ma di' soltanto una parola e il mio servo sarà guarito"".

La fiducia del centurione era nel Signore. Avere Fede e credere che il Signore possa fare ciò che lui desidera, se crede. La fede è un bene, ma è altrettanto importante dove investite la vostra moneta della fede. Se vedete malattie, guerre, problemi o situazioni negative, usate la vostra moneta della fede per ricevere la guarigione, la vittoria e molto altro. La riceverete se è nel Signore.

La Parola di Dio è un libro che parla e testimonia di colui (Gesù) in cui dovete riporre la vostra fede. I suoi dati sono stati elaborati sette volte nel fuoco e sono ancora in piedi. La Parola di Dio non è deperibile.

A volte le persone si lamentano: "Credo, ma non vedo ancora i risultati". Sapete dov'è il cortocircuito? È in voi, non nelle promesse di Dio. Avete bisogno di più Fede per ottenere il giusto risultato. Il dubbio, la preoccupazione, la paura, l'incredulità e molte altre cose sono fonti di arresto e di limitazione, che impediscono lo sviluppo. Per ottenere risultati positivi, mantenete la Fede e trascurate gli ostacoli. Succederà di sicuro! Dovete sapere che la super fonte del mega potere è Dio. Ecco perché la fonte del superpotere è nel libro chiamato Bibbia. Leggete continuamente la Bibbia, credete, obbedite e praticate.

Romani 10:17 ci dice: "La fede dunque viene dall'udito e l'udito dalla parola di Dio". La Bibbia è un libro di testimonianze di credenti che non hanno creduto in Dio. Se si crede, cosa si perde? Satana usa il dubbio, la paura e la preoccupazione per combattere la fede. La vostra fede sarà messa alla prova.

Gesù ha detto in Luca 1:37: "Perché nulla è impossibile a Dio".

6 GENNAIO

Credete semplicemente alla Parola, che nulla è impossibile a Dio, poi portate la vostra situazione a Dio e vedete cosa può fare per voi.

Ho avuto piena fiducia in Dio nella mia vita. Egli non mi mentirà, non mi ingannerà e non mi deluderà. Ho riposto la mia fede nel Signore Gesù. Quando Dio mi ha tolto il lavoro che ho svolto per ventun anni e mi ha detto di accettare un piccolo assegno di pensione invece di un assegno di invalidità, sembrava impossibile sopravvivere, ma Dio mi ha assicurato che si sarebbe preso cura di me. Non c'era altra fonte a cui appoggiarsi. Dopo aver ricevuto l'istruzione dal Signore, dormii tranquillamente. Non c'è niente di meglio che imparare obbedendo e fidandosi delle istruzioni date dal Signore. Ero così felice quando ho avuto problemi alla schiena e il cancro. Ho sentito le diverse promesse di Dio date per ogni situazione. Dio mi ha dato delle garanzie durante il periodo in cui ero su una sedia a rotelle.

Proverbi 4:12. "Quando vai, i tuoi passi non saranno corti; e quando corri, non inciamperai".

Non cercate di capire o di risolvere la vostra situazione. Lasciate che sia Lui a fare i conti e a risolvere tutte le prove e i problemi. Obbedite alla Sua voce mentre vi guida in questo nuovo viaggio. Il mio Dio è creatore di vie e custode di promesse. Oggi sono libera dalla sedia a rotelle, cammino e sono libera dal cancro! Lode al Signore! È così semplice. Anche se non conoscete e non capite la situazione, lui farà comunque una diagnosi e troverà una cura senza pagare alcuna somma di denaro. Avete solo bisogno di una moneta chiamata Fede.

Ebrei 11:2 "Perché per mezzo di essa (la fede) gli anziani ottennero un buon rapporto".

Amici, siete interamente sottratti alla mano del diavolo grazie al Suo prezioso sangue. Perché vi mettete sotto la schiavitù della malattia, del debito, della dipendenza, della povertà e di molti gioghi? Aprite la Bibbia, entrate nella Parola e prendete tutto quello che volete. È accessibile, basta portare con sé la moneta celeste chiamata Fede. Siate ricchi con molta Fede, poiché la Parola di Dio dice di agire secondo questa.

Matteo 9:29,30a "Poi toccò loro gli occhi, dicendo: "Secondo la vostra fede sia fatto a voi". E i loro occhi si aprirono".

Capite? Tutto ciò di cui avete bisogno su questa terra sono Dio e il suo Libro redentore chiamato Bibbia. Se avete la Parola nel cuore e nella mente, siete ricchi perché il vostro Padre celeste possiede tutto.

Salmo 50:10 "Perché ogni animale della foresta è mio e il bestiame su mille colline". Amen!

PREGHIAMO

Signore, veniamo umilmente al tuo altare, un altare di misericordia. Donaci la Fede mentre ci doni generosamente. Vorremmo che la Fede operasse in tutte le situazioni. Dobbiamo conoscere Te nella Tua potenza e nel Tuo potere per mantenere la nostra fede in Te. Aiutaci, o Signore, a studiare la tua Parola e ad applicarla. Sapendo che il risultato sarà superiore a noi. Sarà soprannaturale. Il nostro Dio mantiene la sua Parola se la sosteniamo e la rivendichiamo. Signore, allontana ogni dubbio, paura e preoccupazione. Tu sei più che sufficiente per noi. Tu sei tutto ciò di cui abbiamo bisogno. Che i nostri occhi si rivolgano a Te, sapendo che il nostro aiuto viene dal Signore, il Creatore del cielo e della terra. Creatore, sostenitore dell'anima vivente e respirante! Nessuno, se non Tu, ha il potere di resuscitare i morti, di dare la vita a tutti e di preservarci dal male e dal pericolo. Aiutaci a credere e a confidare che tu sei l'unico Salvatore di Geova, Gesù Cristo, Dio in carne e ossa nel Nome di Gesù! Amen! Dio vi benedica!

7 GENNAIO

POTERE DEL GIOCO DI PAROLE!

Proverbio 18:21 ci dice che "la morte e la vita sono in potere della lingua, e quelli che l'amano ne mangiano il frutto".

Parlando in modo positivo e negativo si ottengono due risultati opposti. Parlando in modo positivo si può creare, ma parlando in modo negativo si può distruggere. In breve, se si risponde a una situazione con un atteggiamento positivo, si è affidato il problema al Signore, che ha detto che tutto è possibile. Se la vostra risposta è negativa, cadete nella trappola del diavolo, il cui scopo principale è uccidere, rubare e distruggere. Imparate a parlare della Parola di Dio in ogni situazione che affrontate. Non date spazio al diavolo parlando male della questione.

Qualche giorno fa mi è stato concesso di condurre un programma di cucina. In cambio, i produttori mi hanno offerto una macchina tagliainsalata come regalo per la conduzione. Tuttavia, non mi hanno dato lo strumento come avevano promesso.

Invece di rimanere sconvolta, sono rimasta positiva e mi sono detta: "Dio mi darà qualcosa di meglio". Pochi giorni dopo, ricevetti una telefonata da un amico che mi diceva che Veggie Bullet era in vendita scontato al 50% e che l'avrebbe comprato per me. Vedete, Dio mi ha dato qualcosa di meglio di una macchina per insalate. Il Veggie Bullet è elettrico e trita qualsiasi cosa in pochi secondi, mentre la Salad Master Machine è manuale e richiede un lavoro noioso.

Un'altra volta, avevo bisogno di una tunica e ho chiesto a Dio di darmene una specifica. Ho semplicemente confidato in Lui per una veste. Qualche anno fa, a Natale qualcuno mi ha regalato una bellissima vestaglia. Era molto morbida e bella. In seguito, ne ho avuto bisogno di un'altra. L'ho chiesta nella preghiera del mattino presto, e alcune ore dopo, un'amica mi ha chiamato e mi ha chiesto: "Puoi andare al Sam's Club? Devo restituire qualcosa.". Ho risposto: "Certo".

Dopo aver restituito le sue cose, voleva fare un po' di shopping.

Stavamo camminando, lei ha visto la tunica e si è fermata. Ha iniziato a sentire e a toccare la vestaglia. Ha detto: "Guarda com'è morbida e bella questa vestaglia". Io ho risposto: "Sì, molto bella". Mi ha detto: "Prendi la veste, sarà il tuo regalo di Natale". Io, naturalmente, ero titubante. Ho detto: "Natale non è ancora arrivato". Ma ha insistito per comprarlo per me. Ero felice. Prima quella mattina, avevo chiesto a Dio di darmi una vestaglia. Vedete l'importanza delle vostre parole? Pronunciate le parole, e il vostro Padre celeste ascolterà. Ho detto: "Dammi". Non ho detto di mostrarmi il negozio o di darmi i soldi per comprarlo. Ho semplicemente detto: "Dammi", sapendo che Gesù è il mio fornitore. Gesù ha detto: "Chiedete e vi sarà dato".

Genesi 22:7 ci dice: "Isacco parlò ad Abramo, suo padre, e disse: "Padre mio"; ed egli rispose: "Eccomi", figlio mio. Ed egli disse: "Ecco il fuoco e la legna; ma dov'è l'agnello per l'olocausto?". 8 Abramo rispose: "Figlio mio, Dio si procurerà un agnello per l'olocausto; così andarono tutti e due insieme".

Allora sapete cosa è successo.

Il versetto 13 dice: "Abramo alzò gli occhi, guardò, ed ecco dietro di lui un ariete impigliato in un cespuglio per le sue corna; Abramo andò, prese l'ariete e lo offrì in olocausto al posto del figlio".

Se siete malati, dite: "Gesù è la mia salute; per le Sue frustate sono guarito". Prendete l'autorità e dite: "Io ordino che questa malattia lasci il mio corpo. Di': "Comando che la malattia se ne vada nel nome di Gesù".

Matteo 12:37 dice: "Perché con le tue parole sarai giustificato, e con le tue parole sarai condannato".

Dio ha usato le parole per creare.

Il Salmo 33:6 ci dice: "Dalla parola dell'Eterno furono fatti i cieli e tutto il loro esercito dal soffio della sua bocca".

Il Proverbio 21:23 dice: "Chi tiene a freno la sua bocca e la sua lingua preserva la sua anima dai guai".

Pronunciate parole positive come: "I miei figli saranno potenti uomini e donne di Dio. La mia salute è e sarà buona. Avrò ciò che voglio nel nome di Gesù. Dio mi condurrà accanto ad acque tranquille. Egli mi restituirà ciò che ho perso. Egli mi darà conoscenza, saggezza, ricchezza, comprensione, salute, ricchezza e tutto ciò di cui ho bisogno".

Apocalisse 5:12 dice: "Degno è l'Agnello che è stato ucciso di ricevere potenza, ricchezza, sapienza, forza, onore, gloria e benedizione".

Tutto ciò che è riportato nei versetti precedenti è nostro in eredità se lo rivendichiamo. La nostra conoscenza del Salvatore è essenziale. Se sappiamo come e cosa fare, possiamo riscattare le promesse di Dio. Nessuno rimarrà al verde, affamato, nudo, assetato, malato o con il cuore spezzato. Il nostro Dio può dare tutto, ma conoscerlo e invocarlo è l'unico modo. Solo Dio può fare tutto, quindi mantenete la vostra fede in Lui. Mi ha detto che avrei toccato la Sua veste e sarei stata resa integra, non guarita, ma resa autentica; cioè, mente, anima, corpo e spirito saranno sani e guariti. ChiedeteGli di inviare la Sua Parola. Egli si prenderà cura di tutto ciò che desidero.

Salmi 52:8-9 dice: "Ma io sono come un olivo verde nella casa di Dio; confido nella misericordia di Dio per sempre. Ti loderò in eterno perché hai fatto e aspetterò il tuo nome, perché è buono davanti ai tuoi santi".

Ricordate che la vita è un gioco di parole. Dite a voi stessi: "Io sono al di sopra, io sono il primo, io sono molto favorito, io sono il capo. Nessun'arma creata contro di me può prosperare. Io ho la forza di un'aquila. Salirò come un'aquila. Correrò e non mi stancherò".

Parlate con fede credendo nel vostro cuore e godete di tutto ciò che ricevete dal nostro Dio generoso Trovate tutte le parole positive e pronunciatele su voi stessi e sugli altri. Vedete cosa fa per voi e per gli altri. Lo stesso vale se pronunciate parole negative. Sarà un incubo. Nessuno vorrà stare vicino a voi se pronunciate parole negative. Quando lo fate create inevitabilmente un'atmosfera in cui il diavolo prospera.

Continuate a leggere la Bibbia, la Parola del Dio vivente. Osservate il mondo invisibile venire all'esistenza. Amen! Dio vi benedica!

PREGHIAMO

Padre celeste, è bello sapere che ci hai dato il potere di essere chiamati tuoi Figli. Grazie per la Parola di Dio e grazie per dirigere la nostra vita. Affermiamo di avere vita e più abbondanza grazie a te. Rivendichiamo la tua protezione divina su di noi. Ti ringraziamo per averci mostrato il potere di far nascere le parole. Solo il Signore può creare. Solo il Signore ha il potere e ne ha dato i benefici ai suoi figli. Che il Signore ci insegni, attraverso il suo Spirito, a rivendicare tutto ciò che ci riguarda. Conosciamo il nostro Dio come potente, onnipotente, onnisciente e sempre presente nei momenti di difficoltà. Nel nome sopra ogni nome, Gesù, siamo benedetti. Grazie, Signore, per la tua Parola vivente; benediciamo il tuo Santo nome nel nome di Gesù! Dio ti benedica. Amen!

8 GENNAIO

DIO STA FACENDO UNA COSA NUOVA PER VOI!

Quest'anno è all'insegna di un cambiamento significativo, a livello mondiale e individuale. La Bibbia parla di nuove vie, nuovi luoghi e nuove cose. Vediamo cosa intende Dio per cose nuove.

Isaia 43:18 ci dice: "Non ricordate le cose passate e non considerate le cose di una volta".

Amici, quest'anno è l'anno dei grandi e piccoli cambiamenti. Forse state cambiando chiesa, lavoro e sede. Ricordate che Dio sta preparando novità per voi. Quindi, rilassatevi, fate un respiro profondo e lasciate che il nostro viaggio prosegua con Gesù. Non guardate indietro perché c'è una nuova strada e una nuova vita davanti a voi.

Esplorare cose nuove. Godetevi un viaggio unico nella vita e il meglio di ciò che vi aspetta. Potreste chiedervi cosa stia succedendo. È tutto merito di Dio che sta portando un cambiamento in voi e nella vostra vita. Prego Dio di elevare la vostra vita con una nuova immaginazione e un nuovo pensiero, dandovi la vista spirituale per guardare le cose in modo diverso.

Apocalisse 21:5 dice: "E colui che sedeva sul trono disse: "Ecco, io faccio nuove tutte le cose". E mi disse: "Scrivi, perché queste parole sono vere e fedeli"".

Dio può mentire? No, prendetelo come un assegno circolare e incassatelo oggi. Vi sta dicendo tutto sulle vostre novità. Prego: "Signore, fa' che la mia giornata sia nuova e migliore quando mi sveglio. Fammi avere tutto ciò che hai in mente per me". Copro la mia giornata con il sangue, in modo che il diavolo non possa uccidere o distruggere. le cose che circondano il mio essere. Chiedete a Dio di darvi nuove conoscenze e idee migliori per poter essere al meglio.

2 Corinzi 5:17 ci dice: "Se dunque uno è in Cristo, è una nuova creatura; le cose vecchie sono passate; ecco, tutte le cose sono diventate nuove".

Mi sono ricordata del giorno in cui sono uscita dall'acqua dopo il mio battesimo nel nome di Gesù. La mia esperienza per la prima volta mi ha cambiato la vita. Non l'avevo mai fatta prima. Mentre mi immergevano nel Nome di Gesù, uscivo dall'acqua come una persona nuova. Non riesco a spiegare il potente cambiamento che ha avuto luogo nella mia vita. Il perdono dei peccati è un'esperienza potente.

Mi sono sentita leggera come una piuma, come se potessi camminare sull'acqua. Quel giorno sono diventata una nuova creatura! Una persona nata di nuovo.

Romani 6:3 ci dice: "Non sapete che quanti siamo stati battezzati in Gesù Cristo siamo stati battezzati nella sua morte? 4 Perciò siamo stati sepolti con lui mediante il battesimo nella morte, affinché come Cristo è stato risuscitato dai morti per mezzo della gloria del Padre, così anche noi camminiamo in novità di vita".

L'effetto dell'obbedienza alla Parola di Dio per fede, come scritto nella Bibbia, è la chiave per rendere nuove tutte le cose. Non sperimenterete mai l'efficacia della Parola di Dio se non farete come essa dice.

Dio dice in Isaia 43:19: "Ecco, io farò una cosa nuova; ora germoglierà; non la conoscerete? Farò anche una via nel deserto e fiumi nel deserto".

Forse non lo sapete, ma Dio sta riempiendo d'acqua luoghi dove non ce n'era, e ha creato un fiume dalla terra arida in Israele. Guardate cosa sta accadendo nei Paesi desertici delle nazioni arabe. Fate un giro negli Emirati Arabi Uniti, in Qatar e in altre nazioni e confrontate quello che c'era 20 o 30 anni fa.

Efesini 2:15 dice: "Avendo abolito nella sua carne l'inimicizia, cioè la legge dei comandamenti contenuti nelle ordinanze, per fare in sé di due un uomo nuovo, facendo così la pace".

Il sangue di Gesù, versato sulla croce, ha portato la libertà da leggi che non potevano togliere i nostri peccati. Quindi, ricordate che la Croce e il Sangue gestiscono la vostra vita attuale. In questa dispensazione è disponibile un'esperienza di cambiamento. Il Signore apporterà una grande novità in voi e intorno a voi.

Efesini 4:24 ci dice: "E che vi rivestiate dell'uomo nuovo, che secondo Dio è stato creato nella giustizia e nella vera santità".

Seguite la rettitudine e la santità di Dio, come dice la Bibbia. Quest'anno avete un lavoro; poi sarete ciò che Egli ha creato nel giardino dell'Eden: un uomo a Sua immagine e somiglianza. Lasciate che la gloria di Dio risplenda attraverso di voi in una nuova vita in Cristo. Prendete una nuova strada e una nuova autostrada della fede per la vostra gloriosa vittoria.

Ebrei 8:13 dice: "In quanto dice: una nuova alleanza, ha reso vecchia la prima. Ora, ciò che decade e invecchia è pronto a scomparire".

Dio sta stringendo anche una nuova alleanza, non solo posti di lavoro, strade, luoghi e dintorni. Entrate quest'anno nella nuova alleanza, chiamata Nuovo Testamento. Leggete e sperimentate, obbedendo dove è necessario stabilire la vostra relazione ed essere partecipi di questa Nuova Alleanza.

Isaia 65:17 dice: "Infatti, ecco, io creo nuovi cieli e una nuova terra; e i precedenti non saranno più ricordati, né torneranno in mente".

Siate entusiasti di tutti i nuovi ambienti e cercate anche i nuovi cieli e la nuova terra. Dio è impegnato nella creazione. Continuate a percorrere una nuova strada finché non incontrerete Gesù. Godetevi la vostra eternità con il Creatore, che rende nuove tutte le cose. Fate un viaggio sicuro sull'autostrada chiamata Paradiso. Godetevi la vostra nuova posizione in paradiso, dove le strade sono d'oro anziché di cemento. È un'esperienza quotidiana che cambia la vita, rendendola nuova. Avete molto da studiare su cosa fare e cosa non fare per piacere al Signore.

Ci saranno molte prove, ma anche vittorie gloriose. Ascoltate il Signore e obbedite: è la vita che vale la pena di vivere sulla terra. Le vostre esperienze saranno una testimonianza per gli altri. La vostra storia aiuterà gli altri per trovare speranza e salvezza.

Ora avete un obiettivo diverso.

Filippesi 4:6-9 ci dice: "Non preoccupatevi di nulla, ma in ogni cosa, mediante la preghiera e la supplica con ringraziamento, fate conoscere a Dio le vostre richieste. 7 E la pace di Dio, che supera ogni intelligenza, custodirà i vostri cuori e le vostre menti per mezzo di Cristo Gesù. 8 Infine, fratelli, tutte le cose vere, tutte le cose oneste, tutte le cose giuste, tutte le cose pure, tutte le cose belle, tutte le cose di buona reputazione; se c'è qualche virtù e se c'è qualche lode, pensate a queste cose. 9 Quelle cose che avete imparato, ricevuto, udito e visto in me, fatele; e il Dio della pace sarà con voi".

PREGHIAMO

Signore, ti ringraziamo per far sì che il giorno in cui ci pentiamo e siamo battezzati nel tuo prezioso nome, inizia una nuova esperienza. È nostro privilegio aiutare gli altri a conoscere questa eccezionale esperienza di perdono dei peccati. Dacci audacia, forza, coraggio e amore per l'anima. Il Signore ci unga con una potente unzione. Ti siamo grati per tutte le cose belle che fai nella nostra vita. Quanto sono grandi le promesse del nostro Signore? Grazie per averci dato un nuovo giorno mostrandoci il sole e riportandoci a casa sani e salvi. Grazie per il cibo e per tutte le provviste quotidiane. Il nostro cuore ti è grato. Siamo così grati di poter condividere tutte le provviste che ci hai dato. Quando viaggiamo, la terra è piena di sorprese, ricchezze e stupori. Eppure, sarà la storia più incredibile quando vedremo il cielo. Il paradiso è inimmaginabile, quindi non lo conosciamo, ma ti ringraziamo per tutto quello che hai fatto e che farai...". Tutto è nuovo e splendido, quindi grazie, Signore, nel nome di Gesù. Amen! Dio vi benedica!

9 GENNAIO

LA FEDE IN DIO È MIRATA!

Efesini 6:16 Soprattutto, prendete lo scudo della fede, con il quale potrete spegnere tutti i dardi infuocati dell'empio.

Ricordate che il diavolo si aggira e conosce i pensieri e i desideri della vostra mente. Sa per che cosa vi battete. La sua missione è trovare un modo per scuotere la vostra fede e mettere alla prova la vostra fedeltà a nostro Signore Gesù Cristo.

Giobbe: 1:8 Il Signore disse a Satana: "Hai considerato il mio servo Giobbe, che non c'è nessuno come lui sulla terra, un uomo perfetto e retto, che teme Dio e rifugge dal male?".

Il Signore conosce ogni singola cosa di noi. Sapevo che Giobbe era perfetto e retto. Il Signore lo ha benedetto con l'abbondanza, la ricchezza e una vita quasi perfetta nel rispetto di Dio. L'osservanza dei comandamenti di Dio si traduce il più delle volte anche in benedizioni materiali. Il diavolo allora attaccò la salute di Giobbe e tentò di distruggere la sua volontà. La fede di Giobbe nel Signore era il suo scudo, e la fede è intrinsecamente potenza, così il diavolo venne sconfitto.

Se state attraversando un qualsiasi tipo di prova, che riguardi il vostro patrimonio, i vostri figli, la vostra salute o i vostri problemi finanziari, allora dovete trovare una Scrittura che protegga la vostra fede. L'unica cosa di cui avete bisogno è la fede. La vostra fede deve essere nella Parola di Dio. La vostra fede non deve essere in nient'altro.

Che cos'è la fede?

Ebrei 11:1 dice: "La fede è la sostanza delle cose che si sperano, la prova delle cose che non si vedono".

Dopo che Giobbe ha perso tutto, dice in

Giobbe 1:21: "Nudo sono uscito dal grembo di mia madre e nudo vi ritornerò; il Signore ha dato e il Signore ha tolto; sia benedetto il nome del Signore".

Wow! Avete percepito la comprensione di Giobbe?

Giobbe imparò che tutte le cose materiali che Dio gli forniva non erano di primaria importanza. La sua fede ha guidato il suo cammino e ha fatto del Signore il suo Pastore e la base della sua volontà.

2 Corinzi 4:18 Mentre noi non guardiamo alle cose che si vedono, ma a quelle che non si vedono; perché le cose che si vedono sono temporali, ma quelle che non si vedono sono eterne.

Giobbe fu messo alla prova per la ricchezza o la salute? No, fu messa alla prova la fede di Giobbe. È stata messa alla prova la sua rettitudine, il suo timore di Dio e il suo perfetto cammino con Dio. Il diavolo dà la caccia al vostro cammino con Dio.

La vostra fede è condizionata? Servite Dio perché vi divertite o non perdete ciò che avete già? No, il vostro rapporto con Dio non ha nulla a che fare con le cose temporali che possedete. Dio ha permesso tutte le prove nella vita di Giobbe e può dargli il doppio di ciò che ha perso. È necessario credere e confidare in Dio e non avere altre ragioni egoistiche per servire e credere in Dio.

Il vostro amore per Dio deve essere incondizionato, senza preoccupazioni o timori di perdite o guadagni. Dio dà le cose sulla terra.

Guardate la discussione del diavolo con Dio:

Giobbe 1:9 Allora Satana rispose al Signore e disse: "Giobbe teme forse Dio per nulla? 10 Non hai tu fatto una siepe intorno a lui, alla sua casa e a tutto ciò che possiede da ogni parte? Tu hai benedetto il lavoro delle sue mani e il suo patrimonio è aumentato nel paese."

Essendo cristiani, sappiamo di avere una siepe di protezione intorno alla nostra ricchezza, alla nostra casa, ai nostri figli e alla nostra salute. In breve, Dio ci protegge se siamo persone timorate di Dio, rette e sante. Dobbiamo amare il Signore con tutto il cuore, la mente, l'anima e la forza.

Giobbe 42:12 dice: "Così il Signore benedisse l'ultima fine di Giobbe più del suo inizio, perché egli aveva quattordicimila pecore, seimila cammelli, mille gioghi di buoi e mille asine".

Giobbe aveva un rapporto stretto con la comprensione di Dio.

Giobbe 42:1 Allora Giobbe rispose all'Eterno e disse: 2 "So che tu puoi fare tutto e che nessun pensiero ti può essere impedito. 3 Chi è colui che nasconde consiglio senza conoscenza? Perciò ho detto cose che non ho capito; cose troppo meravigliose per me, che non conoscevo. 4 Ascolta, ti prego, e parlerò: ti chiederò e mi dichiarerai. 5 Ho sentito parlare di te con l'udito dell'orecchio, ma ora il mio occhio ti vede. 6 Perciò mi aborrisco e mi pento in polvere e cenere."

Quello che vediamo qui è puro pentimento.

Inoltre, Giobbe perdonò i suoi amici che parlavano male e lo giudicavano male.

Giobbe 42:10 L'Eterno fece tornare la prigionia a Giobbe, quando questi pregò per i suoi amici; inoltre l'Eterno diede a Giobbe il doppio di quanto aveva prima. 11 Allora vennero da lui tutti i suoi fratelli, tutte le sue sorelle e tutti quelli che erano stati suoi conoscenti in precedenza e che avevano mangiato il pane con lui in casa sua; si lamentarono di lui e lo consolarono per tutto il male che l'Eterno gli aveva procurato; ognuno gli diede anche un pezzo di denaro e ognuno un orecchino d'oro. 12 Così l'Eterno benedisse l'ultima fine di Giobbe più del suo inizio, perché egli aveva quattordicimila pecore, seimila cammelli, mille gioghi di buoi e mille asine. 13 Aveva anche sette figli e tre figlie.

Molte delle prove della vostra fede porteranno una doppia benedizione. Prego il Signore di darvi la fede di proteggere la vostra vita con lo Spirito Santo e il sangue di Gesù, affinché possiate avere un giorno doppie benedizioni.

Che i piani del diavolo siano distrutti. Che Dio vi rafforzi per rimanere in piedi e non muovervi. Mantenete la vostra fede nel Signore!

PREGHIAMO

Ti siamo grati, Signore, per averci dato una misura di fede con la disposizione a migliorare ascoltando la tua parola. Signore, abbiamo bisogno di aver fede nella Parola di Dio per aumentarla ogni giorno ascoltando e obbedendo alle Scritture. L'aiuto a mantenere la fede nel Signore è una benedizione. Sappiamo che a loro sarà data la corona di giustizia. È una corona vera e propria che non sarà tolta. Sappiamo che la nostra fede sarà provata; ti preghiamo di concedere alla fede il dono della forza e della fedeltà. Non permettere che la nostra fede venga meno. La nostra fede nel Signore non porterà vergogna. Dio ricompensa coloro che lo cercano diligentemente. Per fede otteniamo ciò che ci è stato promesso. È per fede che riceviamo guarigione e liberazione. Ti ringraziamo per l'Armatura di Dio che ci è stata data con la spada della tua parola. È la fede che ci porta in alto. Signore, dona la fede al tuo popolo, la forza di superare tutte le prove mantenendo la fede in te nel nome di Gesù! Amen! Dio vi benedica!

10 GENNAIO

INQUINAMENTO SPIRITUALE!

Viviamo in un inquinamento spirituale tossico. Perché? Il vero mondo a cui dobbiamo prestare attenzione è quello spirituale, ma non vi prestiamo attenzione.

Il Signore istruì Mosè su come vivere per servire un Dio santo. Dio diede leggi, comandamenti e istruzioni divine per camminare con una guida divina. Ha tracciato una mappa per camminare in un ambiente pulito, celeste e privo di inquinamento. Che bello!

La direzione divina, chiamata Torah, era per i discendenti scelti di Abramo. Dopo che Gesù ha versato il suo sangue, tutti noi possiamo partecipare a questa chiamata divina. Dobbiamo prestare attenzione a ciò che dice il Signore! Dobbiamo cercare i veri profeti e maestri del Signore per ascoltare da Lui. È mia e vostra responsabilità cercare il vero profeta nominato dal Signore, non le chiese, le organizzazioni e le denominazioni. Il nostro Dio ha il potere di tenerci al sicuro lungo tutto il percorso. Ma ci preoccupiamo di mantenere il nostro cammino nella Sua direzione divina, o siamo come la Madre Eva? Ci allontaniamo dall'istruzione divina influenzati dalla concupiscenza degli occhi, dalla carne e dall'orgoglio della vita. Le persone interessate hanno inquinato il mondo.

Matteo 24:37 Ma come furono i giorni di Noè, così sarà la venuta del Figlio dell'uomo. 38 Infatti, come nei giorni che precedettero il diluvio mangiavano e bevevano, si sposavano e si davano in moglie, fino al giorno in cui Noè entrò nell'arca, 39 e non se ne accorsero finché non venne il diluvio e li portò via tutti; così sarà anche la venuta del Figlio dell'uomo.

Le nostre azioni empie possono facilmente contaminare il nostro mondo. Le persone diventano una generazione contaminata da sopportare quando non seguono le rette vie del Signore. Oggi la nostra generazione ha raggiunto questa contaminazione.

2 Pietro 2:5 Non risparmiò il mondo antico, ma salvò l'ottavo Noè, predicatore di giustizia, facendo cadere il diluvio sul mondo degli empi.

Dio ha creato la terra perché la sua creazione fiorisca. Non ci sarebbe inquinamento spirituale sulla terra se la sua creazione si attenesse alle vie, ai comandamenti e alle leggi divine. Il Dio giusto può ancora salvarci, poiché la sua idea di creare la terra è quella di moltiplicarsi.

Ebrei 11:7 Per fede Noè, avvertito da Dio di cose che ancora non si vedevano, mosso da timore, preparò un'arca per salvare la sua casa; con ciò condannò il mondo e divenne erede della giustizia che è per fede.

10 GENNAIO

L'inquinamento spirituale è devastante, e rende più difficile trovare la strada giusta. Perché? Da quando il nostro mondo spirituale è diventato religioso. L'edificio è passato senza Dio. Dio ha la stessa direzione, lo stesso programma e la stessa guida per noi. Una denominazione e un'organizzazione religiosa hanno cacciato il vero profeta e gli insegnanti come fece il re Achab.

2 Cronache 11:13 I sacerdoti e i Leviti che erano in tutto Israele ricorsero a lui da tutte le loro regioni. 14 I Leviti lasciarono i loro sobborghi e i loro possedimenti e vennero in Giuda e a Gerusalemme, perché Geroboamo e i suoi figli li avevano scartati dall'esercizio dell'ufficio sacerdotale presso il Signore:

Il regno settentrionale di Israele divenne adoratore di idoli non appena arrivò questo re malvagio. Questi leader corrotti e fuorvianti inquinarono il Paese. Il paese andò in cattività, infine non più nell'anno 722. FINE DEL REGNO DEL NORD Israele. Furono portati in Assiria da Shalmaneser.

Perché la storia si ripete? È nella natura degli esseri umani allontanarsi e lasciarsi guidare dalla carne. È una negligenza da parte nostra, come nel caso di Esaù, Re Salomone, Re Saul, Eva e Adamo. Non vediamo la nostra vita come felice e fruttuosa se ci atteniamo alle vie di Dio. Non vediamo il diavolo che è reale, pronto a cogliere ogni occasione per distruggerci. Siamo noi; la nostra carne e il nostro orgoglio ci fuorviano. Siamo causa di autolesionismo e di problemi. Il nostro problema principale è ignorare le istruzioni date dal Signore. Prestate attenzione alle indicazioni che vi fanno bene.

PREGHIAMO

Oh Padre celeste, veniamo al tuo altare chiedendo di avere orecchie per ascoltare e occhi per vedere. Sappiamo che se ci comportiamo bene, tutto andrà bene. Se agiamo in modo sbagliato, allora è la nostra scelta a essere sbagliata. Abbiamo bisogno dello Spirito di percezione e discernimento per fare del bene. Mettiamo fame e sete di Parola e amore per te. Signore, non prestando attenzione, abbiamo portato giudizio, maledizioni e caos. Oggi ci rivolgiamo a te; perdonaci. Lavaci nel sangue e rendici nuovi nel nome di Gesù. Amen! Dio vi benedica!

11 GENNAIO

TEST DI REALTÀ!

Come verificare la realtà? Dio ha una sapienza potente. Attraverso la sua conoscenza, possiamo verificare ciò che è giusto e ciò che è sbagliato, la menzogna e la verità. Non tutto il luccichio è oro. Credere in diversi dei o dee non li rende Dio. Abbiamo bisogno della saggezza di Dio per conoscere la verità.

Il Re Salomone chiese a Dio di dargli la saggezza necessaria per prendersi cura del popolo di Dio. Egli gli concesse ciò che chiese. Una volta gli capitò un caso difficile. Due prostitute vivevano nella stessa casa ed entrambe partorirono. Una, nel sonno, si sdraiò sul suo bambino e lo uccise. Era presuntuosa e scambiò il suo bambino morto per la vita. Come dimostrare questo caso in quei giorni? Un saggio re lancia una prova pratica per trovare la vera mamma. Il re chiede una spada per tagliare il bambino. Vediamo come reagiscono le mamme reali e quelle false.

1Re 3:26 Allora la donna di cui era il figlio vivo parlò al re, perché le sue viscere desideravano il figlio, e disse: "O mio Signore, dalle il figlio vivo e non ucciderlo in nessun modo". Ma l'altra disse: "Non sia né mio né tuo, ma dividilo". 27 Allora il re rispose e disse: "Datele il bambino vivo e non uccidetelo in nessun modo: è sua madre".

La prova dei genitori biologici è che soffriranno quando tu soffrirai. I genitori reali vi proteggeranno dal male. Provvederanno ai vostri bisogni e vi daranno rifugio. Il diavolo ha un piano ingannevole. Cercate la saggezza di Dio e conoscete quello vero. Ora dovete imparare a verificare chi è il vero Dio e chi è il falso. Non potete credere a tutti gli spiriti, perché c'è un solo Dio che ha creato l'umanità. Non tutti sono dei o dee quando affermano di esserlo. Affermare di essere Dio non li rende tali.

Il vero Dio vi benedirà e non vi maledirà.

L'UNICEF ha stimato che nel 1998 11 milioni di bambini si trovavano sulla strada in India. Essendo cristiani, siamo proprio come il nostro vero Padre Gesù. Sentiamo come si sentono loro; abbiamo cercato di aiutarli, ma è una propaganda fuorviante contro i cristiani quella di una conversione religiosa. Dio converte il cuore, non l'uomo. Una volta trovato il vero Padre Dio, Egli si prende cura di loro. Il vero Dio non vorrebbe vedere la sua creazione affamata, povera, ferita o distrutta. Così la vera mamma non vorrebbe che suo figlio fosse distrutto. Le persone, le nazioni o i Paesi che servono il vero Dio Gesù sono diversi. La nazione adora idoli poveri, mendicanti di pane, malati, impoveriti e incredibilmente confusi per quanto riguarda le lingue, i costumi e i sistemi di casta. Quando ho saputo che in India 11 milioni di bambini sono per strada, ho capito perché. La povertà è incredibile in un Paese che adora gli idoli.

La Bibbia ci parla: Matteo 25:34 Allora il Re dirà loro, alla sua destra: "Vieni, benedetto da mio Padre, eredita il regno preparato per te fin dalla fondazione del mondo; 35 perché ero affamato e mi avete dato da mangiare; avevo sete e mi avete dato da bere: ero straniero e mi avete accolto: 36 ero nudo e mi avete vestito: Ero malato e mi avete visitato: ero in prigione e siete venuti da me. 37 Allora i giusti gli risponderanno dicendo: "Signore, quando ti abbiamo visto affamato e ti abbiamo dato da mangiare? O assetato e ti abbiamo dato da bere? 38 Quando ti abbiamo visto straniero e ti abbiamo ospitato? O nudo e ti abbiamo vestito? 39 O quando ti abbiamo visto malato o in prigione e siamo venuti da te? 40 E il Re risponderà dicendo loro: "In verità vi dico: nella misura in cui l'avete fatto a uno solo di questi miei fratelli più piccoli, l'avete fatto a me".

Test del vero pastore: Impariamo l'esempio di un vero pastore e di noi, pecore dei suoi pascoli. Cosa Egli pensa e fa per noi.

Giovanni 10:11 Io sono il buon pastore; il buon pastore dà la sua vita per le pecore. 12 Ma colui che è un mercenario e non è un pastore, e le cui pecore non sono sue, vede arrivare il lupo, lascia le pecore e fugge; e il lupo le prende e disperde le pecore. 13 Il mercenario fugge perché è un mercenario e non ha cura delle pecore. 14 Io sono il buon pastore, conosco le mie pecore e sono conosciuto da loro, 15 Come il Padre mi conosce, così anch'io conosco Lui, e do la mia vita per le pecore.

È vostra responsabilità trovare un vero creatore, il vostro Padre Dio. Egli si prenderà cura di voi quando diventerete una delle sue pecore del suo pascolo.

Dio ha dato la Sua parola; vediamo cosa dice in *Esodo 20:4 Non ti farai alcuna immagine scolpita né alcuna somiglianza con alcunché che sia nei cieli di sopra, né con alcunché che sia sulla terra di sotto, né con alcunché che sia nelle acque sotto la terra. 5 Non ti prostrerai a loro e non li servirai, perché io, il Signore tuo Dio, sono un Dio geloso, che fa ricadere l'iniquità dei padri sui figli fino alla terza e alla quarta generazione di quelli che mi odiano, 6 e che ha pietà per migliaia di quelli che mi amano e osservano i miei comandamenti.*

Trovare e servire un vero Dio è una benedizione; il suo nome è Gesù. Gesù è il nostro creatore. Gesù significa Salvatore di Geova. Il termine Salvatore deriva dalla parola greca Sozo, che significa guaritore, liberatore e salvatore. Egli vi libererà dalla menzogna di tutti i falsi insegnanti, profeti, cosiddetti dei e dee che non hanno alcun potere di guarire, liberare, salvare e cambiare la vostra situazione.

Vediamo quanti testimoniano per l'unico vero Dio, Gesù. Ero su una sedia a rotelle; mi ha fatta camminare, mi ha liberata dal cancro e mi ha guarito le tonsille. Non ho mai preso medicine. Come ha detto Gesù, ho pagato per i vostri peccati, prendendo trentanove colpi e versando il sangue che dà vita. Gesù ha dato la vita che è nel nostro sangue per noi. Ho anche scritto il libro "L'ho fatto a Suo modo" di Elizabeth Das. Il libro afferma che, seguendo le istruzioni di Dio, riceviamo tutto ciò che il Signore ha promesso. I cristiani sono esattamente come il loro Padre Gesù. Amiamo le persone. Non andiamo in giro a picchiare o uccidere per convertire ad adorare idoli creati dall'uomo. Diamo da mangiare agli affamati e non ci arricchiamo succhiando loro la forza e la vita. Amiamo perché il nostro Dio è amore. Aiutiamo, non molestiamo. Amici, il vero Padre Dio non ha insegnato a bombardare, lapidare o uccidere le persone con la spada.

Aprite gli occhi: fareste questo ai vostri figli? Lo fareste? Il vero Dio non farebbe del male. Siete ancora in tempo per cercare la verità, cercate Gesù e lo troverete. Non ci inchiniamo a tutti coloro che l'uomo ha creato a mano. Non possono vedere, sentire, camminare o parlare. Io adoro Colui che ha creato il mio orecchio, gli occhi, le gambe, la mano, lo spirito e il corpo. Oggi chiedete a Dio chi siete? Vorreste conoscere il vero Dio, creatore e Padre? Vedete cosa succede!

PREGHIAMO

Signore Gesù, le tue creature sono perse, nell'oscurità, nella povertà, in schiavitù, affamate e spezzate. Signore, fa' che ti trovino. Attirali vicino a te. Così che essi sperimentino la pace, l'amore e la gioia del Signore. Oh Signore, fa' che incontrino il loro creatore e vedano che differenza fa Gesù nella loro vita, nel nome di Gesù! Dio vi benedica! Amen!

12 GENNAIO

SOGNATE!

Dio ci parla attraverso il Suo Spirito, la Sua Parola, che è la Bibbia, e anche per bocca dei Profeti. Dio ci parla anche attraverso i sogni.

Gioele 2:28 dice: "In seguito, io effonderò il mio spirito su ogni carne e i vostri figli e le vostre figlie profetizzeranno, i vostri vecchi sogneranno sogni e i vostri giovani avranno visioni".

Genesi 15:1 Dopo queste cose, la parola del Signore venne ad Abramo in visione, dicendo: "Non temere, Abramo; io sono il tuo scudo e la tua grandissima ricompensa".

Genesi 46:2 Dio parlò a Israele nelle visioni notturne e disse: "Giacobbe, Giacobbe". Ed egli rispose: "Eccomi".

Lode a Dio! Il nostro Dio ha un modo di rivelare il suo piano. Dio non limita i sogni a una certa età o al popolo di Dio o ai soli cristiani. Il Faraone e Nabucodonosor hanno avuto un sogno, anche se non erano re d'Israele. I sogni sono accessibili a una nazione, a un popolo o a un'epoca.

Una notte ho sognato che due serpenti uscivano da una recinzione e cercavano di mordere due membri della famiglia e me. La notte successiva ho avuto un incidente d'auto e due automobilisti ubriachi hanno investito la nostra macchina. Ero appena arrivata in America e capivo poco dei miei sogni. Dopo aver colpito l'auto, hanno cercato di seguirci, il che è stato terribile. Ma grazie a Dio, nel sogno che ho avuto, ci hanno provato ma non ci sono riusciti.

Quando avete un sogno o una visione, prestate attenzione. E se non capite, pregate e chiedete a Dio di darvi la comprensione. Condividete il vostro sogno con chi può interpretarlo per voi. Attraverso un sogno, Dio vi avverte o vi dà informazioni.

Il re d'Egitto, il Faraone, fece un sogno.

Genesi 41:2 Ed ecco che dal fiume uscirono sette vacche ben piazzate e grasse, che si nutrirono in un prato. 3 Ed ecco che dopo di loro uscirono dal fiume altre sette vacche, mal piazzate e magre, che si fermarono accanto alle altre sulla riva del fiume. 4 E le vacche brutte di aspetto e magre divorarono le sette vacche ben favorite e grasse. Allora Faraone si svegliò. 5 Dormì e sognò una seconda volta: ed ecco che sette spighe di grano spuntarono su uno stelo, buone e di qualità. 6 Ed ecco che dopo di loro spuntarono sette spighe sottili, spazzate dal vento d'oriente. 7 E le sette spighe sottili divorarono le sette spighe piene e di qualità. Il Faraone si svegliò, ed ecco che alla fine era un sogno.

Perché lo stesso sogno due volte?

Genesi 41:32 E perché il sogno è stato raddoppiato al faraone due volte, è perché la cosa è stabilita da Dio, e Dio lo realizzerà in breve tempo.

Quando Dio ha pianificato qualcosa, parlerà in sogno due volte. Sarebbe meglio se agiste con saggezza per il futuro rivelato nel sogno.

La Bibbia dice: Proverbio 24:3 Con la saggezza si costruisce una casa e con l'intelligenza la si stabilisce.

Dobbiamo chiedere a Dio di darci non solo un sogno, ma anche la saggezza per agire in base alle informazioni sul futuro da Lui rivelate. Quando le persone fanno un sogno terribile e mi chiamano per una preghiera, io rimprovero il piano del nemico. Copro la situazione con il sangue di Gesù e chiedo agli Angeli di proteggermi. Abbiamo il potere e l'autorità, nel nome di Gesù, di legare, accecare, confondere e distruggere il loro piano. Ricordate che il mondo reale è il mondo degli spiriti. Lo Spirito di Dio rivelerà l'agenda del mondo degli spiriti maligni.

Qualche giorno fa, ho visto una notte più scura e l'acqua su entrambi i lati del marciapiede. Da un lato ho visto molti camaleonti dai colori bellissimi. Dall'altro, uno scorpione gigante stava combattendo con delle persone. Più tardi, quel giorno, ho visto un video che mostrava che molti sono venuti contro le scuole cristiane in India. Nel video si diceva Jai Esuram. Gesù nella lingua indiana è Esu, ma non è Esuram. Ho capito che Satana stava tramando un piano per venire contro il popolo di Dio. Nel mio sogno, i camaleonti che cambiavano colore erano gli adoratori di idoli dell'India. Lo scorpione è per danneggiare i cristiani innocenti che insegnano la verità. È bene comprendere ogni sogno. Il nostro Dio ci mostra il piano ingannevole di Satana per poter pregare contro di esso.

La nostra missione è far sapere alle persone che Gesù è l'unico vero Dio. Se non vogliono accettare la verità, possono uscire dalle scuole cristiane. Solo il Signore sa tutto. La mano di Dio è potente. L'avvertimento rivelato da Dio ha bisogno di persone sagge che preghino e digiunino per distruggere il piano ingannevole di Satana. Il piano di Satana non dovrebbe mai avere successo nella vita cristiana. Un sogno di Dio lascia un effetto notevole sulla mente. Prestate particolare attenzione al Sogno di Dio. Vi darà una via d'uscita dal piano distruttivo di Satana. Grazie, Signore, per aver scelto di parlarci attraverso un sogno.

PREGHIAMO

Il caro Signore ci rende attenti, saggi e sempre in guardia. Facci diventare dei potenti preoccupati a combattere contro questi demoni come camaleonti, scorpioni, lucertole e serpenti. Grazie per averci dato potere sulle infestazioni di qualsiasi forma, che combattono contro la verità. Che Dio ci dia la vittoria. Dio manda i suoi potenti Angeli per proteggere il suo popolo dal male e dal pericolo. Signore Gesù, apri i loro occhi per vedere. Dà loro un cambiamento nel cuore. Ti prego, metti nei loro cuori l'amore per Gesù. Non solo per i cristiani in India, ma preghiamo per tutte le persone che soffrono in questo mondo. Satana tenta il cristianesimo con diverse tattiche. Signore Gesù, preparaci a incontrarti. Il Signore è in cammino per ricevere il suo popolo. Qualcuno può battere Gesù? No, Lui è potente in battaglia. Preparatevi nel nome di Gesù. Amen! Dio vi benedica!

13 GENNAIO

LE SEMPLICI VIE DI DIO!

Dio ha istruzioni semplici per risolvere i nostri problemi. Non cercate aiuto in altri luoghi. Come hanno detto i Suoi profeti, dobbiamo obbedire, non analizzare o mettere in discussione le istruzioni di Dio. È al di là della nostra comprensione. Non avrebbero senso per la nostra mente carnale. Non seguire le Sue vie crea il caos nella nostra vita. La nostra mente carnale è il nostro nemico.

Romani 8:7 Perché la mente carnale è nemica di Dio, perché non è soggetta alla legge di Dio, né può esserlo.

Quindi sottomettetevi a Dio e fate ciò che vi viene chiesto.

Naaman, capitano dell'esercito siriano, era un lebbroso. Sentì dire che un profeta in Israele poteva guarirlo dalla lebbra. Lui, non conoscendo Geova Dio, rifiutò l'istruzione di un profeta. Essendo un uomo potente e di valore, il capitano non sapeva come eseguire l'ordine di Dio. Quando si rivolse a Eliseo il Profeta,

2 Re 5:10 Eliseo gli mandò un messaggero che gli disse: "Va' e lavati nel Giordano sette volte, e la tua carne tornerà a te e sarai pulito".

Un semplice insegnamento del Profeta, ma il suo pensiero era confuso. Quindi, ascoltate quello che ha detto.

11 Ma Naaman si adirò, se ne andò e disse: "Ecco, io pensavo: "Egli uscirà certamente da me, si alzerà, invocherà il nome dell'Eterno, il suo Dio, batterà la mano sul luogo e guarirà il lebbroso".

Riuscite a crederci? Aveva già capito come sarebbe andata. Davvero? Non voleva fare come gli aveva detto il Profeta. Non solo, ma era anche arrabbiato ed è tornato indietro. Bisogna obbedire alla voce di Dio e non fare domande.

Naaman aveva una lezione da imparare: essere un capitano non significa poter dirigere Dio.

Isaia 55:8 Poiché i miei pensieri non sono i vostri pensieri e le vostre vie non sono le mie vie, dice il Signore. 9 Infatti, come i cieli sono superiori alla terra, così le mie vie sono superiori alle vostre vie e i miei pensieri ai vostri pensieri.

Ringraziamo Dio per le persone sagge che osano consigliarci quando siamo persi.

2 Re 5:13 I suoi servi si avvicinarono e gli dissero: "Padre mio, se il profeta ti avesse ordinato di fare una cosa grande, non l'avresti fatta? Quanto piuttosto, quando ti ha detto: "Lavati e sii pulito"?". 14 Allora egli

scese e si immerse per sette volte nel Giordano, secondo la parola dell'uomo di Dio; la sua carne tornò come quella di un bambino e fu pulito.

Non discutete con le istruzioni di Dio, ma obbedite.

Una volta sono stata ferocemente attaccata da uno spirito maligno e ho lottato per giorni. Un demone mi tormentava. Chiamai un profeta; la sua profezia fu accurata. Ho spiegato come questo demonio mi tormentava. "Ha mandato uno spirito errante nella tua zona e ti sta tormentando.". Mi chiese di prendere un fazzoletto nuovo (o un tessuto per vestiti) e di ungerlo con olio santo. "Prega su di esso, fai dei pezzi di 5 cm x 5 cm e vai ai quattro angoli della tua casa e seppelliscili, appendili quando vai e vieni all'aperto e mettili alle finestre della tua camera da letto.". Ho sempre creduto nel Profeta. Non vedo la vita prosperare senza il Profeta. Egli deve dare informazioni dall'alto. Dio ha chiamato e nominato determinate posizioni per svolgere la sua opera sulla terra.

Quando ho obbedito al Profeta, tutti gli attacchi sono stati distrutti. Una volta che il panno unto ha toccato lo spirito maligno, ha distrutto il potere del demone. La parola "distrutto" significa che non può essere ricomposto. Credo che voi l'abbiate capito bene. Se state vivendo la stessa storia di generazione in generazione, allora ungete la vostra casa. Mettete dei pezzi di stoffa per la preghiera nel terreno, sulle porte e sulle finestre. Sperimentate il potere di distruzione dell'unzione.

Efesini 4:11 Ad alcuni ha dato degli apostoli, ad altri dei profeti, ad altri degli evangelisti, ad altri ancora dei pastori e degli insegnanti; 12 per il perfezionamento dei santi, per l'opera del ministero, per l'edificazione del corpo di Cristo.

Quindi, se voglio prosperare, ho bisogno del Profeta nominato da Dio.

2 Cronache 20:20b Giosafat si alzò e disse: "Ascoltatemi, o Giuda e abitanti di Gerusalemme: credete nell'Eterno, il vostro Dio, e sarete fondati; credete ai suoi profeti, e prospererete".

Tutti gli attacchi del nemico devono essere distrutti con il semplice atto di obbedienza. Esco e ungo le scuole e metto a terra i panni della preghiera. Ogni mese metto nel mio giardino dei panni di preghiera appena unti. Prendo l'olio e ungo l'esterno e l'interno della mia casa. Abbiamo una battaglia spirituale costante. Leggere e meditare sulla Parola non funziona. È necessaria la vostra azione. Fatelo per vedere i risultati. La vostra idea sarà in conflitto con quella di Dio. Trovate un nemico invisibile obbedendo a Dio, che conosce tutto. La buona notizia è che non vedete Satana e la sua corte; fate quello che ho fatto io. Voi e la vostra famiglia sperimenterete la libertà, la liberazione e la guarigione. Trovate le promesse contenute nella Parola di Dio e iniziate a obbedire per vedere i risultati. La Bibbia è un libro da leggere e da mettere in pratica. La fede senza l'opera è morta.

Se obbedite alla parola, vedrete la trasformazione della vostra vita. Il cambiamento interiore porta al cambiamento esteriore. Molti hanno assistito a guarigioni, miracoli, liberazioni e manifestazioni soprannaturali attraverso un semplice atto di obbedienza. Lavorate sulla vostra integrità piuttosto che andare in chiesa.

Nessuno può cambiare la vostra situazione se non il Signore. La Bibbia offre una via di fuga per tutte le prove e i problemi che si incontrano. Trovate il profeta inviato dal Signore. La Bibbia parla di falsi profeti, quindi fate attenzione; Amen! Dio vi benedica!

PREGHIAMO

Signore, ti prego, dacci un cuore obbediente. Le tue vie daranno grande liberazione, guarigione, vittoria e molto altro. Signore Gesù, tu impari attraverso l'obbedienza.

Aiutaci a obbedire, in modo che anche noi sappiamo. Anche noi possiamo farlo, se ascoltiamo e facciamo come dice. Il nostro Dio non vuole farci del male, ma aiutarci. Perciò facciamo in modo che i nostri cuori si fidino e credano nei tuoi insegnamenti. Ti diamo gloria, onore e lode facendo come ci hai indicato nel nome di Gesù, Amen! Dio vi benedica!

14 GENNAIO
IL SALARIO DEI PECCATI È LA MORTE!

La Bibbia è la Parola di Dio, è stata provata sette volte ed è sinonimo di eternità. Se vi attenete alla Parola, avrete una vita abbondante, traboccante, gioiosa, una vita pacifica e vittoriosa sulla terra e dopo.

La Bibbia, in Romani 6:23, dice che il salario del peccato è la morte. Ma se vi attenete alle leggi di Gesù, vivrete per sempre in un luogo celeste.

Con il suo peccato volontario Eva ha portato la morte eterna alla famiglia e ha distrutto l'umanità. Caino uccise Abele. Chi era responsabile della morte di Abele? Sua madre, Eva. Il peccato di Gezabele portò la morte a lei e alla sua famiglia. Vivete per Dio per portare benedizioni ai vostri figli.

Apocalisse 2:20 Tuttavia, ho qualche cosa contro di te perché hai permesso a quella donna, Gezabele, che si fa chiamare profetessa, di insegnare e di sedurre i miei servi a commettere fornicazione e a mangiare cose sacrificate agli idoli. 21 Le ho dato spazio per pentirsi della sua fornicazione, ma non si è pentita. 23 E ucciderò i suoi figli con la morte, e tutte le chiese sapranno che io sono colui che scruta le redini e i cuori; e darò a ciascuno di voi secondo le sue opere.

Dio non può tollerare il peccato. In Lui non c'è peccato. Per questo ha dato il suo sangue per riscattarvi dalla morte eterna nel fuoco eterno.

Dio non segue le usanze e i riti del Paese, ma il Paese deve seguire i comandamenti di Dio. Quando Dio parla, crede e obbedisce così com'è. Le chiese, le persone e le organizzazioni religiose eliminano le leggi e i comandamenti di Dio per renderli convenienti alla carne. Le religioni sono un'introduzione alle false credenze. La religione acceca e assorda le orecchie dei seguaci. La religione è una forma di riunione di serpenti del giorno d'oggi per distorcere la parola.

Quando vedete lo spirito di Gezabele nell'autorità, guardate e aspettate il giudizio. Dio uccide i figli delle donne religiose e ribelli. In casa, la moglie prevale sul marito. Gezabele sta scavalcando le leggi e i comandamenti di Dio nella chiesa o nel paese, e allora vedremo il caos. Fate attenzione allo spirito! È un'assassina e indebolirà il regno, la chiesa o la casa con il tradimento. Ricordate che l'edificio non è la chiesa; il vostro corpo è la chiesa.

La figlia di Gezabele, Atalia, sposò il re di Giuda. Atalia uccise il seme reale. Gli amici non peccano. I peccati di madre o di padre portano dolore, caos e morte eterna all'inferno. Sentiamo brutte notizie: i bambini vengono rapiti, uccisi, molestati e abusati. Perché? Perché la madre è una peccatrice sciocca e negligente. Desidera vivere uno stile di vita immorale, ingiusto ed empio, che confonde la famiglia. Lo stesso vale per il padre, che non è responsabile.

Le notizie non sono più buone. Il salario dei peccati non si limita a rinchiudervi in una prigione o in un carcere, ma è una punizione eterna nel lago di fuoco.

Pensate che nessuno vi abbia visto fare il male? Guardate i notiziari su come una donna malvagia adesca un uomo, e l'uomo paga il conto dietro il bancone e non si pente, finendo poi all'inferno. Abbiamo bisogno di una legge divina. Non dispiacetevi per questo tipo di persone; pregate per loro. Non giocate con il fuoco. Peccate nel cuore della notte, nell'oscurità, e pensate che nessuno lo sappia.

La Bibbia dice: "Salmi 139:12 Sì, le tenebre non si nascondono da te, ma la notte splende come il giorno; le tenebre e la luce sono entrambe uguali per te".

Non solo, vivrete con tutti i malanni e le malattie, e i vostri giorni saranno miserabili. Pentitevi, chiedete perdono e non pensate di essere santi.

Salmi 103:3 Egli perdona ogni tuo peccato, guarisce ogni tua malattia.

Una volta perdonati i peccati, la malattia esce dalla porta. Una donna che esce con un uomo sposato è un peccato. Entrambi sono ugualmente peccaminosi. Il peccato è tradimento, adulterio e molto altro. Non incolpate le persone se i vostri figli o voi verrete uccisi.

Questo peccato porterà la morte nel giorno del giudizio, la morte della vostra anima. Cambiate atteggiamento umiliandovi davanti a Dio. Mi dispiace quando un Paese dà la libertà di commettere adulterio. Pensate di essere al di sopra della legge di Dio? No, dovete capire che Dio ha fatto le Sue leggi per obbedire. Le Sue leggi sono per benedire. È al di sopra di tutte le autorità. Le ribellioni ignorano la Parola di Dio. Il peccato di orgoglio porta la caduta e la riporta nella polvere. L'orgoglio porta il vuoto, la depressione e le cadute.

Quindi chiedete a Dio l'umiltà.

Cronaca 10:13 Così Saul morì per la trasgressione che aveva commesso contro l'Eterno, contro la parola dell'Eterno che non aveva osservato, e anche per aver chiesto consiglio a uno spirito familiare per chiedere informazioni.

Alcuni frequentano con orgoglio la chiesa. La devozione li rende perfetti? No, siate umili; cercate Dio nella vostra malattia. Dio vi mostrerà quale peccato è la causa della vostra malattia. Andate nell'acqua e lavate via tutti i vostri peccati nel nome di Gesù. Il sangue dell'agnello è nascosto sotto il nome di Gesù, che laverà i peccati. Non fate domande, ma sottomettetevi.

Cronache 16:7 In quel tempo Hanani, il veggente, si presentò ad Asa, re di Giuda, e gli disse: "Poiché ti sei affidato al re di Siria e non ti sei affidato all'Eterno, il tuo Dio, l'esercito del re di Siria è sfuggito dalle tue mani". 12 Asa, nell'anno trentanovesimo del suo regno, si ammalò ai piedi fino a quando la sua malattia fu molto grave; tuttavia, nella sua malattia, non si rivolse all'Eterno, ma ai medici.

Il peccato è ingannevole e vi accecherà. Si tratta di un piacere momentaneo, non siate troppo sicuri di voi stessi. Imparate a conoscere un uomo di Dio umile e grande e vedete come si sentono alla presenza di Dio.

Giobbe 42:5 Ho sentito parlare di te con l'udito dell'orecchio, ma ora il mio occhio ti vede. 6 Perciò mi aborrisco e mi pento in polvere e cenere.

Giacomo 4:10 Umiliatevi davanti al Signore ed egli vi esalterà.

1 Pietro 5:6 Umiliatevi dunque sotto la potente mano di Dio, perché egli vi esalti a suo tempo.

Romani 3:23 Tutti infatti hanno peccato e sono venuti meno alla gloria di Dio.

Voi e io siamo peccatori. Esiste un peccato grande o piccolo? Tutti i peccati saranno puniti se non ci si pente e non ci si lava nel sangue.

Romani 6:23 Perché il salario del peccato è la morte, ma il dono di Dio è la vita eterna per mezzo di Gesù Cristo, nostro Signore.

Sii umile e di': "Signore, lavami nel tuo sangue. Io sono fatto di carne, e non c'è nulla di buono nella mia carne.".

Romani 7:18 So infatti che in me (cioè nella mia carne) non abita alcuna cosa buona; perché la volontà è presente in me, ma il modo di compiere ciò che è buono non lo trovo.

Pregate quindi che il sangue dell'agnello tolga i nostri peccati. La Bibbia dice di entrare nell'acqua nel nome di Gesù per lavare il proprio peccato. Abbiamo il dono della vita eterna nel Suo nome. La religione ci rende ciechi e sordi, ma il Signore dà la verità e ci libera dalla menzogna e dall'inganno del peccato.

PREGHIAMO

Il Signore ci dà uno spirito di pentimento per renderci conto di aver peccato. Che il Signore ci dia saggezza e comprensione attraverso la Sua parola per vedere le conseguenze del peccato! Che il Signore vi tocchi per guarirvi e liberarvi. Che possiate sempre camminare verso una direzione, protezione e guida divina. Possa il Suo spirito di guarigione e di miracolo toccare e curare tutte le vostre malattie! Che il Signore ci benedica e ci liberi dal potere del peccato e delle malattie nel nome di Gesù. Amen! Dio vi benedica!

15 GENNAIO

SIETE ILLIMITATI!

Non c'è limite alle vostre benedizioni; l'unico limite è la vostra mente. In Dio, potete fare tutto, ricevere ciò che credete e tutto è possibile. Mettete la Parola di Dio nella vostra mente e nel vostro cuore. Pronunciatela con la bocca per le situazioni, confidando e credendo.

Nel 2015, Dio ha aperto una porta enorme attraverso un Angelo e ha detto che nessuno poteva chiudere questa porta. Nemmeno io posso farlo.

Così, dato che Dio ha parlato per bocca del profeta, sono andata in India per predicare e insegnare il Vangelo. Ho viaggiato per tre mesi in India e a Dubai.

Durante questa visita, ho visitato alcune chiese nel Gujarat meridionale. Sono stata in una chiesa del Gujarat, che era affollata e non c'era posto per sedersi. Domenica pomeriggio ho visitato la casa del pastore. Ho avuto il privilegio di incontrare la sua famiglia. Mentre pregavo con questo pastore, ho percepito che Satana lo aveva legato e imprigionato con la paura, il dubbio e la preoccupazione. Ricordate, la freccia di Satana è contro il pastore.

Molti si sono rivolti all'unico vero Dio, abbandonando falsi dei e dee. Gesù visita e compie segni e prodigi tra i poveri in virtù della loro fede, umiltà e amore per la verità. Avevano un disperato bisogno di aiuto. Le persone sono legate dalle catene delle tenebre. Quando venivano alla presenza di Dio, Gesù li liberava. Come si fa a non voler credere in questo Dio meraviglioso?

Vedendo una folla così grande, chiesi al pastore di costruire un luogo di culto, di insegnamento e di formazione più grande. Mi rispose che non avevano soldi. Ho detto soldi? Non ho lavorato negli ultimi 23 anni e Dio ha provveduto come mi aveva promesso. Dio mi ha chiesto di lavorare nel Suo campo e mi ha promesso che si sarebbe preso cura di me. Mentre pregavo per il pastore, Dio ha parlato con la mia bocca per costruire un posto più importante e ha detto che avrei provveduto.

Il pastore è stato ubbidiente verso la profezia. Ha ascoltato Dio dalla mia bocca e ha iniziato ad avviare un progetto. Ho percepito che il diavolo aveva bloccato la sua mente attaccando con dubbi, paure e preoccupazioni. Quando ho steso una mano, l'unzione ha spezzato lo spirito maligno nel Nome di Gesù; egli era libero. La sua mente era libera da ogni dubbio e paura. Qualche tempo dopo, il pastore ha chiamato e ha detto che avevano costruito il luogo per il culto, l'insegnamento e la preghiera. Il centro di preghiera e di culto sarebbe stato pronto e privo di debiti entro due mesi. Il pastore ha detto che il blocco delle preoccupazioni e delle paure è sparito quando avevo imposto le mani su di lui. Ha detto che abbiamo costruito un luogo di preghiera e di lode, e che è libero da debiti. La vostra mente vi impedisce di progredire. Dio ha detto che nulla è impossibile.

Filippesi 4:13 Posso fare ogni cosa per mezzo di Cristo che mi fortifica.

Potete fare ogni cosa attraverso Gesù.

Giovanni 14:12 In verità, in verità vi dico: chi crede in me, le opere che io faccio le farà anche lui; e ne farà di più grandi di queste, perché io vado al Padre mio. 13 E tutto ciò che chiederete nel mio nome, io lo farò, affinché il Padre sia glorificato nel Figlio. 14 Se chiederete qualcosa nel mio nome, io la farò.

Potete diventare tutto in Cristo se credete. Egli aspetta che voi crediate e professiate. Potete parlare per ricevere solo se non dubitate. Non concentratevi sulle circostanze o sull'ambiente circostante. Se credete, vedrete la potenza di Dio in azione. La montagna deve spostarsi, la malattia deve andarsene e la povertà deve fuggire. Nessun problema è grande, nessuna valle è profonda per il nostro Dio. Nessun oceano e nessuno può fermarsi se non la vostra mente. Riempite la vostra mente con tutte le parole vive di Dio, con tutte le gloriose testimonianze positive. Non preoccupatevi: come faranno a scalare le montagne? Come fanno a camminare nell'oceano e nei fiumi? Cosa li ha resi integri e come hanno stabilito il loro regno? La loro mente era chiara e piena di Cristo. Amici, prendetevi cura della vostra mente. Indossate l'elmo della salvezza.

Che cos'è la salvezza? La definizione biblica è: preservare, aiutare nell'angoscia, salvare e liberare.

Liberate la vostra mente oggi stesso scaricando informazioni verificabili. Se permettete che nella vostra mente entrino cose indesiderate, come guardare, leggere e sentire cose sgradevoli che non dovreste, vi si ritorcerà contro. Quando leggete ogni tipo di materiale mondano o meditate su cose terribili, Satana lo userà contro di voi. Satana le riporterà alla vostra memoria durante le prove, soprattutto quando siete malati o avete problemi. Il diavolo porta alla memoria tutte le cose brutte e combatte con la vostra fede. La mente piena di Parola di Dio è come Cristo. Il vostro cervello è il più importante. Indossate un casco per proteggerlo.

Efesini 6:17 E prendete l'elmo della salvezza e la spada dello spirito, che è la parola di Dio.

Isaia 59:17 Si è rivestito di giustizia come di una corazza e di un elmo di salvezza sul suo capo; si è rivestito di abiti di vendetta e si è avvolto di zelo come di un mantello.

1 Tessalonicesi 5:8 Ma noi, che siamo del giorno, siamo sobri, rivestendoci della corazza della fede e dell'amore e, come elmo, della speranza della salvezza.

Avere pensieri positivi significa avere una speranza di salvezza.

Romani 5:5 La speranza non si vergogna, perché l'amore di Dio è sparso nei nostri cuori per mezzo dello Spirito Santo che ci è stato dato.

Ricevete lo Spirito Santo. Egli è l'insegnante, il consolatore, la guida, la forza e il Dio in voi. Programmate il vostro computer mentale con la Parola di Dio. Essa renderà la vostra mente illimitata. Benedirà la vostra vita in modo che sia ricca e traboccante. Dio vi benedirà oltre misura.

PREGHIAMO

Signore, ti prego, proteggi la nostra mente con la giusta armatura. Non farci mai mancare la speciale armatura di Dio.

Dacci dei veri insegnanti che sappiano combattere contro Satana invisibile, un principe dell'aria. Satana combatte con le nostre menti con pensieri negativi, preoccupazioni e confusione. Gesù, ti prego, benedici le nostre menti e mantienile in perfetta salute. Ti prego, Signore Gesù, di indossare il casco della salvezza per proteggere la mia mente; nel nome di Gesù, Amen! Dio vi benedica!

16 GENNAIO
IL MODO DI COMUNICARE DI DIO!

La comunicazione è l'ancora di salvezza di ogni relazione. Per questo motivo dobbiamo comunicare con Dio, e Lui farà lo stesso. Ci sono molti modi attraverso i quali Dio parla con noi.

Una mattina mi sono svegliata da un sogno. In questo mi trovavo in una nazione musulmana. La porta della stanza era chiusa. Io e mia madre dormivamo in letti separati, ma nella stessa camera. All'improvviso è cambiato tutto: ho visto un uomo musulmano che dormiva accanto a me e a mia madre. Nel mio sogno, pensavo di essere finita. Avevo paura. Ma nel sogno stavo predicando Gesù all'uomo che dormiva accanto a me. Ho avuto anche una sensazione di sicurezza e di protezione.

La prima parte del sogno era finita e ne iniziò un'altra. Mi trovavo nello stesso posto e pensavo che il giorno prima erano venuti due uomini, quindi oggi non sarebbero venuti a molestarmi. La sera stavo per chiudere la porta, ma un po' troppo tardi. Mentre cercavo di chiuderla, vidi un giovane venire a spingere la stessa, che si aprì. Mi sono vista predicare a un gruppo di giovani. Ho percepito che erano affamati di conoscere Gesù.
In realtà, in quel periodo, i musulmani radicali attaccavano i cristiani ovunque. Pensavo di aver fatto un sogno perché avevo pregato contro l'uccisione e il taglio dei cristiani. Durante questo periodo, i musulmani radicali distruggevano e bombardavano chiese, città e case. Ho sempre messo la mano sulle nazioni musulmane sulla mappa e pregato per loro, e lo faccio ancora. Prego il Signore Gesù di salvare i Paesi musulmani e di dare loro visioni e sogni. Che Dio li incontri come ha incontrato Paolo sulla via di Damasco. Sostenevo che tutte le strade diventano la via di Damasco. Ebbene, la paura si è impossessata del mio cuore quando ho visto i musulmani nel sogno. Nella preghiera del mattino, ho iniziato a rimproverare il diavolo. "Non farmi fare questo tipo di sogno spaventoso!". Non mi piaceva stare in una nazione musulmana, ma pregare per loro andava bene.

Ho fatto il sogno una domenica mattina. Sono andata in chiesa e durante la funzione il pastore mi ha guardata e ha detto: "Sorella Elizabeth, Dio ti porterà nelle nazioni musulmane e tu porterai lì un potente risveglio. Egli dice che andrai in Indonesia.".

Sorpresa, pensavo che fosse un brutto sogno, ma non lo era. Era Dio che mi parlava; lodo Dio che possiedo il vero profeta nella mia vita; Egli predice il futuro. So com'è l'Indonesia, visto che prego da anni. Prego con cognizione di causa. Studio il Paese dell'Indonesia, dove vige la Sharia e vogliono introdurre la legge sulla blasfemia. Le diverse nazioni musulmane hanno altre leggi per giustiziare chi bestemmia. Ero felice che non fossero venuti a uccidermi nel sogno, ma volevano sapere di Gesù. Nel primo sogno, i ragazzi musulmani dormivano accanto a me e a mia madre nello stesso letto. Non hanno mai toccato o fatto del male. Dio mi stava facendo sapere: non c'è da preoccuparsi, li ho presi.

Tutte le informazioni sui musulmani indonesiani diffuse dai media dicono che stuprano e picchiano apertamente i pastori nelle chiese. Dio mi ha dato l'onere di pregare per queste persone in quel periodo. Ho pregato per questo per un peso significativo. Il Signore usa questa bella creazione. Che trovino Gesù se trovano la verità e sappiano che Dio è amore e che Dio crede nel dare la vita, non nell'uccidere. Credo che saranno i migliori cristiani.

Dio comunica attraverso il sogno.

Ora, ricordate che non dovete andare dal sensitivo o dallo stregone o da un altro falso medium spiritico per ottenere una risposta o un'informazione. Andate da Dio o dal Suo profeta. Vediamo come Dio comunica con il suo popolo attraverso i profeti.

2 Cronache 20:20b. Ascoltatemi, o Giuda e abitanti di Gerusalemme: credete nell'Eterno, il vostro Dio, e così sarete stabiliti; credete ai suoi profeti, e così prospererete.

2 Cronache 7:14 Se il mio popolo, che è chiamato con il mio nome, si umilia, prega, cerca il mio volto e si converte dalle sue vie malvagie, allora io ascolterò dal cielo, perdonerò il suo peccato e guarirò il suo paese.

Sono felice di frequentare la Chiesa che prega e di avere un vero profeta. Costruire l'edificio non è un grosso problema, ma costruire una chiesa che prega lo è. I santi di Dio pentiti, battezzati nel nome di Gesù e che hanno lo Spirito sono la residenza di Dio nel Nuovo Testamento. L'edificio non lo è, ma voi siete la Chiesa.

Se vedete tutti i santi pregare e concentrarsi sulla missione di Gesù, allora stanno comunicando con Dio. L'edificio deve essere chiamato casa di preghiera; quando si entra, si sente la Sua presenza. Ricordate che la presenza di Dio porta la guarigione, la liberazione e la libertà dalla dipendenza, e troverete pace e gioia. Ricordate che voi siete la Chiesa, non l'edificio. Il vostro corpo è la Sua casa.

Isaia 56:7 Porterò anche loro sul mio monte santo e li renderò gioiosi nella mia casa di preghiera; i loro olocausti e i loro sacrifici saranno accolti sul mio altare, perché la mia casa sarà chiamata casa di preghiera per tutti i popoli.

Se non vedete la preghiera nell'edificio, è la casa del ladro. Che il Signore rovesci il tavolo dei cambiavalute e dei venditori. Non siete entrati nella Chiesa, ma nella casa dei ladri.

Marco 11:17 Poi insegnò, dicendo loro: "Non sta forse scritto: La mia casa sarà chiamata da tutte le nazioni casa di preghiera? Ma voi ne avete fatto un covo di ladri".

Geremia 7:11 Questa casa, che si chiama con il mio nome, è forse diventata un covo di briganti ai vostri occhi? Ecco, io l'ho vista, dice il Signore.

Matteo 21:13 E disse loro: "Sta scritto: La mia casa sarà chiamata casa di preghiera, ma voi ne avete fatto un covo di ladri".

I sogni, la preghiera, i profeti e la Parola di Dio sono i mezzi attraverso i quali Dio ci parla. Avete bisogno di un canale chiaro con Dio. Non lasciatevi ingannare dalla religione, dai falsi profeti e dai falsi insegnanti. In realtà, Dio vuole comunicare con noi, ma alle sue condizioni, non alle vostre.

Venite a Lui e date la vostra vita; arrendetevi a Lui ed Egli vi assumerà nella Sua vigna come operai. Abbiate fede come avrebbe un bambino, cercatelo in fretta, obbedite alla Parola di Dio e non alle dottrine create dall'uomo.

Cercare Dio attraverso la Sua Parola e guidati dal Suo Spirito. Fate dello Spirito Santo la vostra guida e il vostro insegnante. Vedete cosa succede. Se c'è un uomo da pregare, c'è un Dio che risponde.

PREGHIAMO

Oh, Signore Dio di Abramo, Isacco e Israele, parlaci quando preghiamo. Benedici con tante grandi benedizioni. Dio di Isacco, Dio che risponde alla preghiera che Isacco rivolse per una moglie sterile e ricevette due gemelli. O Dio d'Israele, in precedenza Giacobbe significa ingannatore, quindi non hai solo cambiato il suo nome, ma lo hai fatto dall'interno. Prego Dio di cambiare tutti coloro che stanno ascoltando. Signore, parla a tutti attraverso i sogni, i profeti, la Parola di Dio, e dacci delle benedizioni personali. Dio ci ha dato delle promesse attraverso la Parola, quindi stiamo in piedi sul terreno inamovibile delle promesse. Signore, fa' che i loro sogni si realizzino.

Che il Signore acceleri tutte le promesse che ci riguardano nel nome di Gesù. Amen! Dio vi benedica!

17 GENNAIO

LA VOSTRA MENTE!

Chi è il vostro nemico, la vostra mente o il diavolo? La mente è un nemico se è carnale. Oggi impareremo come la mente diventa il vostro nemico e come trasformare la nostra vita mettendo la Parola di Dio nella nostra mente.

La Bibbia è la Parola di Dio. Egli ci ha dato un libro di istruzioni per la SUA creazione per istruirci su come vivere una vita di successo. Dobbiamo scrivere nella nostra mente e nel nostro cuore per essere amici di Dio. Non vi chiedo di leggere, ma di vivere con il manuale della vita della Bibbia. Se questo libro è nella vostra mente, trionferete sulle prove e sulle difficoltà.

Anni fa, la mia famiglia ha incontrato un Fratello coreano con un potere di guarigione e di liberazione. Mio fratello mi chiese di vederlo per la preghiera di guarigione della mia condizione. In quel periodo avevo avuto un infortunio alla schiena all'ufficio postale. Mi mostrò la gamba e mi disse: "Guarda la tua gamba.". Una gamba era più corta dell'altra. Poi controllò la mia colonna vertebrale, che era spostata dal centro. Non avevo fatto una risonanza magnetica della colonna vertebrale centrale, quindi non sapevo perché avessi le gambe deboli.

La causa della debolezza delle gambe e dell'assenza di comunicazione con la parte superiore e inferiore del corpo mi era sconosciuta. Il Fratello coreano mi disse che la causa della mia debilitazione era la spina dorsale spostata dal centro. Pregò ed essa tornò al suo posto. Pregò affinché crescessero la gamba e la mano corte. Dopo questo miracolo, c'è stato un equilibrio mentre camminavo. Nonostante ciò, le mie gambe erano deboli. Quando sono guarita, ho iniziato a camminare e i miei muscoli si sono rafforzati. Il ministero di fratello James si è elevato quando ho assistito al miracolo. Non usavo più la sedia a rotelle.

Molte persone non capiscono la causa dei problemi della loro vita. La causa dei problemi è il diavolo nella loro mente. Il Fratello coreano parlava con il demone all'interno del corpo e otteneva tutte le informazioni. Questo era così nuovo e sconcertante per me.

Cerco sempre di andare più in alto per fare cose più straordinarie di quelle che ha fatto Gesù.

Giovanni 14:12 In verità, in verità vi dico: chi crede in me, le opere che io faccio le farà anche lui; e ne farà di più grandi di queste, perché io vado al Padre mio.

Gesù è la Parola in carne e ossa. Ha fatto tutto ciò che ha detto nella Bibbia. È stato il creatore, il fornitore, il guaritore, il liberatore e il salvatore. Un giorno chiesi al mio Fratello coreano cosa avrei dovuto fare per raggiungere questo livello. Lui mi testimoniò che ero atea e non credevo negli dei. Un giorno ho ricevuto lo

Spirito Santo e ho capito che il cristianesimo era reale. Ha detto che ho chiesto a Dio di darmi tutti i doni dello Spirito per far sapere agli altri che è vero. Ha detto che volevo andare in giro a guarire e a liberare le persone possedute dai demoni per dare gloria a Dio. Il Fratello ha detto che ho iniziato a leggere la Bibbia dalla mattina alla sera. Ha detto che ho quasi perso gli affari, ho perso la casa e le mie carte di credito hanno superato il limite. Un Fratello coreano ha detto che era così affamato di Dio che non riusciva a mettere giù la Bibbia. Ha detto che in quel periodo i miracoli sono stati innumerevoli. Il Fratello ha detto di avere lo Spirito Santo a insegnargli.

1 Giovanni 2:20 Ma voi avete un'unzione dal Santo e conoscete ogni cosa. 27 Ma l'unzione che avete ricevuto da lui rimane in voi e non avete bisogno che alcuno vi insegni; ma poiché la stessa unzione vi insegna ogni cosa, ed è verità e non è menzogna, così come vi ha insegnato, rimarrete in lui.

Ricordo che quando mi sono trasferita a Dallas, non conoscevo molte persone, così ho letto la Bibbia dalla mattina alla sera e ho notato che avevo un'unzione diversa. La mia mente era piena di Bibbia.

La Bibbia dice che la parola vi giudicherà.

Giovanni 12:48 Chi mi respinge e non accoglie le mie parole, ha uno che lo giudica; la parola che ho pronunciato lo giudicherà nell'ultimo giorno.

Mentre studiate, quel libro vi metterà alla prova. Se imparate a guidare, studiate il libro che insegna le leggi di guida. Se si guida senza sapere, si mette a repentaglio la propria e l'altrui vita. Allo stesso modo, se si guida per tutta la vita senza conoscere le regole, si rischia di rimanere bloccati.

La Bibbia dice che la mente carnale è il vostro nemico.

Romani 8:7 Perché la mente carnale è inimica contro Dio, perché non è soggetta alla legge di Dio, né può esserlo.

L'uomo naturale è carnale.

Efesini 2:3 Anche noi, in passato, abbiamo conversato con le concupiscenze della nostra carne, soddisfacendo i desideri della carne e della mente, ed eravamo per natura figli d'ira, come gli altri.

La mente carnale pensa, agisce e reagisce in modo sessuale, lussurioso, lascivo, libidinoso, licenzioso; fisico, corporeo, carnale. La razza umana naturale ne è piena. La mente carnale non ha in serbo la Parola di Dio. Imparate a domare la vostra mente, altrimenti questa vi metterà nei guai. È vostra responsabilità impostare la Parola di Dio nel computer della vostra mente.

Ho incontrato una signora anziana a Dallas; ha detto di aver finito la Bibbia in due mesi. So che per leggere tutta la Bibbia ci vuole tempo. Ha detto che abbiamo fatto una gara di lettura della Bibbia. Ha detto che ha usato ogni momento e ha concluso in due mesi. Una volta ho sentito persone che hanno letto la Bibbia per ventiquattro ore o finché non l'hanno finita.

Romani 7:25a. Ringrazio Dio per mezzo di Gesù Cristo nostro Signore. Quindi, con la mente, servo la legge di Dio.

Quando il Verbo camminava in carne e ossa sulla terra, faceva tutti i miracoli, poiché aveva in sé tutta la Parola.

Se questa mente è il vostro nemico, allora avete bisogno della Parola di Dio per distruggere il nemico che siede nella vostra mente. Se leggete la Parola ogni minuto della vostra vita, il vostro desiderio carnale di cose sparirà in una settimana. Non ci sarà più spazio per esso. Sento tanto parlare di dipendenza e di pornografia. Perché nutrire la vostra mente con un veleno mortale? Sta uccidendo la nostra società.

Nel giorno del giudizio, tutti i libri della Bibbia saranno aperti per giudicarvi. Quali saranno le vostre scuse? Ricordate che tutte le scuse sono bugie.

Tutti i problemi mentali etichettati da Satana, chiamati ADD, ADHD, Schizofrenia, bipolarismo, PTSD ecc. sono il veleno somministrato alla mente. Tutti gli stupratori, i bugiardi, gli assassini, i ladri, gli adulteri e i fornicatori hanno messo il male nella loro mente. Non aprite una porta al diavolo mettendo tutto ciò che può danneggiare la vostra mente. Frequentare la chiesa non è importante quanto leggere la Sua Parola e obbedirGli. Se non conoscete il libro chiamato Bibbia, allora non siete consapevoli dei vostri requisiti, dei vostri privilegi, delle cose da fare e da non fare. Se vivete secondo la Parola, allora vivrete senza problemi. La Parola di Dio è l'unica arma per sconfiggere il nemico della mente.

Cambierà la vostra mente e agirete, penserete, vivrete, parlerete e vedrete in modo diverso.

Giovanni 15:7 Se rimanete in me e le mie parole rimangono in voi, chiederete quello che volete e vi sarà fatto. 8 In questo è glorificato il Padre mio: che portiate molto frutto; così sarete miei discepoli.

PREGHIAMO

Signore, leghiamo tutti i pensieri e le immaginazioni malvagie nel potente nome di Gesù e gettiamoli all'inferno. Il Signore ha messo una forte fame e sete della Parola di Dio! Che il Signore vi dia comprensione e saggezza attraverso la Sua Parola. Signore, ti conduca e ti guidi attraverso la Sua Parola. Che la Parola di Dio diventi la vostra luce e la vostra lampada, in modo da non inciampare. Che il Signore vi renda sani assumendo la Sua Parola in una dieta spirituale. Che il Signore vi dia salute spirituale mangiando la Sua Parola come cibo; nel nome di Gesù Amen! Dio vi benedica!

18 GENNAIO

UN CACCIATORE DI BENEDIZIONI!

Cercate le Benedizioni! Le persone in questo mondo vanno a caccia di qualcosa per soddisfare se stesse. Se solo sapessero che il desiderio può essere soddisfatto solo in Gesù.

Giacobbe ed Esaù erano gemelli con prospettive molto diverse su ciò che apprezzavano. I loro guadagni e le loro perdite dipendevano da ciò che amavano. Uno ha ricevuto la sua primogenitura per grazia di Dio, l'altro l'ha persa per un minuto, un secondo o forse un'ora. Giacobbe apprezzava il modo in cui le benedizioni di Dio venivano date al primogenito. A Esaù non interessava il modo in cui riceveva la benedizione in quanto primogenito del mondo. Esaù cercava soddisfazione per la sua carne e disprezzava le vie di Dio.

Quando Dio ci chiama a servire il suo Regno, significa che ci chiama a vivere la vita che ci ha mostrato. È la chiamata di un modo di camminare e di parlare! Essere primogeniti non significa nulla se non ci si prende cura di ciò che ci si aspetta da voi. Quando vi viene dato qualcosa di grande valore, abbiatene cura. Dovete custodirlo ed essere vigili, soprattutto per quanto riguarda la chiamata di Dio su di voi. Non perdete le benedizioni ereditate da Dio!

Oggi troviamo tutti i tipi di attributi umani. O facciamo attenzione con sincerità o siamo trascurati e negligenti. Esaù sapeva di aver ereditato la "Doppia Porzione" secondo la legge del giudaismo data al primogenito. Conosceva il significato del fatto che egli è santo per Dio e che non si possono toccare le cose sante di Dio. Dio considera i primogeniti come suoi. Essi sono chiamati a compiere tutti i riti sacri e sono accettati da Dio e dalla famiglia. Dio è inflessibile sulle sue leggi e non mostra favoritismi o parzialità.

Deuteronomio 21:17 Ma riconoscerà il figlio dell'odiato come primogenito, dandogli una doppia porzione di tutto ciò che possiede, perché è il principio della sua forza; il diritto del primogenito è suo.

Esaù non si curò dei suoi diritti di primogenitura perché non li apprezzò; li vendette a Giacobbe per una scodella di stufato. In quel momento, Esaù voleva solo nutrire il suo ventre, la brama della carne. Giacobbe vide che il fratello era debole nella carne e approfittò per vendergli lo stufato in cambio della primogenitura, ed Esaù accettò. Esaù si preoccupava più della sua carne che delle Benedizioni.

Ecco il controllo della realtà. Vediamo i caratteri, le personalità e i valori dei due fratelli. È un carattere opposto! Non siate gelosi quando fate gli sciocchi finendo per perdere le benedizioni nella vostra vita. Le benedizioni di Dio sono aperte a coloro che soddisfano i requisiti della sua Parola. Ne abbiamo diritto in quanto figli e figlie di Dio. Giacobbe desiderava la benedizione del primogenito e la tolse al fratello perché dava più valore al significato della benedizione!

Genesi 25:29 Giacobbe vendette una zuppa; Esaù venne dal campo ed era svenuto; 30 Esaù disse a Giacobbe: "Nutrimi, ti prego, con quella stessa zuppa rossa, perché sono svenuto; perciò si chiamò Edom". 31 E Giacobbe disse: "Vendimi oggi la tua primogenitura". 32 Esaù rispose: "Ecco, io sono sul punto di morire; e a che mi giova questa primogenitura? 33 Giacobbe disse: "Giurami oggi", ed egli giurò; e vendette a Giacobbe la sua primogenitura.

Anche il figlio di Giacobbe, Ruben, si comportò da sciocco. Un'altra personalità incurante e negligente!

Cronache 5:1 I figli di Ruben, il primogenito d'Israele (perché era il primogenito, ma, poiché aveva contaminato il letto di suo padre, la sua primogenitura fu data ai figli di Giuseppe, figlio d'Israele).

Se volete essere campioni e vincere il premio, esercitatevi e allenatevi per raggiungere l'obiettivo. Siate attenti al vostro stile di vita e state in guardia! Consacratevi e attenetevi a Dio! Concentratevi su di Lui e non allontanatevi dalla sua volontà! Siate diligenti e fate attenzione alla vostra chiamata! Non perdete le vostre Benedizioni!

Questo è ciò che dice il Signore:

Esodo 4:22 E dirai al Faraone: "Così dice il Signore: "Israele è mio figlio, il mio primogenito", 23 E io ti dico: "Lascia andare mio figlio, perché mi serva; e se tu rifiuti di lasciarlo andare, ecco, io ucciderò tuo figlio, anche il tuo primogenito".

Mio figlio primogenito - esprime l'amore di Dio per Israele. Il primogenito è santo per il Signore, consacrato al servizio di Dio".

Tuttavia, nell'Antico Testamento il primogenito non è solo l'erede: Dio lo ha santificato. Ciò significa che è stato messo a parte come possesso di Dio. Deve essere dato al Signore.

Esodo 22:29 Non tarderai a offrire la primizia dei tuoi frutti maturi e dei tuoi liquori; i primogeniti dei tuoi figli li darai a me.

Poiché è proprietà del Signore, deve essere riscattato.

Esodo 13:12 Riserverai al Signore tutto ciò che apre la matrice e ogni primogenito di bestia che possiedi; i maschi saranno del Signore. 13 Ogni primogenito d'asino lo riscatterai con un agnello; se non lo riscatterai, gli spezzerai il collo; e tutti i primogeniti dell'uomo tra i tuoi figli li riscatterai. 14 E quando tuo figlio ti chiederà in futuro: "Che cos'è questo?", tu gli dirai: "Con la forza della mano il Signore ci ha fatto uscire dall'Egitto, dalla casa di schiavitù". 15 E quando il faraone non ci lasciava andare, il Signore uccise tutti i primogeniti del paese d'Egitto, sia i primogeniti dell'uomo sia i primogeniti delle bestie:

Perciò io sacrifico al Signore tutto ciò che apre la matrice, se si tratta di maschi; ma riscatto tutti i primogeniti dei miei figli. Il primogenito ha anche delle responsabilità, in quanto deve rendere conto al padre dei suoi fratelli. Ruben si stracciò le vesti quando non riuscì a trovare Giuseppe, suo fratello, figlio di Giacobbe.

I primogeniti ricevono il Regno:

Cronache 21:1 Giosafat dormì con i suoi padri e fu sepolto con loro nella città di Davide. E Ioram, suo figlio, regnò al suo posto. Il loro padre fece loro grandi doni d'argento, d'oro e di cose preziose, con fortezze in Giuda; ma il regno lo diede a Ioram, perché era il primogenito.

Dio vuole darvi tanto; cercatelo. Non accontentatevi di poco, ma cercate tutti i doni più belli.

Si può dire che sono cristiana e che eredito ciò che Dio ha promesso. Dio ha promesso tutto, ma con delle condizioni. La Terra è il vostro terreno di prova dove mostrerete e proverete ciò che dovete ottenere, perdere o guadagnare, maledizione o benedizione. Alcune persone si sono etichettate come cristiane, ma dimenticano che possono perdere la salvezza, la guarigione e le benedizioni se non prestano attenzione. Siate diligenti e sinceri. Cercate le benedizioni date nella Parola di Dio osservando i Suoi comandamenti e le Sue leggi. Fate attenzione a osservarli con tutto il cuore.

PREGHIAMO

Caro Dio aiutaci a essere obbedienti alla tua Parola con un cuore sincero. Dio aiutami ad arrendermi completamente a te. A essere venduto per Gesù e a ottenere le promesse e le benedizioni della Sacra Bibbia. Possa il Signore trovarvi sinceri, autentici amanti di Dio, e che tutte le Benedizioni vi siano dispensate! Nel Nome di Gesù, Amen! Dio vi benedica!

19 GENNAIO

LA CONTABILITÀ NEL REGNO!

Vediamo come funziona il sistema contabile nel Regno di Dio. Chi ci dona? Naturalmente Dio!

Pietro 1:3a Secondo la sua potenza divina ci ha dato tutte le cose che riguardano la vita e la pietà.

Veniamo al mondo nudi, ma Dio ci veste; ci alziamo affamati, ma Dio non ci lascia andare a dormire affamati.

Giobbe 1:21 e disse: "Nudo sono uscito dal grembo di mia madre e nudo vi ritornerò; il Signore ha dato e il Signore ha tolto; sia benedetto il nome del Signore.

Chi ha pagato la prima decima? Abramo, e osservate le sue benedizioni.

Ebrei 7:2a. A cui anche Abramo diede una decima parte di tutto.

Genesi 14:19 Lo benedisse e disse: "Sia benedetto Abramo dal Dio altissimo, possessore del cielo e della terra" 20 e sia benedetto il Dio altissimo che ha consegnato i tuoi nemici nelle tue mani. E gli diede la decima di tutto.

Genesi 13:2 Abramo era molto ricco di bestiame, argento e oro.

Istruzione di Geova Dio di pagare la decima. Le decime sono sacre.

Levitico 27:30 Tutta la decima del terreno, sia del seme del terreno che del frutto dell'albero, è del Signore: è santo per il Signore. 32 E per quanto riguarda la decima della mandria o del gregge, anche di qualsiasi cosa passi sotto la verga, la decima parte sarà sacra al Signore.

Malachia 3:8 Un uomo deruba Dio? Ma voi mi avete derubato. Ma voi dite: "In che cosa ti abbiamo derubato? Nelle decime e nelle offerte". 9 Voi siete maledetti con una maledizione, perché mi avete derubato, anche tutta questa nazione. 10 Portate tutte le decime nel magazzino, affinché ci sia cibo nella mia casa, e provatemi ora con questo, dice il Signore degli eserciti, se non vi aprirò le cateratte del cielo e non vi riverserò una benedizione che non ci sarà spazio sufficiente per riceverla.

Se offrite i primi frutti di tutte le entrate per il Suo servizio, sarete sorpresi di vedere il miglioramento e la protezione di Dio. Un vantaggio del pagamento delle decime è che si ottiene la protezione divina, lo scudo, il rifugio e la siepe.

Malachia 3:11 Io rimprovererò il divoratore per il vostro bene, ed egli non distruggerà i frutti del vostro suolo, né la vostra vite getterà i suoi frutti prima del tempo nel campo, dice il Signore degli eserciti.

Una volta ho incontrato un pastore; mi ha detto che pensava di essere esonerato dal pagare le decime e le offerte a Dio perché era un pastore. Questo pastore non stava dando ciò che apparteneva al Signore. Stava spendendo soldi per il conto del medico e aveva bisogno di più per pagare le bollette. Una volta scoperto che non era esente, iniziò a pagare le decime. Notò che i bambini non erano più malati. Imparate dove e come dare le decime in offerta. Date agli operai che lavorano nel campo di Dio, ai poveri, alle vedove, agli orfani, agli affamati.

Ricordo che ho sempre voluto lavorare per poter pagare le decime. Ho trovato un lavoro e ho iniziato a dare ai poveri, ai lebbrosi, alle vedove e agli orfani. Quello è stato il momento più benedetto per dare a Dio. Mi sono guardata indietro e ho capito quanto Dio mi avesse benedetta. Come si fa a non pagare ciò che appartiene al Signore?

Nel Nuovo Testamento non abbiamo solo pastori, ma anche operai. Essi vanno a lavorare nel campo di Dio. Quando eravamo in India, mia madre e mio fratello davano sempre del denaro a coloro che venivano a casa nostra e pregavano per noi. Abbiamo sostenuto i servitori di Dio che lavorano sul campo. Si recano in luoghi caldi, freddi o piovosi per pregare, visitare e confortare gli altri.

Gesù disse:

Luca 10:7 E rimanete nella stessa casa, mangiando e bevendo quello che vi danno; perché l'operaio è degno del suo salario. Non andate di casa in casa

1 Timoteo 5:18 L'operaio è degno della sua ricompensa.

Quando Dio mi ha chiamata per il ministero, mi ha detto: "Mi prenderò cura di te". Ha promesso di insegnare; gli operai sono degni della Sua paga. Nonostante il poco che ricevo, non ho mai avuto problemi finanziari. Dio è fedele.

Molti anni fa, andavo in giro a pregare con un fratello che aveva molti doni dello Spirito. Egli pregò per me e io ricevetti la guarigione e camminai. Dal momento che avevo dato la decima, offerte e missioni per la chiesa, pensavo non ci fosse bisogno di dargli un'offerta. Mio fratello ha detto che non si può mai andare alla presenza di Dio senza un'offerta: mi ha dunque dato alcune Scritture della Bibbia e mi ha convinto che il fratello coreano è un lavoratore di Dio e degno di ricevere un'offerta.

Le benedizioni di Dio si sprigionano quando si dona all' operaio di Dio. Vedete, l'edificio non è la chiesa. Voi siete la Chiesa. Date agli operai, non a una denominazione, a un'organizzazione o a una chiesa non confessionale. Vedrete la differenza.

1 Samuele 9:7 Allora Saul disse al suo servo: "Ma, ecco, se andiamo, che cosa porteremo all'uomo? Poiché il pane è finito nei nostri vasi e non c'è un regalo da portare all'uomo di Dio; che cosa abbiamo?". 8 Il servo rispose a Saul e disse: "Ecco, ho qui a portata di mano la quarta parte di un siclo d'argento; la darò all'uomo di Dio perché ci indichi la nostra strada".

Vedo che le persone non hanno paura di spendere soldi per le unghie, i capelli, le vacanze al ristorante, i vestiti,

19 GENNAIO

le droghe, l'alcol, le sigarette e le medicine, ma non pagano nulla all'operaio di Dio. Non solo, ma si aspettano anche che gli paghiate il pranzo e se ne vadano. Di conseguenza, hanno perso la benedizione di Dio.

Un lavoratore è degno: c'è stato un periodo in cui ho avuto difficoltà ad accettare qualcosa dalle persone, anche se lavoravo per Dio. Un'amica mi spiegò che se non prendo un'offerta per il servizio che rendo, allora sto perdendo le mie benedizioni. Mi spiegò: "Tu sei fatta di terra e se pianto un'offerta nel tuo terreno, posso ricevere trenta, sessanta o cento volte le benedizioni.". Allora ho capito molto bene quella Scrittura. Stavo bloccando le loro benedizioni non accettando ciò che volevano dare. Ricordate, in questa dispensazione ci sono degli operai o lavoratori. Sono chiamati pastori, apostoli, insegnanti, profeti ed evangelisti. Gesù, come pastore o insegnante o profeta, non era sul pulpito. Ce lo ha mostrato; ha rovesciato il tavolo e li ha rimossi. Quindi, in questa dispensazione, tutti coloro che hanno titoli conferiti da Dio sono operai e li troverete a lavorare sul campo, a scacciare i demoni, a guarire i malati, a predicare il Vangelo, e battezzare lungo la strada dove trovano l'acqua. Non confondeteli con l'edificio. In questa dispensazione, non più edificio; andate a lavorare.

Matteo 13:8 Ma altri caddero in un terreno buono e portarono frutto, chi il centuplo, chi il sessanta per cento, chi il trenta per cento.

Cosa e quanto volete?

Luca 6:38 Date e vi sarà dato; gli uomini vi daranno una buona misura, pigiata, scossa e colma. Infatti, con lo stesso metro con cui avete misurato, vi sarà misurato di nuovo.

Siamo benedetti in modi diversi. Siamo ricchi di benedizioni di Dio. Generalmente svolgo il mio ministero in tutto il mondo per telefono, visitando l'ospedale o a casa. Una signora ha deciso di benedire il mio ministero e lo ha fatto.

Una volta stavo per partire per il mio viaggio missionario. Il mio pastore, che è un profeta, ha profetizzato: "Dio ha detto che il tuo viaggio è pagato.". Una signora venne a trovarmi e mise dei soldi nella busta. La misi via e me ne dimenticai. Il terzo giorno, il Signore mi ha detto: "Guarda quanto ti ha dato"; ero occupata, così ho detto: "Va bene, lo farò". Per la terza volta, il Signore mi ha ricordato di controllare i soldi, e così ho fatto. Per prima cosa, presi una busta e mi inginocchiai a pregare su di essa. Secondo le mie conoscenze, io l'ho benedetta quattro volte. Il Signore ha detto di no, allora ho pregato di benedirla cento volte. Il Signore ha detto di no; ho detto che è tutto quello che so. Ho detto: "Signore, puoi dirmi come benedirla?". Il Signore ha detto di benedire un numero illimitato di volte. Non l'avevo mai sentito prima. E indovinate un po'? Dio l'ha benedetta illimitatamente e lei non deve più lavorare. Conosco questa signora; ha sempre creduto nella mia preghiera e ha ricevuto una grande benedizione. Non solo lei, ma tutti coloro che la conoscono mi hanno chiamato per pregare.

La benedizione arriva a chi dà. Perché se Dio vi assumesse come operai, provvederebbe anche a voi. Il Signore saprebbe come usare un corvo o una vedova per soddisfare il bisogno. Ma per ricevere la benedizione, mi assicuro di piantare la decima, l'offerta e le missioni. Lavoro per il Signore, ma do anche molti posti agli operai.

1 Timoteo 6:10 Sappiamo che l'amore per il denaro è la radice di ogni male.

Una volta che si dona per il regno di Dio, ogni amore per il denaro sarà sradicato.

PREGHIAMO

Che il Signore vi benedica e vi arricchisca con le Sue benedizioni. Che il Signore vi dia la rivelazione del dare, perché tutte le Scritture hanno bisogno di rivelazioni. Il Signore ci rende donatori allegri. Il Signore ama chi dona con gioia. Quindi, godete di ciò che avete in mano e vedete la potenza di Dio nel dare. Date e vi sarà dato. Insegna al Signore a dare con insistenza, traboccando. Ti ringraziamo perché doni benedizioni dove non c'è posto per metterle. Possa Dio darvi un investitore finanziario per il regno. Signore, vogliamo che la nostra nazione sia benedetta nel nome di Gesù. Amen! Dio vi benedica!

20 GENNAIO

COSA FA LA DIFFERENZA?

Cosa provoca un cambiamento in un Paese, in una città, in una chiesa o in una casa? È una leadership genuinamente retta, onesta e timorata di Dio che fa la differenza. I vostri leader (politici e spirituali), la mamma, il papà e gli insegnanti svolgono un ruolo fondamentale per il vostro carattere. Naturalmente, l'obbedienza alla Bibbia fa una notevole differenza, così come la preghiera e il nome di Gesù. Se i vostri leader eliminano tutti questi elementi, la vostra società, il vostro Paese, voi stessi e la vostra famiglia saranno distrutti. La società crollerà.

Esaminiamo cosa avvenne in un regno prospero, favorito e saggio. Il Re Salomone fu promosso e reso pieno di saggezza da Dio in alto. Egli si smarrì e trascurò Dio, fallì nel suo regno e morì perduto. Sì, morì perduto. Una volta salvati, si è per sempre salvi? No, quando trovate la verità della Parola di Dio, siate diligenti e sinceri e fate attenzione a tutte le vostre azioni. Devono basarsi sulla verità della Parola di Dio.

1 Re 11:4 dice: "Infatti, quando Salomone fu vecchio, le sue mogli distolsero il suo cuore verso altri dèi; e il suo cuore non fu perfetto con l'Eterno, il suo Dio, come lo era il cuore di Davide, suo padre". Neemia disse in Neemia 13:27: "Dovremmo dunque darvi ascolto per fare tutto questo grande male, trasgredire contro il nostro Dio sposando mogli straniere?".

Neemia ha detto nel versetto precedente: "Non ha forse peccato Salomone, re d'Israele, con queste cose? Eppure, tra molte nazioni, non c'era un re come lui, che fosse amato dal suo Dio, e Dio lo fece re su tutto Israele; tuttavia, anche lui ha fatto peccare le donne stravaganti". (Neemia13:26)

Il Libro dei Giudici parla della caduta e della risalita di una nave senza marinai e di un popolo senza capi retti.

Giudici 2:7 dice: "Il popolo servì l'Eterno per tutti i giorni di Giosuè e per tutti i giorni degli anziani che sopravvissero a Giosuè e che avevano visto tutte le grandi opere dell'Eterno che egli aveva fatto per Israele".

La Bibbia riporta che le nazioni servirono il Signore sotto la guida di Mosè e Giosuè. Questi leader influenti portarono il popolo d'Israele nella terra promessa, che Dio utilizzò per la liberazione dalla schiavitù. Questi leader avevano un amore incondizionato per Dio. Dio è ancora alla ricerca di persone devote. Persone integre che si alzino e si affidino a Lui. Dio dice nella Sua Parola: "I miei occhi vanno di qua e di là cercando nel cuore chi può fare tutto ciò che dico".

Quando in casa ci sono la televisione, i film, i videogiochi e altri intrattenimenti mediatici, si è talmente occupati che è facile dimenticarsi di Dio. Dimenticare la sua Parola, la preghiera e la lettura della Bibbia fino a divorziare da Dio. Come coniugi e figli, abbiamo bisogno di attenzione per evitare che la famiglia si allontani. Dio ama la vostra comunione, affinché non vi allontaniate da Lui. Se amate Dio, come ha detto Lui, con tutto il cuore, la mente, l'anima e la forza, allora avete la garanzia al cento per cento che i vostri figli e i loro figli siano benedetti oltre misura.

Quando si ama Dio come si dovrebbe, non si spende il proprio denaro in droghe e alcol, sigarette o cose non divine. La leadership divina è essenziale! Un leader religioso ha un ruolo vitale nella vostra vita e farà la differenza.

Giudici 2:13 dice: "Essi abbandonarono il Signore e servirono Baal e Astaroth. 14 L'ira dell'Eterno si accese contro Israele ed egli li consegnò nelle mani di guastatori che li saccheggiarono e li vendette nelle mani dei loro nemici tutt'intorno, in modo che non potessero più stare in piedi davanti ai loro nemici".

E il versetto 18 dello stesso capitolo ci dice: "Quando l'Eterno suscitò loro dei giudici, l'Eterno fu con il giudice e li liberò dalle mani dei loro nemici per tutti i giorni del giudice, perché l'Eterno si pentì dei loro gemiti a causa di coloro che li opprimevano e li tormentavano".

Dio ha fondato l'America e l'ha portata alla sua grandezza come nazione perché il popolo ha costruito questa nazione sulla Parola di Dio, sulla preghiera e sul nome di Gesù. Negli anni Sessanta, l'America ha iniziato a lasciarsi distruggere vietando la preghiera nelle scuole, l'aborto (a oggi, più di 60 milioni di bambini sono stati strappati dal grembo della madre) e ora il nome di Gesù (e il Vangelo stesso) è in pericolo. Ora, come nazione, affrontiamo la povertà e i problemi mentali, le nostre carceri e prigioni sono stracolme e c'è caos in tutte le direzioni e ovunque.

L'America è una moderna Israele con leadership, chiese e politici corrotti. Dobbiamo credere alla Parola di Dio, non ai leader corrotti delle chiese corrotte. Siate pieni di Spirito Santo, aprite la vostra Bibbia e lasciate che il Signore vi guidi attraverso la Sua Parola. Vedete cosa succede. Rivolgetevi a Dio e lasciate che sia Lui la vostra guida. L'America è andata dietro a strani e falsi dei. I leader divini (sia politici che spirituali), che hanno fondato questa nazione, non ci sono più. Ma i leader di oggi stanno cadendo nella corruzione, nella stregoneria e in ogni opera malvagia. Dobbiamo pregare per avere dei buoni leader. Che la Bibbia e la preghiera tornino nelle nostre scuole, case e vite. Pregare per avere dei leader spirituali che ministrino al popolo. Pregare contro i cosiddetti leader fuorvianti, che guidano per i loro piani e l'amore per il potere e il denaro. Ancora una volta, lasciamo che il Signore Gesù diventi il Dio di questa nazione. Se tutti noi decideremo di rivolgerci a Dio, di pentirci dei nostri peccati e di farli lavare nel battesimo d'acqua nel nome di Gesù, riceveremo lo Spirito Santo promesso. Questo Spirito ci condurrà e ci guiderà in tutta la verità. Egli farà la differenza nella nostra vita, di cui abbiamo tanto bisogno.

È tempo di ripulire la nostra vita, la nostra famiglia e il nostro Paese da tutte le impurità causate dall'adorare falsi dei.

Neemia 13:28-30 recita: "Uno dei figli di Joiada, figlio di Eliasib, sommo sacerdote, era genero di Sanballat, l'oronita; perciò lo scacciai da me". 29 Ricordati di loro, o mio Dio, perché hanno contaminato il sacerdozio, l'alleanza del sacerdozio e i Leviti. 30 Così li ho purificati da tutti gli stranieri e ho designato le guardie dei sacerdoti e dei leviti, ognuno per i suoi affari...".

PREGHIAMO

Signore, dacci dei leader spirituali timorati di Dio e guidati dallo Spirito per il nostro Paese e per noi. Ripristina la nostra vita in modo che le nostre strade possano essere di nuovo sicure. Che il Signore vi dia grandi leader divini nel nome di Gesù. Amen! Dio vi benedica.

21 GENNAIO

SOSTENIAMO GESÙ!

Se non ci schieriamo per qualcosa, cadiamo per tutto. Peter Marshall cita: "Lode a Dio! Abbiamo bisogno di una determinazione da bulldog e di una mente pronta per stare in piedi. Dobbiamo avere una spina dorsale e una colonna vertebrale sane per stare in piedi".

Molti si stanno allontanando dal sentiero originale della rettitudine. Si sono occupati degli affari del mondo e sono diventati super impegnati. Hanno dimenticato di insegnare alle generazioni successive la via di Dio, Gesù Cristo. Così queste due generazioni non sono qualificate per educare i loro figli verso il retto cammino. Questa generazione fa uso di droghe e alcol, si suicida ed è irresponsabile. I genitori e i nonni non credono nell'insegnamento della Parola di Dio e nella sua importanza. Siete voi la causa della caduta dei vostri figli. Anche se ottenete tutto in questo mondo, perderete la battaglia a casa.

Alcuni deviano e trovano la loro strada attraverso cose proibite. Sapete di aver fallito con i vostri figli, quindi dovete crescere i vostri nipoti. Poiché non avete sostenuto la Parola di Dio, solida e inamovibile, avete portato il caos nella famiglia. Il nostro programma e i nostri modi hanno ingannato molti nonni e genitori. Prestate attenzione e siate sinceri verso le vie originali e immutabili di Dio.

Ho notato che la società ha fallito nel correggere i bambini. Hanno perso il potere e l'autorità di correggere i loro figli. Molti non si basano su "ciò che dice il Signore". Se avessimo fatto bene, non avremmo una società che chiede diritti per aver sbagliato. Oggi la mentalità delle persone è: "Non ditemi che sono sbagliato. Accettate il mio modo di essere. Sono spiritualmente cieco e sordo, ma non correggetemi". Questa mentalità non ama le istruzioni. "Se lo fai, allora mi stai giudicando". Davvero? Lascia che ti dica una cosa: voi non siete così. Siete solo perduti e caduti come Satana. Come mai il peccatore, dopo aver confessato i peccati, si purifica e voi no? Perché ha creduto di essere in errore e ha lottato contro di esso. In breve, "sono ribelle, disprezzo il governo di Dio e sono disobbediente. Nonostante ciò, merito tutta l'approvazione. Accettatemi per quello che sono". Chi ha deluso il Paese, la famiglia e il popolo? Noi. Non siamo stati come Daniele, Davide, Mosè e Giosuè. Ci vuole la testa o la vita in croce. Alcuni sono stati pugnalati a morte per aver sostenuto ciò che era giusto. Una società omosessuale immorale a Roma decapitò Paolo e appese Pietro a testa in giù. Perché? Perché dicevano la verità e definivano chiaramente Cristo e la Sua missione. Avevano una perfetta conoscenza e comprensione delle loro convinzioni. Nessuno può cambiare, nemmeno il duro imperatore.

Su quindici imperatori di Roma, quattordici conducevano uno stile di vita omosessuale. Amici, non avete alcuna possibilità con questo tipo di mentalità. Questo è l'ultimo peccato da cui non si può tornare indietro. Leggere il libro di Romani è come leggere notizie di oggi.

21 GENNAIO

Romani 1:28 E siccome non volevano conservare Dio nella loro conoscenza, Dio li ha abbandonati a una mente riprovevole, per fare le cose che non sono convenienti.

È necessario insegnare la verità, in modo da non cadere nella falsa dottrina. Che cos'è la dottrina? Per dottrina si intende un insegnamento consolidato o rispettato (visto come affidabile, di lunga data) o un'istruzione.

Efesini 4:11 Ad alcuni ha dato degli apostoli, ad altri dei profeti, ad altri degli evangelisti, ad altri ancora dei pastori e dei maestri; 12 per il perfezionamento dei santi, per l'opera del ministero, per l'edificazione del corpo di Cristo: 13 finché tutti giungiamo all'unità della fede e della conoscenza del Figlio di Dio, all'uomo perfetto, alla misura della statura della pienezza di Cristo: 14 affinché non siamo più bambini, sballottati da una parte e dall'altra e portati da ogni vento di dottrina, per mezzo di astuzie di uomini e di astuzie che stanno in agguato per ingannare.

Cosa causa la caduta della società? Quando gli insegnanti, i profeti e i leader religiosi si corrompono. Le autorità spirituali e religiose hanno commesso adulterio con la Parola di Dio. La Parola di Dio deve essere consegnata pura, così com'è. Non ci deve mai essere un'interpretazione personale. Quando si è tentati di farlo, si vede la società confusa, dubbiosa, malata, empia e che si allontana da Dio.

Ecco perché Giovanni ha avvertito:

1 Giovanni 4:1 Amati, non credete ad ogni spirito, ma provate gli spiriti se sono da Dio, perché molti falsi sono stati uccisi nel mondo.

Rimanete fedeli agli insegnamenti del Signore Gesù. Cercate la voce pura e santa di Dio attraverso la Parola di Dio. Praticate la purezza, la rettitudine e la santità. Godete di una vita sana e salutare.

Gli occhi di Dio vanno avanti e indietro per vedere chi ha un cuore perfetto nei Suoi confronti. Il cuore è il punto di partenza della vita (Proverbio 4:23).

Perciò non confondetevi con una nazione. L'ambiente dà libertà al peccato. Nessuno si preoccupa di correggerlo. Come vivevano Giuseppe, Daniele ed Ester? Vivevano tra culture diverse, ma vivevano bene. Noi dovremmo vivere esattamente come dice il Signore. Il Libro di Dio non cambierà. Dovremmo sostenere la verità, o cadremo per tutto ciò che soffia intorno a noi. Ci sono false bugie intorno a noi. Un male avvolto in un bel pacchetto. Una trappola seducente. La spazzatura nei pacchi regalo. Scappate da tutto questo.

Dove siete oggi? In prigione, per strada, tra le sbarre, senza lavoro, confusi, preoccupati? La vostra casa vi sta divorando? La vostra casa è bella e grande, ma non c'è pace. Avete un grande televisore e dei liquori. Andate regolarmente in chiesa, ma non trovate pace. La droga e i divorzi stanno devastando la vostra vita e quella dei vostri figli.

Siete andati dietro a falsi insegnanti e profeti, poiché non dicono nulla per guidarvi nel vostro vano stile di vita. La vostra carne è più importante di Dio? Dove spendete il vostro tempo, il vostro denaro e la vostra vita? La vita è dolorosa? Il potere è nella verità. Rimanete nella verità, che è la Parola di Dio.

2 Timoteo 3:5 Hanno una forma di pietà, ma ne rinnegano la potenza; da costoro allontanatevi.

Ci si mette dei titoli e si prende una posizione che non significa nulla se non si difende la verità.

Cerchiamo di essere ciò che siamo chiamati a fare. La gente si rivolge a Dio, si pente e vive per Gesù!

1 Pietro 2:9 Ma voi siete una generazione eletta, un sacerdozio regale, una nazione santa, un popolo particolare, per far risplendere le lodi di colui che vi ha chiamati dalle tenebre alla sua luce meravigliosa; 10 che in passato non era un popolo, ma ora è il popolo di Dio; che non aveva ottenuto misericordia, ma ora ha ottenuto misericordia.

PREGHIAMO

Caro Signore del cielo, concedici lo spirito di pentimento e mostra la massima misericordia. Dacci veri maestri e profeti. Dacci il cuore per seguire le tue leggi, i tuoi statuti e i tuoi comandamenti. Che lo Spirito Santo sia la nostra guida e il nostro maestro. Lo Spirito Santo ci aiuta a fare il bene e ci dà la forza di sostenere la verità. Dio, concedici l'audacia e il coraggio di Daniele. Aiutaci ad amarti come Davide, ad avere l'umiltà di Mosè e a essere luce per coloro che sono persi e nelle tenebre. Che il Signore ci conceda la comprensione della Sua Parola e ci dia un cuore obbediente per seguirti! Siate benedetti, e i vostri figli si alzino e vi benedicano. Che il Signore risplenda su di voi e vi dia pace nel nome di Gesù. Amen! Dio vi benedica!

22 GENNAIO

IL VOSTRO PECCATO VI PERSEGUITERÀ!

Il peccato può terrorizzarvi se non ve ne liberate. Romani 6:23 Perché il salario del peccato è la morte. Il peccato è legato a un pungiglione di morte. Quindi, se siete peccatori, il pungiglione vi trascinerà fuori dalla terra. Ma il pentimento è il dono di Dio e vi permette di vedere ciò che siete. Altrimenti, penserete di essere a posto.

La buona notizia è che siamo tutti peccatori finché non otteniamo il perdono di Dio. Solo Dio può tagliare la corda che ci trascina all'inferno. Dio è misericordioso e ha la verità per aiutare la sua creazione. Siamo umili e diciamo: aiutami, Signore, sono un peccatore!

Il sangue ha la vita e Lui ha dato la vita rivestendosi di carne.

Levitico 17:14c perché la vita di ogni carne è il sangue di questo.

Ebrei 9:22b e senza spargimento di sangue non c'è remissione Il sangue è disponibile nel battesimo. Il battesimo è una sepoltura di un peccatore solo se si battezza nel nome di Gesù.

Atti 22:16 E ora perché indugi? Alzati, fatti battezzare e lava i tuoi peccati, invocando il nome del Signore.

Il peccato può essere rimosso solo dal sangue, poiché la morte è legata al peccato. Il sangue ha vita.

Levitico 17:11a Perché la vita della carne è nel sangue dell'agnello, che è nascosto sotto il nome di Gesù. Questo è il motivo per cui tutti gli ebrei e i gentili appena convertiti furono aggiunti alla Chiesa seguendo il libro degli Atti all'inizio di tre secoli. Furono tutti battezzati nel nome di Gesù per rimettere i loro peccati.

Quando Caino uccise suo fratello Abele, il suo sangue non morì. Piangeva.

Genesi 4:10 Poi disse: "Che cosa hai fatto? La voce del sangue di tuo fratello grida a me dal suolo."

Chi giudicherà il vostro ultimo giorno? Chi deciderà se farvi entrare in paradiso o mandarvi all'inferno? Gesù, Lui sarà sul trono. Il Signore Gesù sa come liberarvi se accettate la Sua via.

Dio chiese a Caino se sapesse dove si trovava Abele. Caino disse: "Sono forse il custode di mio fratello?"

Dio condannò Caino facendogli sapere che sapeva dove si trovava Abele. Caino non conosceva Dio, poiché non aveva effettuato un sacrificio accettabile. Caino non conosceva Dio, altrimenti la sua storia sarebbe cambiata confessando i suoi peccati. Ha perso l'opportunità di confessare ciò che ha fatto. Il passo della confessione è molto importante.

1 Giovanni 1:9 Se confessiamo i nostri peccati, egli è fedele e giusto da perdonarci e purificarci da ogni iniquità.

Non appena confessate il vostro errore, Dio vi purificherà e vi perdonerà.

Una signora aveva uno spirito bugiardo e non riusciva a smettere di mentire. Era stanca e confessò. Da allora non ha più mentito. Amici, se avete un peccato di menzogna, di furto, di gelosia o qualsiasi altro, confessatevi. E Dio vi purificherà dall'iniquità e rimuoverà la macchia dei peccati. Altrimenti, la vostra vita sarà miserabile e maledetta. Confessate solo al Signore Gesù.
Caino perse l'opportunità di confessare:

Genesi 4:11a, 11 Ora sei maledetto dalla terra 12 Quando dissoderai il terreno, esso non ti renderà più la sua forza; sarai un fuggiasco e un vagabondo sulla terra.

Numeri 32:23 Ma se non lo farete, ecco, avete peccato contro il Signore; e siate certi che il vostro peccato vi scoprirà.

Il peccato non è contro nessun altro, se non contro Dio.

Una donna voleva peccare quando il marito non c'era. Giuseppe conosceva il suo Dio. La legge di Dio era nel suo cuore. Le persone che praticano il peccato non conoscono Dio. Pensano che nessuno sia in giro; che nessuno li abbia visti peccare. Sono persone spiritualmente cieche. Giuseppe era un uomo timorato di Dio. Non approfittò del suo potere e della sua posizione. Non gli importava cosa gli offrisse la donna. Sapeva che il peccato non era contro il padrone o la donna, ma contro Dio. Egli vi vede sempre. Da cosa fuggiva Giuseppe, dalla donna o dall'immoralità? Anzi, dal peccato!

Genesi 39:9 In questa casa non c'è nessuno più grande di me; e non mi ha nascosto nulla all'infuori di te, perché tu sei sua moglie; come posso dunque fare questa grande malvagità e peccare contro Dio? Il peccato vi seguirà. Ha un pungiglione e vi perseguiterà.

Un giorno un'amica mi chiamò perché suo figlio aveva peccato in passato. Questa colpa lo stava divorando. Così ne parlò con me. Sapevo che Dio gli stava facendo capire la gravità del peccato. Gliel'ho spiegato, mentre lui confessava e non si nascondeva. Confessando i peccati, Dio ha perdonato l'ateo. E lui è stato pulito dai peccati. Ho pregato per lui e la pace è arrivata. Per favore, accettate le vie di Dio. Il peccato ha un effetto universale; non importa chi siete, è uguale per tutti.

Andate nella vostra stanza, confessatevi a Dio e dite: "Signore, ho fatto questo, questo è sbagliato e rinuncio". Fate un elenco e presentatelo a Dio con cuore pentito. Approfittate del suo piano di pulizia e di perdono dei vostri peccati, nel nome di Gesù.

PREGHIAMO

Che il Signore vi conceda gli occhi per vedere la gravità del peccato. Che possiate battezzarvi nel nome di Gesù e lavare i vostri peccati. Che il Signore, nel giorno del giudizio, dica che non siete colpevoli. Lasciate che il Suo sangue lavi tutti i vostri peccati e vi purifichi. Il Signore vi dia il coraggio di confessare tutti i peccati e di trovare il perdono, la pace, le benedizioni e la gioia del Signore nel nome di Gesù. Amen! Dio vi benedica!

23 GENNAIO

LA CHIAVE DEL REGNO È DATA A COLORO CHE HANNO UNA RIVELAZIONE DI GESÙ

Buongiorno, come si possono dare le chiavi di casa, dell'auto o dell'ufficio a meno che non li conosciate?

Dio dirà agli sconosciuti: "Non ti conosco". Non ha dato la chiave a Pietro per costruire la chiesa finché non ha saputo chi era Gesù. Non è Gesù Giuseppe, ma un Messia. Pietro riconobbe che era il tanto atteso Geova che veniva a vendicarsi, secondo la Bibbia.

Is. 35:3-7 dice di guarire gli zoppi, di aprire gli occhi dei ciechi, di curare i malati e di guarire il cuore

spezzato. Questo è il Dio che è venuto come un bambino maschio secondo la profezia di Isaia 9,6. Questo è il redentore promesso agli ebrei, poiché sapevano che il sangue degli animali non toglieva i loro peccati. Avevano bisogno del sangue senza peccato del creatore; Egli venne come agnello. Sapevano che Geova doveva assumere sembianze umane per oscurare il sangue. Dio è uno spirito, e per nascondere il sangue, deve rivestirsi di carne.

Paolo conosceva tutte le Torah ed era un osservatore della legge di Dio. Ha rispettato il suo primo comandamento di un solo Dio e Uno solo.

Deuteronomio 6:4 Ascolta, o Israele: Il Signore nostro Dio è un solo Signore; 5 e tu amerai il Signore tuo Dio con tutto il tuo cuore, con tutta la tua anima e con tutte le tue forze.

Non c'è altro Dio all'infuori di Geova. Gesù non è Dio, allora perché gli ebrei predicano Gesù? Quindi ora, cosa pensate, che Dio gli permetterà di usare la Sua conoscenza per lavorare per il SUO REGNO? No, come si può lavorare per il Re senza sapere chi è quest'ultimo? Paolo disse in seguito:

1 Corinzi 2:8 che nessuno dei principi di questo mondo ha conosciuto; se l'avessero conosciuto, non avrebbero crocifisso il Signore della gloria.

Salmi 24:10 Chi è questo Re della gloria? Il Signore degli eserciti, è il Re della gloria. Selah.

Così, anche Paolo ha avuto una visita sulla Via di Damasco con questo Re della Gloria che stava perseguitando. A Damasco, Geova parlò in ebraico per far sapere a Paolo che Egli era il salvatore di Geova, cioè Gesù.

23 GENNAIO

Se si vuole predicare Gesù, si deve avere una rivelazione di Gesù; altrimenti non si può predicare un Dio, Geova, con il più alto nome di salvezza, Gesù del Nuovo Testamento.

Molti predicano Gesù senza conoscere la Sua identità e portando molta confusione nel mondo. Gesù non li ha chiamati, ma loro hanno chiamato se stessi. Molti serpenti hanno predicato l'inferno e creato confusione sotto i diversi marchi di organizzazioni, denominazioni e non denominazioni. La verità è che Gesù non opera attraverso di loro. È fantastico se una persona impara la Bibbia tenendo l'esempio di Gesù, seguendo le sue orme.

Atti 19:11 Dio fece miracoli speciali per mano di Paolo.

Atti 15:12 Allora tutta la folla tacque e diede udienza a Barnaba e Paolo, raccontando quali miracoli e meraviglie Dio aveva compiuto tra i Gentili per mezzo loro.

Il Signore opera con coloro che hanno la rivelazione di Gesù. La rivelazione della sua forza, potenza, conoscenza e autorità nel nome di Gesù. Come si può lavorare senza conoscere le autorità? Ricordate, questo è il lavoro del regno che ha bisogno del riconoscimento del Re. Il Re Gesù è venuto come servo, ma non come servo del Suo regno. Il Suo ruolo era temporaneo, con molte profezie date nel libro dei profeti. Prestate attenzione al perché e a cosa concentrarsi in questa dispensazione.

Per prima cosa, amarlo come unico vero Dio che cammina nella carne per ricevere la chiave per aprire il tesoro. Desidero nove doni dello Spirito per continuare a dare fama al nome di Gesù come Dio in carne e ossa. Tutto ciò che serve è la rivelazione e l'impegno. Astenetevi dal desiderio di potere per ricevere affari e denaro. Non è per il guadagno personale ma per il servizio alla creazione del creatore. Il Signore si è dato amore per la sua creazione. Una virtù fondamentale: dobbiamo avere amore come lui.

Giovanni 14:21 Chi ha i miei comandamenti e li osserva, è lui che mi ama; e chi mi ama sarà amato dal Padre mio e io lo amerò e mi manifesterò a lui.

Nel Nuovo Testamento, la rivelazione di Gesù come uno Geova Dio in carne e ossa è un must.

Giovanni 14:15 Se mi amate, osservate i miei comandamenti.

Il punto cruciale: Egli ha un tesoro per coloro che Lo amano. Egli ha delle dimore; ha la vita eterna, la vita piena in terra e in cielo. La rivelazione arriva quando si continua a camminare, a cercare, a chiedere, a bussare e a continuare nella Parola di Dio. Sono sicura che è facile per coloro che hanno gli occhi fissi su Dio e sulla Sua opera.

Continuo a cercare Dio per tutte le situazioni e i problemi. Il Signore ama dare le Sue chiavi per aprire la pienezza della conoscenza, della saggezza, della comprensione, delle benedizioni, delle ricchezze e del potere. Tutto questo viene solo da Dio. Molti guardano a Dio per lo scopo sbagliato.

In questa dispensazione, ha detto il Signore, i miei seguaci che mi conoscono faranno cose soprannaturali, poiché io opero attraverso di loro.

Marco 16:20 Poi partirono e predicarono dappertutto, mentre il Signore operava con loro e confermava la parola con segni successivi. Amen. 17 E questi segni seguiranno quelli che crederanno: nel mio nome scacceranno i demoni; parleranno con lingue nuove; 18 prenderanno in mano i serpenti; e se berranno qualche cosa di mortale, non farà loro male; imporranno le mani ai malati e questi guariranno. 19 Allora il Signore, dopo aver parlato loro, fu accolto in cielo e sedette alla destra di Dio.

Osservate l'opera del Signore, firmate e meravigliatevi di riconoscerli come suoi discepoli. Questo accade se si conosce il Signore Gesù. Questo avviene se si ha la rivelazione di Gesù e solo se si è impegnati e chiamati.

La chiave è conoscere ogni Scrittura e sapere come soddisfare il requisito per ottenere il risultato atteso. Avete bisogno del perdono dei peccati? La chiave è battezzarsi nel nome di Gesù e sperimentare il pacchetto completo della nuova creazione, come nel giorno del giardino dell'Eden. Il Signore creerà una nuova coscienza pulita nell'acqua del battesimo. Che bello avere la verità! È la chiave per la libertà dalla menzogna del diavolo, dalla malattia, dal cuore spezzato e dalla liberazione nel nome di Gesù.
Dio vuole obbedienza, sottomissione e che si faccia ciò che dice.

Matteo 7:22 Molti mi diranno in quel giorno: "Signore, Signore, non abbiamo forse profetizzato nel tuo nome? E nel tuo nome abbiamo scacciato i demoni? e nel tuo nome abbiamo fatto molte opere meravigliose? 23 E allora dirò loro: "Non vi ho mai conosciuti; allontanatevi da me, voi che operate l'iniquità". 24 Perciò chi ascolta questi miei detti e li mette in pratica, lo paragonerò a un uomo saggio che ha costruito la sua casa sulla roccia.

Questa Scrittura ci mostra che conoscere Gesù è più importante che fare miracoli, guarigioni e altri segni e prodigi. Alla fine, l'uso dell'autorità senza la rivelazione di Gesù porterà alla perdita della salvezza.

Luca 12:32 Non temere, piccolo gregge, perché al Padre vostro è piaciuto di darvi il suo regno.

Pietro ha ottenuto la chiave in quanto ha rivelato l'identità di Gesù.

Matteo 16:15 Disse loro: "Chi dite che io sia?". 16 Rispose Simon Pietro e disse: "Tu sei il Cristo, il Figlio del Dio vivente". 17 E Gesù, rispondendo, gli disse: "Beato te, Simone Barjona, perché non te l'ha rivelato la carne e il sangue, ma il Padre mio che è nei cieli. 18 E ti dico anche che tu sei Pietro e su questa pietra edificherò la mia Chiesa e le porte degli inferi non prevarranno contro di essa. 19 E ti darò le chiavi del regno dei cieli; e tutto ciò che legherai sulla terra sarà legato in cielo; e tutto ciò che scioglierai sulla terra sarà sciolto in cielo.

Dobbiamo obbedire all'insegnamento dei Suoi discepoli, profeti e apostoli per ricevere la rivelazione. In questa dispensazione, il Signore ha detto di continuare nella dottrina dei discepoli.

Atti 2:42 E continuarono con costanza nella dottrina degli apostoli e nella comunione, nella frazione del pane e nelle preghiere.

Efesini 2:20 e sono edificati sul fondamento degli apostoli e dei profeti, essendo Gesù Cristo la pietra angolare principale.

Prestate attenzione alle Scritture. Gesù è venuto a dare l'esempio e a versare il sangue. Il sangue ha vita, quindi ci ha dato la vita.

23 GENNAIO

PREGHIAMO

Signore, ti siamo grati per l'amore che hai mostrato nel Calvario. Vogliamo camminare sul sentiero da te indicato per trovare la verità e avere la vita eterna. La Tua parola ha bisogno di rivelazioni. Ogni parola può rivelare se obbediamo alla Sua voce. Molti falsi insegnanti e profeti hanno dato vita a denominazioni e non denominazioni per ottenere vantaggi personali. Signore, fa' che ci atteniamo alla tua parola e alla dottrina degli apostoli e dei profeti. Abbiamo bisogno di una rivelazione dello Spirito di Dio, come hai fatto con Paolo e Pietro, nel nome di Gesù. Amen! Dio vi benedica.

24 GENNAIO

VIA DI FUGA!

Sappiamo quali azioni intraprendere quando si verificano terremoti, incendi o emergenze. Quando Dio annuncia un'emergenza, deve esserci una via d'uscita. Solo Dio la conosce.

Genesi 6:5 E Dio vide che la malvagità dell'uomo era grande sulla terra e che ogni immaginazione dei pensieri del suo cuore non era che male, continuamente. 6 E il Signore si pentì di aver fatto l'uomo sulla terra e si addolorò in cuor suo. 7 E il Signore disse: "Distruggerò l'uomo che ho creato dalla faccia della terra: l'uomo, la bestia, il rettile e gli uccelli del cielo, perché mi pento di averli creati".

Progettò di eliminare i peccatori empi e immorali dalla faccia della terra. E salvò Noè e la sua famiglia dando loro il progetto di costruire l'Arca. Incredibile, non è vero?

Genesi 6:8 Ma Noè trovò grazia agli occhi del Signore.

Noè costruì l'arca. Ci vollero quasi cento anni. Durante questo periodo, predicò al mondo di allontanarsi dalle vie malvagie. Al tempo di Noè, le persone si smarrirono e furono empie.

Matteo 24:38 Infatti, come nei giorni precedenti il diluvio mangiavano e bevevano, si sposavano e si davano in sposa, fino al giorno in cui Noè entrò nell'arca.

Noè era un uomo giusto e perfetto agli occhi di Dio. Noè camminava con Dio. Dio salvò lui e la sua famiglia.

Genesi 7:4 Ancora sette giorni e farò piovere sulla terra quaranta giorni e quaranta notti; e ogni essere vivente che ho fatto lo distruggerò dalla faccia della terra.

2 Pietro 2:5 Non risparmiò il mondo antico, ma salvò l'ottavo Noè, predicatore di giustizia, facendo cadere il diluvio sul mondo degli empi.

Dio vede l'asprezza del peccato prima di cancellarlo. Dio ci avverte di pentirci. Osserva quali sono i tipi di peccato, la loro gravità e le loro conseguenze. Poi applica il Suo giudizio.

Genesi 7:11 Nel seicentesimo anno di vita di Noè, nel secondo mese, il diciassettesimo giorno del mese, nello stesso giorno tutte le sorgenti del grande abisso si sciolsero e le caterratte del cielo si aprirono. 12 La pioggia cadde sulla terra per quaranta giorni e quaranta notti. 13 In quello stesso giorno entrarono Noè, Sem, Cam e Iafet, figli di Noè, la moglie di Noè e le tre mogli dei suoi figli con loro nell'arca.

Un altro esempio del giudizio di Dio contro il peccato. Prima di giudicare Sodoma e Gomorra, parlò con Abramo. A Dio interessa? Sì, gli interessa. Ecco perché ha parlato ad Abramo. Dio comunica con i giusti, non con i peccatori.

Genesi 19:29 Quando Dio distrusse le città della pianura, Dio si ricordò di Abramo e mandò Lot fuori dal mezzo della distruzione, quando distrusse le città in cui Lot abitava.

Dio è giusto. Quando giudica la terra o un individuo, deve seguire le Sue leggi stabilite per giudicare la Sua creazione. È un Dio giusto, equo e veritiero. Il Signore ha rivelato il piano ad Abramo prima di distruggere i peccatori della terra. Abramo li supplica.

Genesi 18:23 Abramo si avvicinò e disse: "Vuoi tu distruggere anche il giusto con l'empio? 25 È lontano da te fare così, uccidere il giusto con l'empio; e che il giusto sia come l'empio, è lontano da te; il Giudice di tutta la terra non farà forse il bene?"

Ha portato alla luce un Lot giusto e poi ha abbattuto quei peccatori con la città. Dio emette un giudizio giusto che non è per loro. Il Signore ha liberato il giusto Re Davide dal malvagio e ribelle Re Saul. Ha liberato Davide da molte prove e problemi.

Egli liberò Daniele in modo retto, chiudendo la bocca del Leone e inviando i suoi Angeli. Dio segue i Suoi precetti e le Sue leggi. Dio ha un super piano per agire e infrangere tutte le leggi naturali della terra. Grazie a Dio, Egli ha potere su tutti i piani distruttivi naturali per redimere in modo giusto. Può salvarvi dal fuoco. Dio ha salvato Shadrac, Meshac e Abdenego dal fuoco.

Daniele 3:19 Allora Nabucodonosor era pieno di furore e la forma del suo volto era cambiata nei confronti di Shadrac, Meshac e Abdenego; quindi parlò e ordinò che riscaldassero la fornace sette volte di più di quanto era solito riscaldarla.

Può camminare sull'acqua, dividere l'oceano e creare terra asciutta nel mare. Dio ha modi per salvare i giusti e preservarli da ogni male e pericolo.

Mi ha lasciato perplessa leggere la profezia della fine del tempo in Matteo 24, Luca 17,21 e Marco 13. Ho chiesto a Dio: "Signore, tu hai sempre liberato le persone dalla schiavitù, dalle malattie, dalla guerra e dai problemi. Qual è il piano di salvataggio per il tempo della fine? Deve essercene uno. Ti prego, mostrami come uscire da un tempo insopportabile della fine. Non posso immaginare il disastro, le calamità e la miseria, a meno che Egli non mi riveli come ha fatto con Noè, Abramo e altri uomini e donne giusti di Dio".

Le Scritture del tempo della fine riportano l'elenco delle calamità: terremoti in diversi luoghi. Le persone cercano il piacere e rompono la tregua. Vediamo una vita peccaminosa che ricorda il tempo di Noè, Sodoma e Gomorra. Il peccato è dilagato sulla terra. La rettitudine è scomparsa. Studiate questi capitoli, analizzate, scavate, considerate e vedete cosa e come si viveva in quei tempi e in quei giorni. Daniele ha parlato del tempo della fine.

Daniele 12:4 Ma tu, o Daniele, chiudi le parole e sigilla il libro fino al tempo della fine; molti correranno di qua e di là e la conoscenza aumenterà.

Ho chiesto a Dio come potevo sfuggire all'insopportabile periodo imminente.

1 Pietro 3:20 I quali a volte sono stati disubbidienti, mentre la longanimità di Dio ha atteso ai giorni di Noè, mentre si preparava l'arca, dove poche anime, cioè otto, furono salvate dall'acqua. 21 La stessa figura per cui il battesimo ci salva anche ora (non la rimozione delle impurità della carne, ma la risposta di una buona coscienza verso Dio) per mezzo della risurrezione di Gesù Cristo.

Il Battesimo d'acqua è il ponte per questo tempo di fuga. Il battesimo, nel nome di Gesù, cancellerà i vostri peccati.

Atti 2:38 Allora Pietro disse loro: "Pentitevi e ciascuno di voi sia battezzato nel nome di Gesù Cristo per la remissione dei peccati e riceverete il dono dello Spirito Santo".

Studiate il Libro degli Atti; è la Nuova Alleanza di Sangue per rimettere i nostri peccati. Un'altra arma potente è la preghiera.

Matteo 26:41 Vegliate e pregate perché non entriate in tentazione: lo spirito è disposto, ma la carne è debole.

Luca 21:35 Infatti, come un'insidia, essa piomberà su tutti quelli che abitano sulla faccia di tutta la terra. 36 Vegliate dunque e pregate sempre, affinché siate ritenuti degni di sfuggire a tutte queste cose che avverranno e di presentarvi davanti al Figlio dell'uomo.

PREGHIAMO

Signore, aiutaci a essere pronti. Liberaci dalla trappola di questo mondo. Liberaci dal sistema del mondo. Il Signore ci dà lo spirito di preghiera. Vi prego di andare nell'acqua nel nome di Gesù e sperimentare un potente intervento chirurgico nella coscienza. Che il potere del peccato si stacchi dalla nostra anima, dal nostro spirito e dal nostro corpo. Il Signore vi benedica nel nome di Gesù. Amen! Dio vi benedica!

25 GENNAIO

AVETE POSTO PER ME?

Dio è uno Spirito che cerca una stanza per abitare nel vostro corpo.

Giovanni 4:24 Dio è uno Spirito

1 Corinzi 6:19 Cosa? Non sapete che il vostro corpo è il tempio dello Spirito Santo che è in voi, che avete da Dio e non siete voi stessi?

Lo Spirito di Geova si è fatto carne, è venuto con il nome più alto, Gesù sulla terra. Gesù Bambino non ha trovato un posto dove nascere. Se il Signore Gesù sta bussando alla porta del vostro cuore, vi prego di aprirla. Lasciatelo entrare per compiere un'opera potente attraverso di voi. Gli permetterete di entrare?

Apocalisse 3:20 Ecco, io sto alla porta e busso; se qualcuno ascolta la mia voce e apre la porta, io entrerò da lui, mi fermerò a mangiare con lui ed egli con me.

In questa dispensazione, il nostro corpo è il tempio dello Spirito di Dio, non l'edificio artificiale che chiamiamo "chiesa". Un tempo lo Spirito di Dio abitava nel tempio di Gerusalemme. Quando il servizio del tempio fu corrotto e la gente perse la retta via, lo Spirito di Dio uscì. Egli vuole usare il vostro corpo come tempio, se vi siete pentiti e purificati battezzandovi nel nome di Gesù. Non contaminate il tempio dove abita lo Spirito di Dio. Fate spazio per Lui.

1 Corinzi 3:16 Non sapete che siete il tempio di Dio e che lo Spirito di Dio abita in voi?

Dio, il vostro creatore, è gentile. Ha bisogno del vostro permesso, della vostra approvazione. Non ha mai creato come un robot. Ha dato loro il libero arbitrio. Quando Gesù camminava sulla terra, dimorava tra i discepoli. Gesù ha terminato il suo lavoro di sacrificio con lo spargimento di sangue ed è tornato come Spirito Santo. Il suo spirito può vivere in voi se avete lavato i peccati nel Suo sangue.

Giovanni 14:16 Io pregherò il Padre ed egli vi darà un altro Consolatore, perché rimanga con voi per sempre; 17 lo Spirito della verità, che il mondo non può ricevere, perché non lo vede e non lo conosce; ma voi lo conoscete, perché egli abita con voi e sarà in voi. 23 Gesù rispose e gli disse: "Se uno mi ama, osserverà le mie parole; e il Padre mio lo amerà e noi verremo a lui e prenderemo dimora presso di lui".

Questo dice di nuovo uno Spirito di Dio, lo Spirito Santo in voi. Dopo la risurrezione, Gesù è tornato a essere uno spirito.

Dio vuole sempre stare con la Sua creazione. Ha creato l'Uomo per avere una relazione con noi. Come un padre vuole avere un rapporto con i suoi figli. I padri e le madri desiderano vivere per sempre con i loro figli. Non lo vediamo forse nella Bibbia? Giacobbe, Abramo e Isacco sono rimasti con la loro prole. Certo, viviamo in un mondo confuso e folle. I figli non hanno nulla a che fare con i genitori. Anche la generazione perduta non ha nulla a che fare con il Padre celeste.

Dio può operare in modo soprannaturale se gli permettete di venire e rimanere dentro di voi. La Bibbia dice nella Bibbia Amplificata:

1 Corinzi 12:4 Ora, ci sono varietà [distinte] di doni spirituali [capacità speciali date dalla grazia e dalla straordinaria potenza dello Spirito Santo che opera nei credenti], ma è lo stesso Spirito [che li concede e dà potere ai credenti]. 5 E ci sono varietà [distinte] di ministeri e di servizio, ma è lo stesso Signore [che viene servito]. 6 E ci sono modi di operare [per realizzare le cose], ma è lo stesso Dio che produce ogni cosa in tutti i credenti [ispirandoli, energizzandoli e potenziandoli].

Stesso Spirito, stesso Signore e stesso Dio, poiché un solo Dio fa tutto. Lo Spirito di Dio ha svolto un ruolo diverso nel salvare la Sua creazione nelle diverse dispensazioni. La Sua nuova posizione aveva anche un nuovo titolo adatto al ruolo. In questo tempo della fine, il Suo Spirito opera inabissandosi nel nostro corpo. Il Signore Gesù farà opere potenti attraverso di voi, se lo lascerete entrare.

Zaccaria 4:6 Allora egli rispose e mi parlò, dicendo: "Questa è la parola del Signore a Zorobabele, che dice: Non per forza né per potenza, ma per il mio spirito, dice il Signore degli eserciti".

Vincerò la battaglia attraverso lo Spirito di Dio, se mi arrenderò ad esso.

In ogni caso, il mondo reale è il mondo invisibile degli spiriti. Ci sono molti tipi di spiriti, quindi fate attenzione a non aprirvi a quelli maligni. Lo Spirito di Verità è lo Spirito di Dio. Ricordate, permettete al Signore di entrare quando bussa. Dovete desiderare che lo Spirito faccia cose potenti attraverso di voi.

1 Corinzi 12:31a Ma desiderate ardentemente i doni migliori: Secondo 1 Corinzi 12:8-10, desiderate e chiedete a Dio di venire ad avere il Suo ufficio dentro di voi.

Lasciate che i doni spirituali, che sono conoscenza, saggezza, miracoli, fede, guarigione, lingue diverse, interpretazione delle lingue, discernimento degli spiriti e profezia, operino attraverso di voi. Questi doni provengono dal Suo Spirito. È lo stesso Signore, Dio e Spirito, ma opera in modo unico attraverso di voi. Voi diventate l'ufficio dello Spirito di Dio. Lui amministrerà il resto. Quando non vedete i doni spirituali in funzione, significa che lo stesso Signore, lo stesso spirito, lo stesso Dio è assente. Lo Spirito non è lì per compiere tutta quest'opera.

Ho frequentato (per cinque anni) il santuario dove i miracoli sono normali. Il pastore chiama le persone e fornisce tutte le informazioni come quelle date dalle risonanze magnetiche, dalle radiografie o da altre macchine diagnostiche. Ho avuto a che fare con molti santi dotati di Spirito e ho visto crescere gambe e braccia.

I demoni daranno informazioni e vedranno molti miracoli. Frequento un secolo chiamato Chiesa del Nido dell'Aquila. Il pastore opera attraverso tutti i nove doni. Il pastore ha permesso a Gesù di venire a mangiare. Lo Spirito Santo darà tutte le informazioni, come il nome dei nipoti, il numero di telefono, il numero di casa e altri dettagli. All'inizio non riuscivo a capire, ma ora so che lo Spirito di Dio è in lui e ha fatto tutto. Capisco che questo è ciò che Dio vuole fare per edificare la Sua unica chiesa. Dando nove doni dello Spirito, Egli vi metterà in condizione di compiere opere soprannaturali. Voi diventate la Sua residenza e Lui farà il resto.

Paolo era solo un uomo, ma il Dio vivente in lui amministrava operazioni speciali. Dio faceva sapere alle persone che le amava e si preoccupava per loro. Dio non solo dà informazioni, ma sa anche come risolvere i vostri problemi. Egli vi ama e, se glielo permettete, può fare cose grandi e potenti. Dio desidera guarire i cuori spezzati, le malattie e le infermità ed espellere i demoni. Dio dà una guida e una direzione divina per il futuro. Dio dona la prosperità divina. Gesù non vuole che il Suo popolo sia stregato da farmacisti che applicano droghe sulla sua creazione.

Gesù vi chiede se può vivere in voi. Per favore, fate spazio...

Il Signore Gesù dice: "Il vostro corpo è il mio tempio, la mia casa. Non voglio che Satana entri nel tuo corpo e spenda tutto il tuo denaro, la tua salute o la tua ricchezza. Io sono qui per te. Lasciami entrare". Il Signore Gesù ha bisogno di una stanza nel vostro tempio. Il vostro corpo è la residenza di Dio.

PREGHIAMO

Padre celeste, Signore e Salvatore, donaci l'amore per i doni dello spirito. Donami desiderio di tutti i doni spirituali in modo che io possa diventare un vaso fecondo e benedetto per Gesù.

Maria ha detto: "Così sia". Diciamo: "Sì, Signore, entra, mangia con me". Ti permetterò di venire e di fare ogni cosa. Voglio darti gloria e lode nel nome di Gesù! Dimora in me, Signore, nel nome di Gesù, Amen! Dio ti benedica!

26 GENNAIO

IL VOSTRO INCARICO NEL REGNO!

Dio ha creato l'uomo con uno scopo. Egli è colui che dà un incarico che non è difficile o impossibile da svolgere. Dio ha dato ad Adamo il compito di vestire il giardino dell'Eden. Non ha creato l'uomo senza uno scopo. Noi ci perdiamo dimenticando, gettandoci via, oppure per negligenza e disattenzione. Noi pianifichiamo oltre al piano di Dio. Quando un datore di lavoro vi assume, non potete andare oltre le descrizioni delle mansioni. Si esegue il lavoro per il quale si è stati assunti al meglio delle proprie capacità. Se lo fate, potrete mantenere il posto di lavoro.

Se vi assumono per predicare il Vangelo e voi progettate di uccidere il capo e prendere trenta monete d'argento, le conseguenze saranno brutte e tristi. Eli, il sommo sacerdote, è stato assunto per sorvegliare gli israeliti e insegnare e guidare la Torah di Dio. Eli deve osservarla e insegnare a tutti a fare lo stesso. Nell'opera di Dio, nessun favoritismo. Nessun vantaggio personale per la propria famiglia, nazione, colore o aspetto. Non lasciatevi accecare dalle tangenti. Osservate ciò che dice Dio; io non cambio. Dio è la Bibbia. La Bibbia è Dio.

Ricordiamo che l'autorità ha una descrizione delle sue mansioni. Leggiamo cosa dice.

Efesini 4:11 Ad alcuni diede degli apostoli, ad altri dei profeti, ad altri degli evangelisti, ad altri ancora dei pastori e degli insegnanti.

Perché? Qual è la loro responsabilità di divertirsi, andare a giocare a golf, pescare, andare in vacanza, mangiare e bere? No. Ci disciplinano come ha fatto Gesù. Vanno a lavorare sul campo come ha fatto Gesù.

12 Per il perfezionamento dei santi, per l'opera del ministero, per l'edificazione del corpo di Cristo:
13 finché tutti giungiamo all'unità della fede e della conoscenza del Figlio di Dio, all'uomo perfetto, alla misura della statura della pienezza di Cristo.

Ma se non svolgono il loro compito, fate attenzione. Se sono come il sacerdote Eli, i Re come Salomone e Saul, o Esaù, il risultato sarà lo stesso: o si fa o lo si perde. Le scelte sono vostre.

1 Giovanni 4:1 - Amati, non credete a ogni spirito, ma provate gli spiriti se sono da Dio; perché molti falsi profeti sono usciti nel mondo.

Potreste dire: qual è la mia vocazione? Predicate il Vangelo con la prova di scacciare un demone, di guarire i malati e di battezzarli nel nome di Gesù. Fate attenzione alle vostre azioni. Cercate prima il regno di Dio. Il Suo regno è in cielo e in terra, se glielo permettete. Il popolo di Israele ha rifiutato la regalità di Dio. Non fatelo. Sottomettetevi. Fate come è stato detto. La vita potrebbe essere come nel giardino dell'Eden, bellissima. Tutte le cose saranno aggiunte. Le strade, le autostrade, i ponti della vostra relazione con Dio, e le benedizioni saranno riparate. Vi conosceranno come popolo peculiare, generazione eletta. Vedrete i miracoli. Il vostro Dio opererà se lo ascolterete.

Giosuè 23:10 Un solo uomo di voi ne inseguirà mille, perché il Signore, il vostro Dio, è lui che combatte per voi, come vi ha promesso.

Matteo 7:15 - Guardatevi dai falsi profeti, che vengono a voi in veste di pecore, ma in realtà sono lupi rapaci.

Prendetevi cura del vostro incarico. Leggete la Bibbia e imparate attraverso lo Spirito Santo credendo e obbedendo. Non pensate che il pastore, il prete, il re o qualsiasi altra razza umana siano una scusa. Ci si può chiedere perché queste persone non siano state giudicate anche se non camminano, non vivono come dice il Signore.

Ricordate, una volta che Dio assegna dei posti di lavoro, e essi disobbediscono, Egli non opera attraverso di loro, ma rimangono in quelle posizioni finché non muoiono o vengono uccisi. Il Re Saul fu respinto, ma rimase re fino alla morte; fu re per quarant'anni. Così come il Re Salomone; Eli morì a novantotto anni. Fino a quel momento Eli aveva lavorato come sommo sacerdote. Quindi, a volte vedete questo; allora non scoraggiatevi. Dio non opera attraverso di loro, perché hanno rifiutato Dio e quindi Egli li rifiuta. Gli esseri umani hanno sempre una scelta e subiscono le conseguenze del loro smarrimento.

Permettetemi di raccontare una storia. Una volta un contadino andò in chiesa.

La gente di quella chiesa era offesa da quel povero contadino. I suoi vestiti non erano belli, si era seduto sul sedile di qualcuno e aveva parcheggiato dove di solito parcheggiavano loro. Così, i membri della chiesa si arrabbiarono e si comportarono male con lui. Il contadino andò da Dio e disse: "Signore, queste persone della chiesa non sono amichevoli con me". Dio gli chiese quale chiesa. Egli diede a Dio tutte le informazioni su di essa. Gesù rispose: "Non lo so, perché non sono mai stato in quella chiesa". Quindi, gente, andate dove va Dio. Se Lui è lì, vedrete tutto ciò che promette di accadere nella Chiesa. Cosa farete per Dio? Dio ci ha dato una chiamata e un incarico. Inoltre, cerca continuamente di occupare ogni posizione. Mentre lasciava la terra, Gesù ha portato a termine la sua missione e ci ha dato un incarico. Marco 16... andate a predicare il Vangelo con la potenza del Suo Spirito Santo che infonde. Ci ha dato un incarico per continuare i progetti di guarigione dei malati, di scacciare i demoni, di guarire i cuori spezzati e di liberare i prigionieri dalle mani di Satana.

Che cosa state facendo? Gesù non ha mai fatto discepoli perché potessero sedersi sui banchi, mangiare e pensare di essere salvati. Gesù lavorava sodo, e così i suoi discepoli. Siete seguaci di Gesù o seguaci delle cosiddette chiese e organizzazioni di pastori?

Avete un incarico. Ha formato dei discepoli e poi se n'è andato, dicendo: "Terry, stai qui finché non riceverai il Suo Spirito". Perché? Gesù verrà a fare tutto. È la potenza dello Spirito; come ci è stato detto in Atti 1:8, lo Spirito Santo vi darà potenza, e in Zaccaria 4:6, per mezzo del tuo Spirito. Non impressionatevi con titoli, lauree o conoscenze. La prova dei lavoratori di Gesù è che un segno li seguirà.

Parlano in lingue, scacciano i demoni, risuscitano i morti e guariscono i malati. Sì, allora credetegli. Altrimenti, fuggite dalla contraffazione. Dio non opera attraverso di loro. Gesù non è in quella chiesa. Fate il vostro lavoro come siete stati chiamati a fare.

Luca 4:18 Lo Spirito del Signore è su di me perché mi ha unto per predicare il Vangelo ai poveri; mi ha mandato a guarire i cuori spezzati, a predicare la liberazione dei prigionieri, a ridare la vista ai ciechi, a rimettere in libertà i feriti, e questo è il vostro lavoro ora.

PREGHIAMO

Pregate che il Signore vi unga per il Suo regno e che operiate per Lui con segni e prodigi. I cuori delle persone sono liberi, così Gesù ottiene tutta la gloria come Re e Signore del Signore. Prego che voi sentiate all'ingresso della porta perlata: "lavoro ben fatto!". Nel nome di Gesù. Amen! Dio vi benedica!

27 GENNAIO

IL POTERE DELLA GRATITUDINE!

Grazie" è una parola meravigliosa. Quando si dice "grazie", il gioco cambia. Il contrario di "grazie" è la mancanza di gratitudine, lamentele, mormorii e atteggiamenti noncuranti.

Il Signore ha detto che le vostre lamentele e mormorii sono giunti al Suo orecchio. Le persone riconoscenti non perderanno mai la salvezza. Che cos'è la salvezza? La parola "salvezza" significa guarigione, vittoria, aiuto e liberazione. Il Signore ha liberato gli ebrei dalla schiavitù e li ha liberati da persone dure. Invece di essere grati, dimenticarono il dolore e la sofferenza, e così mormorarono e si lamentarono.

Numeri 14:27 Fino a quando sopporterò questa malvagia comunità che mormora contro di me? Ho sentito i mormorii dei figli d'Israele, che mormorano contro di me. 28 Di' loro: "In verità, io vivo", dice l'Eterno: "Come avete parlato ai miei orecchi, così farò a voi": 29 Le vostre carcasse cadranno in questo deserto; e tutti quelli che erano stati censiti tra di voi, secondo il vostro intero numero, dall'età di vent'anni in su, e che hanno mormorato contro di me, 30 senza dubbio non entrerete nel paese che ho giurato di farvi abitare, tranne Caleb, figlio di Gefunne, e Giosuè, figlio di Nun.

Tutto sta nelle parole e nell'atteggiamento. Erano in viaggio verso la bellissima terra promessa piena di latte e miele, ma non riuscirono a raggiungerla. Che storia triste! Il Signore ama benedirci e mantiene le Sue promesse se ci ricordiamo della Sua bontà e mostriamo gratitudine.

"Anche se non avete ancora raggiunto il traguardo, lavorate sodo con diligenza e tenacia!". - Ernest Agyemang Yeboah.

Finite bene! Il cuore deve essere grato, non solo la lingua e le labbra.

Salmo 100:4 Entrate nelle sue porte con rendimento di grazie e nei suoi cortili con lode; siate grati a lui e benedite il suo nome.

Iniziare la preghiera con un ringraziamento e non con una lamentela. Il ringraziamento è un sacrificio. Forse state male durante la prova, ma quando entrate alla Sua presenza, iniziate a ringraziare. Riceverete tutta l'attenzione di Dio. Il Suo orecchio sarà attento a sentire le vostre parole. Sarà più che felice di aiutarvi e benedirvi. Provate.

L'ho fatto per alcuni anni, quando mi ammalavo molto.

C'è stato un periodo in cui stavo attraversando un processo infuocato. Ero molto malata e su una sedia a rotelle. Non ero riuscita a dormire per quasi due giorni e notti di fila, in agonia da anni. Iniziavo sempre la preghiera mattutina controllando il mio cuore. Volevo assicurarmi che il mio cuore fosse pulito, e ne sono grata. Il Signore è il mio guaritore; mi farà camminare e mi farà uscire da una prova infuocata. Avevo bisogno di essere grata durante questa prova. Per prima cosa, al mattino, ho detto: "Signore, ti ringrazio per questa prova perché un giorno camminerò e correrò". Il dolore era insopportabile. Molte volte sono crollata. Non c'era un punto del mio corpo in cui avessi un po' di sollievo. Era un tetto. Ho perso la memoria e il lavoro. Ma non ho mai perso la speranza e la gratitudine. Dio mi ha fatto una promessa e io l'ho mantenuta.

Proverbio 4:12 Quando vai, i tuoi passi non saranno stretti e quando corri non inciamperai.

Vedo persone che si lamentano dei loro vestiti, del cibo e del loro aspetto. Che cos'è? Chi vi ha dato tutto? Guardate fuori. La gente dorme nella sporcizia e indossa vestiti sporchi, e nessuno se ne preoccupa. Perché? Pensate che potete perdere quello che avete se non siete riconoscenti.

Dio ama le persone riconoscenti. Vedete il potere del cuore riconoscente.

Luca 17:12 Mentre entrava in un certo villaggio, gli si fecero incontro dieci uomini lebbrosi che stavano in disparte; 13 e, alzando la voce, dicevano: "Gesù, Maestro, abbi pietà di noi". 14 E quando li vide, disse loro: "Andate a presentarvi ai sacerdoti". E avvenne che, mentre andavano, furono purificati. 15 E uno di loro, vedendo che era stato guarito, si voltò indietro e a gran voce glorificò Dio, 16 e cadde con la faccia ai suoi piedi, rendendogli grazie; ed era un samaritano. 17 E Gesù, rispondendo, disse: "Non sono stati purificati dieci? Ma dove sono i nove? 18 Non se ne trovano che siano tornati a rendere gloria a Dio, tranne questo straniero. 19 E gli disse: "Alzati, va' per la tua strada; la tua fede ti ha reso integro".

Qual è il significato di "intero"? Significa assolutamente perfetto nel corpo, nell'anima e nello spirito. Completamente sicuro, pacifico e sano.

Anni fa, era nostra usanza avere un momento di testimonianza. Ho imparato molto da quel servizio. Durante il tempo della testimonianza, le persone testimoniano la bontà di Dio. Ho visto il popolo di Dio danzare e ringraziare il Signore. Dovete ringraziare Dio. Inoltre, siate grati a chiunque vi aiuti. È una parola magica, tanto che le persone amano fare ancora di più per voi. Sì, proprio come Dio, ha reso l'uomo integro e completo quando è tornato a ringraziarlo.

Abbiamo bisogno di una generazione riconoscente che possa dire: "Signore, ti ringrazio per la libertà di culto, per l'abbondanza di cibo e per le grandi provvidenze. Come posso ringraziarti abbastanza per quello che hai fatto per me?". Quando ringrazierete Dio, vedrete i cambiamenti in voi. Cambiate il vostro atteggiamento, cambiate il vostro ambiente e il cielo vi benedirà. Che il Signore ci dia il cuore di contare le benedizioni in modo da poter vedere il potere nascosto nella gratitudine! Dio vi benedica!

PREGHIAMO

Dio, concedici un cuore grato affinché anche noi possiamo diventare integri e completi. Dio, ti prego, donaci il massimo livello di comprensione per conoscere e capire che ti stai occupando del nostro problema. La lebbra, la cecità, la povertà, la malattia o qualsiasi altro problema non sono nulla. Entriamo con il ringraziamento nel cuore quando ci svegliamo con il ringraziamento sulle labbra. Signore, siamo grati per il nostro lavoro e la nostra famiglia. Siamo grati per il vero Dio. Che il Signore Gesù vi conservi sani, salvi e completi nel nome di Gesù. Amen! Dio vi benedica!

28 GENNAIO

DO UNA RICOMPENSA ALLE VOSTRE AZIONI!

Considerate la terra come un palcoscenico e voi siete un attore e un'attrice che recita come persona buona o cattiva. Le vostre azioni determinano il vostro destino. Le vostre azioni portano benedizioni o maledizioni per voi e per la generazione che verrà dopo di voi. Le azioni hanno un effetto più significativo sulla nostra vita di quello che dice il diavolo. Il risultato sarà sulla base delle vostre azioni. La Bibbia è un libro d'azione. Vengono dati avvertimenti scritti con molti esempi di ciò che le vostre azioni comporteranno. È un libro scritto da Dio e dettato da quaranta persone in epoche, tempi e luoghi diversi. È stato scritto 1500 anni fa. Il libro contiene storie reali di persone che hanno agito bene o male. Voi finirete in un modo o nell'altro in base alle vostre azioni. Quindi ricordate che siete voi l'attore/attrice che viene chiamata sul palcoscenico della terra. Non sarete mai dimenticati. C'è un libro in cielo che registra tutte le vostre azioni. Nel giorno del giudizio, Dio lo aprirà per giudicarvi. Non potrete negarlo perché ci sarà la registrazione delle vostre azioni.

Se volete essere un attore popolare, le vostre parole e azioni devono essere come quelle di Davide. Davide disse: "Non toccate l'unto di Dio. Chi può sfuggire a Dio?" Nel dramma di Dio, Egli ha chiamato le persone a svolgere un ruolo di amore, desiderio e sincerità. Dio ha scelto persone diverse per interpretare il ruolo di profeta, pastore, re, pazzo, assassino e predicatore. Dipende da ciò che si ha nel cuore. Dio ha riportato molti esempi nel suo libro chiamato Bibbia.

Alcune persone si svegliano, dormono e non conoscono nemmeno il creatore e il Suo programma. Non conoscono Dio. Si dimenticano di agire e reagire correttamente. Pur vivendo, lo fanno in modo monotono e senza speranza e finiscono per avere storie tristi. La Terra è il vostro palcoscenico e la Bibbia è il vostro copione. Se scegliete il ruolo giusto guardando alle Sue leggi, ai Suoi precetti e ai Suoi comandamenti, Dio vi ammirerà. Se siete avidi, lo dimostrerete nelle vostre azioni. Ma è il Signore che rimane fedele alla Sua parola. Chi fa promesse ha un libro aperto a portata di mano. Raggiungetelo, scegliete il vostro copione e agite.

Ebrei 12:1 Poiché anche noi siamo circondati da una così grande nuvola di testimoni, lasciamo da parte ogni peso e il peccato che ci assale così facilmente, e corriamo con pazienza la corsa che ci è posta davanti, 2 guardando a Gesù, autore e perfezionatore della nostra fede, che per la gioia che gli è stata posta davanti ha sopportato la croce, disprezzando l'onta, e siede alla destra del trono di Dio.

Gesù inizierà a scrivere mentre voi agite. È Lui l'autore.

Cercate il vostro ruolo, compiacendo Dio. Egli vi userà nel suo dramma e vi ricompenserà. Il successo degli attori di Hollywood e di Bollywood si misura in base ai soldi che guadagnano. Non lasciatevi ingannare dalla loro ricchezza. La Terra è un palcoscenico dove si recita per essere scelti. Vedete le star del cinema e i soldi che guadagnano, l'auto che guidano e la casa in cui vivono e muoiono come degli sciocchi. Io vorrei invece scegliere il ruolo della rettitudine che mi permette di ricevere una pensione permanente in cielo. È la pace eterna, la salute, la gioia, il benessere e molto altro ancora per aver svolto un ruolo di sofferenza per la verità sulla terra.

Le vostre azioni hanno una ricompensa.

Ebrei 11:6 Ma senza la fede è impossibile piacergli; perché chi viene a Dio deve credere che egli è e che ricompensa coloro che lo cercano diligentemente.

Wow! I vostri figli erediteranno una ricompensa per le vostre azioni!

Salmi 37:25 Sono stato giovane e ora sono vecchio; eppure non ho visto il giusto abbandonato, né la sua discendenza mendicare il pane.

Il ruolo migliore è quello del giusto. Ho visto bambini chiedere l'elemosina per il pane. Sono i figli degli ingiusti. Le persone guadagnano molto denaro, ma questi non sono mai abbastanza. Perché? Perché hanno scelto il ruolo sbagliato. Un uomo che sceglie il ruolo dell'adulterio perde la sua anima. Ha agito come un pazzo.

Proverbio 6:32 Ma chi commette adulterio con una donna manca di intelligenza; chi lo fa distrugge la propria anima. 33 Si procurerà una ferita e un disonore, e il suo biasimo non sarà cancellato.

Esaù ha sempre giocato il ruolo dello sciocco, anche nella scelta delle mogli. Sua madre (Rebecca):

Genesi 27:46 Rebecca disse a Isacco: "Sono stanca della mia vita a causa delle figlie di Heth; se Giacobbe prende in moglie una delle figlie di Heth, come quelle che sono le figlie del paese, che vantaggio mi darà la mia vita?"

Ruth 1:16 Ruth rispose: "Non mi lasciare e non tornare a seguirti, perché dove tu andrai, io andrò e dove tu alloggerai, io alloggerò; il tuo popolo sarà il mio popolo e il tuo Dio il mio Dio".

Ruth ha scelto il ruolo di donna virtuosa.

Ruth 3:11 Ora, figlia mia, non temere; farò tutto ciò che desideri, perché tutta la città del mio popolo sa che sei una donna virtuosa.

Ruth era la bisnonna del Re Davide e il Messia veniva dalla discendenza di Davide. Ha scelto un ruolo saggio. È stata una grande attrice sulla terra. Anche Maria, Ester e molte altre grandi donne hanno scelto il loro ruolo con saggezza, senza farsi spaventare dalle leggi, dalla società e dalla vergogna della morte. Il ruolo più complesso che sia mai stato svolto è stato quello di Dio, che ha indossato la carne e si è comportato come un essere umano. Ha accettato la sofferenza, il dolore, il rifiuto, gli sputi e le frustate e ha ricevuto il premio più grande.

Luca 22:42 dicendo: "Padre, se vuoi, allontana da me questo calice; tuttavia non la mia volontà, ma la tua sia fatta".

Poiché Gesù ha scelto questo ruolo, leggiamo ciò che la Bibbia dice di Lui.

Filippesi 2:5 Sia in voi questa mente, che era anche in Cristo Gesù: 6 il quale, essendo in forma di Dio, non ritenne una rapina l'essere uguale a Dio; 7 ma, non avendo alcuna reputazione, assunse la forma di servo e fu fatto a somiglianza degli uomini; 8 ed essendo stato trovato in sembianze di uomo, umiliò se stesso e divenne ubbidiente fino alla morte, anche alla morte di croce. 9 Perciò Dio lo ha anche altamente esaltato e gli ha dato un nome che è al di sopra di ogni nome; 10 perché al nome di Gesù ogni ginocchio si pieghi, sia delle cose del cielo, sia delle cose della terra, sia delle cose sotto terra; 11 e perché ogni lingua confessi che Gesù Cristo è il Signore, a gloria di Dio Padre.

Tutte le vostre azioni sono negative o positive, di credito o di debito, di benedizione o di maledizione. Scegliete con saggezza il vostro ruolo e le vostre azioni, perché hanno una benedizione e una maledizione. Nessuno sfugge alla ricompensa e al giudizio di Dio. Cerchiamo di essere saggi. Chiedete la saggezza quando vi svegliate. "Cosa posso fare oggi per te, Signore? Ti prego, guidami sulla retta via affinché io viva e agisca santamente".

PREGHIAMO

Caro Dio dei cieli, che mostri misericordia alle mille generazioni. Signore, ti chiedo di benedire il tuo popolo con la saggezza, la conoscenza e la. comprensione dall'alto. Aiuta il tuo popolo a scegliere il bene e a non lasciarsi ingannare da ciò che lo circonda. Non lasciare che nulla del mondo ci inganni. Oggi scegliamo di servire il Dio invisibile, la cui ricompensa è visibile. Le Sue benedizioni sono visibili. La Sua misericordia, la Sua pace e la Sua speranza saranno nostre quando sceglieremo il ruolo del giusto. Signore, scrivi la tua parola nel nostro cuore e nella nostra mente per essere come Cristo. Che il Signore esaudisca le vostre richieste e vi dia il ruolo di benedizione per voi, per i vostri figli e per mille generazioni dopo di voi, nel nome di Gesù. Amen! Dio vi benedica!

29 GENNAIO

TERRA!

La terra rappresenta la nostra carne umana. Dio ha formato noi uomini dalla terra. Dalla terra, dall'argilla o dalla sporcizia nasce la carne umana. Quando gli uomini muoiono, tornano di nuovo alla terra. Quando si porta la sporcizia in casa, non si sa di chi sia la carne che si è portata dentro. La terra ha un legame significativo con la nostra vita.

Molte culture asiatiche non permettono di entrare in casa con le scarpe. Gli adoratori di idoli si tolgono le scarpe prima di entrare in casa. Poiché sono cresciuta in India, so che devo togliermi le scarpe quando entro in una casa indù. Una volta, una persona mi chiamò dall'India per chiedere aiuto spirituale. La storia che mi hanno raccontato mi ha stupito. Si trattava di una casa cristiana con un attacco costante da parte dei demoni della madre e della figlia. Furono uccise e sepolte sotto quella casa. Qui casa cristiana significa cristiano religioso.

Su quel terreno costruirono la casa. Il nuovo proprietario aveva occupato il posto.

In quella casa regnava il caos nella vita di tutti. Non avevano informazioni sulla donna e sulla figlia sepolte sotto la loro proprietà. C'era un attacco continuo a ciascuno dei membri. Le persone in quella casa erano oppresse, depresse, malate di mente e possedute. La famiglia ha vissuto una prova orribile. La maggior parte della famiglia lasciò quella casa per altre nazioni. Due di questi membri della famiglia continuarono a vivere nella stessa casa. Questa coppia stava vivendo un periodo orribile. La notte era il momento peggiore. Questi spiriti li tormentavano e li picchiavano. Ora, lo spirito maligno è aria o pneuma e non può far male se non entra nel corpo. Ma deve trattarsi di un angelo caduto, poiché può assumere qualsiasi forma e avere l'aspetto e le nostre funzioni. La famiglia non riusciva a dormire la notte perché aveva paura.

Quando ho chiamato, mi hanno informato di aver visto e sentito una donna con una bambina.

Non riuscivano a trovare aiuto spirituale dai cristiani di quella zona. La gente capisce che vuole aiuto ma non vuole la verità. Il loro collega sapeva che qualcuno in una moschea musulmana avrebbe potuto aiutarli. Un amico ha suggerito di farsi aiutare da un sacerdote musulmano e loro hanno accettato. Non so come si chiami questo tipo di moschea. Il capo spirituale musulmano chiese loro di spazzare la sporcizia della loro casa, di raccoglierla e di riportarla su un foglio bianco. E loro l'hanno fatto. Davanti a questa coppia, un leader spirituale musulmano brucia la carta con lo sporco. Sulla carta bruciata è apparsa la scritta: "Andrò, ma prima vi distruggerò, poi me ne andrò". Sappiamo che Satana viene per rubare, uccidere e distruggere. Non mi ha sorpresa quello che lo spirito ha scritto sulla carta bruciata.

Sappiamo che la terra di quella donna sepolta e di sua figlia era lì. Sono loro che hanno scritto questa frase sulla carta bruciata. Avete mai sperimentato un demone che sale dai vostri piedi? Sì, sempre, da quando camminiamo sulla terra. Perché la terra? Beh, Dio ci ha creati con la terra. Non c'è da stupirsi che quando portiamo la sporcizia nelle nostre case, riceviamo lo spirito di qualcuno.

Genesi 2:7 L'Eterno Dio formò l'uomo dalla polvere del suolo, gli soffiò nelle narici l'alito di vita e l'uomo divenne un'anima vivente.

Genesi 3:19 Con il sudore del tuo volto mangerai il pane, finché non ritornerai al suolo, perché da esso sei stato tratto; perché polvere sei e in polvere ritornerai. 20 Tutti vanno in un luogo; tutti sono di polvere e tutti ritornano in polvere.

Quando una persona muore, diventa di nuovo terra. Wow, la Bibbia è un vero libro di conoscenza!

Ecclesiaste 12:7 Allora la polvere tornerà alla terra com'era, e lo spirito tornerà a Dio che l'ha dato. 1

Corinzi 15:47 Il primo uomo è della terra, è terrestre.

Dio ha fatto l'uomo con la terra. Ecco perché la sporcizia ascolta ciò che si dice. Lo sporco sarà un testimone potente nel giorno del giudizio.

Matteo 10:14 A chiunque non vi accoglierà, e non ascolterà le vostre parole, quando uscirete da quella casa o da quella città, scuotete la polvere dei vostri piedi.

Luca 9:5 E chiunque non vi accoglierà, quando uscirete da quella città, scuotete la polvere dei vostri piedi come testimonianza contro di loro.

Ai tempi di Mosè si usava la terra. Ha il potere di testimoniare se la moglie ha sbagliato?

Numeri 5:11 Il Signore parlò a Mosè dicendo: "12 Parla ai figli d'Israele e di' loro: "Se la moglie di un uomo si allontana e commette un'infrazione contro di lui, 13 e un uomo giace con lei carnalmente, e la cosa viene nascosta agli occhi del marito, e viene tenuta in disparte, e viene contaminata, e non c'è nessun testimone contro di lei, e non viene presa con le maniere; 14 e lo spirito di gelosia viene su di lui, ed egli è geloso di sua moglie, ed ella viene contaminata: oppure se lo spirito di gelosia viene su di lui ed egli è geloso di sua moglie e lei non è contaminata; 15 allora l'uomo condurrà sua moglie dal sacerdote ed egli porterà la sua offerta per lei, la decima parte di un'efa di farina d'orzo; non vi verserà sopra olio e non vi metterà sopra incenso, perché è un'offerta di gelosia, un'offerta commemorativa, per ricordare l'iniquità. 16 Il sacerdote la farà avvicinare e la porrà davanti al Signore; 17 il sacerdote prenderà dell'acqua benedetta in un vaso di terra; prenderà della polvere che si trova sul pavimento della tenda e la metterà nell'acqua; 18 il sacerdote porrà la donna davanti al Signore, le scoprirà il capo e metterà nelle sue mani l'offerta commemorativa, che è l'offerta di gelosia: e il sacerdote avrà in mano l'acqua amara che causa la maledizione; 19 e il sacerdote la accuserà con un giuramento e dirà alla donna: "Se nessun uomo ha giaciuto con te e se non sei passata all'impurità con un altro al posto di tuo marito, sii libera da quest'acqua amara che causa la maledizione; 20 ma se sei passata all'impurità con un altro al posto di tuo marito e se sei contaminata e un uomo ha giaciuto con te al posto di tuo marito": 21 allora il sacerdote imporrà alla donna un giuramento di maledizione e il sacerdote dirà alla donna: "Il Signore ti renderà una maledizione e un giuramento tra il tuo popolo, quando il Signore farà marcire la tua coscia e gonfiare il tuo ventre; 22 e quest'acqua che causa la maledizione entrerà nelle tue viscere, per far gonfiare il tuo ventre e far marcire la tua coscia": E la donna dirà:

"Amen, amen". 23 Il sacerdote scriverà queste maledizioni in un libro e le cancellerà con l'acqua amara. 24 Poi farà bere alla donna l'acqua amara che causa la maledizione e l'acqua che causa la maledizione entrerà in lei e diventerà amara. 25 Poi il sacerdote prenderà l'offerta di gelosia dalla mano della donna, agiterà l'offerta davanti al Signore e la offrirà sull'altare; 26 il sacerdote prenderà una manciata dell'offerta, anche il suo memoriale, e la brucerà sull'altare, e dopo farà bere l'acqua alla donna. 27 E quando le avrà fatto bere l'acqua, avverrà che, se è contaminata e ha commesso un'infrazione contro il marito, l'acqua che causa la maledizione entrerà in lei e diventerà amara, il suo ventre si gonfierà e la sua coscia marcirà; e la donna sarà una maledizione tra il suo popolo. 28 E che la donna non sia contaminata, ma sia pulita; allora sarà libera e concepirà seme. 29 Questa è la legge della gelosia, quando una moglie si allontana da un altro al posto del marito e si contamina; 30 o quando lo spirito di gelosia si impossessa di lui e si ingelosisce della moglie, pone la donna davanti al Signore e il sacerdote esegue su di lei tutta questa legge. 31 Allora l'uomo sarà esente da iniquità e la donna porterà la sua iniquità"".

Assicuratevi di tenere lo sporco fuori da casa vostra. La conoscenza è fondamentale. In alcuni luoghi, le terre sono definite maledette. Perché? Perché praticano la stregoneria. Alcune famiglie praticano la stregoneria. Dio maledice la terra, le persone e le famiglie che la praticano. Dio vuole che non si costruisca nulla in quel luogo. La terra di quel luogo è maledetta e lavora contro di noi. La vostra carne, che è sporcizia, testimonierà contro di voi. La terra ha vita. Abbiamo creato chip di sabbia per computer, che sono il cervello di un computer.

Apocalisse 13:1 Poi, stando sulla sabbia del mare, vidi spuntare dal mare una bestia con sette teste e dieci corna, e sulle sue corna dieci corone, e sulle sue teste il nome di bestemmia.

Come sappiamo, il mare è una nazione o una regione e poggia sulla sabbia, che è la gente, secondo la Bibbia. Il diavolo userà la terra.

Oggi abbiamo bisogno di una conoscenza accurata di Dio per agire e vivere una vita libera. Abbiamo bisogno di rimuovere la cecità del diavolo dalla nostra mente e dai nostri occhi. Dio è la risposta, non Satana. Se continuate a seguire la Sua verità, essa vi renderà liberi.

PREGHIAMO

Caro Signore, come dice la tua parola: "Conoscerete la verità e la verità vi libererà". Così il Signore ci benedice con essa. Insegnaci la verità.

Aiutaci a continuare a seguire la tua Parola, che è l'unica fonte di verità. Che Dio ci dia una comprensione divina e rimuova ogni blocco religioso e ogni falso insegnamento. Signore, fa' che il tuo Spirito Santo ci insegni. Spirito Santo, ti prego di toccare ogni vita. Lo Spirito della verità viene a rinfrescarci e a darci ogni comprensione per vivere con verità nel nome di Gesù. Amen! Dio vi benedica!

30 GENNAIO

NON DELUDETE DIO!

Dio ha creato gli esseri umani per avere una comunione con Lui. Nel Nuovo Testamento, Egli ha chiamato lo sposo e ha avuto bisogno della sposa. L'obiettivo di creare la terra è di riempirla di persone obbedienti per continuare a collegarsi con loro. Siamo l'unico canale che Egli ha sulla terra per trasmettere le comunicazioni celesti. Il cielo vuole trasmettere, ma ha bisogno di qualcuno che lavori come giornalista, media ed emittente. Dio non ha bisogno di trasmettere notizie false, ma un messaggio semplice. L'unico modo per riceverlo è se siamo pronti ad ascoltare e a obbedire. Solo se si ascolta e si obbedisce, allora funzionerà. Molti ascoltano la Sua voce udibile e hanno visioni e sogni. Molti sentono attraverso i profeti il Suo Spirito e la Sua Parola scritta nella Bibbia. Dopo aver ricevuto un messaggio, è necessaria un'azione da parte vostra. Dovete diventare un mezzo di comunicazione per trasmettere in diretta il messaggio agli altri.

Deuteronomio 29:29 Le cose segrete appartengono all'Eterno, il nostro Dio; ma quelle rivelate appartengono a noi e ai nostri figli per sempre, affinché possiamo mettere in pratica tutte le parole di questa legge.

Immaginate se tutti diventassimo sinceri e iniziassimo a vivere e a insegnare la legge, i comandamenti e i precetti di Dio. Cosa accadrebbe? Niente polizia, prigione, divorzi, carestie, pestilenze o inferno per il Suo popolo. Dio ha dato le leggi, i comandamenti, i precetti e la Sua grazia attraverso Gesù Cristo.

Giovanni 1:17 La legge infatti è stata data per mezzo di Mosè, ma la grazia e la verità sono venute per mezzo di Gesù Cristo.

Esodo 31:18 Quando terminò di parlare con lui sul monte Sinai, diede a Mosè due tavole di testimonianza, tavole di pietra scritte con il dito di Dio.

La legge di Mosè doveva essere osservata e non infranta.

Ebrei 10:28 Colui che ha disprezzato la legge di Mosè è morto senza misericordia sotto due o tre testimoni.

Avremmo finito con una sola legge, quella di non mangiare il frutto della conoscenza del bene e del male, se Adamo ed Eva avessero obbedito. Allora non avremmo dovuto preoccuparci. A causa della negligenza e della disobbedienza di Adamo ed Eva, essi persero il giardino e il legame con Dio. Chi manca a Dio? Noi siamo gli Adamo ed Eva di oggi! Le istruzioni sono importanti. Dobbiamo fare tutto ciò che dice la Bibbia.

Non arrabbiatevi con Adamo ed Eva, ma guardate a voi stessi. Che ne dite di guardare alle Sue leggi? Cosa vi dice il Signore? Cominciate a capire dove state sbagliando e correggetevi seguendo i Suoi comandamenti. Seguendo le leggi di Dio, noi e molte generazioni future saremo benedetti.

Dio chiamò a vestire il giardino dell'Eden con una condizione.

Genesi 2:17 Ma dell'albero della conoscenza del bene e del male non devi mangiare, perché nel giorno in cui ne mangerai morirai sicuramente.

Hanno fatto il contrario. E noi? Siamo gli Adamo ed Eva dei giorni nostri?

Mangiarono il frutto proibito e ne uscirono con le maledizioni. Obbedire a Dio porta benedizioni, ma non farlo porta il giudizio! Saul fu chiamato a essere un re, ma non superò tutte le prove. Fu allontanato solo lui? No, la generazione successiva al Re Saul fu allontanata dalla regalità. Chi ha deluso Dio? Certamente il Re Saul! Il Re Davide fece tutto bene, tranne peccare per Betsabea e uccidere suo marito. Anche se si pentì, il giudizio fu decretato per lui.

2 Samuele 12:10 Ora, dunque, la spada non si allontanerà mai dalla tua casa, perché mi hai disprezzato e hai preso in moglie la moglie di Uria, l'Ittita. 11 Così dice l'Eterno: "Ecco, io susciterò il male contro di te dalla tua stessa casa, prenderò le tue mogli sotto i tuoi occhi e le darò al tuo vicino, che giacerà con le tue mogli sotto gli occhi di questo sole. 12 Perché tu l'hai fatto di nascosto, ma io farò questa cosa davanti a tutto Israele e davanti al sole".

Dio ha dato istruzioni sulla dieta da seguire. Senza dubbio la scienza ha dimostrato la ragione.

Ricordate, Dio non è la scienza. Dio è il creatore, pieno di conoscenza. Il suo avvertimento non è un consiglio, ma una vera informazione. Egli sa cosa è meglio. Guidate in una strada a senso unico dalla parte sbagliata? Vi buttate in acqua senza saper nuotare? Vi gettate giù dal tetto? Potreste rispondere: "No, è una follia". Potreste dire: "Non credo nel suicidio". Perché ti suicidi? Sai che è per l'eternità? Saul andrà all'inferno per l'eternità.

Un avvertimento viene dall'alto per liberarci; il Signore è venuto per renderci liberi. Dio si serve di Natan perché era il profeta dell'epoca. Non aveva paura. Sapete cosa può succedere se pronunciate un giudizio? Il re avrebbe potuto ucciderlo, ma il profeta Nathan non aveva paura. Compì il suo dovere nella vita come Dio gli aveva ordinato. Se Dio te lo chiede, fai ciò che ti ha ordinato. È la massima autorità, quindi fallo e basta.

L'autorità data può essere tolta.

Lo stesso vale per il re: non è una scusa. Il Signore lo promuove. La promozione viene dal Signore!

Salmo 75:6 Perché la promozione non viene né dall'est, né dall'ovest, né dal sud. 7 Ma Dio è il giudice; egli abbatte uno e ne innalza un altro.

Essere umili. Cosa significa essere "umili"? Ascoltare l'autorità, obbedire. Mosè è stato definito l'uomo più umile. Perché? Perché ha agito secondo le istruzioni di Dio. Questo è ciò che serve per far entrare i piani, i programmi, la signoria e la monarchia di Dio. Aspettate e vedrete quanto è buono Dio!

Ebrei ed egiziani videro il miracolo, il giudizio e la potenza della peste. Sia lo schiavo che il padrone non videro altro che il soprannaturale in azione. L'umile Mosè operò attraverso la maestà dall'alto.

L'orgoglio è pura ribellione. Verrà buttato fuori, come Lucifero.

Isaia 14:12 Come sei caduto dal cielo, Lucifero, figlio del mattino, come sei stato ridotto a terra, che hai indebolito le nazioni! 13 Poiché hai detto in cuor tuo: "Salirò in cielo, esalterò il mio trono sopra le stelle di Dio: Mi siederò anche sul monte del convegno, ai lati del settentrione: 14 salirò al di sopra dell'altezza delle nubi, sarò come l'Altissimo.

Proverbio 9:10 Il timore dell'Eterno è il principio della saggezza e la conoscenza del Santo è l'intelligenza.

Il fallimento ci ricorda che hanno dimenticato di operare con la potenza dell'alto. È saggezza conoscere e obbedirGli. Il Suo giudizio rimane invariato.

Salmo 14:1 Lo stolto ha detto in cuor suo: "Non c'è Dio". Sono corrotti, hanno fatto opere abominevoli, non c'è nessuno che faccia il bene. 2 Il Signore ha guardato dal cielo i figli degli uomini per vedere se ce n'era qualcuno che comprendesse e cercasse Dio. 3 Tutti si sono allontanati, tutti insieme sono diventati immondi; non c'è nessuno che faccia il bene, nessuno. 4 Tutti gli operatori d'iniquità non hanno conoscenza, divorano il mio popolo come mangia il pane e non invocano il Signore. 5 Erano in grande timore, perché Dio è nella generazione dei giusti.

Non deludete Dio. Non deludete i vostri figli. È come suicidarsi con la propria scelta. Se volete promozione e benedizione per voi e per le generazioni successive, allora prestate attenzione alla voce di Dio, che è nella Parola di Dio. Ricordate di guidare dalla parte giusta. Guidate la vostra vita con timore di Dio. Fermatevi e andate nella direzione giusta. Siate umili.

1 Pietro 5:6 Umiliatevi dunque sotto la potente mano di Dio, perché egli vi esalti a suo tempo.

PREGHIAMO

Signore, ti prego, dacci un cuore umile. Crea in noi un cuore pulito. Rinnova in noi lo spirito giusto. Abbiamo bisogno di una direzione dall'alto. Ti prego, prendi il regno della nostra vita e guida la nostra vita in modo da poter raggiungere il cielo. La vita capita una volta sola, l'eternità è per sempre. Ti prego, dacci una visione celeste. Blocca ciò che ci circonda affinché possiamo concentrarci su di te. Benedici i nostri figli e noi, in modo da essere la testa, il primo e il più in alto. Che il Signore vi dia un favore incredibile nel nome di Gesù, Amen! Dio vi benedica!

31 GENNAIO

LA BIBBIA È LO SPECCHIO DEL VOSTRO SPIRITO!

Abbiamo uno specchio per vederci. Uno specchio fa bene. Ci correggiamo il viso, ci pettiniamo, ci vestiamo, ecc. Ci guardiamo in faccia e ci specchiamo e facciamo ciò che è necessario per apparire belli e presentabili. Tuttavia, non siamo solo carne, cioè un corpo fisico, ma abbiamo anche uno spirito. Lo spirito ha bisogno di uno specchio per vedere in che condizioni esso si trova. La Bibbia è lo specchio in cui si controlla la condizione del proprio spirito.

Giovanni Battista è venuto dall'alto per affrontare i nostri peccati e trovare la soluzione per il nostro spirito. Se il nostro spirito è pulito, possiamo sembrare brutti dall'esterno ma belli dall'interno. Giovanni Battista disse: "Generazione di vipere". Di cosa stava parlando? Non vedeva come gli altri lo considerassero religioso, pagando decime e offerte, pregando ed essendo autocritici. Giovanni stava parlando delle condizioni dello spirito, e non erano buone. Ecco perché ha detto: "Generazione di vipere". Una vipera è un serpente che inganna ed è falso.

Matteo 12:34 O generazione di vipere, come potete, essendo malvagi, dire cose buone? Perché dall'abbondanza del cuore la bocca parla. 35 Un uomo buono, dal buon tesoro del cuore, produce cose buone; e un uomo malvagio, dal tesoro malvagio, produce cose cattive. 36 Ma io vi dico che ogni parola vana che gli uomini pronunceranno, ne renderanno conto nel giorno del giudizio. 37 Perché con le tue parole sarai giustificato e con le tue parole sarai condannato.

Che cos'è una vipera? Un serpente velenoso con grandi zanne incorporate. Inoltre, il significato spirituale nascosto è quello di una persona dispettosa, falsa o infida. Ci si può fidare di queste persone? Esse riducono il regno di Dio in polvere. La dispensazione cambia quando le persone di Dio dimenticano di avere cura di sé. Non importa quanto grande appaia, quanta conoscenza abbia, o quale posizione ricopra in una chiesa o in una sinagoga, non bisogna conoscere la persona, ma discernere lo spirito che opera dietro di essa. Giovanni Battista affronta i capi della sinagoga che hanno spiriti pericolosi e velenosi.

Giovanni Battista è venuto a cambiare le persone infide affrontandole. Incontrò gli ebrei faccia a faccia e affrontò la loro cattiva condizione spirituale agli occhi di Dio. Disse loro: "Voi siete il serpente velenoso agli occhi di Dio".

Perché ha parlato con durezza agli israeliti? Giovanni Battista parlava della condizione dello spirito. Anche se avevano un bell'aspetto esteriore, pagavano le decime e studiavano le leggi, i precetti e i comandamenti, la condizione del loro spirito era pericolosa. Avevano dimenticato che dovevano prendersi cura del proprio spirito.

31 GENNAIO

2 Corinzi 7:1 Avendo dunque queste promesse, carissimi, purifichiamoci da ogni sporcizia della carne e dello spirito, perfezionando la santità nel timore di Dio. 2 Accoglieteci; non abbiamo fatto torto a nessuno, non abbiamo corrotto nessuno, non abbiamo frodato nessuno. 3 Non dico questo per condannarvi, perché ho già detto che siete nei nostri cuori per morire e vivere con voi.

Come sapete, la nostra società è tutta incentrata sull'aspetto esteriore. Potreste spendere tutto il tempo e il denaro per apparire belli fuori, ma essere ancora orribili dentro. Potreste essere come il serpente: inaffidabile, adultero, fornicatore, bugiardo, malvagio, orgoglioso, empio, avido e amante di se stesso, ma cercate di agghindarvi e di ingannare il prossimo. La nostra bellezza è ingannevole. Se l'aspetto vi attrae, potreste incontrare un serpente, un assassino, uno stupratore, un combattente o un malvagio nemico della vostra anima.

Ecco perché la Bibbia ci mette in guardia.

Proverbi 31:30 Il favore è ingannevole e la bellezza è vana; ma una donna che teme il Signore sarà lodata. 31 Datele il frutto delle sue mani e lasciate che le sue opere la lodino alle porte.

Le persone sono attente al lifting del viso, all'aspetto, allo stile, alle rughe, ecc. Si preferisce correggere tutto, come ad esempio il colore dei capelli, degli occhi e delle unghie.

Tutti i prodotti del viso e del corpo devono essere attraenti. I dermatologi guadagnano miliardi di dollari per rendere le persone belle esteriormente. Il denaro non è nulla se è per il loro aspetto. Dopo aver fatto di tutto per esso, sono ancora sfortunati, depressi e mai contenti o soddisfatti. Perché? Perché sono malati dentro. Perché molti si suicidano? Se l'aspetto è la risposta, perché molti impazziscono e si uccidono?

Andate a controllarvi nello specchio chiamato Bibbia e fate ciò che serve per essere belli dentro. Ci sono molti rimedi spirituali. Mettete in pratica ciò che la Parola di Dio vi insegna. Il miglior detergente è lavare i peccati nel sangue dell'Agnello e ricevere il Suo Spirito. Verrà eliminata tutta la confusione sull'aspetto e il tormento del nemico che porta alla distruzione. Come sappiamo, il problema è la persona che si vede allo specchio. È necessario confrontarsi con se stessi e agire attraverso la Parola di Dio.

1 Corinzi 2:10 Ma Dio ce li ha rivelati per mezzo del suo Spirito, perché lo Spirito scruta tutte le cose, anche quelle profonde di Dio. 11 Infatti, chi conosce le cose di un uomo, se non lo spirito dell'uomo che è in lui? Anche le cose di Dio non le conosce nessuno, se non lo Spirito di Dio. 12 Ora, noi non abbiamo ricevuto lo spirito del mondo, ma lo spirito di Dio, per conoscere le cose che ci sono state date gratuitamente da Dio. 13 E anche queste cose noi le diciamo, non con le parole che insegna la sapienza dell'uomo, ma con quelle che insegna lo Spirito Santo, confrontando cose spirituali con cose spirituali. 14 Ma l'uomo naturale non riceve le cose dello Spirito di Dio, perché sono stoltezza. Non può conoscerle, perché sono discernibili spiritualmente. 15 Ma colui che è spirituale giudica tutte le cose, ma non è giudicato da nessuno.

Il Signore vi fa vedere quanto siete belli attraverso lo specchio chiamato Bibbia. Siamo fatti a immagine e somiglianza di Dio.

2 Corinzi 5:17 Se dunque uno è in Cristo, è una nuova creatura; le cose vecchie sono passate; ecco, tutte le cose sono diventate nuove.

Una signora musulmana convertita è stata messa in prigione per aver accettato la verità. Stava leggendo la

Bibbia! Il detenuto le chiese perché leggesse la Bibbia. Quando ha iniziato a studiarla, hanno capito che non si trattava di un semplice libro, ma di un vero e proprio manuale di orientamento per la vita. La signora cristiana convertita disse che la Bibbia è lo specchio. All'inizio hanno riso di lei, ma poi hanno capito che si trattava esattamente di questo. La Parola di Dio ha condannato la situazione e ha dato il rimedio per essere liberati da ogni spirito.

La Bibbia è la Parola di Dio e non la parola dell'uomo. Essa farà un grande lavoro per cambiare lo sguardo interiore per portare un cambiamento esteriore. Aprite la Bibbia e guardate voi stessi attraverso la Parola. Una maggiore lettura porterà un potente cambiamento nella vostra vita. Amen! Iniziate a leggere ogni pagina della Bibbia.

PREGHIAMO

Signore fa nuove tutte le cose. Signore, ci siamo rivestiti di un uomo nuovo, conforme a Dio. Siamo creati nella giustizia e nella vera santità. Ci siamo rivestiti del Signore Gesù Cristo battezzando nel Nome di Gesù. Signore, il nostro uomo esteriore perisce, ma l'uomo interiore si rinnova ogni giorno. Ti preghiamo di concederci, secondo le ricchezze della tua gloria. Siamo rafforzati con la tua forza dallo Spirito nell'uomo interiore nel nome di Gesù, Amen! Dio vi benedica!

FEBBRAIO

1 FEBBRAIO

SIGNORE, LIBERA IL PRIGIONIERO!

Isaia 61:1 Lo Spirito del Signore Dio è su di me, perché l'Eterno mi ha unto per annunciare una buona novella agli umili; mi ha mandato a fasciare il cuore spezzato, a proclamare la libertà ai prigionieri e la l'apertura della prigione a coloro che sono legati.

La Bibbia dice che lo scopo della venuta di Gesù in carne era quello di liberare i prigionieri. Quando Gesù era sulla terra, parlò a quei capi religiosi che si occupavano di denaro, dicendo: "Io libero il mio popolo che voi avete tenuto sotto la schiavitù della tradizione e della religione". Disse: "Avrei pagato per quello che serviva. Essi sono la mia creazione e voi non potete limitare la loro vita tenendoli sotto le vostre regole, i vostri costumi e i vostri regolamenti fatti dall'uomo". Si rivolge direttamente ai capi religiosi della sinagoga.

Luca 4:18 Lo Spirito del Signore è su di me perché mi ha unto per predicare il vangelo ai poveri; mi ha mandato a guarire chi ha il cuore spezzato, a predicare la liberazione dei prigionieri, il recupero della vista dei ciechi, la rimessa in libertà dei feriti.

Quel giorno, nella sinagoga, si realizzò la profezia di *Isaia 42:7: "Aprire gli occhi dei ciechi, far uscire i prigionieri dal carcere e quelli che siedono nelle tenebre dalla casa di reclusione".*

Qual è il significato di "prigioniero"? Un prigioniero è un detenuto, un sequestrato, un confinato, un rinchiuso. Se vi rinchiudo, la vostra libertà è finita. Quindi, quando siete tenuti prigionieri da chiunque, la vostra capacità di muovervi o agire liberamente è chiusa. Lode a Dio! Dio si è incarnato e abita in mezzo alla Sua creazione per un motivo. Liberare i prigionieri è uno dei motivi. La libertà è un'esperienza meravigliosa. La libertà è ciò che Dio ci dà. Molti sono dietro le sbarre, in prigione, in carcere e a casa. Queste persone hanno limitazioni fisiche. Ma le persone sono anche vincolate da molti tipi di spiriti. Droghe, alcol, sigarette, sesso, adulterio, bugie e ogni sorta di operazione demoniaca vincolano la creazione di Dio. Il diavolo tiene prigionieri con la catena delle tenebre. Anche i popoli si vincolano a vicenda; gli Egiziani tenevano gli Ebrei come schiavi. Lo schiavo ha bisogno di libertà e solo Dio Onnipotente può liberarlo dalla prigionia.

Salmo 126:1 Quando il Signore fece tornare la cattività di Sion, noi eravamo come quelli che sognano. 2 La nostra bocca si riempì di riso e la nostra lingua di canto; allora si disse tra i pagani: "Il Signore ha fatto grandi cose per loro". 3 Il Signore ha fatto grandi cose per noi, e noi ne siamo felici. 4 Ritorna la nostra prigionia, Signore, come i torrenti del sud.

La mia prima potente esperienza di libertà è stata negli anni Ottanta, quando sono arrivata negli Stati Uniti. Avevo fame e sete del Signore. Ero stanca della religione. Essa è un'illusione. La mia religione mi vincolava. Andavo in chiesa senza trovare la verità e, nonostante questo, andavo sempre ad ascoltare altri insegnanti.

1 FEBBRAIO

Sapevo che Dio offriva molto di più. Dove si trovava? Lo desideravo. La mia meravigliosa esperienza, quando sono andata sotto l'acqua nel nome di Gesù, è stata quella di lavare i miei peccati. All'inizio, ho combattuto contro questo battesimo valido con un falso insegnamento religioso che mi aveva legata. Ero arrabbiata perché volevo dire di no, ma il Signore disse: "Battezzala" e il predicatore lo fece. Oh mio Dio, sono uscita così libera, leggera come una piuma; sentivo di poter volare e camminare sull'acqua in quella luce. Il versetto dice: "Battezzate nel nome di Gesù e i vostri peccati saranno perdonati", ed è quello che è successo quando sono stata battezzata nel nome di Gesù. Atti 2:38a Allora Pietro disse loro: "Ravvedetevi e ciascuno di voi sia battezzato nel nome di Gesù Cristo per la remissione dei peccati"; questa verità mi ha liberato dalla religione, dai falsi insegnanti e dai profeti. La falsa dottrina teneva prigioniera la mia mente. Fu un'esperienza onnipotente quando andai sott'acqua nel nome di Gesù. Sono rimasta sbalordita. Sono venuta contro il diavolo; tu fermi il libro della Legge con una sola scrittura, Matteo 28:19, e togli il nome dove è nascosto il sangue. Sei un bugiardo. Ho iniziato a cercare la verità e più la trovavo attraverso le rivelazioni, più sperimentavo la libertà.

Ringrazio Dio che è tutta la Sua misericordia. Quanto è grande l'esperienza della libertà? Niente più religione! Vengo da molti luoghi in cui cercano di farmi credere che sia così.

Non cercate più, sedetevi sotto il nostro falso insegnamento. Non c'è niente di più di questo. Lasciatevi mungere e tenete la bocca chiusa. No, non credo nelle autorità religiose. Ce ne sono sempre di più. Non vogliate essere bloccati dalla religione, da insegnanti ipocriti o da profeti ingannevoli. Cercate Dio. Lui vi guiderà, siate umili. Sperimenterete la libertà dalla religione. Ero legata alla religione, ma ora sono libera. Pensavo che le persone potessero liberarsi facilmente da sigarette, alcol e droghe, ma che fosse più difficile o impossibile liberarsi dalla religione. Perché? Perché si pensa di leggere la Bibbia, di non commettere ciò che si pensa sia peccato, di pregare, di digiunare, di pagare le decime. Hmmm. Una buona notizia: ciò che Dio dice che è peccato e ciò che noi diciamo che è peccato sono due cose diverse. Due cose opposte! Lode a Dio! Il Suo incarico non finirà finché i Suoi veri insegnanti e profeti saranno pronti a combattere contro la falsa menzogna dello spirito anticristo di Satana. Ricordate, andate dove il loro incarico è quello che Gesù ha affidato loro, non un club sociale o una semplice comunione. La nostra missione deve essere quella di liberare e rendere liberi gli altri con la Sua verità.

PREGHIAMO

Oh mio Signore, il nostro popolo, la Tua creazione è legata, prigioniera in Paesi con religioni, tradizioni, lingue e ogni tipo di schiavitù.

Nahum 1:13 Perché ora spezzerò il suo giogo di dosso a te, e farò a pezzi i tuoi legami.

Signore, spezza il giogo, rompi i legami.

Salmo 107:14 Li ha fatti uscire dalle tenebre e dall'ombra della morte e ha spezzato i loro legami. Ci ha liberati dalle tenebre spirituali, dai costumi, dai falsi insegnanti, dai falsi profeti e dalle catene della menzogna e dell'inganno.

Salmo 146:7 Che esegue il giudizio per gli oppressi, che dà il cibo agli affamati. Il Signore scioglie i prigionieri.

Liberaci dal potere della povertà, della malattia, del peccato, dalla menzogna del diavolo. Il Signore perde tutti i prigionieri nel potente nome di Gesù. Liberaci da ogni schiavitù delle maledizioni generazionali della pressione, dell'artrite, della lebbra, dell'infarto, della cecità, dell'alcol, del diabete e delle afflizioni del cancro nel potente nome di Gesù. Che il Signore vi unga con il Suo olio e il Suo Spirito Santo nel Nome di Gesù. Lasciate che il Signore Gesù vi liberi. Siate liberi nel nome di Gesù! Amen! Dio vi benedica!

2 FEBBRAIO

ESEMPIO!

Gesù disse: "Vi lascio un esempio".

1 Pietro 2:21 Perché anche a questo siete stati chiamati, perché anche Cristo ha sofferto per noi, lasciandoci un'occasione di vita affinché seguiate i suoi passi.

Giovanni 13:15 A questo siete stati chiamati, perché anche Cristo ha sofferto per noi, lasciandoci un esempio, affinché seguiate i suoi passi.

Chi è Gesù? Perché seguire il suo esempio?

La Bibbia dice: 1 Timoteo 3:16 E senza alcuna controversia è grande il mistero della pietà: Dio si è manifestato in carne e ossa.

È lo Spirito che Dio ha messo in carne per versare il sangue e pagare il prezzo. È venuto per compiere l'importante opera di sconfiggere il diavolo. La Bibbia dice che Dio è uno spirito, e lo spirito non ha sangue. Così si è rivestito di carne.

Atti 20:28b per nutrire la Chiesa di Dio, che egli ha acquistato con il proprio sangue.

Lo Spirito di Dio si è rivestito di carne per acquistare la Chiesa versando il suo sangue. Hanno sacrificato l'agnello Gesù e hanno fatto scorrere il suo sangue per pagare il prezzo dei nostri peccati. Nel sangue di Gesù non c'era peccato. Abbiamo bisogno di un agnello senza peccato da sacrificare per il costo dei nostri. Il Suo sangue è stato portato nel luogo santo del cielo per i nostri peccati. Ricordate che il sangue ha vita. Il nostro non ce l'ha, perché contiene dei peccati.

Dio ci ha amati e ha dato un esempio del Suo amore dando la Sua vita per noi. Il nostro esempio è quindi quello di amarci gli uni gli altri. Il Signore Gesù ha dato un esempio eccellente di come si dovrebbe seguirlo. Gesù in carne e ossa lavorava e liberava le persone da ogni tipo di malessere, malattia e rottura. Pur essendo un Dio giusto, insegnava e pregava. Non c'era alcun difetto in Lui. Per compiere il piano di Dio, morì al posto nostro. Ha scelto persone diverse per cammino, vocazione ed età per seguirlo. Ha dato loro il potere di fare ciò che voleva per stabilire la Sua missione. Essa non consisteva nel fondare chiese senza potere, ma nel chiamarle a portare avanti ciò che Egli intendeva continuare.

Luca 9:2 E li mandò a predicare il regno di Dio e a guarire i malati.

Ha mandato i discepoli.

Matteo 10:8 Guarite i malati, mondate i lebbrosi, risuscitate i morti, scacciate i demoni: gratuitamente avete ricevuto, gratuitamente date.

State continuando la Sua missione o state iniziando la vostra con un nome e un marchio diversi? Frequentate la chiesa e credete che stia seguendo Gesù?

Quando stavo in India, ho sempre testimoniato di Gesù ai miei amici indù. Mi hanno bombardato di argomentazioni. Non avevo nulla per dimostrare che Gesù è reale, poiché non avevo sperimentato tutte le cose buone che la Bibbia dice. A cosa serve il vostro prodotto se non potete provarlo? Se dite che può guarire, dimostratemelo con una guarigione. Se può risuscitare, fatemi vedere qualche morto che risorge e qualche liberazione, vorrei vedere gli indemoniati liberi.

Avevo una compagna di università molto polemica. Discuteva sempre con me su questo argomento biblico. Era una delle compagne che avevano un'opposizione veemente. Non ero delusa, ma cercavo la verità per dimostrarle che il Signore Gesù è l'unico Dio, ma non avevo il potere. Non ho mai rinunciato a cercarLo nella Sua potenza e nel Suo potere.

C'è stato un giorno in cui mi hanno battezzata nel nome di Gesù. Ho sperimentato il perdono dei peccati e un'immensa montagna pesante è stata rimossa da me. La straordinaria potenza di Dio è in funzione quando si usa il nome di Gesù nel battesimo. Mi ha stupito sentire quella leggerezza e quella libertà grazie alla misericordia del Salvatore. Poi ho ricevuto lo Spirito Santo. È un'esperienza così potente. Mi sono sentita come se non fossi nessuno quando il Suo Spirito è venuto a vivere in me. Sono come un puntino, un minuscolo puntino. Pensi di non essere nulla alla presenza del nostro grande Dio. Sono andata al lavoro e un collega mi ha chiesto se avevo ricevuto lo Spirito Santo. Sono rimasta sorpresa! Come faceva a sapere che avevo ricevuto lo Spirito di Dio? Ha detto che l'aveva capito dal fatto che il mio volto era cambiato.

Wow! Ho visto che l'operazione stava avvenendo nel nome di Gesù, il battesimo dell'acqua. I brutti peccatori, strafatti di droga, quando vengono battezzati o ricevono lo Spirito Santo, subiscono un cambiamento significativo dall'interno e dall'esterno.

Volevo testimoniare al mondo intero la mia esperienza. Tutti devono sapere che il cristianesimo è vero. Sperimentate voi stessi, perché non posso spiegare questa sensazione. Secondo il Nuovo Testamento, sono nata in una famiglia cristiana senza l'esperienza di Dio. Ho capito che gli individui devono avere fame, sete, cercare, chiedere e cercare di avere tutto. Sono felice di non essere una seguace di nessuno, se non di Gesù. Grazie a Dio i miei genitori conoscevano il Signore, ma io devo seguire Gesù.

Ero esaltata. Volevo mettere il mondo sottosopra. Volevo proclamare: "Ehi, questo è vero; provate il vero Dio e il Suo amore". Ora toccava a me seguire il Suo esempio. Una volta Dio, nella Sua misericordia, mi ha permesso di andare in India. Lì incontrai una signora. Mi disse: "Hai ricevuto lo Spirito Santo? Vedo la luce sulla tua fronte".

Durante questo viaggio, ho incontrato molti amici indù. Ho testimoniato loro di aver ricevuto lo Spirito Santo. Ho la potenza di Dio in me. Un'amica mi ha detto che c'era un demone in casa sua. Mi ha chiesto se potevo aiutarla. Questa era la mia occasione di testimoniare. Le comprai la Bibbia e le dissi di leggerla ad alta voce e le insegnai la preghiera di guerra spirituale. La notte precedente ho dormito a casa sua. La mattina presto mi sono svegliata per il rumore. Vidi il suo volto brutto e arrabbiato che mi guardava e la sua mano iniziò a crescere, venendo verso di me, e scomparve.

Poi è diventata la figura di suo figlio e lo stesso, che puntava la mano verso di me, e la sua mano ha iniziato a crescere verso di me ed è scomparsa. Ho chiuso gli occhi per essere sicura di essere sveglia. Un pomeriggio stavo discutendo con amici non cristiani della mia esperienza spirituale negli Stati Uniti. Stavo testimoniando e uno dei miei amici disse: "C'è un demone in casa mia; mi dà molto fastidio. Non c'è pace nella mia casa". Ho detto che l'avevo visto la sera prima; lei mi ha chiesto che aspetto avesse. Ho detto che aveva il volto suo e di suo figlio. Ha detto che litigavano come cani e gatti; non andavano d'accordo. Il diavolo fa tutte queste lotte, uccide e sconvolge la nostra famiglia. Non vediamo un essere spirituale, quindi pensiamo che sia lui a essere usato. La Bibbia dice: "Sono venuto a dare pace, non agitazione, angoscia o conflitto".

Era stanca del demonio, ma non sapeva cosa fare. Voleva offrire del cibo, ma la suocera la fermò. "Ebbene", le dissi, "vuoi fare quello che ti ho chiesto di fare?". Questa visita era diversa. Dio mi aveva già riempito di Spirito Santo. Così ho imposto le mani sulle persone perché ricevessero guarigione e liberazione. Il diavolo si manifestò; molte guarigioni in una famiglia, persino lei la sperimentò. Era senza scuse. Aveva un disperato bisogno di aiuto. Le ho insegnato a invocare il sangue di Gesù in casa e a leggere la Bibbia ad alta voce. Legare il demone, spezzare il suo potere nel nome di Gesù, quindi ordinare al demone di uscire.

Funziona!

Alleluia! Ha fatto quello che le ho insegnato. Wow! Era libera e mi mandò la lettera, dicendomi che il diavolo era sparito dalla sua casa. Beh, era un'epoca in cui si scrivevano lettere.

Ho cercato di metterla in contatto con alcune persone, ma come sapete, non abbiamo abbastanza operai che seguano l'esempio di Gesù. Le pecore non hanno bisogno della chiesa, ma di chi segue l'esempio di Gesù. Scacciate il demonio, guarite i malati. Pregate per le persone che continuano a seguire l'esempio di Gesù, non per i seguaci di chiese, organizzazioni, pastori, persone o denominazioni. Egli è venuto a dare un esempio. Se voi e io seguiamo il suo esempio, questo mondo troverà luce, pace, guarigione, liberazione, verità e salvezza nel nome di Gesù. Questo è il tempo dei gentili. Che bello!

PREGHIAMO

Signore Gesù, apri la nostra comprensione affinché seguiamo il tuo esempio. Signore, vogliamo che il mondo sia libero e salvato. Signore, aiutaci a obbedire e a non discutere. Aiutaci a cercare perché troveremo il Salvatore fedele. Lascia che tu sia la nostra via, la verità e la vita per portarci in cielo per l'eternità. Non abbiamo altro che il tuo esempio da seguire. Aiutaci, Signore, nel nome di Gesù. Amen! Dio vi benedica!

3 FEBBRAIO

IL TESORO IN VASI DI TERRA!

La Bibbia è piena di tesori; tutte le ricchezze sono in questo libro. Una volta aperta, non si riesce a metterla giù. Porto con me molte Bibbie quando visito luoghi, ospedali e case per poterle donare.

Acquisto molte Bibbie da dare a chi non le ha.

La Bibbia è un tesoro da possedere. Molti mi hanno detto che vanno in chiesa ma non leggono mai la Bibbia o solo un po'. Alcuni non possiedono una Bibbia. Io la compro all'ingrosso e la porto in macchina. So che tutti i loro problemi sono dovuti al bisogno di maggiore verità nel mondo. La verità può renderli liberi. Ma bisogna leggere per sapere cosa c'è.

Colossesi 2:3 Nel quale (Gesù) sono nascosti tutti i tesori della sapienza e della conoscenza.

Gesù ha nascosto tutti i tesori della conoscenza. La Bibbia è il libro di Gesù. In questo libro la Bibbia nasconde la conoscenza e la saggezza. Oggi molti teologi conoscono la Parola senza la sua applicazione. L'applicazione della conoscenza si chiama saggezza. Conoscenza e saggezza vanno a braccetto. Come se aveste un'auto e non sapeste come guidarla.

Non impelagatevi sulla terra con gli affari terreni. Vi ruberanno l'anima.

Matteo 6:19 Non accumulatevi tesori sulla terra, dove tignola e ruggine si corrompono e dove i ladri scassinano e rubano; 20 ma accumulatevi tesori in cielo, dove né tignola né ruggine si corrompono e dove i ladri non scassinano e non rubano; 21 perché dove è il vostro tesoro, là sarà anche il vostro cuore.

Le cose nascoste sono evidenti solo se il Signore interviene.

Isaia 45:3 Ti darò i tesori delle tenebre e le ricchezze nascoste dei luoghi segreti, affinché tu conosca che io, il Signore, che ti chiamo per nome, sono il Dio d'Israele.

Conosco Dio. Lo riconosco in tutte le mie vie. Gesù è la risposta a tutte le prove, le malattie e i problemi. Solo Lui ha la conoscenza e la saggezza per tirarci fuori da tutto questo, se lo cerchiamo. È la pace della mente che Dio si è preso tutte le nostre preoccupazioni. Non sappiamo come, ma sappiamo che il Signore lo fa.

Isaia 33:6 La saggezza e la conoscenza saranno la stabilità dei tuoi tempi e la forza della salvezza; il timore del Signore è il suo tesoro.

3 FEBBRAIO

La Bibbia è il posto in cui si trova il tesoro. Il vostro libro di potere e di aiuto, il libro della vittoria, della guarigione, del successo e di molto altro ancora. Il Padre vostro che è nei cieli ve l'ha dato per guidare e non per sbagliare. È un libro di vita e di tesori. Un libro per vivere una vita di successo sulla terra. Come sappiamo, il massimo sono la pace e la soddisfazione. Si può avere tutto, ma se non si ha la pace è quasi impossibile goderne. Solo Gesù può darla. La vita ha molte tempeste: esse non vengono per restare, ma in tutte le tempeste abbiamo bisogno di pace.

Giovanni 14:27 Vi lascio la pace, vi do la mia pace; non come la dà il mondo, la do io a voi. Il vostro cuore non sia turbato e non abbia paura.

Ero in visita in India e i genitori dei miei amici mi hanno aperto la loro casa. La mamma del mio amico mi disse: "Per favore, non andare da nessuna parte, ma resta con me finché sei in India". Così ho fatto.

Luca 10:5 E in qualunque casa entriate, prima dite: "Pace a questa casa". 6 E se c'è il figlio della pace, la vostra pace si poserà su di essa; se non c'è, si volterà di nuovo verso di voi.

La madre della mia amica andava di notte alla loro riunione indù, dove i santi indù o Sadhu leggevano dai loro libri religiosi. Molte signore vi partecipavano e quest'uomo leggeva e spiegava dal loro libro indù. Tutte le signore erano in cerca di pace.

Una volta mi sono offerta di stendere una mano e di pregare. Lei mi ha permesso di farlo. Mentre stendevo la mano e pregavo, lei testimoniò che non aveva mai sperimentato la pace fino a quando non avevo posato la mia mano su di lei. Era stupita! Aveva quasi sessant'anni e non aveva mai sperimentato la pace di Dio. Ho applicato le istruzioni della Parola di Dio. La mia conoscenza divenne un tesoro. Ho lo Spirito di Dio e se impongo le mani, la pace si diffonde in lei.

Ho notato che tutta la famiglia voleva che rimanessi con loro. Erano indù, ma avevano trovato qualcosa che andava oltre. Era pace e guarigione. Ho amministrato con loro quasi ogni giorno e tutti si sono messi in fila per pregare. Hanno scritto ogni parola che ho pronunciato in preghiera e mi hanno chiesto di insegnare loro come e cosa dire quando pregano. È stato un periodo di risveglio in una famiglia.

Ho lo Spirito Santo. È il tesoro del mio corpo. La Bibbia dice che Dio ha fatto un corpo di terra.

2 Corinzi 4:7 Ma noi abbiamo questo tesoro in vasi di terra, affinché l'eccellenza della potenza sia di Dio, non nostra.

Possiamo vivere al di sopra e al di là se abbiamo lo Spirito di Dio con la conoscenza. La conoscenza della verità ci dà vittoria, guarigione, liberazione, ricchezza e successo. Molte persone hanno lo Spirito Santo ma non sanno come usarlo. Durante la visita in India nel 2015, ho incontrato molte persone e sono ancora in contatto con loro. Ogni giorno insegno la Parola. Anche loro mi raccontano il risultato dell'utilizzo di questo tesoro nascosto nelle promesse della Parola. Una signora di nome Haley ha testimoniato sul suo lavoro. Al mattino non ha ricevuto una macchina da cucire. Ha aspettato due ore per iniziare il suo lavoro mentre le altre colleghe avevano finito duecento pezzi. La sera, quando ha iniziato a lavorare alla macchina, era in vantaggio di duecento pezzi.

Ha detto che ha preso la Parola di Dio e l'ha rivendicata per la mia situazione. Correte con la Parola di Dio; essa aumenta la vostra applicazione.

Zaccaria 4:6b Non per forza né per potenza, ma per il mio spirito, dice il Signore degli eserciti.

Haley pregò: "Signore, lascia che il tuo spirito faccia tutto il mio lavoro". Alle 16:00 era in vantaggio di qualche centinaio di pezzi. Ha incassato le promesse fatte nella Parola pregando e reclamando. Fate lo stesso e vedrete la potenza nascosta in oltre cinquemila promesse di Dio! Il tesoro è nascosto. Rimanete fedeli alla Parola proclamando, rivendicando e credendo. L'applicazione, che è la saggezza della conoscenza, è chiamata tesoro. Molti sono contro di voi in battaglia, ma voi potete vincere se vi appoggiate alla Parola e la rivendicate. Essa è buona sempre e per chiunque; solo voi dovete rivendicarla.

Insegno ai nuovi convertiti. Sono fedeli e dipendono dal Signore. Pregano per ogni situazione. Invocano Dio e si appoggiano alla Parola. Wow. Poi testimoniano la risposta alla loro preghiera ai colleghi o ad altre famiglie. Vedono la vittoria, la guarigione e la liberazione e confidano nel Signore Gesù. In Gesù c'è un tesoro nascosto. La vostra testimonianza è l'arma più potente. Dà all'uditore la validità del tesoro nascosto nella Bibbia, segue la direzione e lo reclama. Molti non sanno cos'hanno, ed è nascosto. Una volta ricevuto rivendicandolo, diventerà visibile. Testimoniate e portate alla luce questo tesoro nascosto.

PREGHIAMO

Che il Signore vi riveli tutte le vostre promesse. È per voi. Reclamatele e siate liberi. Decretate e dichiarate di ottenere la vittoria, la guarigione, la liberazione e tutto quello di cui avete bisogno. Signore, dona alla tua creazione un cuore credente per avere la conoscenza e la saggezza dei tesori nascosti. Che il Signore vi dia tutto ciò che vi appartiene nel nome di Gesù. Amen! Dio vi benedica!

4 FEBBRAIO

NON LO CONOSCEVANO!

Avete mai pensato al perché il Signore abbia scelto il sistema della parola, della preghiera, del sacerdote, di Levi, e ora dell'apostolo, del pastore, dell'insegnante, del profeta e dei predicatori? Nel complesso, rimaniamo in contatto con il Dio onnipotente in ogni generazione. Applichiamo la Parola di Dio nelle situazioni della vita per vederne gli effetti. La Parola di Dio non è da discutere o da memorizzare. Il sistema di Dio ci mette in contatto con Lui per ottenere provvidenze, protezione e benedizioni. Ricordate, tutto riguarda Dio e non qualcuno.

Il Signore è venuto dal Suo popolo eletto, un discendente di Abramo a cui ha promesso la terra. È andato dal popolo a cui è stata consegnata la Torah dal cielo. È venuto nel popolo per il quale ha scelto veri profeti come Samuele, sostituendo Eli, e il Re Davide, sostituendo il Re Saul. In modo da poter condurre e guidare il popolo delle nazioni di Dio. Voleva che il mondo sapesse che Lui è un operatore di miracoli, un mantenitore di promesse, l'unico vero Dio. Ma alla fine, cosa è successo?

Giovanni 1:11 Venne dai suoi e i suoi non lo accolsero.

Ancora un rifiuto! I vostri governanti e le vostre autorità sono così?

Giovanni 7:48 Qualcuno dei capi o dei farisei ha creduto in lui?

Vuoi dire che nessuno, a parte i capi del tempio e le autorità, credeva nel Gesù che essi adoravano? Come sono diventati ciechi e cosa ha causato la loro cecità? Abbiate pietà! Le persone nei servizi del tempio, da Aronne fino alla venuta di Gesù, erano scenari da capogiro. Le Scritture che seguono li descrivono.

Giovanni 12:37 Ma sebbene avesse fatto tanti miracoli davanti a loro, non credettero in lui: 38 affinché si adempisse il detto del profeta Isaia, che disse: "Signore, chi ha creduto alla nostra testimonianza? e a chi è stato rivelato il braccio del Signore? 39 Perciò non poterono credere, perché Isaia disse ancora: 40 Egli ha accecato i loro occhi e indurito il loro cuore, affinché non vedano con gli occhi e non comprendano con il cuore e si convertano e io li guarisca.

Perché Dio ha dovuto inviare Giovanni Battista, che aveva lo spirito di Elia? Perché i governanti corrotti stavano bloccando l'opera di Dio. Qual è la situazione oggi? Il servizio di Dio si svolgeva nel Tempio di Gerusalemme di allora rispetto ai servizi di chiesa in un'epoca della dispensazione di Dio di oggi.

Il Suo spirito deve operare un lavoro spirituale. Non ci deve essere alcun interesse personale, a meno che non si sia completamente ciechi e sordi, come dice Isaia.

ELIZABETH DAS

Permettetemi di condividere la mia esperienza.

Anni fa, frequentavo una chiesa particolare. Vedevo molti favoritismi, pregiudizi e ingiustizie. Venivo dall'India, quindi credevo che la mia posizione dovesse essere rispettata. Ero cieca perché pensavo che l'autorità della Chiesa fosse la più affidabile e giusta. Anche se l'ho visto e sperimentato, mi sono fidata del titolo e ho creduto che non potessero sbagliare. Sentivo tutto quello che dicevano, pensando che dovesse venire da Dio. Ma il mio spirito non era d'accordo. Più avanti negli anni, cominciarono a retrocedere nel loro cuore. Gesù disse di seguirLo e il diavolo diede vita a centinaia di nuove denominazioni e non denominazioni; che cos'era?

Tutto ciò che insegnavano di sbagliato divenne giusto. Ho iniziato a vedere la pressione contro l'opposizione giusta, indiretta e diretta e ho capito che era reale. Mi sono detta di svegliarmi. "O li accontenti o vieni molestato e picchiato per aver sostenuto la verità", mi dicevo. Non potevo uscirne finché Dio non mi avesse fatto uscire.

Ho iniziato a pregare e a digiunare sempre di più solo per sopravvivere. Ho iniziato a vedere il mondo spirituale. Ricordate, non è la forza esterna, ma quella interiore che vi rovinerà. Solo Dio sa cosa è successo, ma quella chiesa è diventata un seguace dell'uomo. Non importa quale titolo abbiano, re, sovrano della sinagoga, sacerdote, pastore o sommo sacerdote; dopo tutto, sono umani. Dio li ha fatti di un'argilla chiamata umanità. Se l'autorità ecclesiastica cambia, fuggite da essa sotto la guida dello Spirito Santo. Ho notato che tornavo a casa dalla Chiesa oppressa.

Lo condivisi con una sorella di chiesa che era una guerriera della preghiera. Una mattina presto siamo venute in chiesa per pregare. Io andai davanti e lei andò dietro a pregare. Mi misi all'altare, misi la mano sul podio e pregai: "Signore, metti qui il giusto". Indovinate un po'? Vidi un uomo seduto sul pulpito che era identico al pastore. Si alzò e mi spinse. Sono andata all'indietro e quasi caduta. Ora, chi mi crederebbe se lo raccontassi? Quando si distolgono gli occhi da Dio e li si rende adoratori umani, diventano ciechi e sordi. Molti sapevano, ma non avevano il coraggio di mettersi contro le autorità della Chiesa.

Ho sperimentato molto male nella Chiesa mentre si dirigeva verso l'oscurità. Una volta eliminata la preghiera e annacquato il digiuno, allora avete il vostro programma. Potete solo convincere le persone, ma non Dio. La forma di religione è pericolosa. L'opera di Dio non sarà mai distrutta dalla forza esterna, ma dalla forza interiore. Dopo la preghiera, ho condiviso la mia esperienza con la mia compagna di preghiera e lo stesso giorno lei ha condiviso ciò che ha visto: una donna bionda e arrogante con un vestito di seta che si toccava dappertutto. Ha girato il viso. La sua faccia era come quella di una lucertola. Wow! Uno spirito di Gezabele! Ora, ricordate, eravamo entrambi sole in chiesa. Conosco il mondo spirituale. Come sapete, esso ha molti esseri. Le persone che muoiono perdute diventano un demone chiamato pneuma. Il demone non ha alcun potere se non entrare nel corpo. Ricordate il demone della legione che voleva entrare nei suini?

Gli angeli caduti, gli angeli empi, non possono entrare nel vostro corpo. Sono un'entità spirituale potente. Lavorano come generali o supervisori del diavolo. Questo angelo può fare molte cose soprannaturali. Può assumere qualsiasi forma e aspetto. Gli angeli caduti possono spostare oggetti e fare cose potenti. Proprio come l'angelo santo di Dio può fare molte cose. Quella mattina, Dio mi ha detto di digiunare e la mia amica ha detto che Dio l'aveva chiesto anche a lei. Ho detto: "Facciamolo, o non c'è modo di sopravvivere". Dio conosce la direzione giusta. Dobbiamo seguire la Sua via della vittoria.

Dio ha iniziato con Mosè, finché il rifiuto della monarchia di Dio, chiedendo il re, è stato sconcertante. La situazione era la stessa quando il Signore Gesù venne sulla terra: rifiutare di nuovo Dio e seguire leader ciechi. L'insegnante porterà grandi calamità e distruzione quando un posto di lavoro sarà occupato da un sacerdote, un predicatore o un pastore ingiusto, affamato di potere, invidioso e avido. Aprite gli occhi. Chi state seguendo, Dio o l'autorità operata da Satana? Svegliatevi. Noi serviamo il potente Dio che ha detto: "Non condividerò la mia gloria con nessuno". Ricordate: seguite l'autorità finché seguite Dio. In caso contrario, fuggite da loro.

Come si può essere sicuri in questa situazione? Basta credere nell'immutabile Parola di Dio, che è stata provata sette volte e non cambierà. Ascoltate lo Spirito di Dio, che vi condurrà e vi guiderà. Pregate e digiunate: con Lui sarete al sicuro.

PREGHIAMO

Signore, apri i nostri occhi e le nostre orecchie, affinché possiamo vedere e ascoltare la Sua voce. Che il Signore intervenga divinamente sulle vostre anime e della vostra famiglia! Possiamo uscire da momenti come questo con la Sua giustizia. Signore, guidaci con il Suo Spirito. Dona a voi veri profeti e insegnanti nel nome di Gesù. Amen! Dio vi benedica!

5 FEBBRAIO

SIETE CARICHI?

Cosa succede quando si prega? Quando pregate, il vostro spirito si connette con lo Spirito di Dio. Egli fornirà la potenza energetica e voi sarete carichi di nuova energia. Ci si può ricaricare se si prega. La carne ha bisogno di connettersi con Dio per caricarsi. La Bibbia dice: "Prima di tutto, pregate". La preghiera ci mette in contatto con lo Spirito di Dio. Con questo, potete lavorare.

1 Tessalonicesi 5:17 pregate senza sosta.

Se si possiede un telefono o un dispositivo elettronico, per caricarlo è necessario un collegamento con l'elettricità. Dopo la ricarica, è possibile utilizzarlo di nuovo. Anche il corpo, lo spirito e l'anima devono essere caricati per lavorare per il Signore. Gesù, essendo Dio, ha pregato? Perché? La carne ha bisogno di ricaricarsi per ottenere aiuto o per lavorare.

Salmi 65:2 O tu che ascolti le preghiere, ogni carne verrà a te.

Se avete bisogno dell'aiuto di Dio, dovete mettere in contatto il vostro corpo e il vostro spirito con Lui. La preghiera rappresenta questo collegamento.

Luca 3:21 Anche Gesù, battezzato, pregava e il cielo si aprì.

Se il telefono è carico, può connettersi con il mondo tramite Internet. Pregando si entra in contatto con il regno celeste o spirituale.

Matteo 14:23a Quando ebbe mandato via le folle, salì su un monte in disparte a pregare.

Ricordate che la carne ha bisogno di ricaricarsi. Gesù ha pregato per ricaricarsi dopo aver inviato una moltitudine. Proprio come la batteria ha bisogno di ricaricarsi dopo l'uso. Per questo è necessario pregare. Ogni carne deve pregare. Se non si prega, non si conosce la direzione di Dio. Egli in cielo ci dà guida e aiuto. Dobbiamo conoscere diversi tipi di preghiera. Ne illustrerò alcuni.

1 Timoteo 2:1 Esorto dunque, prima di tutto, a fare suppliche, preghiere, intercessioni e ringraziamenti per tutti gli uomini; 2 per i re e per tutti quelli che hanno autorità, affinché possiamo condurre una vita tranquilla e pacifica in tutta pietà e onestà. 3 Perché questo è buono e gradito agli occhi di Dio, nostro Salvatore.

Ci sono molti tipi di preghiera. C'è una preghiera in cui lo Spirito di Dio intercede per una questione sconosciuta.

Romani 8:26 Allo stesso modo, anche lo spirito aiutale nostre infermità, perché non sappiamo per che cosa dobbiamo pregare come dovremmo; ma lo Spirito stesso intercede per noi con gemiti che non si possono pronunciare. 27 E chi scruta i cuori sa qual è la mente dello Spirito, perché egli intercede per i santi secondo la volontà di Dio.

Dio, nei cieli, sa che la nostra carne ha un limite. Se il Suo Spirito ci carica, ci farà fare delle ricerche come quelle su internet. Tutto questo è disponibile se ci si ricarica pregando in connessione con Dio. Atti 4:31 Quando ebbero pregato, il luogo in cui erano riuniti fu scosso e tutti furono riempiti di Spirito Santo e pronunciarono la parola di Dio con franchezza.

Caricatevi, pregate, connettetevi e vedete cosa succede.

2 Cronache 7:1 Ora, quando Salomone ebbe finito di pregare, il fuoco discese dal cielo e consumò gli olocausti e i sacrifici; e la gloria del Signore riempì la casa. 2 I sacerdoti non potevano entrare nella casa del Signore, perché la gloria del Signore aveva riempito la casa del Signore.

Quando ero molto malata, dal 1999 al 2003, ho pregato giorno e notte. Una sera, ho completato la mia prima registrazione audio e ho messo un CD nel lettore per farlo suonare. Era un CD di insegnamenti biblici. Andai all'indietro sulla mia sedia a rotelle motorizzata per ascoltare. Ho visto che la casa non c'era più e non riuscivo a trovare né il muro né la cucina. È stato un momento di paura; pensavo di aver perso la vista. Ma nella fitta nuvola ho visto Gesù che mi sorrideva. Dio è sceso in una fitta nuvola nella mia casa.

1 Re 8:11 Tanto che i sacerdoti non potevano stare in piedi per officiare a causa della nube, perché la gloria del Signore aveva riempito la casa del Signore.[12b] "Il Signore ha detto che avrebbe abitato in una fitta oscurità.

Ricaricandosi attraverso la preghiera, si entra in contatto con il Dio Santo. Non c'è altro modo che l'adorazione! Gesù sapeva che la prova era dura e insopportabile, così si caricò in anticipo.

Luca 22:41 Poi si allontanò da loro a circa un tiro di sasso, si inginocchiò e pregò 43 E gli apparve un angelo dal cielo che lo rafforzò.

La carne può bloccare la connessione con Dio. Ha il limite di vedere fino a un certo punto. La carne si stanca, si preoccupa, ha paura e si confonde vedendo una situazione. Quando vi connettete con il cielo, la carne e lo spirito si rianimano, acquistano forza e vincono. I discepoli si addormentarono e fallirono la prova, anche se Gesù chiese loro di pregare. E noi? Preghiamo senza sosta? Preghiamo per primi? Daniele si collegava tre volte al giorno e si ricaricava per rimanere connesso.

Daniele 6:10 Ora, quando Daniele seppe che la scrittura era stata firmata, entrò in casa sua; e, essendo le finestre della sua camera aperte verso Gerusalemme, si mise in ginocchio tre volte al giorno, pregò e rese grazie davanti al suo Dio, come aveva fatto in precedenza.

Ecco perché Dio si è servito di Daniele, poiché era carico. Aveva un potere oltre misura grazie alla connessione con la preghiera.

Daniele 1:20 Il re li interrogò su tutte le questioni di saggezza e di intelligenza e li trovò dieci volte migliori di tutti i maghi e gli astrologi che c'erano in tutto il suo regno.

Le persone che si connettono con Dio conoscono le attività celesti. Il nostro aiuto viene da Dio solo se si impara a connettersi. Chi non vorrebbe l'aiuto, la vittoria, la forza, la guarigione e la gioia della salvezza?

Siate ricaricati dalla preghiera. Mettetevi in contatto con il cielo perché intervenga in tutti i problemi e vedrete cosa succederà. Tutti i nostri cristiani, la nostra casa e la nostra famiglia pregano come dice la Bibbia. Allora cosa può accadere? La giusta preghiera fa miracoli in cielo per portare la rivoluzione sulla terra.

Apocalisse 8:3 Poi venne un altro angelo e si fermò sull'altare, con un incensiere d'oro; gli fu dato molto incenso, perché lo offrisse con le preghiere di tutti i santi sull'altare d'oro che era davanti al trono. 4 E il fumo dell'incenso, che veniva con le preghiere dei santi, saliva davanti a Dio dalla mano dell'angelo. 5 L'angelo prese l'incensiere, lo riempì del fuoco dell'altare e lo gettò sulla terra; e si udirono voci, tuoni, lampi e un terremoto.

Riuscite a visualizzare la carica con la preghiera? In caso contrario, vedrete bande, uccisioni, sparatorie, prigione, un carcere pieno di gente, divorzi, oscurità, depressione, rapimenti, bugie, inganni e ogni tipo di peccato sulla terra. Per prima cosa, pregate, pregate senza sosta per ricaricarvi.

PREGHIAMO

Il Signore ci dà uno spirito di preghiera, una comprensione della preghiera per pregare. Aiutaci a insegnare ai nostri figli e ai loro figli a pregare senza sosta. La preghiera ci ricarica, ci dà forza, ci rinfresca e ci ristora.

Signore, aiutaci a riprogrammare la nostra vita e a ordinarla secondo le tue vie e i tuoi piani. Siamo stanchi, stiamo perdendo la speranza e stiamo morendo nella disperazione. Aiutaci a rimuovere tutti gli affari e a ricominciare ricollegando e caricando la nostra vita nel nome di Gesù. Amen! Dio vi benedica!

6 FEBBRAIO

DIO È INSOSTITUIBILE!

Dio è Insostituibile, cioè è prezioso, inestimabile, irripetibile, incomparabile e unico. Tutti i desideri di Satana non lo sono.

2 Tessalonicesi 2:4 che si oppone e si esalta al di sopra di tutto ciò che viene chiamato Dio o che viene adorato, tanto che egli, come Dio, siede nel tempio di Dio, facendo credere di essere Dio.

Notate cosa fa il diavolo fin dall'inizio? Egli appone il suo nome sui prodotti di Dio e cerca di far credere agli altri di aver fatto tutto lui. Ho vissuto la stessa esperienza. Qualcuno ha impresso il suo nome quando ho lavorato all'estero o anche negli Stati Uniti dopo che ho finito. Ho speso il mio tempo e il mio denaro e non c'è scritto il mio nome da nessuna parte. Hanno messo il loro e la loro foto sul mio lavoro. Se qualcuno ha una domanda su come può contattarmi? È un'opera di Dio e la gloria va solo a Dio. Il diavolo fa proprio così.

Ricordate che le persone che amano la gloria non conoscono la grandezza di Dio. Se conoscono Dio, allora daranno sempre gloria a Dio. Nel luogo in cui frequentavo a Dallas, quando le persone venivano guarite, ricevevano una parola di conoscenza, una profezia o una liberazione, il pastore si girava e diceva: "Gesù, non l'ho fatto io?". All'inizio, pensavo che noi tutti sapessimo che Gesù poteva fare tutto e nessun altro. Perché il pastore continuava a dire: "Gesù ha fatto questo?". Ma ora capisco che il pastore ha molti doni dello Spirito e Dio glieli affida tutti, perché dà gloria a Dio.

Voglio condividere un'informazione importante. Mi riferisco a qualsiasi organizzazione; il diavolo vuole che quando si entra a far parte dell'azienda si ottenga il suo titolo e il suo nome. Perché? Così il vostro lavoro può far guadagnare loro dei soldi etichettando il loro nome. Inoltre, vanno in giro e sfruttano il vostro lavoro dicendo che abbiamo fondato questa chiesa, un'azienda, un orfanotrofio, una scuola o un ospedale. Aspettate Dio, non cercate le briciole. Abbiate fiducia in Dio; Egli provvederà alle vostre necessità.

Quando Dio mi ha tolto il lavoro nel 2000, mi ha detto chiaramente di prendere il piccolo assegno di pensione e non l'altra opzione che avevo e che prevedeva il doppio. Così ho obbedito alla Sua voce. Vedevo che non ricevevo abbastanza per pagare le bollette della casa. Quindi, secondo i miei calcoli, non avevo abbastanza soldi per pagare le altre utenze, il cibo e tutte le altre bollette. Ma Dio mi disse: "Lavora per me e io mi prenderò cura di te". L'ho sentito chiaramente. Mi stava assumendo nella Sua vigna. Si è preso tutte le mie responsabilità. Non ho mai cercato un'altra strada se non quella della provvidenza di Dio. Ne sono testimone dal 2000 a oggi: non ho lavorato se non per il Signore. Il Signore ha provveduto a me.

Secondo Filippesi 4:19 Ma il mio Dio provvederà a ogni vostro bisogno secondo le sue ricchezze nella gloria, per mezzo di Cristo Gesù.

Le promesse fatte attraverso la Sua Parola e la Sua promessa di prendersi cura di me hanno portato pace e sicurezza. Benefici terreni, denaro, prosperità, ricchezza e posizione hanno sostituito la nostra fede in Dio. Vedo persone che vogliono lavorare per Dio e si preoccupano costantemente del denaro. Si lavora per Gesù solo se si ha fede. Egli provvederà come ha promesso.

C'è stato un periodo in cui ho faticato a pagare le bollette ed ero preoccupata. Quando sono occupata con il Regno, non mi ricordo del mio problema. Lui arriva puntuale. Vedo il problema più significativo: le persone vendono le loro enormi benedizioni per le briciole. Se le persone dipendono dal Signore, le provvidenze arriveranno dalle Sue ricchezze, non dalle briciole. Non accontentatevi di meno.

Ho ricevuto molte offerte da organizzazioni ecclesiastiche con le loro condizioni. Mi dicevano che se avessi fatto esattamente quello che mi chiedevano, mi avrebbero aiutata. Ma davvero? Chi mi ha dato lo spirito di guarigione, la profezia, il miracolo, il potere di scacciare i demoni? Dio, non loro. Non cercavo le briciole. Daniele ebbe l'ordine di non adorare il suo Dio per trenta giorni, ma per il Re Dario. Daniele non adorò Dario, il re. Ebbene, il re lo promosse nella sua provincia.

Daniele 6:3 Allora questo Daniele fu preferito ai presidenti e ai principi, perché in lui c'era uno spirito eccellente, e il re pensò di metterlo a capo di tutto il regno.

A questo punto, contro Daniele vennero poste una pietra d'inciampo e una tentazione di demansionamento. Daniele si rifiutò di adorare il re.

Salmo 75: 6 Poiché la promozione non viene né dall'oriente, né dall'occidente, né dal mezzogiorno. 7 Ma Dio è il giudice; egli abbatte uno e ne stabilisce un altro.

Daniele non ha mai vacillato nella sua fede! Daniele conosceva il suo Dio e aveva un rapporto diretto con Lui. Quando vendete o compromettete voi stessi per il Paese, le posizioni, i lavori, le promozioni, le chiese, le organizzazioni o il governo, avete sostituito Dio per loro. Daniele aveva una mentalità unica. Se scendete a compromessi per una briciola, un po' di denaro o un qualsiasi favore, allora avete sostituito Dio. Questo è ciò che dice il diavolo bugiardo: prenderò il suo posto e sarò come l'Altissimo.

Isaia 14:14 Salirò al di sopra delle nubi, sarò come l'Altissimo.

Il diavolo è un ingannatore. Tutti i suoi piani sono distruttivi. So che è difficile vivere per Dio, ma Lui ha chiamato solo chi è audace e coraggioso e ha deciso di farlo. Hanno crocifisso la lussuria.

Galati 5:24 E quelli che sono di Cristo hanno crocifisso la carne con gli affetti e le concupiscenze.

Vedete? Come vuole Dio che lo seguiate? Guardate Gesù. Azzerate il vostro sguardo su Gesù. L'aiuto, la promozione, la forza e le disposizioni vengono da Dio. La prova prepara la vostra testimonianza se rispondete con lo spirito, ma il compromesso con la carne porta alla distruzione e alla retrocessione.

Ricordate, Dio ripagherà tutto il vostro lavoro in cielo. Giovanni Battista non aveva nulla. Gesù non ha un posto dove posare la sua testa.

Agli altri ha detto: "Cercate il mio regno e vi darò gratuitamente ciò per cui state faticando". Riceverete tutto senza sostituirmi. L'offerta del diavolo comporta fatica e morte.

6 FEBBRAIO

Matteo 6:34 Non pensate al giorno dopo, perché il giorno dopo penserà alle cose di se stesso. È sufficiente il male del giorno.

Quando Gesù ha inviato delle persone, mancava loro qualcosa?

Luca 22:35 E disse loro: "Quando vi ho mandati senza borsa, senza denaro e senza scarpe, vi mancava qualcosa? Ed essi risposero: "Niente".

Se conoscete Dio, sarete senza paura. Ma se vi vendete in cambio di denaro o di favori a una chiesa, a un'organizzazione, a un lavoro o a una professione, ricordate che siete i loro schiavi. Voi lavorate e loro si prendono il merito di fare soldi apponendovi il loro marchio. In cambio, vi daranno le briciole. La gloria va a Dio se dipendete da Lui. Voglio che il cielo mi rifornisca. C'è una villa in cielo. Non mi preoccupo mai che si prendano il merito del mio lavoro, visto che la Bibbia dice:

1 Timoteo 5:18b "L'operaio è degno della sua ricompensa".

Giuseppe era al top. Non cedette un centimetro al diavolo e non ebbe paura della prigione o di essere venduto come schiavo. Amici, Gesù è il vostro fornitore. Solo a lui spetta tutta la gloria.

Matteo 6:19 Non accumulate per voi tesori sulla terra, dove la tignola e la ruggine corrodono e dove i ladri scassinano e rubano; 20 ma accumulate per voi stessi tesori in cielo, dove né tignola né ruggine si corrompono e dove i ladri non scassinano e non rubano.

Il cielo è reale e anche Dio. Non dipendete da nessun altro se non da Gesù. Lui ha chiamato, poi governa tutti i vostri bisogni, non alcuni, ma tutti. Ho lavorato giorno e notte nella vigna di Dio per tutti questi anni. Sono testimone che Lui è l'unico affidabile. Infatti, Mosè, il Re Davide, Daniele, Pietro Paolo e molti altri che dipendevano da Lui hanno dato gloria alla Sua potenza e al Suo potere. Non hanno mai accettato compromessi o briciole. So che è così vero. Gesù è un Dio immutabile. Vedo che tutto intorno a me sta cambiando. La prova prepara la vostra testimonianza se rispondete con lo spirito, ma il compromesso con la carne porta alla distruzione e alla retrocessione. Decidete il vostro destino e dove volete trascorrere il resto dell'eternità. Non è sostituibile, come molti possono pensare. C'è un Dio che vi mostra un potere soprannaturale. Egli vi promuoverà dove voi potete solo sostituirvi. Aspettate il Dio insostituibile: Gesù.

PREGHIAMO

Signore, aiutaci a tenere gli occhi su Gesù. Vediamo due pesci che si moltiplicano. Il miracolo della manna dal cielo, dell'olio e della farina. Nella carestia, la terraferma ha dato cento volte più raccolti. Signore, abbiamo bisogno di te e delle tue provvidenze. Ti preghiamo di darci tutto ciò che ci appartiene per offrire gloria solo a te. Vogliamo Gesù insostituibile per provvedere a noi nel nome di Gesù. Amen! Dio vi benedica!

7 FEBBRAIO

IL CORPO È PORTATORE DELLO SPIRITO!

Che cos'è lo Spirito? Il significato di base è vento. Anche il respiro è una parola di base per lo spirito. Lo spirito ha bisogno del corpo. Se non c'è nessuno per lo spirito, diventa impotente. C'è uno spirito buono che si chiama Spirito Santo, mentre gli spiriti cattivi si chiamano spiriti maligni. Lo spirito governa il nostro mondo naturale. Voi siete portatori dello Spirito Santo o dello spirito maligno.

Una volta vidi che il predicatore stava scacciando lo spirito maligno. Ha chiesto di andarsene se non si è nati di nuovo. Perché lo spirito ha bisogno del corpo per continuare la sua opera. Lo Spirito maligno lavora sotto l'egida di Satana per rubare, uccidere e distruggere.

Giacomo 2:26 Perché come il corpo senza lo spirito è morto.

Quando lo spirito lascia il corpo, la carne è morta. Se una persona muore perduta, lo spirito passa sotto il controllo di Satana. Egli userà quello spirito contro i suoi familiari. Per questo avete bisogno del battesimo dello Spirito Santo, affinché Dio possa compiere la Sua opera attraverso di voi. Anche Dio ha bisogno del corpo, poiché è Spirito. Cedete allo Spirito Santo, per favore. Per esempio, se il demone dell'alcol entra nel corpo di una persona, la costringerà a bere. Prima il demone aveva un corpo, ora brama alcol, droghe, cibo, acqua, ecc. Ha bisogno di un corpo per soddisfare il desiderio.

Una volta ho sentito dire che un padre alcolizzato è morto e il demone dell'alcol è entrato nel corpo del figlio e lo ha reso un alcolizzato. Lo stesso vale per la sigaretta, la droga, la menzogna, il sesso, l'omicidio, la rabbia, la schizofrenia, il bipolarismo e gli strani spiriti che entrano nel corpo. Lo spirito maligno è una forza distruttiva. Entrando, il corpo porta avanti il suo lavoro. Non cedete allo spirito sbagliato. Oggi non conosciamo il mondo degli spiriti. Satana sta avendo un risveglio nelle chiese. L'ignoranza è la sua arma contro di noi.

Osea 4:6 Il mio popolo è distrutto per mancanza di conoscenza; poiché hai rifiutato la conoscenza, anch'io ti rifiuterò, perché tu non sia sacerdote per me; poiché hai dimenticato la legge del tuo Dio, dimenticherò anche i tuoi figli.

Quando Gesù era sulla terra, gli spiriti maligni lo conoscevano e testimoniavano: sappiamo chi sei.

Marco 1:24 Dice: "Lasciaci in pace; che cosa abbiamo a che fare con te, tu, Gesù di Nazareth? Sei forse venuto per distruggerci? Io so chi sei, il Santo di Dio".

Lo spirito rende vivo il corpo, *Giovanni 6:63 È lo spirito che vivifica; la carne non serve a nulla; le parole*

7 FEBBRAIO

che vi dico sono spirito e sono vita.

"Quickeneth" ,"Velocizzare", accelerare, significa rendere vivo.

È evidente che quando si scacciano i demoni dell'alcol, della droga, della menzogna e dell'uccisione della carne, una persona sarà libera. Il corpo è un portatore di spirito. Quest'ultimo ha bisogno del corpo.

Salmo 1:1 Beato l'uomo che non cammina nel consiglio degli empi, non sta nella via dei peccatori e non siede sulla sedia degli sprezzanti.

Quando si tiene compagnia a un empio, a un peccatore o a una persona sprezzante, il suo spirito ci salterà addosso, proprio come non si tiene un mango cattivo con uno buono. Il corpo deve liberarsi dalle scorie e dallo spirito maligno seguendo le istruzioni della Bibbia. Pregate e digiunate; digiunate correttamente come indicato nella Bibbia, senza cibo, senza acqua. Nessuna scorciatoia. Il Signore Gesù non ha preso scorciatoie.

Un'amica mi ha detto che sentiva freddo nell'ingresso di casa mia. Allora ho pregato: "Signore, qualunque spirito sia entrato qui deve uscire da casa mia". Dopo aver pregato, ho fatto ascoltare un CD della Bibbia all'interno. Nel mio sogno, ho visto un demone di un uomo arabo che usciva dalla porta e guardava verso un'altra parte della casa, ma non poteva entrare. A volte le persone vengono a casa nostra; inconsapevolmente, portano con sé degli spiriti. E lasciano la casa, lasciando cadere lo spirito. Ho molte esperienze con gli spiriti.

Ho l'abitudine di ungere la mia casa con l'olio santo ogni giorno. L'unzione spezzerà questo spirito. L'olio rappresenta lo Spirito Santo La Bibbia è un libro di lavoro. Prima era il sacerdote a ungere, ora siamo noi il sacerdote del Signore, avendo il Suo Spirito in noi. Dobbiamo ungere il nostro corpo, la casa, il cibo, l'acqua, la terra, l'albero, la scuola, l'ufficio, l'automobile, ecc. Io vado in giro a ungere scuole, parchi, centri commerciali, negozi e ogni luogo in cui vado. Il compito dello spirito maligno è quello di lavorare per il diavolo, che sa come rubare, uccidere e distruggere.

Giovanni 10:10 Il ladro non viene se non per rubare, uccidere e distruggere.

Se non scacciano questi demoni, faranno quello che dice la Bibbia: rubare il denaro, il rene, la mente, la città, la contea e la vita. Una buona nazione diventa povera. Come e perché? Perché permette a falsi dei, dee, streghe, stregoni, satanisti, sensitivi e altri mezzi di comunicazione di rifiutare lo Spirito Santo. Questi demoni si impadroniranno del Paese per distruggerlo.

Solo Dio conosce la verità. Non rivolgetevi a spiriti familiari, streghe o stregoni per ottenere aiuto e informazioni. Lavorano per il diavolo, chiamato regno delle tenebre. Vuoi essere maledetto? La famiglia che compie azioni diaboliche e malvagie sarà distrutta. Dio li consegnerà a Satana perché li distrugga.

2 Cronache 10:13 Così Saul morì per la trasgressione che aveva commesso contro l'Eterno, contro la parola dell'Eterno che non aveva osservato, e anche per aver chiesto consiglio a uno che aveva uno spirito familiare, per chiedere informazioni.

Dio sa che il demone non fornisce alcun rimedio. Fornirà informazioni senza una soluzione. Solo il vostro Padre celeste può aiutarvi se glielo permettete. Non rivolgetevi al mezzo di comunicazione sbagliato.

2 Cronache 33:6 Fece passare i suoi figli attraverso il fuoco nella valle del figlio di Ennom; inoltre osservò i tempi, usò incantesimi, ricorse alla stregoneria, trattò con uno spirito familiare e con i maghi; fece molte cose malvagie agli occhi del Signore, per provocarlo all'ira.

Levitico 20:6 L'anima che si volge verso gli spiriti familiari e verso i maghi, per andare a caccia di loro, io mi opporrò a quell'anima e la eliminerò dal suo popolo.

Levitico 20:27 Un uomo o una donna che abbia uno spirito familiare o che sia un mago sarà certamente messo a morte; li lapideranno con pietre; il loro sangue sarà su di loro.

Dio non cambia mai. Dio ha informazioni precise per stare lontano dal male. Se vi fate aiutare dal regno oscuro, sarete distrutti. Il mondo spirituale è qualcosa di cui mi occupo. Conosco alcuni che sono legati agli spiriti maligni. Ho osservato la loro fine, che è stata triste e sbagliata. Pensano di vincere. Ricordate che abbiamo il potere di legare gli spiriti maligni, di distruggerli e di scacciarli. Dio è più grande nel suo potere. È venuto a dare un esempio perché noi potessimo seguirlo. Ora vuole rimanere nel nostro corpo come Spirito Santo. Lo Spirito Santo ha un potere potente, le legioni dello spirito maligno.

C'è una dottrina di Satana, che insegna che si ha lo Spirito Santo quando accettate il Signore Gesù come vostro salvatore. Dio lo ha scritto nel libro degli Atti. Parlerete in lingua quando riceverete lo Spirito Santo. Dio ha creato il vostro corpo per la sua residenza. Lo Spirito Santo vivrà in modo straordinario in voi. Permettete e cedete allo Spirito di Dio e vedrete cosa farà attraverso di voi.

Giovanni 14:12a In verità, in verità vi dico: chi crede in me, farà le opere che io faccio; e ne farà di più grandi di queste;18 non vi lascerò senza conforto: Verrò da voi.

Atti 1:8 Ma voi riceverete potenza, dopo che lo Spirito Santo sarà sceso su di voi; e mi sarete testimoni a Gerusalemme, in tutta la Giudea, in Samaria e fino all'estremità della terra.

PREGHIAMO

Che il Signore vi dia il cuore per servirLo! Che lo Spirito Santo viva nel vostro corpo. Permettete allo Spirito di Dio di fare potenza attraverso di voi. Fate sapere a questo mondo che lo Spirito Santo è l'unica forza di cui abbiamo bisogno. Prego che tutti noi seguiamo la chiesa del libro degli Atti, non i falsi insegnanti e profeti. Che il Signore ci dia potere attraverso il Suo Spirito. Signore, dai a tutti i nove doni dello Spirito. Lo Spirito compie un'opera onnipotente attraverso di noi. Abbiamo bisogno del dono dello Spirito per edificare la Chiesa. Ti prego di concedere il tuo Spirito, Signore, nel nome di Gesù. Amen! Dio vi benedica!

8 FEBBRAIO

VI CHIEDETE COSA SIA SUCCESSO ALLE PERSONE?

Cosa ha portato il cambiamento significativo nel cristianesimo? Sono stati Hollywood, Bollywood, i media, i giochi o la musica mondana? Ho lavorato con culture, colori, nazionalità e Paesi diversi. Ho notato il drastico cambiamento tra i cristiani, le città e le nazioni. Che cosa è successo?

Ho viaggiato in India qualche anno fa e sono rimasta sciocata. Ho incontrato le stesse persone, la quali avevano subito un cambiamento significativo. Cioè, la persona che conoscevo non era più la stessa. Molti sono diventati bugiardi, rubagalline, ladri, pettegoli, lottatori, o persone piene di gelosia e orgoglio, ecc. Non riuscivo a capire cosa gli fosse successo. Tutti vogliono assomigliare alle star del cinema. Tutti pensano di essere milionari, ma non riescono a spendere un centesimo per gli altri. Queste persone non hanno alcun interesse per Dio, ma vanno al palazzo della loro denominazione e occupano posizioni influenti. Piccole promozioni li hanno resi arroganti e orgogliosi. Divorzi e adulteri in una coppia sposata sono comuni nel mondo religioso.

Ho pensato: chi vorrebbe andare a visitare questi luoghi?

Ho iniziato a interrogare Dio su cosa avesse portato un cambiamento così drastico nella nazione. Chiesi al Signore: "Che cosa è successo?". Ho trovato la parte mancante, chiamata pentimento dei peccati. Il peccato ci disconnette da Dio. Dobbiamo sapere cos'è il peccato agli occhi di Dio. Dio odia il peccato. Ecco perché la prima cosa che Giovanni Battista ha detto è stata: "Se vuoi avere un rapporto con il Creatore, devi avere un rapporto con lui".

Matteo 3:2 E diceva: "Ravvedetevi, perché il regno dei cieli è vicino".

Dopo di ciò, Gesù disse:

Matteo 4:17 Da quel momento Gesù cominciò a predicare e a dire: "Ravvedetevi, perché il regno dei cieli è vicino".

Poi Gesù scelse dodici uomini e insegnò loro cosa predicare.

Marco 6:7 Poi chiamò a sé i dodici e cominciò a mandarli a due a due; 12 ed essi uscirono e predicarono che gli uomini si ravvedessero.

Cosa disse Pietro il giorno della Pentecoste?

Atti 2:38 Pietro rispose: "Pentitevi e fatevi battezzare, ciascuno di voi; quando vi sarete pentiti di tutti i vostri peccati, i ponti rotti del vostro rapporto con Dio saranno riparati. Se non vi pentite dei vostri peccati, allora, secondo la Parola di Dio.

Giovanni 8:24 Vi ho detto dunque che morirete nei vostri peccati.

Che cos'è il peccato? I peccati sono menzionati nelle seguenti Scritture di cui bisogna pentirsi.

Galati 5:19 Ora, le opere della carne sono manifeste: adulterio, fornicazione, impurità, lascivia, 20 idolatria, stregoneria, odio, discordia, emulazioni, ira, lotte, sedizioni, eresie, 21 invidie, omicidi, ubriachezze, bagordi e cose del genere; e di queste cose vi ho già detto, come vi ho detto anche in passato, che chi fa queste cose non erediterà il regno di Dio.

Ogni giorno prego contro il peccato e per rimanere pulita dentro di me. Mi lavo nel sangue. Sono stata anche battezzata nel nome di Gesù per lavare i miei peccati nel sangue. Sotto il nome di Gesù c'è il sangue dell'Agnello. Il sangue rimette i nostri peccati. Faccio anche la comunione ogni giorno per il perdono dei miei peccati. La comunione deve essere fatta con vino, non con succo d'uva, e pane azzimo. Se no, ricordatevi di Romani 6:23: il salario del peccato è la morte.

Qui la morte è quella eterna della nostra anima all'inferno a causa del peccato. La carne è mortale, ma l'anima è immortale. Il peccato provoca malattie nel corpo.

Salmo 103:2 Benedici il Signore, anima mia, e non dimenticare tutti i suoi benefici; 3 che perdona tutte le tue iniquità, che guarisce tutte le tue malattie; 4 che riscatta la tua vita dalla distruzione, che ti corona di amorevolezza e di tenerezze.

Il peccato darà il via libera a Satana per uccidervi, rubarvi e distruggervi. Pentirsi significa allontanarsi dai propri peccati. Avete mai sentito dire: "Sono nato così. Questa è la mia natura, non posso cambiare."? Questo non vi dà la licenza di peccare. Tutti abbiamo peccato, quindi tutti dobbiamo pentirci di ogni peccato e ripulirci con il battesimo nel nome di Gesù, e avremo una nuova coscienza.

1 Pietro 3:21 Come il battesimo ci salva anche ora (non per eliminare la sporcizia della carne, ma per rispondere a una buona coscienza verso Dio) per mezzo della risurrezione di Gesù Cristo.

Le persone spiritualmente cieche pensano che tutti gli altri siano terribili, tranne loro stessi. Perché frequentano la chiesa religiosa, pagano la decima e scaldano un posto a sedere, sono bravi. Gesù è venuto a farci sapere cos'è il peccato e quanto gli costa. Gli costa la vita, che è nel sangue. Ha versato il suo sangue con la crocifissione.

1 Giovanni 3:8 Chi commette il peccato è dal diavolo, perché il diavolo pecca fin dal principio. A questo scopo il Figlio di Dio è stato manifestato, affinché distruggesse le opere del diavolo.

Il pentimento è un dono di Dio che si ottiene riconoscendo la verità.

2 Timoteo 2:25 istruendo con mitezza quelli che si oppongono, se Dio vorrà farli ravvedere e riconoscere la verità.

Romani 2:4 O disprezzi le ricchezze della sua bontà, della sua tolleranza e della sua longanimità, senza sapere che la bontà di Dio ti porta al ravvedimento?

Gesù ha dato lo spirito di pentimento a Israele.

Atti 5:31 Egli è stato esaltato da Dio con la sua destra per essere un principe e un salvatore, per dare il ravvedimento a Israele e il perdono dei peccati.

Atti 11:18 All'udire queste cose, si tennero in pace e glorificarono Dio, dicendo: "Allora Dio ha concesso anche ai Gentili il ravvedimento alla vita".

Se abbiamo uno spirito simile a quello di Geroboamo, affamato di potere e di posizioni, allora elimineremo anche l'insegnamento di Dio.

1 Re 12:31 Fece una casa di alti luoghi e costituì sacerdoti gli infimi del popolo che non appartenevano ai figli di Levi. 13:33 Dopo questo fatto Geroboamo non tornò dalla sua strada malvagia, ma fece di nuovo degli infimi del popolo sacerdoti degli alti luoghi; chiunque volesse, lo consacrava ed egli diventava uno dei sacerdoti degli alti luoghi.

Questi falsi insegnanti e profeti sono tare, allevano capre e non pecore.

2 Pietro 2:1 - Ma c'erano anche falsi profeti tra il popolo, così come ci saranno falsi insegnanti tra di voi, che in segreto introdurranno eresie dannose, rinnegando persino il Signore che li ha comprati, e si attireranno addosso una rapida distruzione.

Matteo 7:15 - Guardatevi dai falsi profeti, che vengono a voi vestiti da pecore, ma in realtà sono lupi rapaci.

2 Timoteo 4:3 Verrà infatti il tempo in cui non sopporteranno la sana dottrina, ma, seguendo le proprie voglie, si procureranno maestri, avendo orecchie pungenti; 4 e distoglieranno le orecchie dalla verità e si convertiranno alle favole.

Falsi insegnanti e profeti porteranno le tenebre.

1 Giovanni 4:1 Amati, non credete a ogni spirito, ma provate gli spiriti se sono da Dio; perché molti falsi profeti sono usciti nel mondo.

Non perdete un passo chiamato pentimento, che è il riconoscimento del peccato agli occhi di Dio. Il diavolo non vi dà la libertà; il peccato ha una catena di tenebre. Questa catena vi porterà all'inferno, dove non c'è luce né via d'uscita.

Giovanni 1:17 La legge infatti è stata data per mezzo di Mosè, ma la grazia e la verità sono venute per mezzo di Gesù Cristo.

Il pentimento è una svolta di 180 gradi rispetto al modo di camminare e di parlare di prima. Il peccato di adulterio di Davide ha ucciso Uria, Paolo ha ucciso molti cristiani e Pietro ha rinnegato Gesù. Dopo tutto, si sono pentiti e hanno trovato la Sua misericordia e la Sua grazia. Una donna unse i piedi di Gesù. Simone la considerava una peccatrice, ma lei si pentì.

Luca 7:47 Perciò ti dico che i suoi peccati, che sono molti, sono perdonati, perché ha amato molto; ma a chi è perdonato poco, lo stesso ama poco. 48 E le disse: "I tuoi peccati sono perdonati". 50 E disse alla donna: "La tua fede ti ha salvato; va' in pace".

Siate audaci e coraggiosi nel venire all'altare di Dio, ovunque vi troviate. Pentitevi e chiedete a Dio di perdonare i vostri peccati. Tutto cambierà. Amen!

PREGHIAMO

Il Signore non è venuto a predicare un vangelo facile. Ma la buona notizia della salvezza è la liberazione dal peccato. Il peccato porta alla malattia e alla povertà. Per favore donaci lo spirito di pentimento. Benedici la nostra salvezza. Che il Signore ci dia veri profeti e maestri per condurre le pecore accanto all'acqua ferma. Che il Signore ci dia molti operai per lavorare al programma di Dio! Pentiamoci di tutti i nostri peccati. Che il Signore Dio ci incontri sulla via di Damasco per metterci di fronte al nostro moralismo! Che il Signore ci mandi profeti coraggiosi come Giovanni Battista e Natan, che non hanno paura di nessuna potenza se non di quella di Dio e dicono: questo è sbagliato, e tu sei l'uomo. Signore, donaci lo spirito di pentimento e la libertà dai peccati, nel nome di Gesù. Amen! Dio vi benedica!

9 FEBBRAIO

LA COERENZA È ONNIPOTENTE!

Qual è la definizione di coerenza? È uniformità, regolarità e stabilità. La Bibbia dice che Daniele pregava tre volte al giorno. Era coerente! Onnipotente? Onnipotente significa onnipotente, onnipotente, supremo. Omni=tutto Potente=dotato di potere.

Daniele 6:10 Ora, quando Daniele seppe che la scrittura era stata firmata, entrò in casa sua; e, essendo le finestre della sua camera aperte verso Gerusalemme, si mise in ginocchio tre volte al giorno, pregò e rese grazie al suo Dio, come aveva fatto in precedenza.

Grazie alla sua costanza e stabilità, Daniele era pronto a incontrare Dio in qualsiasi condizione. Dio ha anche dimostrato di essere onnipotente. Ha salvato Daniele dalla bocca del Leone. Assumereste un dipendente che non si presenta al lavoro regolarmente, anche se offre il meglio del meglio? Vediamo Salomone. Dio scelse lui, un re molto abile e saggio.

Ma alla fine:

Neemia 13:26 Non ha forse peccato Salomone, re d'Israele, con queste cose? Eppure tra molte nazioni non c'era un re come lui, che era amato dal suo Dio, e Dio lo fece re su tutto Israele; tuttavia anche lui fece peccare le donne stravaganti.

Ricordate che le cose da fare sono le prime e che bisogna restare in ordine con Dio dimostreranno che Dio è onnipotente e onnisciente. Nella carriera personale, l'impiego, il commercio e i rapporti hanno bisogno di uniformità. Anche un'operazione di potere onnipotente ha bisogno di uniformità?

Salmo 102:27 Ma tu sei sempre lo stesso e i tuoi anni non avranno fine.

Ebrei 13:8 Gesù Cristo è lo stesso ieri, oggi e in eterno.

Dio ha potere su tutto. È coerente. Noi dobbiamo fare delle scelte. Queste hanno un impatto sul nostro futuro e sulle generazioni successive. Davide era coerente nella sua adorazione. Egli pregava tre volte al giorno. Nelle sue difficoltà, Dio lo liberò. Nessuno ha potuto rovesciare il Re Davide. Nessuna forza esterna o interna può lavorare contro un popolo coerente. Come si può chiamare qualcuno che non prega quasi mai? Forse sono al cinema, a giocare a golf o a fare tutto tranne che pregare. Non credo che qualcuno mi chiamerebbe se la mia vita di preghiera non fosse costante.

Salmi 55:17 La sera, la mattina e a mezzogiorno pregherò e griderò ad alta voce; ed egli ascolterà la mia voce.

Non dobbiamo cercare il sole, la luna o le stagioni. È Dio che si occupa del giorno e della notte con la luce del giorno e della notte. I dipendenti affidabili ottengono una promozione, altrimenti vengono licenziati. Dio cerca coloro che rimangono in contatto con il Signore. Noi perdiamo la connessione scegliendo altre cose.

Malachia 3:6 Poiché io sono il Signore, non cambio; perciò voi, figli di Giacobbe, non siete consumati.

Salmi 102:27 Ma tu sei sempre lo stesso e i tuoi anni non avranno fine.

Se sapete che Lui è sempre lo stesso, non vi deprimete, non vi disperate, non vi preoccupate e non chiedetevi nulla. Innanzitutto, preghiamo e preghiamo senza sosta. Niente è più importante della coerenza nel nostro stile di vita, nel parlare e nel camminare con Dio. L'uomo mente, ma non Dio. La sua coerenza e regolarità sono dall'inizio all'eternità.

Numeri 23:19 Dio non è uomo da mentire, né figlio d'uomo da pentirsi; ha detto e non lo farà? O ha parlato e non lo farà?

Abramo aveva stabilità nel suo cammino con Dio. Non si è mai chiesto perché, cosa e quando. Ha detto: "Sì, Signore, sono pronto". Il Signore ha dimostrato la Sua potenza.

Genesi 12:2,3 E farò di te una grande nazione, ti benedirò, renderò grande il tuo nome e sarai una benedizione.

Grazie al continuo cammino di Davide con Dio, il primo ricevette la promessa del Messia che sarebbe venuto attraverso la sua discendenza.

Salmi 72:17 Il suo nome durerà in eterno; il suo nome continuerà come il sole; e gli uomini saranno benedetti in lui; tutte le nazioni lo chiameranno beato.

Ricordate che avete un incarico da parte di Dio quando vi rivolgete a Lui. Potete anche ottenere delle benedizioni se siete coerenti nella vostra chiamata. Se seguite le Sue leggi e i Suoi comandamenti, avrete promesse speciali perché siete affidabili nel prendervi cura degli affari di Dio.

Conosco un pastore che ha molti doni spirituali, poiché il suo cammino con Dio è costante. L'ho visto nella valle. Ora è il contrario. È in cima alla montagna. I suoi figli hanno smesso di drogarsi e si sono sistemati. I suoi nipoti vincono molti trofei, ma non hanno un posto dove metterli. I nipoti sono i primi in campo accademico, musicale e ludico. Come fanno questi nipoti a ottenere le benedizioni? Sua moglie ha detto che da quando il nonno va in giro a pregare per le persone, queste ricevono la guarigione nel nome di Gesù.

La vostra coerenza riceve benedizioni per voi e per le generazioni successive. Siate costanti nel vostro incarico da parte di Dio. Pregate senza sosta, predicate il Vangelo, scacciate il demonio e guarite i malati per vedere la vostra ricompensa.

Soprattutto, scelgo Dio. Egli mi ha tirato fuori da molte prove e problemi. Mi ha affidato molti doni spirituali. Posso mantenere questi doni spirituali finché ho un cammino e un colloquio stabile e costante con Dio. Potete ricevere tutte le promesse e dimostrare al mondo che Dio è onnipotente camminando costantemente nella

Sua Parola.

PREGHIAMO

Il nostro Signore dei cieli vi dia coerenza nel vostro cammino divino e nel vostro stile di vita santo. Possa tu essere il potente guerriero della preghiera; prega senza sosta. Possa il Signore trovarti fedele in tutti gli incarichi. Il Signore ha bisogno di operai disposti ad ascoltare e a eseguire gli ordini di Dio. Che il Signore trovi in noi la fiducia per Lui. Il Signore fa tutto, ma ha bisogno di qualcuno che sia fedele nella sua attività sulla terra. Signore, io sono disponibile. Signore, rendimi fedele nel Nome di Gesù. Amen! Dio vi benedica!

10 FEBBRAIO

CONTINUATE LA MISSIONE DEL SIGNORE!

Gesù ha mostrato la via per seguirlo. Grazie, Signore. L'esempio più straordinario che ha dato è stato quello di camminare sul sentiero per mostrarci cosa serve per iniziare e continuare la Sua missione sulla terra. Se seguiamo il cammino di Gesù, le persone troveranno la vita attraverso la verità.

La redenzione di un'anima è il piano e il pensiero della Sua mente. Non ha mai preso scorciatoie. L'ha fatto fino in fondo. La Parola di Dio può prendere vita se la mettiamo in pratica. Altrimenti, non ha alcun potere. Velocizzare significa rendere vivo, diventare attivo. Velocizzare significa dare vita. Quando si fa come dice la Scrittura, la Parola prende vita. Molti predicano la preghiera, ma cosa succede se iniziano a pregare praticamente? Se digiuniamo come è scritto nella Parola, i demoni oppressi e posseduti saranno liberati.

Vediamo cosa dice Gesù nella seguente Scrittura. Come sappiamo, la Parola di Dio può prendere vita solo se la facciamo noi.

Matteo 17:14 Quando furono giunti in mezzo alla folla, si avvicinò a lui un uomo che, inginocchiandosi, gli disse: "Signore, abbi pietà di mio figlio, perché è pazzo e molto irritato, perché spesso cade nel fuoco e spesso nell'acqua". 16 L'ho portato dai tuoi discepoli, ma non sono riusciti a guarirlo. 17 Allora Gesù rispose e disse: "O generazione infedele e perversa, fino a quando sarò con voi, fino a quando vi farò soffrire? Portatelo qui da me". 18 E Gesù rimproverò il diavolo, che se ne andò da lui; e il bambino guarì da quell'ora stessa. 19 Allora i discepoli vennero da Gesù in disparte e dissero: "Perché non abbiamo potuto scacciarlo?". 20 E Gesù disse loro: "A causa della vostra incredulità; perché in verità vi dico: se avrete fede come un granello di senape, direte a questo monte: "Spostati di là", ed esso si sposterà; e nulla vi sarà impossibile". 21 Tuttavia, questa specie non esce se non con la preghiera e il digiuno.

Ci sono molti tipi di battaglie. Possiamo vincerle tutte se impariamo l'applicazione della Parola. Gesù ha detto che non lottiamo contro la carne e il sangue.

Efesini 6:12 Noi infatti non lottiamo contro la carne e il sangue, ma contro i principati, contro le potenze, contro i dominatori delle tenebre di questo mondo, contro la malvagità spirituale nei luoghi elevati.

Se questa è la battaglia, allora dobbiamo tutti pregare e digiunare molto. Il nostro Pastore Gesù sta facendo ciò che ha predicato e insegnato?

Vediamo la dichiarazione biblica di Gesù che digiuna.

Matteo 4:2 Dopo aver digiunato quaranta giorni e quaranta notti, ebbe fame. Vediamo ora alcuni esempi

10 FEBBRAIO

di Gesù che prega per luoghi, occasioni e persone diverse. *Luca 5:16 Poi si ritirò nel deserto e pregò.*

Il nostro Pastore ha pregato per noi.

Giovanni 17:9 Io prego per loro: Non prego per il mondo, ma per quelli che mi hai dato, perché sono tuoi.

Matteo 26:39 Poi andò un po' più avanti, cadde sulla faccia e pregò.

Marco 1:35 La mattina, alzatosi molto prima del giorno, uscì e si ritirò in un luogo solitario e lì pregò.

Lode a Dio, il nostro Pastore Gesù è venuto in carne e ossa per farci sapere che la Parola da sola non ha potere, ma prende vita se la mettiamo in pratica. Non limitatevi a predicare. Mettete in pratica ciò che predicate. Dobbiamo continuare a fare ciò che il Signore ci ha mostrato. Il Signore ha dimostrato mettendo in atto la Parola, e la Parola ha preso vita.

Matteo 20:28 Come il Figlio dell'uomo non è venuto per essere servito, ma per servire e dare la sua vita in riscatto per molti.

Alleluia, abbiamo organizzato il nostro gruppo e abbiamo pregato quotidianamente: il nostro gruppo digiuna una settimana al mese e digiuna regolarmente ogni settimana. Seguiamo le orme del Signore per continuare la Sua missione.

Abbiamo pregato tutta la notte come il Signore ha pregato tutta la notte. Ogni giorno preghiamo al mattino presto, senza sosta. Se facciamo esattamente ciò che Lui ha detto, avremo la possibilità di vincere. Abbiamo visto persone liberarsi e catene spezzate. Nella nostra preghiera notturna, intercediamo. Preghiamo per nazioni e situazioni. Una cara signora è stata vincolata per molti anni da malattie e disturbi. È stata completamente liberata. Quindi, amico, solo Gesù può farlo se tu sei disposto. Se gli permetti di essere il suo contenitore che si lascia andare. Vai in preghiera e incontraLo per ricevere indicazioni.

Desidero stabilire il piano di Dio. Che piano eccellente! Egli non ha mai smesso di amare la Sua creazione. Il Padre vuole che i Suoi figli siano guariti, liberati e godano della libertà, dalle droghe, dall'alcol, dalle malattie e dalle infermità. La Sua missione può essere portata avanti se trova qualcuno che lo ascolti. Satana ha fondato chiese e organizzazioni. Come sapete, Dio ha un programma e anche Satana ha un piano. Il programma di Satana è quello di fermare, bloccare e ostacolare la via di Dio una volta che si segue Dio e si prosegue nelle Sue vie. Il resto lo farà Lui. Solo che ha bisogno di qualcuno che abbia orecchie per ascoltare, occhi per vedere e che ami lavorare per Dio.

Il Signore ha detto che ci avrebbe dato il Suo Spirito per fare miracoli, guarigioni, Parola di conoscenza, sapienza, dono soprannaturale della fede, profezia, lingua, interpretazione della lingua, e discernimento lo Spirito.

Se volete continuare la missione di Dio in modo efficace, chiedete tutti i doni possibili. Ho visto alcuni operare con i doni dati da Dio per stabilire la Sua missione.

Continuare la missione di Dio sulla terra richiede tutta la vostra attenzione, dedizione e sottomissione. Che il Signore ci dia molti che possano fare ciò che Egli ha lasciato sotto la nostra fiducia. Basta dire "Sì, Signore!". Amen!

PREGHIAMO

Nostro Padre celeste, come sei venuto a liberare i prigionieri, a curare i cuori spezzati e a guarire i malati, aiutaci a continuare la tua missione. Come ci hai dato l'autorità e l'incarico, desideriamo compiere la tua missione.

Signore, se non imponiamo la mano, non sapranno che Gesù guarisce. Quindi, aiutaci a imporre le mani sui malati affinché siano guariti. Signore, sappiamo che il nostro Dio è venuto a liberare i prigionieri. Quindi, Signore, aiutaci a scacciare i demoni in modo veloce e libero. Signore, molti hanno il cuore spezzato, aiutaci a raggiungerli. Signore, conforta chi ha il cuore spezzato. La tua missione continua se abbiamo gli operai. Signore, mandaci più operai. Il raccolto è abbondante, ma gli operai sono pochi. Signore, rendici uno. Vogliamo la tua unzione; ungici con lo Spirito Santo e la potenza nel nome di Gesù. Amen! Dio vi benedica!

11 FEBBRAIO

LA MISSIONE DI SATANA NELLA CHIESA.

La missione di Satana nella Chiesa, sì, avete capito bene. C'è una missione di Satana nella Chiesa. Satana ha una missione nella vostra città, nel vostro Stato e nel vostro Paese.

Noi sentiamo questa affermazione, non è vero? Ma Dio è potente. Può abbattere il potere di Satana. Ha sconfitto Satana durante il Calvario. Sì! Ha anche respinto i sacerdoti, ora chiamati pastori, e i sommi sacerdoti, ora chiamati sovrintendenti o vescovi, in tutte le loro tavole.

Matteo 21:12-13: Poi Gesù entrò nel tempio di Dio, scacciò tutti quelli che vendevano e compravano nel tempio, rovesciò i tavoli dei cambiavalute e i seggi di quelli che vendevano colombe, e disse loro: "Sta scritto: La mia casa sarà chiamata casa di preghiera, ma voi ne avete fatto un covo di ladri".

Avete capito il mio punto di vista. Lo stesso spirito sta lavorando nelle chiese. Ricordate, quelle persone sono morte fisicamente, ma lo spirito dietro di loro non è morto. Ha preso un'altra forma nell'epoca del Vangelo. Divenne religiosa e rifiutò GESÙ. Il Signore Gesù era il Dio Geova che essi cercavano. Cercavano Lui o cercavano il potere, la posizione e il denaro. Erano religiosi, non spirituali.

Vi spiego la differenza tra religioso e spirituale. Caino era religioso e Abele era spirituale. Caino portò l'offerta e non fu accettata, ma Abele portò ciò che Geova Dio accettò. Conoscete questo tipo di persona rappresentata da Caino? Quanto era distante da Abele? Era proprio accanto a lui, suo fratello. Ora sapete che sono vostri fratelli, sorelle, mamma e papà. Ma lo negate. Perché? Perché non volete credere che mia sorella o mio fratello possano vendermi come schiavo come il fratello di Giuseppe. Mia sorella e mia madre non distruggerebbero il mio matrimonio come ha fatto Gezabele. Svegliatevi!

Non lasciatevi accecare da attori e attrici religiosi che recitano ruoli diversi dietro il pulpito e che ricoprono titoli e posizioni. Leggete la Bibbia: dice di guardare i loro frutti. Osservate il segno che li segue. Le persone religiose mentono e non temono Dio. La religione è un'organizzazione impotente di Satana che ci inganna. Porta divisioni tra i gruppi. Ovunque vadano, contaminano tutto.

Proverbi 16:28: "Un uomo avaro semina zizzania, e un mormoratore separa i principali amici".

Dio ha chiamato sciocchi i religiosi, non gli amici, i familiari, i pastori o i santi. Vedete questo tipo di persone avvicinarsi alla vostra famiglia? Chiudete loro le porte! Sono tare. I frutti danno titolo all'albero. Cercare i frutti.

Proverbio 10:18 Chi nasconde l'odio con labbra bugiarde e chi pronuncia una calunnia è uno stolto.

Proverbio 11:13 Un chiacchierone rivela i segreti:

Separano i mariti dalle mogli e dalle famiglie. Ma parlano sempre di Gesù. Fate attenzione alle persone religiose. Non sopportano la spiritualità. Caino non sopportava Abele. Non sono troppo lontani da voi. Potrebbero essere i vostri stessi familiari o venire come amici da voi o dalla vostra famiglia.

Proverbi 16:28 Un uomo avaro semina zizzania, e un mormoratore separa i principali amici.

Gesù dice che le persone religiose sono come la zizzania. Satana le ha messe nell'edificio che chiamano chiesa per poter compiere la sua missione.

Matteo 13:38 Il campo è il mondo; il buon seme è costituito dai figli del regno, ma la zizzania è costituita dai figli del malvagio; il nemico che l'ha seminata è il diavolo; la mietitura è la fine del mondo e i mietitori sono gli angeli. Come dunque la zizzania viene raccolta e bruciata nel fuoco, così sarà alla fine di questo mondo.

Capra e pecora. Aspettate la fine per vedere il giudizio di Dio.

Matteo 13:41: "Il Figlio dell'uomo manderà i suoi angeli e i quali raccoglieranno dal suo regno tutti gli scandali e tutti coloro che commettono iniquità e li getteranno in una fornace ardente di fuoco dove ci saranno gemiti e stridore di denti.

Chi si opponeva costantemente all'apostolo Paolo? Erano uomini e donne religiosi. Tutti coloro che combattevano con Paolo erano il gruppo religioso. Il popolo di Dio, Israele, aveva una regina spirituale di nome Gezabele. Gezabele era religiosa e aveva molti falsi profeti. Come dubitare di chi si maschera da angelo di luce? Come riconoscere lo spirito di Gezabele? In primo luogo, sono manipolatori e, in secondo luogo, si vedono i frutti che producono.

1 Re 18:22: Allora Elia disse al popolo: "Io, io solo, rimango un profeta dell'Eterno; ma i profeti di Baal sono quattrocentocinquanta uomini.

Questa donna religiosa aveva una missione contro i profeti di Dio. Voleva uccidere Elia, il profeta.

Re 19:2: Allora Gezabele mandò un messaggero a Elia, dicendo: "Così mi facciano gli dèi e anche di più, se non renderò la tua vita come la vita di uno di loro entro domani, a quest'ora".

Avete visto le mogli dei leader religiosi? Sono super religiose e molto pericolose. Siete confusi se volete essere loro amici? Gezabele aveva una figlia, che sposò un certo re. Il suo nome era Atalia.

Re 11, 1: Quando Atalia, madre di Acazia, vide che suo figlio era morto, si alzò e distrusse tutta la stirpe reale.

Un certo spirito religioso viene ai bambini dai loro genitori. La Bibbia è un libro che dice la verità. Rivela la personalità delle persone religiose e spirituali. Avrete visto o incontrato molte di queste persone come me. Non importa chi possano essere. Per favore, state lontani da loro! Vi distruggeranno. Non sono i vostri amici, la vostra famiglia o il vostro leader. Come ha detto il Signore, sono tare, sciocchi e ipocriti.

Hanno la missione del padre, che è quella di rubare, uccidere e distruggere. Osservate i loro frutti e non lasciatevi ingannare.

PREGHIAMO

Signore, dai una protezione supplementare a voi, alla vostra famiglia, ai vostri figli e ai vostri nipoti. Che il Signore vi fornisca protezione e spirito di discernimento. Che il Signore vi protegga dal male, dal pericolo, dalla zizzania, dagli stolti e dai chiacchieroni. La Scrittura dice in 1 Giovanni 4:1 Amati, non credete a ogni spirito, ma provate gli spiriti se sono da Dio; perché molti falsi profeti sono usciti nel mondo. Signore, questo è il tempo della fine. Ti prego, dacci veri insegnanti e profeti per preservarci dal male e dal pericolo, nel nome di Gesù. Amen! Dio vi benedica!

12 FEBBRAIO

PRONUNCIATE BENEDIZIONI SU VOI STESSI

Le nostre parole hanno un potere creatore. Se riuscite a vedere l'opera dello spirito creata dalla vostra parola, organizzerete il vostro vocabolario con attenzione. Penserete prima di parlare. Se il potere delle Parole di Dio potenzia le vostre parole, allora queste possono creare ciò che avete detto. Le parole di Dio sono stabilite per l'eternità. Il cielo e la terra possono passare, ma non la parola di Dio. Potete ereditare ogni promessa e gioire nel Signore se sapete come farlo.

Salmi 119:11 "La tua parola l'ho nascosta nel mio cuore, per non peccare contro di te".

Se non vi piacciono i problemi, allora parlate di ciò che vi piace ottenere. Poter uscire e rientrare è una benedizione per me. Ho il suo potere di abbattere il nemico. Vivo alla sua ombra. Gesù è il mio pastore e io sono ben curata. Iniziate la vostra giornata parlando in modo positivo, non in base a ciò che vedete o sentite. Molte volte ci si sveglia sentendosi tristi o malati. Forse avete una situazione familiare, ma non appena pronunciate parole positive, la vostra parola inizierà a crearsi mentre state parlando. Riscrivete la vostra giornata, indipendentemente da ciò che vedete. Non cadete nella trappola della bocca. Parlate e basta. Cammino per fede e non per vista. Credo a ciò che non vedo. Non credo in ciò che vedo.

Questo porterà alla vittoria gloriosa, alla guarigione e alla fede. La nostra Parola ha una trappola per vedere. Quindi, se avete la Parola di Dio in bocca, vi salva.

1 Pietro 3:10 Perché chi vuole amare la vita e vedere giorni buoni, trattenga la lingua dal male e le labbra dalla malizia.

Siete voi a creare la vostra vita. Volete una bella vita? Come un milionario? Allora, per dirlo: "Sono un figlio ricco. Sono un figlio del re Gesù. Lui provvede a tutti i miei bisogni. Dalla sua abbondanza, possiede il cielo e la terra; mi fornisce la sua abbondanza; ha un'aggiunta e molteplici programmi per la mia provvista, e io sono benedetto".

Proverbio 21:23 "Chi custodisce la sua bocca e la sua lingua preserva la sua anima dai problemi".

Efesini 4:29: "Non esca dalla vostra bocca alcuna comunicazione corrotta, ma ciò che è buono all'uso di edificare, affinché possa servire di grazia a chi ascolta".

Che cos'è la corruzione? Corrompere significa cambiare da bene a male, contaminare o inquinare, attirare dal bene e allettare al male. Se si parla male, la situazione si allontana e cambia da piacevole a cattiva. La Parola di Dio ci insegna cosa dire e cosa non dire.

12 FEBBRAIO

Proverbio 10:19 "Nella moltitudine delle parole non manca il peccato; ma chi si astiene dalle labbra è saggio".

Scegliete le parole esattamente come vorreste vedere i risultati. Credete che stia accadendo mentre parlate. Non dite quello che vedete. Dite: "Sono benedetto, Dio mi copre le spalle, è il mio protettore. Uscirò da questo letto di malattia, camminerò e avrò la sua misericordia e la sua grazia".

Matteo 12:37: "Perché con le tue parole sarai giustificato, e con le tue parole sarai condannato".

Gesù è il giudice. Quindi dite che avete sbagliato, ma volete la Sua misericordia, non il giudizio. Confessate le colpe e chiedete perdono. Imparate a parlare, che può cambiare il vostro mondo, dal processo alla testimonianza, dalla guerra alla vittoria, dalla povertà all'abbondanza.

Salmi 119:11 "La tua parola l'ho nascosta nel mio cuore, per non peccare contro di te".

Andate all'Istituto di insegnamento dello Spirito Santo, fate un respiro profondo e dite: "Lo Spirito Santo mi metta le parole in bocca in modo che io dica le parole giuste". Lo Spirito Santo prenderà il sopravvento.

Isaia 54:17 "Nessuna arma formata contro di te prospererà e ogni lingua che si alzerà contro di te in giudizio tu la condannerai. Questa è l'eredità dei servi del Signore, e la loro giustizia viene da me, dice il Signore".

Dio è giusto, quindi ereditiamo tutto ciò che ha detto. Incasso le sue promesse parlando e credendo nel mio cuore. Ho visto una vittoria significativa. Le Sue parole sono buone tutto il giorno e la notte. Vedo armi di dubbio, situazioni, paura, casa e situazioni familiari in cui sorgono problemi.

Giobbe 15:6 "La tua stessa bocca ti condanna, e non io; sì, le tue stesse labbra testimoniano contro di te".

È così potente. Che lezione di vita. Quindi parlate in modo positivo. Dite: "Avrò una buona giornata". Sono un figlio del re. Lui ha misericordia e grazia per me. Sono il capo. Sono il primo. Sono al di sopra. Sono molto favorito. Poiché il mio approvvigionamento viene dal Signore, sono ricco. Sono guarito. Gesù ha pagato per i miei peccati con le sue frustate. I miei figli sono potenti uomini e donne di Dio.

Proverbio 15:4 "Una lingua sana è un albero di vita, ma la sua pervicacia è una breccia nello spirito".

La Bibbia dice che Gesù ha guarito le persone attraverso le sue parole, che possono guarire. Gesù è il consigliere; noi possiamo essere il suo consigliere se pronunciamo parole gentili e sensate. Le parole possono guarire o provocare ferite profonde.

Salmi 34:13 "Tieni lontana la tua lingua dal male e le tue labbra dalla malizia".

Proverbi 18:21 "La morte e la vita sono in potere della lingua; e quelli che l'amano ne mangiano il frutto".

Se dite: "Sto prendendo il raffreddore", aspettate e vedrete; succederà. Temo che succederà. "Sono arrabbiato", accadrà. Se non sono saggia, allora vedete cosa diventate voi. Ma come tu dirai: "Posso fare ogni cosa per mezzo di Gesù". Lui vi renderà capaci, vi rafforzerà, allora accadrà, come avete detto.

Quando parlerete come il Re Davide: "Il mio aiuto viene dal Signore, egli unge d'olio il mio capo, il mio calice è colmo, sono sicuro in lui". Allora, tutto ciò che avete detto comincerà ad accadere nella vostra vita. Direte: "Mio Dio! Quanto sei grande! Alleluia!

Salmi 35:28 "E la mia lingua parlerà della tua giustizia e della tua lode per tutto il giorno".

PREGHIAMO

Oh Signore, mio Dio, aiutaci a dire la verità della Parola. Aiutaci a parlare di salute, prosperità e benedizioni. Parla, vedo che sono una nuova creatura. Le cose vecchie sono passate. La novità della vita mi ha risuscitato. Sono fatto a tua immagine e somiglianza. Sono un'opera di Dio. La mia vita è nascosta in te. So di essere sano e salvo. Sono benedetto sopra e sopra. Nel nome di Gesù. AMEN! Dio vi benedica!

13 FEBBRAIO

ABBIAMO BISOGNO DI LEADER UMILI

Pregate che il Signore ci dia dei leader umili. Qual è la definizione di umile? Modesto significa sottomesso e mite.

La Bibbia dice in Numeri 12:3 (L'uomo Mosè era molto mite, più di tutti gli uomini che erano sulla faccia della terra).

L'umile prenderà l'ordine e andrà avanti. Dio non deve mai preoccuparsi. Se qualcuno vuole fondare un regno, un'azienda o un'impresa, ha bisogno di una persona in grado di eseguire le istruzioni. Dio chiamò Mosè per portare gli israeliti nella terra promessa. Poiché Mosè era un uomo umile, aveva il grande compito guidare seicentomila uomini a piedi, accanto a donne e bambini. Egli fece esattamente ciò che Dio gli aveva ordinato. Anche in una situazione contraria, si schierò a favore del Signore. Così non gli egiziani, ma il paese circostante vide che il Dio degli ebrei era potente. È reale. Avevano paura del Dio di Geova. Perché? Un leader umile si mette alla guida del Signore onnipotente.

Giosuè 5:1 Quando tutti i re degli Amorei, che erano dalla parte del Giordano verso occidente, e tutti i re dei Cananei, che erano in riva al mare, udirono che il Signore aveva prosciugato le acque del Giordano di fronte ai figli d'Israele, finché non fossimo passati oltre, il loro cuore si sciolse e non c'era più spirito in loro, a causa dei figli d'Israele.

Mosè aspettava di sentire il Signore in ogni situazione. Mosè non ha mai scavalcato Dio. Aspettare, ascoltare e obbedire a Dio è il modo per avere successo.

Isaia 48:17 Così dice l'Eterno, il tuo Redentore, il Santo d'Israele: Io sono l'Eterno, il tuo Dio, che ti insegna a trarre profitto, che ti guida per la strada che devi percorrere.

Dio vuole entrare in contatto con il suo popolo e mostrare al mondo che è reale. È il creatore e il salvatore. Come può farlo? Beh, Dio ha bisogno di qualcuno umile, come Mosè. Di qualcuno che porti avanti l'istruzione in ogni situazione buona, cattiva o avversa. Non mettete mai in dubbio la sua guida e il suo orientamento. Qual è il contrario dell'umile? L'orgoglioso! Gli orgogliosi non ascoltano, ma subiscono le conseguenze e governano senza pensare. Il faraone è un esempio di re orgoglioso.

Esodo 10:3 Mosè e Aaronne si avvicinarono al Faraone e gli dissero: "Così dice il Signore, Dio degli Ebrei: Fino a quando rifiuterai di umiliarti davanti a me? Lascia andare il mio popolo, perché mi serva".

Un uomo vedeva calamità e pestilenze, ma non voleva sottomettersi al Signore. Anche i servi erano più saggi e umili del Faraone. Questo è il miglior esempio di mancato ascolto dell'autorità del cielo.

Esodo 10:7 I servi del faraone dissero: "Fino a quando quest'uomo sarà per noi un'insidia? Lasciate andare gli uomini, affinché servano l'Eterno, il loro Dio; non sapete ancora che l'Egitto è distrutto?"

Perché il popolo di Dio soffre? Per lo stesso motivo: Si rifiutano di ascoltare Dio e di obbedire. Gli umili si attengono, ma pensano orgogliosamente di sapere tutto. Il piano del Signore è per il presente e per il futuro. Ricordate, può non avere senso ora, ma lo avrà. Ricordate, imparate ad aspettare.

Salmi 106:13 Hanno presto dimenticato le sue opere, non hanno atteso il suo consiglio.

I re del Regno del Nord abbandonarono l'umiltà, delusero il popolo di Dio e persero la nazione di Israele nella guerra dell'anno 722.

2 Cronache 7:14 Se il mio popolo, chiamato con il mio nome, si umilia, prega, cerca il mio volto e si converte dalle sue vie malvagie, allora io ascolterò dal cielo, perdonerò il suo peccato e guarirò il suo paese.

Questa Scrittura è da fare e non da chiamare, non da memorizzare, ma bisogna umiliarsi e pregare. La storia si ripete perché il leader ha fretta. Non voglio che apriate la parola, che non vi connettiate con Dio. Perché le famiglie e le nazioni sono state distrutte? Per lo stesso motivo: non c'è un leader umile. Pregate un'autorità divina e timorata di Dio; il Paese vivrà in pace.

1 Timoteo 2:1 Esorto dunque, prima di tutto, a fare suppliche, preghiere, intercessioni e ringraziamenti per tutti gli uomini; 2 per i re e per tutti quelli che hanno autorità, affinché possiamo condurre una vita tranquilla e pacifica in tutta pietà e onestà. 3 Perché questo è buono e gradito agli occhi di Dio, nostro Salvatore.

Abbiamo bisogno di guarire il nostro matrimonio, la nostra famiglia, la nostra terra e i nostri figli. Come? L'unico modo è ascoltare Dio. Se ci umiliamo, ascoltiamo e facciamo quello che Lui ci comanda, c'è sicurezza, protezione e prosperità. Gesù ha detto: "Le mie pecore sono senza pastore". L'autorità spirituale vi metterà in contatto con Dio. Pregate per leader umili e divini nel mondo spirituale e secolare; pregate per leader timorati di Dio.

Proverbi 29:2 Quando il giusto è in autorità, il popolo si rallegra; ma quando l'empio governa, il popolo piange.

Davide era un leader umile e divino. La sua vittoria fu un motivo per prendere consiglio da Dio e obbedirgli.

Samuele 30:8 Davide chiese al Signore: "Devo inseguire questa truppa? Li supererò? Ed egli gli rispose: "Inseguili, perché li supererai di sicuro e li recupererai tutti".

Samuele 5:19 Davide chiese all'Eterno: "Devo salire dai Filistei? Li consegnerai nelle mie mani? L'Eterno rispose a Davide: "Sali, perché senza dubbio consegnerò i Filistei nelle tue mani".

2 Samuele 21:1 Ai giorni di Davide ci fu una carestia per tre anni, anno dopo anno, e Davide chiese all'Eterno. E l'Eterno rispose. È per Saul e per la sua casa sanguinaria, perché ha ucciso i Gabaoniti.

Così, state ascoltando tutti i vostri successi e le vostre sconfitte. Davide non dipendeva dalla sua intelligenza o da altri se non dal Signore. Dio aveva bisogno di un uomo che potesse svolgere il compito più impegnativo e liberare i prigionieri dalla schiavitù degli egiziani. Dio è potente e autorevole. Ha bisogno di qualcuno che porti avanti il suo comando per stabilire un piano, un'agenda e un programma terreno. Mosè era un uomo umile di cui Dio si servì per stabilire il grande regno di Israele nell'anno 1300-1200. In seguito, i capi orgogliosi di Israele ignorarono Dio e distrussero il suo consiglio e Israele nell'anno 722.

Gesù, essendo umile, è venuto con un grande piano per guarire, liberare e rendere liberi i prigionieri. Il Signore Gesù ha dato sangue senza peccato e ha ricomprato ciò che Satana aveva rubato all'umanità nel giardino dell'Eden. È disponibile se vi pentite, lavate i peccati nel nome di Gesù e ricevete lo Spirito Santo. Lo stesso spirito di orgoglio dei leader religiosi vuole evitare di portare avanti ciò che Gesù ha iniziato con la potenza dello Spirito Santo in centoventi discepoli. È per questo che vediamo distruzione ovunque. Signore, donaci un cuore umile per fare ciò che chiedi nel nome di Gesù.

PREGHIAMO

Signore, rendici umili.

Giacomo 4:6 Ma egli dà più grazia. Per questo dice: "Dio resiste ai superbi, ma dà grazia agli umili". Signore, donaci la tua grazia e misericordia.

1 Pietro 5:6 Umiliatevi sotto la potente mano di Dio, perché egli vi esalti a suo tempo.

Giacomo 4:10 Umiliatevi davanti al Signore ed egli vi solleverà. Signore, benedici la nostra casa, la nostra città, il nostro Stato e la nostra nazione.

Abbiamo bisogno della tua misericordia e della tua guida per avere una vita serena. Dacci dei leader umili nel nome di Gesù. Amen! Dio vi benedica!

14 FEBBRAIO
SIAMO PELLEGRINI E STRANIERI

La Terra è il luogo in cui inizia il vostro viaggio. La Terra, dove avete bisogno di una guida per avere successo, proprio come in qualsiasi altro luogo in cui viaggiate sulla terraferma. Avete bisogno di una mappa, di una guida o di un autobus che vi porti in giro. Altrimenti vi perderete. La Bibbia dice che siete pellegrini e stranieri.

Che cos'è il pellegrino? Viaggiatore o vagabondo, soprattutto in un luogo straniero. Straniero inteso come esperienza o visitatore o nuovo arrivato. Sì. La Terra è il luogo in cui non siete mai stati prima e avete bisogno dell'aiuto di chi ne ha fatto esperienza, cioè Dio. Avete mai viaggiato in una nazione o in un luogo per qualche giorno? Sapete che non resterete lì. Portate con voi solo il necessario. Ogni giorno vi preparate a partire.

La Bibbia dice: *1 Pietro 2:11 Carissimi, vi esorto, come forestieri e pellegrini, ad astenervi dai desideri della carne, che sono in guerra con l'anima.*

Sapendo di essere di passaggio, state lontani da ciò da cui Dio vi ha messo in guardia. Il richiamo di Adamo ed Eva non era permanente sulla terra. Anche loro erano pellegrini e stranieri. Attenzione! Fate attenzione a voi stessi. Avete occhi, carne e orgoglio che possono fuorviarvi come hanno fatto Eva e Adamo.

1 Giovanni 2:16 Perché tutto ciò che è nel mondo, la concupiscenza della carne, la concupiscenza degli occhi e la superbia della vita, non viene dal Padre, ma viene dal mondo.

Il peccato ci ha separati da Dio. La causa del peccato non è Satana, ma la carne. In primo luogo, Eva vide e desiderò, che è la concupiscenza dell'occhio. In secondo luogo, la sua carne desiderava mangiare, che è la brama della carne, e in terzo luogo, voleva essere come Dio, che è l'orgoglio della vita. Il peccato di Adamo ed Eva ha separato l'umanità dal suo creatore, Dio Onnipotente.

Efesini 2:12: "In quel tempo voi eravate senza Cristo, estranei alla comunità d'Israele, estranei ai patti della promessa, senza speranza e senza Dio nel mondo".

Dio si è preso cura del suo popolo e ha elaborato un grande piano. Abramo è stato il padre della fede. Dio ci ha mostrato che può benedirci se ascoltiamo e obbediamo, anche se siamo pellegrini e stranieri sulla terra. Quando Dio chiese ad Abramo di allontanarsi dalla sua famiglia, egli si oppose? No.

Genesi 12:1 Ora il Signore aveva detto ad Abram: "Vattene dal tuo paese, dalla tua stirpe e dalla casa di tuo padre, verso un paese che io ti indicherò".

14 FEBBRAIO

Fece come Dio gli aveva chiesto, come da istruzioni, la sua generazione dopo di lui. È qui che noi falliamo con Dio. Dobbiamo ricordarci di insegnare ai nostri figli. Formate i vostri figli come pellegrini e stranieri e nient'altro. Presentate il Creatore come guida e insegnate come ascoltare la sua voce e obbedire.

Salmi 25:5 "Guidami nella tua verità e insegnami, perché tu sei il Dio della mia salvezza; su di te aspetto tutto il giorno".

Gridate come Davide e altri? Nei momenti di bisogno dovete chiedere a Dio di darvi una direzione.

Salmi 39:12 Ascolta la mia preghiera, o Eterno, e porgi l'orecchio al mio grido; non ti fermare davanti alle mie lacrime, perché io sono straniero presso di te, e un ospite, come lo furono tutti i miei padri.

La nostra vita è un'ombra. Per quanto tempo avete visto l'ombra? La nostra vita è come un vapore, un fiore e un'erba nel campo. Possiamo capire queste espressioni, ma sono solo per un momento. Così è la nostra vita rispetto all'eternità.

Cronache 29:15. Perché noi siamo stranieri davanti a te, e siamo in soggiorno, come lo furono tutti i nostri padri; i nostri giorni sulla terra sono come un'ombra, e non c'è nessuno che rimanga.

Corinzi 5:1 Sappiamo infatti che se la nostra casa terrena, questo tabernacolo, si dissolvesse, abbiamo un edificio di Dio, una casa non fatta con le mani, eterna nei cieli.

Dio è il nostro creatore e il Padre ha una grande misericordia e amore per noi. Dio si è rivestito di carne e ha introdotto il suo Regno; il suo piano ci ha redenti perché potessimo raggiungere quella dimora. Egli sta preparando una residenza eterna per voi e per me. Gesù non è terreno, ma è come se lo fosse.

1 Corinzi 15:47 Il primo uomo è della terra, terrestre: il secondo uomo è il Signore del cielo. Gesù è testimone del suo Regno celeste.

Giovanni 18:36. Gesù rispose: "Il mio regno non è di questo mondo; se il mio regno fosse di questo mondo, allora il mio servo lotterebbe perché io non fossi consegnato ai Giudei; ma ora il mio regno non viene da qui".

Per insegnare questo luogo celeste, dobbiamo seguire la sua strada.

Ebrei 11:16 Ma ora desiderano un paese migliore, per questo Dio non si vergogna di essere chiamato il loro Dio, perché ha preparato per loro una città.

Se conoscete la verità, agirete e vivrete sulla terra come passeggeri. Abramo, Isacco e Giacobbe non ebbero alcun problema a lasciare un luogo e ad andare in un altro secondo le indicazioni di Dio. Avete mai visto persone che vivono sulla terra come se dovessero rimanere per sempre? Ma cosa disse Giacobbe quando stava per terminare il viaggio sulla terra?

Genesi 47:9 Giacobbe disse al Faraone: "I giorni del mio pellegrinaggio sono centotrenta; i giorni della mia vita sono stati pochi e cattivi e non hanno raggiunto i giorni della vita dei miei padri ai tempi del loro pellegrinaggio".

Molti mali vennero a Giacobbe, che non visse a lungo come i suoi antenati. Giacobbe disse che era solo un viaggio. Si è spostato da un luogo all'altro, ma è andato tutto bene. Imparate a gridare come Davide quando siete in difficoltà. Dio manderà aiuto e vi salverà.

Salmi 39:12. Ascolta la mia preghiera, o Eterno, e porgi l'orecchio al mio grido; non ti calmare davanti alle mie lacrime, perché io sono straniero presso di te, e un ospite, come lo furono tutti i miei padri.

Mi ricordo che una volta, durante una riunione di preghiera, una profetessa mi parlò, "pack, yo", non sapevo di cosa stesse parlando. Prima dell'infortunio, avevo sistemato la mia casa. Non avevo un lavoro quando lei mi disse: "Ti trasferisci". Ho pensato a questa condizione di salute. Dove? Anni e anni fa avevo deciso che non mi sarei mai trasferita in Texas. Avevo sentito parlare male di questo Stato. Passò un anno e un altro amico che aveva sentito la profezia disse che non era Dio. Io dissi che sarebbe successo. Lo stesso giorno ho saputo che altri membri della famiglia si stavano trasferendo e stavano progettando di portarci con loro. Hanno viaggiato in diversi posti per trovare un luogo adatto. In una riunione di preghiera, la profetessa disse che lo Stato era il Texas. Vi ricordate? Io dissi che non c'era nessun Texas sulla mia mappa. Non volevo trasferirmi in Texas. Sono qui in Texas da più di diciassette anni, AMEN.

E la vostra responsabilità è quella di insegnare ai vostri figli e ai figli dei figli come Dio ha comandato ad Abramo.

Genesi 18:19 Poiché lo conosco, egli comanderà ai suoi figli e alla sua famiglia dopo di lui, ed essi osserveranno la via del Signore, per fare giustizia e giudizio.

Insegnare loro è il vostro compito di genitori, nonni, insegnanti, pastori e qualsiasi cosa siate chiamati a fare, ma anche di vivere come pellegrini e stranieri. Lode a Dio: stiamo andando nel posto più bello. Se ci prepariamo.

Isaia 35:8: "Lì ci sarà un'autostrada, una via e una si chiamerà La via della santità; l'impuro non la percorrerà, ma sarà per quelli; i viandanti, anche se stolti, non vi sbaglieranno".

Ebrei 12:28 Perciò, ricevendo un regno che non può essere spostato, abbiamo la grazia di poter servire Dio in modo accettabile con riverenza e timore divino.

PREGHIAMO

Ti prego, Signore, come la tua parola insegna che siamo pellegrini e forestieri, così siamo. Ti prego, insegnami e guidami a fare e a non deviare da te. Non farti sviare da nessuno e nemmeno da noi stessi. La tua parola sia luce e lampada per i nostri piedi. Così resteremo sulla retta via sulla terra. Tienici lontani dalle tentazioni. Così non cadiamo nella trappola del diavolo. Signore, facci trovare la strada che ci conduce all'eternità del cielo. Vogliamo trascorrere il nostro tempo con te. Ti amiamo e ti ringraziamo per amarci, nel nome di Gesù, AMEN. Dio vi benedica.

15 FEBBRAIO

NON LASCIATEVI INGANNARE

Avete sentito questa affermazione quando le persone iniziano ad andare in chiesa? Credono di essere salvati. Non lasciatevi ingannare. Anche le persone che salgono sul pulpito o che occupano una posizione diversa nella Chiesa, credono che noi li abbiamo salvati. Dio ti ha salvato nel momento in cui lasci la terra e raggiungi il cielo o il giorno del giudizio quando Dio dirà. Ricordate, Gesù è il Salvatore!

In Matteo 25:21, "Il suo Signore gli disse: "Ben fatto, servo buono e fedele; sei stato fedele su poche cose, ti costituirò capo di molte cose; entra nella gioia del tuo Signore"".

Quando il Signore vi separa dalla capra e dalle pecore, molti insegnamenti sbagliati di falsi insegnanti e profeti vi ingannano. Svegliatevi se diventate leader del coro. Sei solo una cheerleader se non digiuni e non preghi per ricevere indicazioni dal Signore. Ricordate che Giuda faceva ancora due più due; la sua condizione spirituale era triste e sbagliata.

Matteo 7:22 "Molti mi diranno in quel giorno: Signore, Signore, non abbiamo forse profetizzato nel tuo nome? E nel tuo nome abbiamo scacciato i demoni? E nel tuo nome abbiamo fatto molte opere meravigliose?"

Cosa dice Dio onnisciente di tutti coloro che sono impegnati nel ministero e dimenticano di venire alla presenza di Dio per rinnovarsi? "Non ti conosco; allontanati da me".

Proprio come quando la vostra auto ha bisogno di benzina, dovete fare il pieno, allo stesso modo, dovete fare il pieno di Spirito Santo e venire alla sua presenza. Molti ammazzano il tempo rimanendo attivi in chiesa e dimenticando l'incarico del Signore. Pianifica la tua vigna per vestirti. Normalmente, chi frequenta la chiesa trova qualcuno come lui con cui uscire e mangiare quando il tempo è finito. Si lavora per la chiesa ricoprendo incarichi. Stare seduti su una bella sedia in un auditorium o su un pulpito non vi dà un biglietto per il paradiso. La vostra vocazione è quella di preparare l'esercito di Dio, non il programma della chiesa. Tornate alle basi e studiate le parole. Non accontentatevi di una breve conferenza che si adatta alla vostra vita.

Tornate all'insegnamento di Gesù nella Parola di Dio. Tornate a Paolo. Non lasciatevi ammaliare da un falso insegnamento. Essendo un vero maestro di Dio, Paolo insegnò ai Galati la verità, ma anche loro si allontanarono dall'insegnamento di Paolo.

Galati 3:1: "O stolti Galati, chi vi ha stregato perché non obbediate alla verità, davanti ai cui occhi è stato evidentemente presentato Gesù Cristo, crocifisso in mezzo a voi? Siete così stolti? Avendo iniziato con lo spirito, siete ora resi perfetti dalla carne?"

State imparando dall'insegnamento di Gesù, Paolo, Pietro e degli altri veri apostoli? Come sono state impartite le istruzioni alle diverse chiese? Guardate qui. State scacciando il demonio? Guarire i malati, visitare le vedove e gli orfani e tutto ciò che Gesù ha fatto.

Giovanni 9:4 Io devo compiere le opere di colui che mi ha mandato, finché è giorno; viene la notte, quando nessuno può più lavorare.

Gesù sarà contento se la gente seguirà le sue orme. Ho visto un certo spirito del mondo, e Hollywood si è insediata nell'edificio. La gente dice che la chiesa non è Dio, ma le persone. Ha contaminato il cristianesimo. Cosa dice la Bibbia sulla nostra contaminazione?

2 Timoteo 4:3 Verrà infatti il tempo in cui non sopporteranno la sana dottrina, ma secondo la loro concupiscenza si procureranno maestri, avendo orecchie pungenti.

Galati 6:7-9 Non fatevi ingannare; Dio non si fa beffe, perché tutto ciò che l'uomo semina, lo raccoglierà anche. Perché chi semina per la sua carne, dalla carne raccoglierà corruzione, ma chi semina per lo Spirito, dallo Spirito raccoglierà vita eterna. E non stanchiamoci nel fare bene, perché a suo tempo raccoglieremo se non ci stancheremo.

Che cos'è la presa in giro? Falso imitare, prendere in giro o ridere. Ricordate come Satana ingannò Eva?

Genesi 3:1. Ora, il serpente era più subdolo di qualsiasi altro animali dei campi che l'Eterno Dio aveva creato. E disse alla donna: "Sì, Dio ha forse detto che non mangerete di tutti gli alberi del giardino?"

Satana distoglie la nostra attenzione dall'istruzione, dai comandamenti e dall'insegnamento di Dio. State mettendo in discussione l'istruzione di Dio? A chi non piace stare su un pulpito? Nessuno vuole sporcarsi.

Luca 21:8: Poi disse: "Badate di non essere ingannati, perché molti verranno nel mio nome dicendo: Io sono il Cristo; e il tempo si avvicina; non andate dunque dietro a loro".

Ma quando sentirete parlare di guerre e tumulti, non spaventatevi: queste cose devono prima accadere, ma la fine non è ancora vicina. Amico, il tempo è vicino. Non lasciarti ingannare e preparati a incontrare il Creatore. Stai lontano dalla gente sbagliata.

Matteo 7:15. Guardatevi dai falsi profeti, che vengono da voi vestiti da pecore, ma dentro sono lupi rapaci.

Quali sono i modi perniciosi per stare attenti all'agenda altamente pericolosa o distruttiva delle chiese?

2 Pietro 2:1 Ma c'erano dei falsi profeti tra il popolo, così come ci saranno dei falsi maestri tra di voi, che in segreto introdurranno eresie dannose, rinnegando persino il Signore che li ha comprati, e si procureranno una rapida distruzione. E molti seguiranno le loro vie perniciose, a causa delle quali si parlerà male della via della verità. E per cupidigia, con parole finte, si faranno beffe di voi, il cui giudizio non si è protratto per molto tempo e la cui dannazione non si è affievolita.

Quando andrete alla missione del Padre vostro, come ha fatto Gesù, sentirete parole di benvenuto da parte del Signore. Ricordate che Dio vi ha scelto per il suo campo per vestirvi e non per andare in giro per i programmi. Non siate così occupati da programmi religiosi. Verificate con la Parola di Dio. La verità ha potere, non l'agenda di una chiesa. Vediamo come Gesù ha descritto la sua chiesa.

Matteo 25:31 Quando il Figlio dell'uomo verrà nella sua gloria e tutti gli angeli santi con lui, siederà sul trono della sua gloria: e davanti a lui saranno radunate tutte le nazioni; ed egli le separerà l'una dall'altra, come un pastore divide le sue pecore dai capri: E porrà le pecore alla sua destra e i capri alla sinistra. Allora il Re dirà loro alla sua destra: "Venite, benedetti del Padre mio, ereditate il Regno preparato per voi fin dalla fondazione del mondo": Perché avevo fame e mi avete dato da mangiare; avevo sete e mi avete dato da bere: ero straniero e mi avete accolto: nudo, e mi avete vestito: Ero malato e mi avete visitato: ero in prigione e siete venuti da me. Allora i giusti gli risponderanno dicendo: "Signore, quando ti abbiamo visto affamato e ti abbiamo dato da mangiare? O assetato e ti abbiamo dato da bere? Quando ti abbiamo visto straniero e ti abbiamo ospitato, o nudo e ti abbiamo vestito? O quando ti abbiamo visto malato o in prigione e siamo venuti da te? E il Re risponderà e dirà loro: "In verità vi dico che, se l'avete fatto a uno dei più piccoli di questi miei fratelli, l'avete fatto a me".

Seguite solo quelle missioni se volete entrare nel Suo Regno. Molti sono chiamati, ma pochi sono scelti.

1 Corinzi 1:8 che vi confermerà anche fino alla fine, affinché siate irreprensibili nel giorno del Signore nostro Gesù Cristo.

Non sarò irreprensibile, perché il mio desiderio è quello di trascorrere l'eternità con il Signore Gesù.

PREGHIAMO

Che il Signore vi parli attraverso visioni e sogni. Che il Signore vi svegli e vi trovi a lavorare per Lui nella sua vigna. Che il Signore vi dia forza, pace e conforto. Signore, aiutaci a essere pronti. Fa' che la nostra terra sia piena di olio, nel nome di Gesù. Amen. Dio vi benedica.

16 FEBBRAIO

STATE CERCANDO DIO?

Lo so che direte: "Oh sì, frequento la chiesa. Leggo la Bibbia. Lo faccio, col mio pastore. Mi esercito." No! La mia domanda è: state cercando Dio? Non sto parlando di andare da mamma, papà, amici o familiari.

Geremia 29:13 Voi mi cercherete e mi troverete quando mi cercherete con tutto il cuore.

Perché dobbiamo cercare Dio? Perché Geremia 29:11 dice: "Perché io conosco i pensieri che penso verso di voi, dice il Signore, pensieri di pace e non di male, per darvi una fine attesa". Vedete, solo il Padre celeste vuole che abbiate una vita pacifica e prospera. Quando ricevete una risposta da Dio, fatelo senza soffermarvi, discutere o fare domande. Se le persone cercano Dio, che è l'Alfa e l'Omega, il principio e la fine, il primo e l'ultimo, allora il capitolo della loro vita sarà diverso.

La vostra vita sarà di successo, favorita e benedetta come quelle di Re Davide, Abramo, Mosè e la Regina Ester, che hanno cercato Dio. Cercate Dio, che è un Dio onnisciente, e onnipotente; la vostra vita sulla terra può avere il massimo successo perché lo scrittore, il regista e il produttore della vostra storia sono Dio. Come può Dio fare questo? Solo se si cerca, come dice la Bibbia.

Matteo 6:33 Ma cercate prima il regno di Dio e la sua giustizia, e tutte queste cose vi saranno aggiunte.

La Bibbia dice di cercare prima Dio e la sua giustizia, non dopo aver combinato un guaio e non poterlo più sopportare. Non dopo che avete rovinato i vostri figli e non riuscite a dormire. Non dopo che il vostro matrimonio va male e la vostra salute è in crisi. Sotto la direzione di Dio, la vita può essere trionfante, prospera, vivace, sana e di successo. La Bibbia fornisce istruzioni esplicite e dirette per cercare Dio.

Dio ha un modo e delle informazioni per voi. Non rivolgetevi a sensitivi, tarocchi, spiriti familiari o qualsiasi altro medium. Non aprite la Bibbia, non scegliete le Scritture e non pensate che questa sia la mia risposta. Soprattutto non rivolgetevi mai ai membri religiosi della famiglia. Sono persi. Perché non cerchi Dio? Mi sveglio sempre presto al mattino, intorno alle 3:00 e al massimo alle 3:50, per cercare Dio, pregare e adorare Dio. Regolarmente, settimanalmente e mensilmente faccio lunghi digiuni. Perché?

La Bibbia dice in *Salmi 63:10. O Dio, tu sei il mio Dio; presto ti cercherò; la mia anima ha sete di te, la mia carne ti desidera in una terra arida e assetata, dove non c'è acqua; per vedere la tua potenza e la tua gloria, come ti ho visto nel santuario.*

Cosa è successo a Roma? Come erano diventati omosessuali? L'ultimo peccato è quello in cui interviene il giudizio di Dio. I romani andavano dietro ai giochi. C'è stato un giorno in cui non c'era Dio nella loro memoria. Se non si conosce Dio, come si può cercarlo?

Romani 3:10 Come sta scritto: "Non c'è nessun giusto, nessuno: 11 Non c'è nessuno che comprenda, non c'è nessuno che cerchi Dio.

Se cercate Dio per la vostra giornata, allora la vostra giornata sarà diretta da Dio. So che Satana ha un piano per distruggere la vostra giornata e il vostro futuro. Quindi Dio ha un piano per benedirvi e proteggervi. Si è assunto la responsabilità di proteggerci. Ma dovete venire alla sua presenza e ricevere la direzione dal Signore.

Salmo 63:7 Poiché tu sei stato il mio aiuto, all'ombra delle tue ali mi rallegrerò. 8 L'anima mia ti segue con fatica; la tua destra mi sostiene. 9 Ma quelli che cercano l'anima mia per distruggerla, andranno nelle parti basse della terra. 10 Cadranno di spada; saranno una porzione per le volpi. 11 Ma il re si rallegrerà in Dio; tutti quelli che giurano per lui si glorieranno; ma la bocca di quelli che dicono menzogne sarà fermata.

Siete così impegnati da aver dimenticato Dio? Egli è una piccola parte della vostra vita e non è la vostra vita. Frequentate un edificio, si può dire una chiesa, ma non avete una relazione personale con Dio. Molti titolari di cariche nelle chiese e nelle organizzazioni hanno vite diverse quando chiudono le porte. Sono come Eli che preferisce i figli a Dio, come Giuda avido di trenta monete d'argento, come Caino, geloso, orgoglioso e bugiardo. Come il Re Saul, ribelle e testardo. Fate attenzione. Andate a Dio. Lui è reale.

Proverbio 8:17 "Io amo quelli che mi amano; e quelli che mi cercano presto mi troveranno".

Matteo 7:7 "Cercate e troverete".

Quando ho avuto il cancro, ho cercato Dio. Ho gridato a Lui. Quando sono andata a fare il quarto controllo, non hanno trovato il cancro. Quanto sei grande!

Geremia 17:14 Guariscimi, o Eterno, e sarò guarito; salvami e sarò salvato, perché tu sei la mia lode.

Rimanere in piedi sulla Parola di Dio. L'unica cosa che Satana ha fatto è distrarci. Ho trovato ciò che Dio ha detto.

Isaia 55:8 "Poiché i miei pensieri non sono i vostri pensieri e le vostre vie non sono le mie vie, dice il Signore. Perché come i cieli sono superiori alla terra, così le mie vie sono superiori alle vostre vie e i miei pensieri ai vostri pensieri".

Oh mio Dio! Quanto è bello! Quindi non scendete a compromessi. Cercate quel pensiero progettuale più alto che ha il nostro Dio. Scappate da quei malvagi che vengono contro di voi e vi distruggono. Ricordate, saranno la vostra famiglia, i vostri amici o qualsiasi cosa vi circondi. Ricordate che Abramo ebbe una promessa.

Genesi 15:5 "Lo fece uscire e gli disse: "Guarda ora verso il cielo e racconta le stelle, se sei in grado di contarle"; e gli disse: "Così sarà la tua discendenza"".

Genesi 22:17: "Ti benedirò nella benedizione e moltiplicherò la tua discendenza come le stelle del cielo e come la sabbia che è sul lido del mare, e la tua discendenza possederà la porta dei suoi nemici".

Il diavolo ha sentito questa promessa ad Abramo e li ha ostacolati. Ma il Signore è un liberatore. Isacco pregò e Dio liberò il suo grembo per far nascere un bambino.

Genesi 25:21: "Isacco pregò l'Eterno di prendere sua moglie, perché era sterile; l'Eterno lo pregò e Rebecca, sua moglie, concepì."

Il diavolo non si arrende mai. Sono testimone di quel fatto. Cosa è successo a Rebecca?

Genesi 25:22 I figli si dibattevano in lei ed ella disse: "Se è così, perché sono così? E andò a chiedere all'Eterno. 23 L'Eterno le disse: "Due nazioni sono nel tuo grembo e due specie di popoli saranno separati dalle tue viscere; l'uno sarà più forte dell'altro e il più anziano servirà il più giovane".

Le promesse di Dio possono essere ostacolate, bloccate o fermate dal diavolo. Ecco perché dovete cercare Dio per ottenere la liberazione, la guarigione e la salvezza. Distruggete chi ruba, uccide e distrugge per ottenere un centimetro nella vostra vita, famiglia, finanze, figli e nipoti. Cercate Dio.

Isaia 55:6 Cercate il Signore finché è possibile trovarlo, invocatelo finché è vicino.

PREGHIAMO

Signore Dio, facci essere all'avanguardia nel gioco della nostra vita. Signore, aiutaci a cercare il tuo volto e a ricevere indicazioni da te. Aiutaci a cercarti per i nostri figli e per il loro futuro. Aiutaci a cercare l'aiuto di Dio contro rapitori, molestatori, droghe, alcol, divorzi e bande. Signore, insegnaci ad aspirare a te. Ti ringraziamo per essere il nostro unico protettore, difensore e amante della nostra anima. Dio, grazie per averci permesso di venire alla tua presenza. Che possiate trovare il Signore mentre cercate la sua grazia e la sua misericordia nel nome di Gesù. Amen! Dio vi benedica.

17 FEBBRAIO

NASCITA DELLA NAZIONE DIVINA

Il nostro Dio, essendo il Creatore, conosce tutto. La Sua parola, che ha scritto come prova dei fatti, dobbiamo conoscerla e comprenderla. Inoltre, possiamo dire che Dio è giusto, santo e retto. Non c'è colpa nel Suo giudizio. Dio ha detto ciò che intendeva e ciò che voleva dire l'ha detto. Il Creatore del grembo materno conosce la creazione.

Isaia 44:24: "Così dice l'Eterno, il tuo redentore e colui che ti ha formato fin dal grembo materno: Io sono l'Eterno che fa tutte le cose, che distende i cieli da solo, che distende la terra da solo".

Conoscere il Signore come Creatore del cielo e della terra è l'inizio della paura.

Proverbio 9:10: "Il timore dell'Eterno è il principio della saggezza e la conoscenza del Santo è l'intelligenza".

Dio, che fa tutte le cose e il grembo materno, vi conosce da prima che foste formati. Dio vi ha dato ogni volontà. Quindi, le scelte sono vostre anche se Dio ci ha creati. Rebecca sapeva che c'era qualcosa di sbagliato nel suo grembo, dove sentiva la guerra. Nel suo grembo si è manifestata una personalità. Non sapeva di avere due nazioni nel suo grembo. Andò da Dio per chiedere informazioni.

Genesi 25:23: Il Signore le disse: "Due nazioni sono nel tuo grembo e due specie di popoli saranno separati dalle tue viscere; e l'uno sarà più forte dell'altro popolo e il più anziano servirà il più giovane".

Chi erano queste due nazioni? Esaù è Edom e Giacobbe è Israele. Cosa vuole farci vedere Dio? Dio non sta parlando di fratelli gemelli. Sta parlando delle personalità dei gemelli. Dio ci fornisce due personalità. Con il carattere e la natura di questi due figli di Isacco, Dio ci sta dicendo di non biasimarlo. Come Dio ha parlato, così è stato. Vediamo il figlio negligente e il figlio attento. Scegliere Dio può costare la vita e Giacobbe ha corso un rischio. Giacobbe si è preso il tempo per cucinare un pasto da gustare e soddisfare la sua fame.

Ma davanti a un pasto gustoso, ha scelto Dio. Decise di benedire il suo ventre. Ma suo fratello Esaù, incurante, preferì lo stomaco alla benedizione. Esaù disprezzò la primogenitura. Dio se ne accorse prima che Esaù e Giacobbe nascessero. Dio permise a Esaù di essere benedetto lasciandolo venire per primo. Ma Giacobbe fece di tutto per ottenere ciò che aveva perso nel grembo materno. I ragazzi erano l'uno contro l'altro nel grembo materno in una lotta per uscire per primo. Giacobbe perse la benedizione del suo primogenito per nascita, ma aveva deciso di pagare. Ha vinto!

Geremia 1:5: Prima di formarti nel ventre ti conoscevo.

Se decidete di ottenere la benedizione e di scegliere, potete cambiare la mente di Dio, e anche la mente delle persone. Ricordate le donne cananee.

Matteo 15:22: "Abbi pietà di me, Signore, figlio di Davide; mia figlia è afflitta da un demonio". Gesù non volle aiutarla, allora lei fece un passo in più.

Poi lo adorò, dicendo: "Signore, aiutami!". Gesù disse: "Sono venuto ad aiutare il mio popolo, non un cane cananeo". Disse che se mi consideri un cane, dammi i crampi. Vedete! La sua perseveranza. Ha fatto cambiare idea a Dio. Allora Gesù le disse: "Oh donna, grande è la tua fede, sia per te come vuoi". E rese la figlia integra da quell'ora stessa.

Vedete, sua figlia non era solo guarita, ma era intera. Integro significa mente, corpo, spirito e anima guariti, liberati, sani e liberi. Dio ha bisogno di una personalità come quella di Giacobbe e di una perseveranza come quella della donna cananea. Vale la pena di provare. Non pensate che non vi benedirà. Ecco perché Giacobbe è diventato il padre della nazione. Le persone che conoscono Dio hanno la determinazione di ottenere Dio. Ricordate, Dio conosce la vostra personalità incurante e negligente.

Chiedete a Dio di benedire il grembo materno, la nazione, le persone e il carattere nel grembo materno. Gli adoratori di Satana fanno tutte le opere del male sul grembo della mamma. Fate attenzione!

Salmi 58:3 I malvagi si allontanano fin dal grembo materno; si smarriscono appena nati, dicendo menzogne.

Dio mostra personalità e spiritualità. Affinché possiamo comprendere Dio, che è giusto e retto, dovete fare esattamente ciò che dice. Ungete il grembo e benedite leggendo la Parola di Dio al vostro bambino non ancora nato. Proteggete il vostro bambino. La madre di Giacobbe lo fece. Ringrazio Dio per mia madre, che era retta. Ci ha protetto dal male e ci ha mantenuto nel giusto. Apprezzo le madri sante che sanno distinguere il male dal bene per proteggerci dal male.

Qualche giorno fa ho ricevuto una telefonata da Fresno. Una signora incinta era molto malata. Continuava a tornare in ospedale. Il medico ha detto che era ad alto rischio. Ma quando ho iniziato a pregare contro l'attacco dei demoni, lei e il bambino sono stati completamente guariti. Era così malata che è stata guarita. Vedete, imparate ad attaccare e a contrattaccare. Abramo non fu solo padre di una nazione, ma di nazioni.

Genesi 17:1 Quando Abram ebbe novant'anni e nove anni, il Signore apparve ad Abram e gli disse: "Io sono il Dio onnipotente; cammina davanti a me e sii perfetto. 2 E io stabilirò la mia alleanza tra me e te e ti moltiplicherò a dismisura". 3 E Abram cadde sulla sua faccia e Dio parlò con lui dicendo: 4 "Quanto a me, ecco, la mia alleanza è con te e tu sarai padre di molte nazioni. 5 Non ti chiamerai più Abram, ma il tuo nome sarà Abramo, perché ti ho fatto padre di molte nazioni".

Il diavolo voleva interrompere questa promessa. Ma Mosè supplicò il Signore. Mosè convinse Dio e si frappose tra Dio e gli ebrei rigidi, testardi e ribelli.

Esodo 32:11 Mosè pregò il Signore, suo Dio, e disse: "Signore, perché la tua ira si accende contro il tuo popolo, che hai fatto uscire dal paese d'Egitto con grande potenza e con mano potente? 12 Per quale motivo gli Egiziani dovrebbero parlare e dire: "Per malizia li ha fatti uscire, per ucciderli sui monti e consumarli dalla faccia della terra"? Volgiti dalla tua ira feroce e pentiti di questa malvagità contro il tuo popolo. 13

Ricordati di Abramo, di Isacco e di Israele, tuoi servi, ai quali hai dato la tua parola e hai detto loro: "Moltiplicherò la vostra discendenza come le stelle del cielo e tutto il paese di cui ho parlato lo darò alla vostra discendenza ed essi lo erediteranno per sempre". 14 Il Signore si pentì del male che aveva pensato di fare al suo popolo.

I popoli che riconoscono Dio ricevono la benedizione. Dobbiamo stare nel vuoto e intercedere per le nazioni. Dio può proteggere, benedire e custodire la nazione. Riconoscete Dio e fate ciò che serve per ricevere una benedizione per voi e per la generazione successiva. Davide, il grande re, riconobbe la grandezza di Dio e il pentimento ogni volta per rimanere sulla strada della benedizione di Dio. La parola di Dio dice che se fai ciò che serve, Dio ti benedice per ereditare la terra.

Salmi 37:22: "Chi è benedetto da lui erediterà la terra e chi è maledetto da lui sarà eliminato".

Dio ha un grande piano per darci un Regno dei cieli.

Luca 12:32 "Non temere, piccolo gregge, perché al Padre vostro è piaciuto di darvi il suo regno".

PREGHIAMO

Signore, Dio potente, aiutaci ad avere la determinazione di seguirti. Aiutaci, o Signore, a tenere la mano di un Dio immutabile. Aiutaci a camminare con umiltà per agire con giustizia e amare la misericordia. Così saremo degni di ereditare la nazione e il Regno. Signore, tu sei giusto e santo. Aiutaci a camminare davanti a te in modo perfetto come Abramo, Isacco e Israele. Per ricevere la benedizione delle nazioni nel nome di Gesù. Amen! Dio vi benedica.

18 FEBBRAIO

IMPARATE DALLO SPIRITO SANTO

Avremo una nuova lezione quotidiana se impareremo ad ascoltare lo Spirito Santo. Esso è un insegnante che opera in modo meraviglioso. Sarete in soggezione, vivrete in una terra miracolosa. Avrete ciò che desiderate. È una materia ogni giorno. L'insegnante sarà lo Spirito Santo, Dio, perché Dio è spirito. C'è un solo Dio. Gesù è la manifestazione in carne e ossa dello Spirito, Dio.

Giovanni 16:13 Ma quando verrà lui, lo spirito della verità, vi guiderà in tutta la verità, perché non parlerà da sé, ma dirà tutto ciò che avrà udito; e vi mostrerà le cose future.

Ero solita tornare a casa tardi dal lavoro. Una sera mi ha fermata la polizia. Lo Spirito Santo mi diceva: "Non aprire la porta". La polizia parlò di aprire la portiera, ma io non lo feci. Ho abbassato un po' il finestrino. Il poliziotto ha detto: "Ha un aspetto familiare". Ho detto: "No, non lo sono". Lui ha chiesto: "Da dove viene?". Ho risposto: "Dal lavoro". "Siete dei nerd?". Ho risposto: "No. Lavoro alle poste". Sorrise e disse: "Ok, vai". Chi era? Grazie a Dio. Lo Spirito Santo mi ha insegnato cosa fare. Sappiamo che tutti noi andiamo a scuola e all'università. Impariamo e osserviamo gli altri. Impariamo e alcuni non imparano mai. Ma per me è un apprendimento quotidiano.

Sogni simili di due individui possono avere significati diversi. Mi hanno chiamato due persone ed entrambe hanno fatto sogni quasi identici. Ma il significato dei sogni era diverso. Pregando nella lingua, è stata data l'interpretazione che uno dei due aveva paura, ma non l'altro che aveva fatto un sogno simile. Dio ha un ulteriore rimedio per entrambi gli individui. Ho pregato contro la paura e ho chiesto a Dio di dargli coraggio e audacia. Amen!

Chiedete aiuto allo Spirito Santo ed Egli vi guiderà verso la verità nel nome di Gesù.

Romani 8:26: "Anche lo Spirito soccorre le nostre infermità, perché non sappiamo che cosa dobbiamo pregare come dovremmo; ma lo Spirito stesso intercede per noi con gemiti che non si possono pronunciare".

È bello imparare se si ha uno spirito che può imparare. Ora, le persone troppo intelligenti non hanno bisogno dell'insegnamento di Dio, perché sanno tutto, tranne la volontà umile. Dio li dirige e loro non hanno problemi ad appoggiarsi a Lui. I loro amici bugiardi, ingannatori e pettegoli li indirizzeranno al male. A loro piace sentire ciò che vogliono sentire. Avete visto che molti vanno in chiesa, leggono la Bibbia, pregano e digiunano? Ma alcuni imparano, altri non imparano mai. Anche nella vostra stessa casa, potreste avere molti bambini e gli stessi genitori, ma le stesse situazioni, alcune buone e altre cattive. Quando Mosè, un uomo umile e capace di insegnare, guidava gli ebrei fuori dalla schiavitù: gli ebrei hanno mai imparato? No! Dio disse che erano testardi e rigidi. Naturalmente, ci saranno delle eccezioni.

Esodo 32:9 Il Signore disse a Mosè: "Ho visto questo popolo ed ecco, è un popolo dal collo rigido".

Se vedete tutti i miracoli, leggete la parola, e ancora non volete imparare e capire, sapete quale sarà il risultato? Verrete bocciati in classe. Ebreo è rimasto quarant'anni nella stessa classe e ha fallito ripetutamente. Il vostro insegnante, Dio, ha una grande pazienza.

Levitico 26:41 e che io ho camminato contro di loro e li ho portati nel paese dei loro nemici; se poi i loro cuori incirconcisi si umiliano e accettano il castigo della loro iniquità.

Dio deve insegnare loro con forza. Non imparate a credere e a obbedire. Allora vedrete che non riceverete alcuna promessa. Le promesse sono condizionate. Non aggiungete sciocchezze. Gli ebrei fecero e videro ciò che Dio aveva detto.

Numeri 14:30: "Senza dubbio non entrerete nel paese che ho giurato di farvi abitare, tranne Caleb, figlio di Iefunne, e Giosuè, figlio di Nun.

Ricordate ciò che Dio ha promesso loro.

Esodo 6:8: "Vi condurrò nel paese per il quale ho giurato di darlo ad Abramo, a Isacco e a Giacobbe, e ve lo darò in eredità: io sono il Signore".

Queste persone hanno visto il miracolo e l'opera meravigliosa, ma non hanno mai imparato. Dio dice: "Ho preso le vostre malattie; voglio guarire un cuore spezzato. Voglio scacciare i demoni. Ma guardatevi intorno". Quanti stanno morendo, sono malati, posseduti, hanno il cuore spezzato? Perché? Perché siamo tutti così testardi

2 Timoteo 3:7 Sempre ad imparare e mai in grado di arrivare alla conoscenza della verità.

Do consigli e prego per molte persone che mi chiamano. Insegno continuamente, dicendo che le persone peggiori sono quelle piene di Spirito Santo. Ricordiamo che il Signore non camminava con i pagani, ma con gli ebrei; voleva benedirli. Nella stessa situazione, Egli è venuto da noi come Spirito Santo per abitare e operare. Ma noi non glielo permettiamo. Non siamo migliori degli Ebrei; mi stanco e vorrei dire loro di non andare in una chiesa dove Dio non fa miracoli.

Geremia 32:33 Mi hanno voltato le spalle e non la faccia; anche se li ho istruiti, alzandomi presto e insegnando loro, non hanno ascoltato l'istruzione.

Dio ci insegna a guarire, a consegnare e a liberare; voi venite addestrati all'opposto. Lo Spirito Santo è dietro le sbarre. Voi rapite lo Spirito Santo e lo mettete agli arresti domiciliari.

Efesini 4:30 Non affliggete il santo Spirito di Dio, con il quale siete stati suggellati fino al giorno della redenzione.

Oggi dobbiamo chiedere a Dio di dare una guida guidata dallo spirito, non riempita dallo spirito. Molti sono riempiti ma non guidati. Hanno tentato di impedirmi di ministrare, ma io ho detto: "Lasciami indietro, Satana".

Sono venuta a cercare Dio, senza religione. Avevo una religione e ne ero stufa. Sarebbe utile avere l'audacia e il coraggio di opporsi a tutte le autorità religiose addestrate a non credere e a non praticare, che sono a nostra disposizione. Odio dirlo, ma abbiamo formato molti capricciosi, deboli e inefficaci frequentatori di chiese. Mi sono stancata dei religiosi del consiglio.

Sono confusi e ingannati dall'ascolto di Dio e dalla frequentazione di chiese religiose. Buone notizie! La colpa è vostra e di nessun altro. La Bibbia dice che lo Spirito Santo vi condurrà e vi guiderà alla verità. Lo Spirito Santo vi insegnerà, vi consolerà e vi darà forza. Perché lasciate che una figura umana che non è il modello di Gesù vi guidi e vi maltratti?

Ebrei 5:12 Infatti, mentre per il tempo dovreste essere maestri, avete bisogno che uno vi insegni di nuovo quali sono i primi principi degli oracoli di Dio; e siete diventati come quelli che hanno bisogno di latte e non di carne forte.

Il cristianesimo è reale. È aperto a tutti coloro che sono aperti a esso. Siate aperti e vedete questa salvezza di Dio. Che cos'è la salvezza? Significa guarigione, liberazione e redenzione. Prendete lezioni dallo Spirito Santo.

Salmi 25:12. "Qual è l'uomo che teme l'Eterno? Egli lo istruirà nella via che sceglierà".

Salmi 32:8 "Ti istruirò e ti insegnerò la strada che devi percorrere: Ti guiderò con il mio occhio.

Salmi 71:17 "O Dio, tu mi hai ammaestrato fin dalla mia giovinezza; e finora ho dichiarato le tue opere meravigliose".

Siate affamati di una sana dieta spirituale. Così sarete cristiani sani. La Bibbia è la parola di Dio. È vera, potente e affidabile. Qual è la vostra responsabilità e il vostro denaro credendo e obbedendo? Dio ha detto: "Se cercate, bussate e chiedete, vi farò trovare, vi aprirò e vi darò". Dove state cercando nella chiesa, nella denominazione o nella scatola dell'organizzazione? Lui non c'è più. Ricordate che lo spirito uscì dal tempio? Voi siete il tempio. Ora, permettete allo Spirito di insegnarvi a meravigliarvi. Dio vuole solo che vi sediate e vi rilassiate.

Fate un giro in alta montagna con il Signore e vedrete il paese delle meraviglie. Vedrete gli zoppi camminare, i ciechi vedere, gli indemoniati essere liberati e i morti risorgere. Per favore, impariamo come ci insegna lo Spirito Santo, Alleluia! Voi, i vostri figli e la vostra città avete bisogno di pace. Guardate cosa dice Isaia:

Isaia 54:13 Tutti i tuoi figli saranno istruiti dal Signore e grande sarà la pace dei tuoi figli.

Se impariamo e camminiamo sotto l'insegnamento dello Spirito Santo, le persone vedranno la missione di Dio mentre camminava e insegnava concretamente alle persone. La gente correrà da noi per questa straordinaria conoscenza di Dio. L'insegnamento dello Spirito Santo è quello di dare potere alle parole creative pronunciate dalla vostra bocca di manifestarsi. Tutto ciò che dovete fare è credere e dire. Si manifesterà per la potenza dello Spirito Santo.

Michea 4:2 Verranno molte nazioni e diranno: "Venite, saliamo al monte dell'Eterno e alla casa dell'Iddio di Giacobbe; egli ci insegnerà le sue vie e noi cammineremo nei suoi sentieri, perché la legge uscirà da Sion e la parola dell'Eterno da Gerusalemme".

18 FEBBRAIO

PREGHIAMO

Che il Signore apra le nostre orecchie per imparare come lo spirito ci insegna. Lascia che il tuo Spirito ci insegni. Grazie per averci dato lo Spirito Santo come maestro. Facci capire come insegna. Aiutaci a essere ottimi insegnanti per gli altri. Insegniamo ai nostri figli e nipoti a obbedire e a servire questo grande Dio vivente, il cui desiderio è di benedirci, proteggerci e preservarci dal male e dal pericolo. Nel nome di Gesù. AMEN! Dio vi benedica!

19 FEBBRAIO
LE TUE PAROLE SONO COSÌ POTENTI!

Dio disse: "Sia la luce", "Ci sia un firmamento in mezzo alle acque", "Le acque sotto il cielo si raccolgano in un solo luogo e facciamo emergere la terra ferma". Che la terra produca erba, che l'erba produca seme, che l'albero da frutto produca frutto secondo la sua specie, che il seme sia in se stesso. L'albero da frutto che produce frutti secondo la sua specie, il cui seme è in se stesso, vi siano luci nel firmamento del cielo per dividere il giorno dalla notte; e siano per i segni, le stagioni, i giorni e gli anni.

Genesi 1 Dio parlò dell'esistenza di grandi balene e di tutti gli esseri viventi che si muovono e che le acque hanno generato in abbondanza, secondo la loro specie, e di ogni uccello alato secondo la sua specie. La terra produce gli esseri viventi secondo la loro specie, il bestiame, i rettili e gli animali della terra secondo la loro specie.

Dio ha detto che era buono. Era stato creato dalla Parola. Un altro giorno, Dio mi ha chiesto di chiamare una persona in particolare e le chiesi di sedersi fuori e di leggere la Bibbia ad alta voce. Ha detto che ho pregato ad alta voce ma non ho letto la Bibbia. Che il Signore ci aiuti a vedere cosa succede quando leggiamo la Bibbia ad alta voce in alcuni luoghi. Provate; non importa chi siete, è la Parola di Dio. Dio onora la sua parola e le sue promesse. Molti leggono le parole lentamente, così nessuno le sente.

Ero in ospedale per pregare su un giovane indiano. Suo suocero era volato negli Stati Uniti per visitare il genero. Vado sempre con la Parola di Dio, che è la Bibbia. Solo uno poteva stare nella stanza della terapia intensiva. Non vedendo nessuno all'interno, mi sono seduta su una sedia e ho letto la Bibbia. Il suocero guardava dentro attraverso la porta di vetro. Gli chiesi se volesse leggere la Bibbia ad alta voce mentre entravo nella stanza. Ha accettato. Alla visita successiva, l'anziano suocero disse: "Non ho mai letto la Bibbia, ma è affascinante da leggere". Chiese un'altra Bibbia. Il suocero disse che questa era una Bibbia vecchia, quindi per favore di comprargliene una nuova, e io lo feci. Gli comprai subito una Bibbia arcobaleno.

Non prendete mai alla leggera o prendete in giro la parola di Dio. Essa ha il potere di stabilire ciò per cui è stata pronunciata. Ieri, la sorella nel Signore Pena ha detto: "Ho avuto un incidente, ma ho detto grazie, Signore".

1 Tessalonicesi 5:18 In ogni cosa rendete grazie, perché questa è la volontà di Dio in Cristo Gesù riguardo a voi.

Sono stata contenta che la parola sia uscita dalla sua bocca. Era un po' ferita e non aveva un'assicurazione medica, ma abbiamo pregato. La parola di Dio pronunciata dalla vostra bocca conferisce alla parola promessa una potenza creatrice. Mentre parlate, create il rimedio, la guarigione, la liberazione e il miracolo.

19 FEBBRAIO

Quando vado a fare shopping, parlo in modo positivo: troverò quello che voglio. Dio lo ha fatto per me. Mi darà un prezzo ragionevole e coerentemente, con esso, accadrà. Molti hanno detto che non mi è mai venuto in mente di imparare la tecnica. La parola di Dio promessa ha bisogno di un ingrediente di fede per accelerarla. Se pronunciate la parola per fede, essa crea ciò che vi aspettate.

Dio ha parlato per far esistere la luce e le tenebre. Dio non ha creato gli uccelli, ma li ha portati all'esistenza con la Sua parola. Quindi parlate di ciò che desiderate e vedete cosa succede. Osservate cosa e come le persone parlano e ricevono. Quando parlano in modo negativo, l'effetto è negativo. Le parole sono potenti, sia in negativo che in positivo. È il vostro pensiero, la vostra conoscenza e la vostra fiducia nel vostro Dio.

Daniele 11:32b Il popolo che conosce il suo Dio sarà forte e compirà imprese.

Leggete la Parola; la Parola fa il lavoro. Il miracolo avviene solo quando si dice ciò che si desidera. Dio fece molti miracoli per mano di Mosè, ma gli Ebrei ebbero paura quando videro gli Egiziani che li inseguivano. Mosè confortò gli Ebrei pronunciando la parola.

Esodo 14:13 Mosè disse al popolo: "Non temete, state fermi e vedete la salvezza del Signore che vi mostrerà oggi; perché gli Egiziani che avete visto oggi non li vedrete più per sempre". 14 Il Signore combatterà per voi e voi manterrete la vostra pace.

Il Signore onora ciò che dite. Siete voi a far nascere la materia parlando. 28 Le acque ritornarono e coprirono i carri, i cavalieri e tutto l'esercito del Faraone che era entrato in mare dietro di loro; non ne rimase nemmeno uno.

Che bello! Non gridate, non piangete e non temete, aspettate il Signore perché la guarigione, la liberazione e la salvezza sono sulla punta della vostra lingua. Dio ha dato alla sua creazione l'autorità di rivendicare, riscattare e dare vita a ogni promessa data dal vostro creatore. Conoscete il vostro creatore, la sua potenza e il suo potere? Conoscete la sua conoscenza e la sua saggezza? Conoscete le sue ricchezze e la sua gloria? Se non lo conoscete, non potrete mai progredire. Non potrete ottenere ciò che desiderate. La mancanza di conoscenza è il nemico mortale degli esseri umani; morirete affamati, malati, oppressi, posseduti, feriti e molto altro ancora. Che il Signore ci riempia con la parola di Dio. La Sua parola ha bisogno di essere rafforzata dalla fede. Ha una potenza che smuove le montagne e una forza che salva la vita. La parola ha una forza creativa soprannaturale e stupefacente.

Prego per le persone al telefono e vedo che il risultato va oltre ogni immaginazione. Insegnate agli altri la parola e usate la parola nelle vostre conversazioni; la parola aprirà gli occhi agli altri quando si realizzerà.

Isaia 55:10 Infatti, come la pioggia scende e la neve dal cielo e non torna indietro, ma irrora la terra e la fa germogliare e fiorire, perché dia seme a chi semina e pane a chi mangia, 11 così sarà la mia parola che esce dalla mia bocca; essa non tornerà a me vuota, ma compirà ciò che io ho fatto.

Qual è il problema? Perché non vediamo i lavori di Dio nelle operazioni? Semplicemente, la gente non conosce le promesse di Dio. Esse sono uscite dalla Sua bocca e non dalla vostra o da quella di qualsiasi altro essere umano. Credete e vedrete; questo stabilirà la forza della vostra parola pronunciata dietro la parola promessa nella Bibbia.

Ho visto molti che parlano sempre in modo negativo. "Io sono povero, non ho soldi e non posso dare". Sono ancora poveri, non hanno e mancano sempre. Ma lo stesso discorso vale per chi parla sempre con parole forti piuttosto che con una storia diversa. Sto usando le parole del Presidente Trump, molto positive, grandi e grandiose, e ne vediamo il risultato. Vediamo la Sua vita. Presto attenzione alla Sua parola e la Sua forza di fede ha portato risultati significativi negli Stati Uniti. È sorprendente che la nostra parola abbia bisogno della conoscenza dell'Onnipotente prima di parlare con sicurezza. Aprite la Parola di Dio. Pregate il Signore di riportare la parola in chiesa, a casa, a scuola e nelle nostre vite individuali nel nome di Gesù! Amen! Dio vi benedica!

PREGHIAMO

Oh Padre celeste, creatore di tutto ciò che vediamo e sentiamo, ti rendiamo gloria e onore. La tua conoscenza va oltre ma ci fornisce l'immaginazione per le cose che vogliamo portare all'esistenza. La nostra fede ha bisogno di conoscenza. Signore, ti prego di fornircela. Signore, che Dio meraviglioso sei. Il nostro creatore condivide tutto ciò che possiede e ci ha dato una grande conoscenza. È la tua Parola. Conoscere la parola è conoscere il tesoro, la ricchezza e il potere. Signore, colui che ha rivendicato la guarigione parlando all'esistenza. Non solo, sono diventati testimoni della parola. Non è più limitata agli israeliti, ma attraverso il sangue ai gentili. Il tuo sangue, che è nascosto sotto il tuo nome, compie la purificazione dei peccati se entriamo nell'acqua pronunciando il nome di Gesù. Il nome di Gesù ha inghiottito tutti i nomi di Geova dell'Antico Testamento. Questo nome ha il sangue dell'agnello; il sangue assaporato ha potere vivificante per tutti coloro che obbediscono alla parola Nel nome di Gesù! Amen! Dio vi benedica!

20 FEBBRAIO

IL REGNO DI DIO È NASCOSTO

La Parola di Dio è un tesoro. Se la si legge e la si comprende con l'aiuto dello Spirito Santo, non ha prezzo. Negli anni '80, quando sono venuta negli Stati Uniti, cercavo Gesù. Ho frequentato molte chiese a Los Angeles. Dopo qualche anno ci trasferimmo a West Covina, in California, e iniziammo a frequentare diverse chiese. Ero molto delusa. Mi sentivo inaridita, ma non mi sono mai arresa.

Come dice Matteo 7:7, cercate e troverete.

Quando ero in India, ho seguito lo studio della Bibbia da parte dei sette avventisti e dei testimoni di Geova e ho frequentato la chiesa metodista. Ho anche letto la Bibbia molte volte. Non ero pronta a rinunciare. Un giorno, parlando con una signora, mi diede due numeri di chiese e mi disse di provarle. Così ho chiamato. Stavo pregando per una chiesa. Con mia grande sorpresa, avevo due numeri sul mio comò, ma uno è scomparso. Quindi ne era rimasto solo uno. Ho chiamato il pastore. Ci offrì uno studio biblico. Poiché avevamo bisogno di aiuto in famiglia, accettammo. Avevamo bisogno di aiuto, ma lo volevamo solo dal Signore Gesù e non da altre fonti. La mamma ha rifiutato molte offerte di altre religioni. Abbiamo un vero Dio e lui ci aiuterà. Ho letto nelle Scritture: "Questo tipo non viene fuori se non con la preghiera e il digiuno". Così ho fatto.

Quando il pastore iniziò a insegnare diversi argomenti, ma con il battesimo, fui scossa. Ho letto la Bibbia molte volte, ma non avevo mai notato che il battesimo è solo nel nome di Gesù. Quando ho sentito la voce che mi diceva di essere battezzata, non ero pronta ad accettare, ma l'ho fatto. Ho obbedito alla voce. È stata un'esperienza unica nella mia vita. Questa Scrittura ha preso vita.

Come dice, "I vostri peccati saranno eliminati". Sì, è stato così. E mi sono sentita più leggera di una piuma. Posso camminare sull'acqua. La verità vi renderà liberi; il diavolo deve prendere di mira solo la verità. Ero scioccata; dissi: "Diavolo, non puoi nascondermi la verità". Ero felice di vivere un'esperienza così bella. In seguito, ho iniziato a studiare la Bibbia giorno e notte. Tenevo la Bibbia a portata di mano. Come dice la Scrittura, è nascosta, sì! Lo è.

Matteo 13:44 Di nuovo, il Regno dei cieli è simile a un tesoro nascosto in un campo; il quale, quando un uomo lo trova, lo nasconde, e per la sua gioia va a vendere tutto quello che ha e compra quel campo.

Quando le persone si trasferiscono negli Stati Uniti, hanno molti sogni, non uno solo. Ma dopo aver scoperto questa verità, mi sono concentrata solo sulla verità. Non so come e perché non ero riuscita a vedere questa verità prima. Sì, certo, era nascosta, giusto? La mia gioia è stata travolgente. Ora sono sicura di poter dichiarare che il cristianesimo è vero. Offre salvezza, guarigione e liberazione. Ho condiviso la mia esperienza con tutti.

Matteo 13:45 Di nuovo, il Regno dei cieli è simile a un mercante che cercava perle preziose; 46 il quale, trovata una perla di gran prezzo, andò a vendere tutto quello che aveva e la comprò.

Esattamente! Mi sono anche liberata del falso insegnamento. La Bibbia si stava animando come dice dei falsi insegnanti e dei falsi profeti. Sì. Ora posso vedere la differenza. Dare etichette come Chiesa, pastore, profeta e croce su un edificio non significava nulla. Non ero arrabbiata, ma gioiosa. Ho scelto di cercare e l'ho fatto.

Matteo 13:47 Di nuovo, il Regno dei cieli è simile a una rete che è stata gettata in mare e ha raccolto ogni genere. 48 Quando fu pieno, lo portarono a riva, si sedettero e raccolsero il buono nei recipienti, ma gettarono via il cattivo.

Vedete, ho seguito lo studio della Bibbia da tutti i gruppi di denominazione, ma quando ho trovato la verità, sapevo cosa eliminare. Ho iniziato a tradurre, a fare video, a insegnare e a raggiungere tutti coloro che li avrebbero ricevuti. Ho fatto tutto il possibile per far conoscere ad altri la verità. Quando mi sono rivolta a molti, tante persone hanno accettato e hanno iniziato a lavorare. Questo ha liberato e guarito molti. Non ho mai smesso di lavorare per raggiungere i perduti.

Matteo 13:23 Ma colui che ha ricevuto il seme nel terreno buono è colui che ascolta la parola e la comprende, il quale porta frutto e produce, chi il centuplo, chi il sessanta, chi il trenta.

Le persone fedeli cercano la Parola di Dio pregando e digiunando; allora riceveranno il seme su un buon terreno.

Matteo 13:33 Parlò loro di un'altra parabola: "Il Regno dei cieli è simile al lievito che una donna prese e nascose in tre misure di farina, finché il tutto fu lievitato".

Vivere attraverso la Parola di Dio è uno stile di vita contagioso. Il vostro stile di vita retto influenzerà gli altri. Vivere sulla Terra è come essere un viaggiatore. Perché cercate ricchezza, fama e denaro? Tutto ciò che volete è il Regno e la Sua giustizia. Tutto ciò che desiderate è lì. Imparate da Dio facendo e applicando. La Parola prenderà vita quando la applicherete, la seguirete e vedrete come si accelera. Nessuno può imparare la Parola stando seduto su una panchina ad ascoltare anno dopo anno.

Matteo 6:33 Ma cercate prima il Regno di Dio e la sua giustizia, e tutte queste cose vi saranno aggiunte.

Paolo dice che camminava, contrariamente a ciò che cercava. Quando ha avuto la rivelazione, è diventato importantissimo e non ha avuto paura nemmeno di morire.

Filippesi 3:7 Ma le cose che per me sono state un guadagno, le ho considerate una perdita per Cristo. 8 Sì, senza dubbio, e considero tutte le cose una perdita per l'eccellenza della conoscenza di Cristo Gesù, mio Signore, per il quale ho subito la perdita di tutte le cose e le considero sterco, pur di conquistare Cristo, 9 e di essere trovato in lui, non avendo la mia giustizia, che è della legge, ma quella che è per mezzo della fede di Cristo, la giustizia che è di Dio per fede.

Cercate Dio; la verità è potente. Siete un viaggiatore; trascorrerete la vita o la morte in eterno. La vita sulla Terra è limitata. La carne è mortale. Ma l'anima è immortale.

La vostra anima è in vostro possesso. Rimediate alla strada, cambiate priorità, voltatevi, prendete la strada della rettitudine e amate la verità. Troverete il Regno dove avrete pace e gioia in tutto ciò che desiderate.

PREGHIAMO

Pregate nel nome di Gesù. Che il Signore vi renda affamati e assetati della Parola di Dio. Signore, mostraci la verità. Vogliamo essere liberi e liberare gli altri. Ti prego, dacci l'audacia e il coraggio di ricevere il Regno. Insegnaci a superare tutti gli ostacoli. Fa' che tutte le armi si fermino, blocchino e ostacolino, che siano rimosse e gettate all'inferno. Sappiamo che il Regno di Dio non è carne e bevanda, ma giustizia, pace e gioia nello Spirito Santo. Signore, riempi con lo Spirito Santo nel nome di Gesù, AMEN. Dio vi benedica!

21 FEBBRAIO

DIO FA INTERVENTI CHIRURGICI

S sappiamo che il medico opera sul tavolo operatorio, addormentandoci. Prima dell'intervento fa l'anestesia. Quando si ritorna coscienti, si sperimenterà il dolore e si avrà bisogno di un antidolorifico. Nel mondo spirituale, i santi unti impongono la mano e voi cadete a terra. L'avete visto? Io l'ho visto. Sono anche caduta molte volte quando i santi unti hanno imposto le mani su di me. Dio fa l'intervento quando si è sdraiati sul pavimento, proprio come il dottore fa quando si è sdraiati sul tavolo. Quando le persone consacrate pregano su di voi, allora lo Spirito fa l'intervento.

Dio opera quando siete a terra, sdraiati. Anche quando dormite, Dio opera sul vostro corpo. Ricordate che Saulo, ignorante, stava massacrando i discepoli. Dio ha dovuto operare i suoi occhi e il suo cuore per fargli capire cosa stava facendo. Saulo amava Dio e aspettava che Egli venisse come Messia. Ma non sapeva che Gesù era il Dio in carne e ossa come Messia. Non sapeva che Gesù era la speranza di dodici tribù.

Paolo era un fariseo devoto che sapeva che esisteva un solo Dio. Non voleva adorare Gesù, sapendo che era figlio di Giuseppe.

Atti 26:7 Alla quale promessa le nostre dodici tribù, che servono Dio giorno e notte, sperano di arrivare. Per questa speranza, re Agrippa, sono accusato dai Giudei.

Ecco, questa era la loro speranza per il Messia. Il guerriero della preghiera gridava aiuto. A Damasco, Dio scese e operò su Saulo. Gesù cambiò il pensiero del suo cuore e anche il suo nome, Saulo, in Paolo.

Atti 9:3 Mentre camminava, si avvicinò a Damasco; e all'improvviso si accese intorno a lui una luce dal cielo; 4 ed egli cadde a terra e udì una voce che gli diceva: "Saulo, Saulo, perché mi perseguiti?" 5 Ed egli disse: "Chi sei, Signore?". E il Signore rispose: "Io sono Gesù che tu perseguiti; è difficile per te scalciare contro i pungoli". 6 Ed egli, tremante e stupito, disse: "Signore, che cosa vuoi che io faccia? E il Signore gli disse: "Alzati, entra in città e ti sarà detto ciò che devi fare". 7 Gli uomini che viaggiavano con lui rimasero senza parole, udendo una voce ma non vedendo nessuno. 8 Saul si alzò da terra e, aperti gli occhi, non vide nessuno; ma lo condussero per mano e lo portarono a Damasco. 9 Rimase tre giorni senza vista e non mangiò né bevve.

Dio ha operato sul pavimento; i suoi occhi, il suo cuore, il suo pensiero e la sua vita avevano bisogno di un potente intervento dall'alto dei cieli. Grazie, Signore. La storia di Paolo è cambiata dopo l'intervento.

Galati 1:23. Ma avevano sentito dire soltanto: "Colui che ci ha perseguitati in passato, ora predica la fede che un tempo ha distrutto".

21 FEBBRAIO

Parlano di Paolo. Ha distrutto la fede, ma ora sta predicando la stessa storia. L'intervento di Dio porterà un cambiamento nella vita, nel cuore, nel pensiero, nella guarigione, nella liberazione e nella salvezza.

Il cambiamento sarà a testa in giù, persino un cambiamento nel vostro look.

Molti anni fa, stavo attraversando alcuni problemi ma non capivo. Una volta Dio mi disse di aprire un libretto chiamato "Pane quotidiano" per leggerlo, e lo feci. Quando ho visto la parola "ansia", Dio mi ha detto: "Hai l'ansia", e io ho risposto: "Signore, non sono preoccupata o spaventata". Mentre il giorno dopo era domenica, tornavo dalla chiesa e Dio mi disse: "Guarda nel dizionario il significato di ansia".

Così ho fatto. Ho detto che era proprio così che mi sentivo; vado a dormire e mi sveglio con la stessa sensazione. Non capivo perché e non sapevo come spiegarlo a qualcuno per ottenere aiuto. Per ansia si intende un disturbo nervoso caratterizzato da eccessiva inquietudine e apprensione. Si tratta di un gruppo di malattie mentali e il disagio che provocano può impedire di svolgere normalmente la propria vita. Lavoro di sera. Domenica era il mio giorno libero, quindi sono andata a dormire presto. Mi piace svegliarmi presto per pregare. Così mi sono svegliata alle 5 del mattino per farlo.

Ho sentito nel mio spirito che mi chiedeva di tornare a dormire. Ho iniziato a ragionare. Questo non può essere Dio, così ho provato a pregare.

Di nuovo, ho provato ad andare a dormire. A quel punto ho sentito qualcuno che diceva di non ignorare la voce di Dio. Egli ha uno strano programma. Non cercare di adattare Dio ai tuoi. Allora ho detto: "Dio, vado a dormire, cosa che non mi piace, ma se mi sbaglio, ti prego di perdonarmi". Mi sono addormentata e ho fatto un sogno; in esso, degli uomini mi hanno toccato la testa. Ho visto la parte del collo e non il viso. Mi sono svegliata senza ansia. Ero molto felice di essere libera, ma anche entusiasta di aver imparato a sentire e a obbedire alla voce di Dio. Pensavo che Dio non avrebbe mai chiesto di addormentarsi mentre si sta pregando. Ma Dio aveva mandato un Angelo a fare l'intervento. Voleva che rimanessi a dormire mentre il medico ci faceva l'anestesia per rimanere a dormire durante l'intervento.

È davvero emozionante sentire la sua voce.

Matteo 17:15: "Signore, abbi pietà di mio figlio, perché è lunatico e molto irritato, perché spesso cade nel fuoco e spesso nell'acqua".

Marco 9:25 Quando Gesù vide che la gente accorreva, rimproverò lo spirito maligno, dicendogli: "Spirito muto e sordo, ti ordino di uscire da lui e di non entrare più in lui". Lo spirito gridò, lo squarciò e uscì da lui; ed egli era come morto, tanto che molti dicevano: "È morto". Ma Gesù lo prese per mano, lo sollevò ed egli si alzò.

Vedete, il Signore ha fatto l'operazione, facendolo dormire sul pavimento. Quel ragazzo ha ottenuto la sua liberazione. Dio manda la guarigione e la liberazione mentre si dorme. Ho sentito dire che quando una persona malata dorme, gran parte della carne del corpo guarisce. Quando Gesù disse ai Romani: "Io sono l'uomo, guardate cosa è successo".

Giovanni 18:6. Non appena ebbe detto loro: "Io sono lui", essi indietreggiarono e caddero a terra.

Apocalisse 1:17 Quando lo vidi, caddi ai suoi piedi come morto. Ed egli pose la sua mano destra su di me, dicendomi: "Non temere; io sono il primo e l'ultimo".

Le persone vengono uccise nello spirito o cadono in esso alla presenza di Dio Onnipotente.

Numeri 24:4 Ha detto che ha udito le parole di Dio, che ha visto la visione dell'Onnipotente, cadendo in trance, ma con gli occhi aperti Anche Bellam ha ricevuto il messaggio come se fosse caduto a terra alla presenza di Dio, dove lo spirito di Dio ci sovrasta.

Dio prende il controllo quando vi addormenta. La Sua opera ha un esito potente senza dolore. E non si pagano le bollette mediche. So quando arriva la presenza di Dio. Egli ci unge e spezza catene e gioghi, malattie e infermità. È un potente chirurgo e un creatore. Ha lasciato che Adamo cadesse in un sonno profondo per creare la sua compagna Eva e prendere la sua costola.

Genesi 2:21 L'Eterno Dio fece cadere su Adamo un sonno profondo ed egli si addormentò; poi prese una delle sue costole e ne ricoprì la carne; e la costola che l'Eterno Dio aveva preso dall'uomo fece una donna e la portò all'uomo.

Vedete, tutto questo accade quando il Signore vi addormenta. Dio ci parla in sogno. Dio ha dato a Faroa, a Giacobbe, Nabucodonosor re di Babilonia, una fantasia per rivelare il piano. Dio vaga quando noi dormiamo. Grazie, Signore; credo che la chirurgia avvenga solo in presenza di Dio o di persone che sono unte dallo Spirito Santo e dalla potenza di Dio. Amen.

PREGHIAMO

Prego che il Signore faccia una grande operazione in un momento come questo. Abbiamo bisogno di più interventi chirurgici da parte di Dio. Abbiamo bisogno di liberazione, guarigione e salvezza da parte del chirurgo Gesù. Abbiamo bisogno di Saul e dell'esperienza di Paul. Che il Signore aiuti oggi i pazzi, gli ADHD, gli ADD, gli schizofrenici e gli autistici. Prego che il Signore ci dia la potente unzione dello Spirito Santo e della forza. Signore, dacci la forza di essere operatori, dove Dio sia il chirurgo, opera attraverso di noi nel nome di Gesù. Amen! Dio vi benedica.

22 FEBBRAIO

IL MIO POPOLO MI HA DIMENTICATO OGNI GIORNO

La mia gente si è dimenticata di me ogni giorno. Come è successo? Per colpa di uno spirito fuorviante. Adoriamo e preghiamo molti idoli. Come? Noi, il nostro lavoro e tutto ciò che mettiamo davanti a Dio diventa idolo. Quante persone tra noi vogliono pregare? Non stiamo parlando di pregare Dio cinque o tre volte come fece Daniele. Possiamo essere in contatto con Dio, il nostro creatore, solo parlando e ascoltandolo.

Non ci si può collegare a Dio andando a colazioni di preghiera o guardando film cristiani. Andare in chiesa per qualche ora e sedersi o mantenere una posizione in chiesa non ci mette in contatto con il Signore. Tutte queste attività non ci mettono in contatto con Dio, ma ci disconnettono da Lui. La connessione con Dio è come avere Internet. La disconnessione con Dio è come non avere Internet.

Capite? Abbiamo molti legami, ma il più importante è quello con Dio. Ci sentiamo persi, insicuri, preoccupati, feriti e malati. Abbiamo la polizia, un sistema di sicurezza, un esercito potente e un sistema di protezione, eppure ci troviamo di fronte a problemi significativi. Non siamo sicuri se non abbiamo la sicurezza di Dio. Oggi Dio è sostituito da una chiamata al 911 o da un altro sistema di sicurezza.

Geremia 2:32. Può una fanciulla dimenticare i suoi ornamenti, o una sposa il suo vestito? Eppure il mio popolo mi ha dimenticato per giorni senza numero.

Perché molte promesse per mettervi al sicuro, eppure non lo siete, perché non vi mettono in contatto con Dio?

Geremia, 13:25: "Questa è la tua sorte, la parte delle tue misure da me, dice il Signore, perché mi hai dimenticato e hai confidato nella menzogna".

Vedete pianti e lacrime dappertutto? Stress mentale, incubi e mancanza di aiuto. Siete perduti, a parte il modo in cui sareste stati liberati dalla tana del leone, dalla bocca della tigre, dalla fornace ardente, dalla prigione e dalle armi del nemico. L'aiuto soprannaturale del Signore è stato eliminato da spiriti fuorvianti e ingannevoli, togliendo la vera Bibbia dalla casa, dalla vita, dalla scuola e dall'organizzazione, e nonostante abbiamo tutti i problemi, non riusciamo ancora a capire. Ci chiediamo ancora quale sia la causa. Abbiamo appena perso il sentiero di Dio e la connessione con Dio. Dio non deve essere a parte, ma venire prima di tutto.

Geremia 3:21. Sugli alti luoghi si udì una voce, il pianto e le suppliche dei figli d'Israele, poiché hanno perso la loro strada e hanno dimenticato l'Eterno, il loro Dio.

I falsi insegnanti e i falsi profeti falliscono con Dio. Sparatorie e uccisioni mostrano l'assenza di Dio. Dove sono le persone che riescono a vedere il programma distruttivo di Satana? Una chiamata può fermare tutte le tenebre spirituali attraverso Gesù. Abbiamo bisogno di qualcuno che si metta in piedi senza paura, trovi l'opera più profonda e oscura del nemico e la affronti. Prendete la chiave da Satana e ditegli: "Hai perso". Il popolo di Dio non ha gusto o desiderio di Dio. Non ha fame e sete di Dio, una forma di pietà. Ci siamo dimenticati di pregare e di lottare. Uno spirito in travaglio fa nascere il ministero. Dio sta aspettando la nostra chiamata. Ha un esercito di Angeli per aiutarci, ma nessuno ci chiama. Chiamate la polizia! È questa la nostra soluzione? Urla e ombreggiature di sangue sono ovunque. Che cosa è successo? Qualcuno può dire: preghiamo e digiuniamo? Dio ha una soluzione. Le persone sono perse senza un vero e giusto pastore.

Ezechiele 34:2 Figlio d'uomo, profetizza contro i pastori d'Israele, profetizza e di' loro: "Così dice il Signore DIO ai pastori: Guai ai pastori d'Israele che si nutrono da soli! Non dovrebbero i pastori nutrire le greggi? Voi mangiate il grasso, vi vestite di lana, uccidete quelli che vi vengono forniti, ma non date da mangiare al gregge. Quanto al mio gregge, esso mangia ciò che avete calpestato con i vostri piedi e beve ciò che avete sporcato con i vostri piedi.

Il Pastore non ha tempo per le pecore sofferenti, depresse, oppresse e possedute. Che tristezza! La gente va in psichiatria. Uno psichiatra può aiutare? La droga è una risposta? Satana usa le persone per spargere sangue. Sentite la voce di Dio? Siete occupati a mangiare, bere, giocare a golf, comprare, fare shopping e andare in vacanza? Guardate dov'è la vostra Bibbia. Nessuno vuole insegnare la verità. Insegnano la parola quel tanto che basta per far partire gli affari.

Non venite qui per chiedere aiuto. Usiamo Gesù, così i nostri soldi continuano ad arrivare. Non sappiamo cosa siano l'oppressione, la possessione, la liberazione o la malattia. Non ci fate pesare i vostri problemi perché abbiamo dei medici. Sì, riceviamo denaro da voi. Così possiamo comprare molte case, automobili e tutti i beni di lusso ed essere felici. Siamo benedetti. Davvero? Siete davvero benedetti o maledetti? La vostra città è benedetta o maledetta? Ricordo che in California, dove vivevo, andavo in giro a bussare alle porte e testimoniavo.

Mi sono fermata alla motorizzazione e ho distribuito le bibbie, pregando la notte. Pregavo la mattina presto, ed è per questo che la mia città aveva la pace. Molte scuole avevano una recinzione, ma non nella città in cui vivevo. Ho fatto quello che era necessario. Una volta, durante la preghiera notturna, ho visto una strega che era venuta nella mia città. Ho pregato per farla uscire. Mi trovai in un luogo psichico e lo maledissi. Sapete che non si è mai aperto? Non c'è posto per Satana. La Bibbia è diventata un business multimilionario ovunque. Vigilate e pregate sulla vostra città, sul vostro paese e sulla vostra nazione.

Gesù è venuto a liberare i prigionieri.

Demoni, cancri, malattie, droghe, alcol e divorzi possiedono le persone. Il diavolo ha tutto adesso; perché? Le persone sono diventate orgogliose e senza preghiera. Basta conoscere le Scritture per essere ingannati. Gesù ha iniziato a guarire e liberare.

Ha guarito i cuori spezzati mentre la denominazione della chiesa distoglieva gli occhi della gente da Dio e girava il viso verso di loro. Li ha bloccati in scatole di marca così strette che non potevano vedere o sentire nessuno all'infuori di loro. Parlavano di Gesù, ma fermavano la Sua opera. Il nome va bene, ma non ci si collega a lui. Gesù verrà e noi perderemo il nostro Regno.

Giovanni 11:48. Se lo lasciamo in pace, tutti gli uomini crederanno in lui; e i Romani verranno a toglierci il posto e la nazione.

Non dobbiamo collegare nessun governante a Gesù.

Giovanni 12:42. Tuttavia anche tra i capi credettero in lui; ma a causa dei farisei non lo confessarono, per non essere cacciati dalla sinagoga.

Chiamate il 911 e pulite il sangue, ma non volete invocare Gesù. Da dove viene l'aiuto? Dal 911? Dal governo? Ringraziamo il diavolo. Ha fatto un ottimo lavoro nel portare il risveglio tra i falsi insegnanti e pastori per far tacere chiunque si rivolgesse a Gesù. Ringraziamo il diavolo che ha reso i leader così ciechi e sordi che quando la gente ha bisogno di aiuto, non sanno come pregare. Mostrano una falsa compassione. Il criminale sarà messo a morte. Il diavolo sarà lodato per le preghiere, oltretutto.

Che cosa è successo? Come hanno fatto a disconnettersi da Dio? Alcuni edifici, che chiamano chiese, vi disturbano se pregate lì. Alcuni pastori non pregano mai e insegnano persino su questo argomento. Lo spettacolo inizia, cioè la chiesa inizia con lo stesso programma.

Tutti vanno a vedere un bellissimo spettacolo. Non c'è da preoccuparsi se qualcuno è stato guarito, liberato o altro. Date soldi a Dio. Quale Dio? La loro attività continua ad andare avanti finché vi distaccano da Gesù. Nessuno si salva frequentando la chiesa; ricordate, l'edificio non è la chiesa. Si viene salvati trovando Dio. Quindi cercate Dio. Egli vi aspetta, come il figliol prodigo, per tornare, la moneta perduta per essere ritrovata e la pecora smarrita per essere ritrovata.

Capisco che siate delusi, ma dovete uscire dall'agenda creata dall'uomo. Cercate Dio. Cercate dove può essere trovato. Chiedete a Davide, Giosafat, Daniele e altri che hanno detto: "Ho invocato il Signore ed Egli mi ha aiutato". È con Dio che dovete entrare in contatto. La preghiera è una comunicazione con Dio. La preghiera è un semplice colloquio con il Creatore. La preghiera è una rete di collegamento con il Regno celeste: invocate Gesù. Tutte le connessioni sulla Terra non funzioneranno. Quindi, scollegatevi da esse. Guardate quanti ospedali ci sono, ma ancora molti sono malati.

Dio ha detto che avrebbe messo tutte le malattie e anche di più. Perché? Avete perso il legame con il Creatore di vita, guaritore, liberatore e salvatore. Il distacco da Dio ha riempito prigioni, carceri, manicomi, istituti psichiatrici, dipartimenti di polizia, giudici e avvocati. Se avessimo tenuto Gesù al primo posto pregandolo per primo e facendolo senza sosta, tutta la confusione sarebbe scomparsa. Innanzitutto, legatevi a Gesù. Amate Gesù con tutto il cuore, mente, anima e forza. Rimarrete sempre connessi.

Il tempo è così sbagliato. Come dice la Bibbia, ti odieranno se conosci il Signore. Dove prima c'era Dio, il diavolo era fuori. Ma ora il diavolo ha preso il sopravvento e Dio è fuori. In alcuni luoghi non ho potuto insegnare la verità. Perché?

Ricordate, dicono, di non ascoltare Gesù. Satana ospita la Bibbia e prende di mira la verità, e si prende gioco di voi. Quando piangete, gli piace. È felice che siate così ciechi e sordi da potervi ingannare. Satana usa la Bibbia per distruggere la verità introducendo la religione. Che situazione vergognosa. Sappiamo che Gesù guarisce; chiediamo l'assicurazione e paghiamo l'assicurazione. Che cosa è successo? Non riuscite a cercare Dio? Dove? In ginocchio? Non andate nella tana dei ladri. Non sanno cosa può fare Gesù. Non c'è tempo per lui. Si preoccupano del denaro. Fate attenzione. Staccatevi da loro. Collegatevi con Dio, trovate veri insegnanti e profeti che sanno come collegarsi con Dio. Egli sta aspettando di ascoltare il vostro grido e di confortarvi a braccia aperte.

PREGHIAMO

Signore, dacci il desiderio di cercarti. Aiutaci a connetterci con te per trovare una soluzione a tutti i problemi della Terra, nel nome di Gesù. Amen. Dio vi benedica!

23 FEBBRAIO

GESÙ È SPERANZA DI SALVEZZA

Gesù è il nome al di sopra di tutti i nomi. Diversi titoli conoscevano Geova Dio mentre compiva varie azioni. Geova era conosciuto come Nissi, Alroi, Alshedai, Adonai, e Yahweh Shalom. Ma Yahweh si è fatto carne per versare sangue; è venuto con il bel nome di Gesù. È diventato il nome di salvezza per il mondo. Perché il nome di Gesù? L'Angelo rivelò il nome nascosto ai genitori, Maria e Giuseppe.

Matteo 1:21 Ed ella partorirà un figlio e lo chiamerai GESÙ, perché egli salverà il suo popolo dai suoi peccati.

Gesù in greco è Yeshua, che significa Yahweh o è la salvezza. Salva significa guarisce, libera e salva. Questo nome è superiore a tutti gli altri titoli che aveva. L'ultimo atto di Gesù è stato più grande. Il nome di Gesù ha l'autorità di guarire, salvare e liberare. Dio, in quanto creatore e Padre, ha fatto ciò che era necessario per la sua creazione. Cosa causa la malattia?

Il peccato è la causa di tutte le malattie. Non credete a tutte le etichette e alle parole che il medico dà alle vostre malattie. Pentitevi di tutti i vostri peccati. Entrate nell'acqua per lavare i peccati nel nome di Gesù. Il sangue di Gesù si applicherà ai vostri peccati, sarete perdonati di tutti i vostri peccati e sarete guariti. Diventerete una nuova creatura. Tutte le cose sono passate. Wow! Ho amato il nome di Gesù da quando ho compreso il significato di questo nome e ho sperimentato il perdono e la guarigione.

Filippine 2:9. Perciò Dio lo ha anche altamente esaltato e gli ha dato un nome che è al di sopra di ogni nome.

Un giorno tutte le ginocchia si inchineranno al suo nome. Un giorno conoscerete Gesù come un Dio potente e non avrete scelta. Perché non oggi?

Filippesi 2:10. Che al nome di Gesù ogni ginocchio si pieghi, sia delle cose in cielo, sia di quelle in terra, sia di quelle sotto terra.

L'autorità e il potere vengono dati con nomi di buon auspicio se usiamo il sacro nome di Gesù con riverenza. Vedremo un risultato inaspettato.

Luca 10:17: I settanta tornarono di nuovo con gioia, dicendo: "Signore, anche i demoni ci sono sottomessi per il tuo nome".

Matteo 1:23 Ecco, una vergine sarà incinta e partorirà un figlio, al quale sarà dato il nome di Emmanuele, che interpretato significa: Dio con noi.

Quando si dice Gesù, il Suo nome è al di sopra di tutti i titoli di Dio. Satana conosce il potere e l'autorità di questo nome. Ho incontrato alcune signore indù che si sono convertite al cristianesimo. Mi interessava sapere cosa le avesse convinte a convertirsi a Gesù. Come sapete, gli indù credono in oltre 33 milioni di dei e dee.

Vi darò i nomi per farvi capire. Lady Lily aveva una figlia che soffriva di cancro alle labbra. Si rivolse a molti stregoni, dei e dee. Non è successo nulla. Così si arrese. Allora la signora Gigi, che era nuova, si convertì e lo disse a Lily.

"Perché non prega Gesù? Lui si prenderà cura del tuo problema". Lily rispose: "Non credo al tuo Gesù e non pregherò perché sono stanca di tutti questi cosiddetti dei, dee e stregoni. Ho perso mio figlio, mio marito e i miei soldi inseguendo tutti questi dei, stregoni e dee!". Gigi disse: "Prova con Gesù". Gigi mostrò la gamba.

Vedete, la mia gamba era paralizzata e secca. Ora la mia gamba è estesa. Ha vita e circolazione del sangue. Gigi continuò: "Non avevamo soldi per il cibo, ma da quando mi sono rivolta a Gesù, abbiamo cibo e pace". Lily disse: "Va bene, do al tuo Gesù tre giorni". In tre giorni, il cancro è scomparso dalle labbra di sua figlia. Era sorpresa! Gesù guarì completamente sua figlia! Così rimosse tutte le foto di dei, dee e idoli dalla sua casa. Il diavolo si arrabbiò e lottò con Lily.

Il ventilatore dal soffitto è caduto e le ha tagliato l'orecchio.

Disse: "Gesù, ho messo lo scotch e domani, quando mi sveglierò, fa' che sia guarito". Il giorno dopo il suo orecchio era guarito. Alleluia! Lily e tutte le sue figlie stanno servendo Gesù. Egli è un guaritore. Tutti gli altri dei e le altre dee non hanno potuto fare a meno di Gesù; Egli è una speranza di salvezza. Egli è un guaritore. Ha preso i vostri peccati sulle sue spalle colpendo dove è arrivato il sangue e ha pagato il prezzo di ogni malattia e peccato. Quanto è meraviglioso Gesù?

Gigi mi ha detto che suo marito non poteva permettersi ₹10 per il cibo. Da quando Gigi si è rivolta a Gesù, Gesù è diventato il suo fornitore. Gesù benedice le sue finanze. Gigi dice che suo marito le dà ogni giorno ₹100 per il cibo. "Abbiamo così tanti soldi che abbiamo moto e oro e aiutiamo altri membri della famiglia.".

Nessuno può contestare, nemmeno il diavolo, l'autorità e il potere che abbiamo nel potente nome salvifico di Gesù. Quando ci rivolgiamo a Gesù, Egli prende le redini della nostra vita. Sedetevi! È Gesù che si occupa del vostro viaggio sulla terra. Non preoccupatevi del domani. Provvedimenti, malattie, infermità e tutto ciò di cui avete bisogno durante il vostro passaggio su questa terra.

Romani 15:13. Ora il Dio della speranza vi riempia di ogni gioia e pace nel credere, affinché abbondiate nella speranza, mediante la potenza dello Spirito Santo.

Gesù vi condurrà al vostro bellissimo destino, poiché ha progetti e pensieri più alti e migliori per voi.

Geremia 29:11 Poiché conosco i pensieri che ho verso di voi, dice l'Eterno, pensieri di pace e non di male, per darvi una fine attesa.

Le persone vivono una vita senza speranza finché non trovano Gesù. Gesù risolve tutti i problemi e si prende i dispiaceri e le preoccupazioni. Ristabilisce e rinfresca. Sperimentare la guarigione e la liberazione di Gesù non è sufficiente. Vivere per Gesù autorizza a beneficiarne pienamente. Tutti i vostri interrogativi in cerca di speranza e il faticoso viaggio in un mondo buio e senza speranza saranno finiti. Ecco perché ho dato la mia vita a Gesù.

Lavoro giorno e notte affinché qualcuno trovi guarigione, liberazione e salvezza.

Questo bel Vangelo è interessante per me. Egli è ancora nel campo delle guarigioni, delle liberazioni e dei risparmi. Ho visto molti venire guariti e liberati. L'ho visto. Dio ha fatto cose potenti quando abbiamo chiesto la nostra salvezza. Dio ha il potere di fare tutto ciò che chiedete, basta che manteniate la vostra speranza in Gesù.

Ebrei 10:35 Non abbandonare dunque la tua fiducia, che ha una grande ricompensa.

Passiamo attraverso molte prove fisiche, familiari, finanziarie, emotive e di salute mentale. Ma la fiducia in Gesù ci fa uscire da tutte le accuse, le bugie e le illazioni del nemico. Vedremo la vittoria e la liberazione grazie al nostro Dio. Non ho mai perso la speranza perché sapevo che avrebbe portato la salvezza.

Isaia 41:10 Non temere, perché io sono con te: non rimanere sgomento, perché io sono il tuo Dio: Io ti fortificherò, sì, ti aiuterò, sì, ti sosterrò con la destra della mia giustizia.

Non andate da nessuna parte. Portate solo la vostra richiesta a Gesù.

Salmi 54:4 Ecco, Dio è il mio aiuto; il Signore è con quelli che sostengono la mia anima.

Salmi 34: I giusti gridano e l'Eterno li ascolta e li libera da tutti i loro problemi.

Se state attraversando delle prove o dei problemi, non arrendetevi e non cedete al nemico. Egli arriverà in tempo. La vostra preghiera ha potere, ma richiede anche pazienza per i tempi.

Salmi 37:5 Affida la tua via all'Eterno, confida in lui ed egli la porterà a compimento.

PREGHIAMO

Prego che il Signore porti la luce sul vostro cammino oscuro. Che il Signore esaudisca le vostre richieste e realizzi i desideri del vostro cuore. Che Gesù vi porti pace, provvidenze e percorsi di successo, dandovi la comprensione delle Sue vie e della Sua verità. Che tutti i vostri fardelli siano rimossi e che Dio vi dia il suo fardello più leggero. Signore, vi protegga, vi guidi e vi benedica nel nome di Gesù. Amen. Dio vi benedica.

24 FEBBRAIO

POTERE VIVIFICANTE DEL SANGUE

Giovanni 3:16 In questo modo percepiamo l'amore di Dio, perché ha dato la sua vita per noi.

Gesù ha dato la sua vita per voi e per me. L'agnello simboleggia Gesù. Dio si è rivestito temporaneamente di carne per versare il sangue.

Atti 20:28. Badate dunque a voi stessi e a tutto il gregge, di cui lo Spirito Santo vi ha costituiti sorveglianti, per pascere la Chiesa di Dio, che egli si è acquistata con il suo sangue.

Dio ci ha acquistati con il suo sangue. Dio, essendo nostro Padre e Creatore, ci ha amati. Per questo ha pagato il prezzo del suo sangue per acquistare la nostra vita donando il Suo sangue. Perché Dio deve versare del sangue? Gesù è Dio in carne e ossa.

Levitico 17:11 Perché la vita della carne è nel sangue: te l'ho dato sull'altare per fare un'espiazione per le vostre anime.

Il motivo è che ha dato il Suo sangue per la mia pena all'inferno. Il sangue ha vita. Se si toglie il sangue dal corpo, la carne muore. La vita è nel sangue. Il corpo di un adulto richiede da 0,2 a 1,5 galloni o da 4,5 a 5 litri. Il sangue è una cosa viva. Non muore mai.

Genesi 4:10 Poi disse: "Che cosa hai fatto? La voce del sangue di tuo fratello grida a me dal suolo.

Vedete? Come il sangue di Abele gridava a Dio? Una persona uccisa o assassinata può testimoniare a Dio contro l'assassino e l'omicida. Il sangue del giusto Abele non ha il potere di togliere i nostri peccati. Il giusto Abele ha il sangue peccaminoso di suo padre. Ricordate che il sangue viene dal padre e mai dalla madre.

Ebrei 12:24: "A Gesù, mediatore del nuovo patto, e al sangue dell'aspersione, che parla meglio di Abele".

Poiché il sangue di Gesù non ha peccato, il peccato ha un pungiglione di morte, che è la morte eterna all'inferno. Il sangue è l'unica fonte di vita per la nostra morte eterna all'inferno.

Corinzi 5:21: "Egli infatti ha fatto sì che egli fosse il peccato per noi, che non ha conosciuto peccato, affinché noi fossimo resi giustizia di Dio in lui".

Abbiamo bisogno di sangue senza peccato. Dio si è volontariamente rivestito di carne e ha versato il Suo sangue per togliere i nostri peccati.

24 FEBBRAIO

Ebrei 9:12. Non per mezzo del sangue di capre e di vitelli, ma per mezzo del proprio sangue è entrato una volta nel Santo spazio, avendo ottenuto per noi la redenzione eterna.

Il nostro peccato è costato a Dio la Sua vita. La Bibbia dice che Dio è venuto nella carne.

1 Timoteo 3:16: "E senza controversia grande è la mistero della pietà: Dio si è manifestato nella carne.

Molte versioni della Bibbia hanno tolto Dio e messo la parola "Egli" per creare confusione. Ma è un Dio messo in carne e ossa per il piano di redenzione. Dio è sovrano. Può farlo in qualsiasi momento senza alcun aiuto esterno. La vita è nel sangue. Abbiamo bisogno di sangue per sfuggire alla punizione eterna dell'inferno. Un uomo peccatore ha bisogno di salvare il sangue senza peccato.

Ebrei 9:22 E quasi tutte le cose sono state purificate dalla legge con il sangue, e senza spargimento di sangue non c'è remissione.

I nostri peccati sono costati a Gesù la sua vita, che è nel sangue.

Matteo 26:28. Il mio sangue del Nuovo Testamento, versato per molti per la trasmissione dei peccati.

Gesù stesso ha detto che il Suo sangue è ciò di cui avrete bisogno per la remissione dei vostri peccati. Ecco perché andiamo sott'acqua nel nome di Gesù. Perché? Il battesimo non è un rito. Il battesimo serve a lavare i nostri peccati. Il sangue è nascosto sotto il nome di Gesù.

Efesini 1:7 Nel quale abbiamo la redenzione mediante il suo sangue, il perdono dei peccati, secondo le ricchezze della sua grazia.

Gesù vuole che sappiate che ha fatto tutto il necessario per aiutarvi. Così avete il potere di vivere sulla Terra grazie al suo sangue. Il suo sangue parlerà quando Satana arriverà come un diluvio. Il sangue vivente dirà per voi che siete giusti. Il sangue di Gesù dirà che non siete colpevoli. Alleluia! Ricordo questa storia vera.

Una donna adoratrice di Satana ha incontrato due signore pentecostali che hanno discusso con lei sul fatto che tutti gli adoratori di Satana stanno digiunando e pregando per distruggere le chiese. Durante la conversazione, gli adoratori di Satana hanno confessato che non potevano fare nulla perché avevano il sangue su di noi. Pregavano e digiunavano affinché Satana mandasse i demoni a far cadere le chiese finanziariamente e i pastori in adulterio. Quando si entra nell'acqua nel nome di Gesù, come dice il libro delle chiese degli Atti, i peccati vengono rimessi e la coscienza viene purificata.

Ebrei 9:14. Quanto più il sangue di Cristo, che per mezzo dello Spirito eterno ha offerto se stesso senza macchia a Dio, purificherà la vostra coscienza dalle opere morte per servire il Dio vivente?

1 Pietro 3:21: "La stessa figura per la quale anche il battesimo ci salva (non l'eliminazione della sporcizia della carne, ma la risposta di una buona coscienza verso Dio) per mezzo della risurrezione di Gesù Cristo".

La definizione biblica di "purgare" è "ripulire dalla colpa o dalla contaminazione morale", come "purgare una persona dalla colpa o dal crimine". Purificare il peccato significa liberare dall'accusa o dall'imputazione di un crimine, come nel caso della prova di Gesù che ha dato il suo sangue sull'altare sacro celeste.
È andato a togliere la chiave dell'inferno e della morte.

Apocalisse 1:18. Io sono colui che vive ed era morto; ed ecco, sono vivo in eterno, Amen; e ho le chiavi dell'inferno e della morte.

Il sangue ci ha permesso di entrare nel luogo più santo fra i luoghi santi; ciò che abbiamo perso nel Giardino dell'Eden, Gesù lo ha riacquistato attraverso il suo sangue. Possiamo entrare con coraggio nella sua sala del trono usando il suo sangue sui nostri peccati.

Efesini 2:13 Ma ora, in Cristo Gesù, voi che eravate lontani siete diventati vicini grazie al sangue di Cristo.

Adamo ed Eva li nascosero quando peccarono. Il peccato è la trasgressione della legge. Allontanarsi da ciò per cui Dio dice di no. Il loro rapporto con Dio si ruppe.

Isaia 59:2 Ma le vostre iniquità si sono separate tra voi e il vostro Dio, e i vostri peccati hanno nascosto il suo volto da voi, perché non vi ascolti.

Ringraziamo il Signore, perché ha fatto tutto per la sua creazione. Quello che dobbiamo fare è pentirci di tutti i nostri peccati. E prendere il suo nome nel battesimo per lavare i nostri peccati. Possiamo avere una nuova vita.

Corinzi 5: 17 Se dunque uno è in Cristo, è una nuova creatura; le cose vecchie sono passate; ecco, tutte le cose sono diventate nuove. 18 E tutte le cose vengono da Dio, che ci ha riconciliati con sé per mezzo di Gesù Cristo e ci ha affidato il ministero della riconciliazione; 19 cioè che Dio era in Cristo e ha riconciliato il mondo con sé, non imputando loro i debiti; e ha affidato a noi la parola della riconciliazione.

PREGHIAMO

Che Dio ci aiuti a fare ciò che è necessario per ottenere il perdono che è nel nome di Gesù. Riceviamo il sangue con l'acqua nascosta sotto il Suo nome prezioso per lavare i nostri peccati. Che il Signore ci dia l'umiltà di trovare la via, la verità e la vita eterna, che ha causato a Dio la sua vita. Che il Signore vi benedica con la vita eterna nel Nome di Gesù. Amen! Dio vi benedica.

25 FEBBRAIO

LA PISTOLA HA SOSTITUITO LA BIBBIA

Date ai vostri figli una Bibbia, o il diavolo darà loro una pistola. L'arma sostituisce la Bibbia?

È questo il modo in cui volete vivere? Avvicinare i propri figli alla polizia, alla psichiatria, al karate, alle parole dei bambini, alla danza, al nuoto, alle metanfetamine, alla musica e ai giochi dove non c'è un vero aiuto. Di chi ascoltiamo il resoconto? La polizia, i media o Dio. Satana abbassa il pulpito al suo livello. Dove avvocati posseduti dal demonio, imbroglioni, prostitute, drogati, alcolisti, adulteri e peccatori non si sentono a disagio. Ditemi la fede e l'amore semplici. La Bibbia dice che la via di Dio è stretta con tutte le restrizioni per andare in paradiso. Dio si è preso il tempo di scrivere sessantasei libri per mostrarci la retta via.

La vita eterna, la prosperità e la sicurezza sono create da falsi insegnanti e profeti che camminano nella carne e non nello spirito. Come Eva, Adamo, Esaù e Re Salomone, Re Saul morì lussuriosamente senza ricevere le promesse.

1 Timoteo 4:8 L'esercizio fisico, infatti, è di scarso profitto; ma la pietà è utile per ogni cosa, avendo la promessa della vita che c'è ora e di quella che verrà.

La madre di Jochebed insegnò la verità a Mosè, Merriam e Aron. Vivendo in Egitto, non si è allontanata dalla sua fede. Non ha cercato una fede semplice. La madre-padre è l'insegnante. Non affidatevi agli insegnanti della scuola domenicale, ai maestri o al Paese in cui vivete. Quando mettete al mondo i vostri figli, dovete sapere che in quel luogo chiamato Terra ci sono un diavolo, angeli empi caduti e demoni con un grande programma. Satana progetta di fuorviare, uccidere, rubare e distruggere.

I genitori non si prendono il tempo di guidare i loro figli, ed è per questo che loro e i loro figli diventano vittime di Satana. Jochebed, essendo una figlia di Levi, conosceva le vie di Dio. Insegnava ai suoi figli, dato che non c'erano chiese, sinagoghe o scuole domenicali. La sua fede, la sua saggezza, la sua dedizione e il suo zelo si manifestano nella vita dei suoi figli. Dio si è servito di Mosè perché era un ascoltatore e un esecutore. Dio si è servito di Mosè per far uscire gli Ebrei dalla grande schiavitù.

Combatterono con il Faraone e introdussero la parola Geova Dio come liberatore e Dio potente. Una donna spirituale e divina impiegava tutto il suo tempo per mantenere i suoi figli sani e salvi dalle tattiche di Satana di uccidere, rubare e distruggere. Jochebed diede alla luce i figli migliori che portarono i comandamenti, le leggi e i precetti celesti.

Deuteronomio 4:7 Perché quale nazione è così grande, che ha Dio così vicino a loro, come lo è l'Eterno, il nostro Dio, in tutte le cose per cui lo invochiamo? 8 E quale nazione è così grande che abbia statuti e giudizi così giusti come tutta questa legge che oggi vi ho esposto?

È così che sono le nostre nazioni?

Vi assicurate con i sistemi di sicurezza, il possesso di una pistola e l'alimentazione automatizzata? O vi affidate al Dio della Bibbia? Può un gadget aiutarvi a proteggervi nelle difficoltà e nei problemi? Davide, Daniele, il popolo di Dio lo hanno invocato e Dio ha mandato loro aiuto.

Salmi 18:6 "Nella mia angoscia ho invocato il Signore e ho gridato al mio Dio; egli ha ascoltato la mia voce dal suo tempio e il mio grido è giunto davanti a lui, fino ai suoi orecchi".

Viviamo in un mondo in cui c'è una vera e propria battaglia, ma non conosciamo la soluzione. Abbiamo bisogno di veri maestri e seguaci di Dio come Mosè, Giosuè e Davide.

Salmi 55:16 "Quanto a me, invocherò Dio e il Signore mi salverà".

Stiamo attraversando un momento molto critico: sparatorie, uccisioni, malattie, suicidi e divorzi. Le carceri sono piene e la paura è ovunque. Abbiamo Jochebed, Ester, Merriam, Mosè o Giosuè? Abbiamo bisogno di qualcuno che ci riporti alla legge e ai comandamenti di Dio. Ogni volta che sento qualcuno ammalato, sento che subito corre dal medico. Quest'ultimo prescrive la medicina e, senza alcuna esitazione, loro la prendono.

Perché non cercare Dio piuttosto che un medico, uno psichiatra, la polizia e altre fonti dove non c'è aiuto? C'è qualcuno che pratica la Parola di Dio? Qualcuno sa invocare Dio quando si spara, si uccide e qualcuno soffre? Qualcuno sa fare come ha detto Gesù, ungendo e pregando? Mamma e papà pregavano tutta la notte perché le porte delle carceri si aprissero per il salvataggio. Sono così ferita che tutte queste persone possedute e oppresse hanno bisogno di qualcuno che scacci i loro demoni e invochi Dio.

Il diavolo in loro usa la mano e la mente e li lascia dietro la porta della prigione.

Egli esce per cercare qualcuno da uccidere ancora. Capite? Il diavolo è colui che usa la mano, i piedi e la mente. Che ne dite di educare i bambini a conoscere la parola vivificante di Dio? I vostri figli possono diventare la luce per molti. Insegnate loro a brandire la spada della Parola di Dio, per distruggere il piano e la strategia di Satana. Egli ha preso il nostro Paese e le nostre città cristiane. Perché? Perché c'è una certa fede nella semplice fede, che cos'è?

La Parola di Dio non è un buffet. Prendete ciò che si adatta alla vostra vita e buttate via ciò che è scomodo per la vostra carne. Troviamo leader ciechi che si perdono nell'accordarsi su ciò che ci piace. L'inferno è reale e caldo. Nessuna luce, solo tenebre, tormenti urlanti e nessuna via d'uscita. Qualcuno pronto a dare la vita per la fede o sciocco a scendere a compromessi. Il piacere del mondo è diventato il loro primo e principale obiettivo. Gesù ha fatto un percorso breve o si è preso tutto? Ha sofferto fino in fondo? State cadendo prendendo la croce o l'avete già gettata via? Perché? C'è qualcuno che capisce tutti gli smarriti? Nessuno capisce? Dio ha detto che Egli è la risposta. Vivere nella vera parola di Dio è la risposta.

Deuteronomio 30:15-16, 19 Vedi, oggi ti ho posto davanti la vita e il bene, la morte e il male; 16 oggi ti ordino di amare l'Eterno, il tuo Dio, di camminare nelle sue vie, di osservare i suoi comandamenti, i suoi statuti e i suoi giudizi, per vivere e moltiplicarti; e l'Eterno, il tuo Dio, ti benedirà nel paese dove andrai a possederlo. 19 Io chiamo il cielo e la terra a registrare questo giorno contro di te, che ho posto davanti a te la vita e la morte, la benedizione e la maledizione; perciò scegli vita, affinché tu e la tua discendenza possiate vivere.

Siate spirituali e scegliete la vita e la benedizione.

1 Corinzi 2:14 Ma l'uomo naturale non riceve le cose dello Spirito di Dio, perché sono stolte per lui; non può conoscerle, perché sono discernibili spiritualmente.

Sentiamo notizie che non sono più buone. Queste hanno reso le persone insensibili. Per favore, date ai vostri figli la Bibbia e insegnate loro la Parola così com'è. Sarete benedetti, e così i vostri figli. Siate sani e benedetti.

Apocalisse 22:19 E se qualcuno toglie dalle parole del libro di questa profezia, Dio toglierà la sua parte dal libro della vita, dalla città santa e dalle cose scritte in questo libro.

PREGHIAMO

Signore, dacci la conoscenza, la saggezza e la comprensione per crescere i nostri figli come Davide, Mosè, Giosuè ed Ester. Audaci e coraggiosi per stare da soli per dimostrare la potenza di Dio in un momento critico come questo. Abbiamo bisogno di luce attraverso la Tua parola. Abbiamo bisogno del Tuo spirito che ci insegni, ci guidi e ci dia forza. Signore, usa la nostra mano per scacciare i demoni. Cerca e conforta gli altri e non sparare e uccidere. Stiamo attraversando un periodo in cui la semplice fede, la dottrina del diavolo, ha fallito con Dio. Aiutaci a trovare la strada giusta e la verità nel nome di Gesù. Amen. Dio vi benedica.

26 FEBBRAIO
DIO, RENDI MAGGIORE LA MIA CAPACITÀ

Se si dispone di una tazza piccola, si riceve solo una minima quantità di liquido. La capacità di liquido di un gallone, di un litro e di altre misure, rispettivamente. In base alla capacità del contenitore in grado di trasportare il liquido. Allo stesso modo Dio può dare lo Spirito Santo, la fede e i miracoli spirituali in base alla nostra capacità di fede.

Matteo 9:29: "Secondo la vostra fede sia fatto a voi".

Il vostro essere un recipiente ha una misura di fede. C'è una benedizione quadrupla, una benedizione decupla e una benedizione illimitata. Ebbene, per ricevere tutto, dobbiamo avere una capacità diversa.

Isaia 44:3: "Perché io verserò acqua su chi ha sete, e inondazioni sulla terra asciutta: Io spanderò il mio spirito sulla tua discendenza e la mia benedizione sulla tua discendenza".

Dio ha una misura più grande da darci. Tutto dipende da quanto glielo permettiamo. Basta seguire i passi indicati da Lui.

Malachia 3:10: "Portate tutte le decime nel magazzino, affinché vi sia cibo nella mia casa, e mettetemi alla prova, dice l'Eterno degli eserciti, se non vi aprirò le cateratte del cielo e non vi spargerò una benedizione che non ci sarà spazio sufficiente per riceverla".

Durante la dispensazione della Legge portavamo le decime e le offerte al tempio, ma ora non abbiamo il tempio, quindi chi lavora come operaio può ricevere in cambio trenta, sessanta, cento e illimitate benedizioni. Ricordate quando vuole benedirvi, mantenete una capacità illimitata come il profeta che chiede alle donne di andare a prendere in prestito il vaso, non uno piccolo.

2 Re 4:3. Allora egli disse: "Va', fatti prestare vasi da tutti i tuoi vicini, anche vuoti, e non prenderne pochi in prestito".

La vostra mente disegna un limite o un'illimitatezza. Dio vuole continuare a benedire finché voi lo permettete.

2 Re 4:6 Quando i vasi furono pieni, ella disse al figlio: "Portami ancora un vaso". Ed egli le rispose: "Non c'è più un vaso". E l'olio rimase.

L'olio è rimasto come limite non avendo più un recipiente. Dio non ha limiti.

26 FEBBRAIO

Giovanni 3:34: "Perché colui che Dio ha mandato dice le parole di Dio; perché Dio non gli dà lo Spirito a misura".

Dio può dare i doni dello spirito, la guarigione, a seconda di cosa voi permettete. Può dare in base quanto vi aprite. Dio è illimitato, onnipotente.

Efesini 1:19. E qual è la grandezza della sua potenza per noi che crediamo, secondo l'opera della sua potente forza?

La sua grande potenza può operare attraverso di noi se permettiamo a Dio di farlo.

Giovanni 14:12 In verità, in verità vi dico: chi crede in me, le opere che io faccio le farà anche lui; e ne farà di più grandi di queste, perché io vado al Padre mio.

Come e cosa faceva Gesù quando camminava su questa terra.

Giovanni 21:25 E ci sono anche molte altre cose che Gesù fece, le quali, se dovessero essere scritte tutte, suppongo che nemmeno il mondo stesso potrebbe contenere i libri che dovrebbero essere scritti. Amen.

Quindi il Dio del cielo ha fatto tanto e ha detto che voi potete fare di più. Posso fare di più? Sì, ed è questo che cerco. Quando vediamo terremoti, tsunami, uragani e tornado, vediamo la potenza di Dio in azione. Gli ebrei non potevano crederci dopo aver visto la grande opera della peste e la liberazione dalla crudeltà del Faraone. In base alla loro capacità di credere a questo miracolo miracoloso ha agito il grande Dio. A ogni passo che facciamo, dobbiamo sapere che stiamo abilitando o disabilitando Dio. Quanto e cosa vogliamo da Dio? Qual è la vostra capacità? Indipendentemente da ciò che Dio fa, potete limitare o liberare la vostra capacità di mettere in atto la Sua azione. Vediamo cosa ha fatto un Ebreo.

Esodo 17:3. Il popolo aveva sete di acqua e il popolo mormorava contro Mosè e diceva: "Perché ci hai fatto uscire dall'Egitto per uccidere di sete noi, i nostri figli e il nostro bestiame?

Fermiamo il nostro Miracolo, la nostra Benedizione e le nostre promesse, dimenticando ciò che è in grado di fare.

Salmi 106:13 Hanno dimenticato le sue opere, non hanno atteso il suo consiglio: hanno mormorato nelle loro tende e non hanno dato ascolto alla voce dell'Eterno.

L'uomo dimentica Dio e le sue opere quando si trova ad affrontare situazioni e problemi diversi. Dio vuole che ci ricordiamo della Sua opera potente ascoltandola e ricordandola.

Numeri 14:22 Perché tutti gli uomini che hanno visto la mia gloria e i miei miracoli, che ho fatto in Egitto e nel deserto, e che mi hanno tentato in queste dieci volte e non hanno ascoltato la mia voce, 23 non vedranno il paese che avevo giurato ai loro padri e non lo vedrà nessuno di quelli che mi hanno provocato; 24 ma il mio servo Caleb, perché aveva con sé un altro spirito e mi ha seguito pienamente, lo condurrò nel paese dove è andato e la sua discendenza lo possederà.

Qui Caleb ricevette la promessa, permettendo a Dio di benedirlo. Una signora disse: "Se tocco la Sua veste, sarò guarita". Integro significa mente, corpo, anima e Spirito guariti e sani. Intero significa completo. Non difettoso o imperfetto, restituito alla salute e alla solidità. Conosceva l'uomo risanato nella sua regione dalle legioni di demoni. Ella può anche ricevere la guarigione da problemi di sangue se tocca la veste del Signore Gesù. Si crea un'atmosfera negativa o positiva rispettivamente con la propria fiducia. Le nostre parole danno a Dio o al diavolo una base per produrre o fallire.

Prima di lasciare la Terra, Dio ha promesso il Suo spirito e nove doni dello Spirito per svolgere un lavoro. Egli disse: "Vi darò doni diversi, a seconda di ciò che desiderate". I doni dello Spirito servono a edificare la Chiesa (ricordate che voi siete la Chiesa) e ad aumentare il numero dei credenti che vedono miracoli, guarigioni, profezie, guarigione del cuore, discernimento dello spirito, messaggi e informazioni soprannaturali per la situazione. I doni dello Spirito sono disponibili per tutti, se si dà loro il posto chiedendo e desiderando allo scopo di edificare la Chiesa di Dio. Dipende tutto da noi permettere o non concedere. Tutto dipende da ciò che si cerca di fare con i doni.

1 Corinzi 12:31: "Ma desiderate ardentemente i doni migliori".

"Desiderare ardentemente" significava desiderare troppo. Desiderare molto. Lo scopo di Dio è lo stesso. Continuare la missione che ha iniziato.

Luca 4:18. Lo Spirito del Signore è su di me, perché mi ha unto per predicare il Vangelo ai poveri; mi ha mandato a guarire i cuori spezzati, a predicare la liberazione ai prigionieri e il recupero della vista ai ciechi, a rimettere in libertà i feriti.

Chiedete a Dio di essere più grandi, scatenate la vostra immaginazione.

Geremia 33:3 Chiamami e io ti risponderò e ti mostrerò cose grandi e potenti che non conosci.

Non inscatolate Dio e le persone in una religione. Permettete allo Spirito Santo di insegnarvi, guidarvi e rendervi in grado di fare cose impossibili. Chiedete a Dio di aumentare la vostra capacità. Di portare il Suo spirito, poiché è capace di fare cose impossibili, soprannaturali, celestiali, miracolose e incredibili.

PREGHIAMO

Signore Dio, il cui scopo è fare meraviglie per il suo popolo, ci renda partecipi di ciò. Incredibile Dio, aiutaci a credere nell'impossibile perché altri possano essere benedetti. Spezzaci, sciogli da noi tutti i fattori limitanti, bloccanti, increduli. Che il Dio onnipotente sia magnificato su questa terra. Che il Dio del cielo sia benedetto quando ci permettiamo di essere il suo contenitore illimitato nel nome di Gesù. Amen! Dio vi benedica.

27 FEBBRAIO

DARE IL GIUSTO ORDINE ALLE PRIORITÀ

Tutti abbiamo una lista di cose da fare, ma se vogliamo essere benedetti, dobbiamo mantenere il nostro programma nell'ordine di Dio.

La Bibbia dice prima:

1 Timoteo 2: Esorto dunque, prima di tutto, a fare suppliche, preghiere, intercessioni e ringraziamenti per tutti gli uomini; 2 per i re e per tutti coloro che hanno autorità, affinché possiamo condurre una vita tranquilla e pacifica in tutta pietà e onestà. 3 Perché questo è buono e gradito agli occhi di Dio, nostro Salvatore; 4 il quale vuole che tutti gli uomini siano salvati e giungano alla conoscenza della verità.

Ogni mattina mi sveglio prima delle 4:00. Mi collego con Dio. So che Satana lavora di notte per distruggere il giorno. Prima di affrontare la mia giornata, incontro Dio e gli chiedo qual è la strada più sicura. Intercedo per gli altri. Che grande lavoro ci è stato assegnato! Che cosa meravigliosa! Essendo umani, possiamo presentarci davanti alla Sua sala del trono per ottenere sicurezza, direzione, protezione e benedizioni. Lasciatemi dire che Dio è reale. Ho sempre voluto essere ricca grazie alle sue benedizioni.

Proverbi 10:22 La benedizione dell'Eterno arricchisce e non aggiunge dolore ad essa.

Sa come moltiplicare e aggiungere. Dio vuole che prima ci mettiamo in contatto con Lui, poi che la nostra giornata sia protetta, benedetta e prospera. Fate in modo che sia Dio a comandare. Dio vuole che i suoi figli si rivolgano a lui per ricevere indicazioni.

Ogni giorno è un dono. Come si dice, dacci il nostro pane quotidiano. La manna arrivava ogni giorno. Quindi, invitando ogni giorno Dio a essere un supervisore, si rende la giornata benedetta e prospera. Egli ci rassicura: "Vi darò ciò di cui avete bisogno, come ho promesso nel giardino dell'Eden. Ma prima prendetevi cura della mia vigna. Vestitela come vi ho comandato di fare". Dio ha una mappa. Se seguiamo la sua mappa di istruzioni, avremo una vita serena.

Levitico 26:6 Io darò pace nel paese, vi coricherete e nessuno vi farà paura; e libererò le bestie malvagie dal paese, e la spada non passerà nel vostro paese.

Esodo 23:22. Ma se tu obbedisci alla sua voce e fai tutto quello che ti dico, allora io sarò un nemico per i tuoi nemici e un avversario per i tuoi avversari.

Avete paura della spada, della pistola, del rapitore, della banda, dell'imbroglione, del bugiardo o malvagio? Mettete in ordine la vostra vita, come dice la Parola di Dio. Imparate dal libro chiamato Bibbia e ritrovate la strada che avete perso.

Se le tenebre sono sulla vostra strada, mettete tutto in ordine. Pregate con l'autorità che vi è stata data. Pregate con la consapevolezza. È nostro compito mantenere l'autorità di Dio sopra di noi. Egli ci terrà sulla retta via quando non sappiamo cosa fare. Altrimenti, ci sarà caos, tumulto e scompiglio nella nostra terra. Ricordate che non siamo qui per lavorare per le cose materiali, ma per Dio. La nostra priorità deve essere quella di proteggere la nostra anima dall'inferno. Abramo aveva le sue priorità nel giusto ordine, come era stato chiamato. Il piano di Dio prevedeva che egli uscisse dalla sua stirpe, e lo fece. La prova del Monte Moriah era la chiave del successo. Egli superò la prova. Dio è reale. Vuole tenerci in ordine. Così abbiamo pace, protezione e ricchezza.

Genesi 13:2 Abram era molto ricco di bestiame, di argento e di oro.

Lo stesso vale per Isacco, che ha mantenuto le priorità in ordine.

Genesi 26:13 L'uomo divenne grande, andò avanti e crebbe fino a diventare molto grande.

Salmi 112:1-3 Lodate il Signore. Beato l'uomo che teme il Signore, che si diletta molto nei suoi comandamenti. 2 La sua discendenza sarà potente sulla terra; la generazione dei retti sarà benedetta. 3 Ricchezza e benessere saranno nella sua casa; e la sua giustizia dura in eterno.

Vedete, le persone cercano la ricchezza. Ma se ne conoscono la chiave, la loro vita cambierà. Se cerchiamo Dio, Egli non ci nasconderà nulla di buono. È un fornitore in abbondanza. Mi piaceva connettermi con Dio prima che sorgesse il sole. Continuo a cercare la via di Dio durante il giorno. Nel 1999 ho avuto un incidente. Ho attraversato una prova fisica. Secondo Dio, era una prova di fuoco. E Dio mi ha assicurato che ne sarei uscita come l'oro, e così è stato! Lode al Signore! Il mio Dio sa come mettere alla prova e come far uscire una persona dalla prova per renderla qualificata.

Lo ha fatto con Abramo, Giobbe e molti altri che sono stati chiamati per il Suo Regno. Quando mi ha chiamato al Suo servizio, Dio mi ha detto: "Mi prenderò cura di te, lavora per me perché ti tolgo il lavoro". In questo processo, non sapevo cosa stesse pensando. Per la mia vita, volevo la Sua volontà. Non mi preoccupavo più di tanto della fornitura. Ho imparato la fedeltà di Dio camminando con Lui. Mi piace vivere per Dio. Ho dato la mia vita al 100% a Dio. Sapendo che solo Gesù può benedirmi e non il mio stipendio. Durante la mia prova, ho pensato che ero felice di aver sistemato la mia casa, ora non devo preoccuparmi di spese extra. La mia pensione non era sufficiente per pagare le bollette della casa. Tutto quello che pensavo era impossibile. Lui lo ha reso possibile grazie alla Sua potenza divina. Avevo molte domande nella mia mente. Grazie a Dio, mi ha dimostrato che mi sbagliavo, facendomi entrare nel Suo magnifico piano. Non ricevevo abbastanza denaro per sostenere le mie spese, ma" Oh Alleluia, che Dio grande!".

Non chiedetemi come ho pagato le altre bollette. Poi mi ha regalato una casa nuova, più grande e più bella. Non devo mai preoccuparmi del domani. E se lo facevo come essere umano, allora mi dicevo che il Signore era fedele. Egli provvederà ogni volta che soddisfa i miei bisogni. Non ho mai cercato di aiutare Dio, ma mi sono fidata di Lui. So che mi ha detto: "Tu lavora per me e io mi prenderò cura di te". Questo è un conforto. Non ho mai chiesto aiuto monetario, pur non avendo un lavoro e possedendo solo un piccolo assegno di pensione.

27 FEBBRAIO

Matteo 6:33: "Cercate prima il regno di Dio e la sua giustizia, e tutte queste cose vi saranno aggiunte".

Il Signore ha provveduto a tutto quando mi ha inviata. Il Signore ha provveduto al mio viaggio, al cibo e all'alloggio. Mantenendo le giuste priorità, sperimentiamo che le promesse della Bibbia prendono vita. Vedo che la gente si lamenta sempre. Guadagnano tanti soldi, ma sono ancora vuoti. Ricevono entrate folli, che non ho mai visto in vita mia. Ma io vivo benissimo e ho anche aiutato delle persone con il mio misero assegno.

In tutto il mondo lavoro come ministro. Ogni giorno vedo miracoli, guarigioni e persone che vengono salvate. Lavoro per Dio e Lo servo ogni giorno. In molti posti dove vado, probabilmente non hanno mai saputo che sono venuta a pregare mentre erano in coma. Prego al telefono quando non sanno chi sono. Mantenere le nostre priorità nel giusto ordine è la chiave per ottenere il successo e ricevere una benedizione per noi stessi e per la generazione futura. Dio è un custode di promesse. Mostra misericordia a mille generazioni. Mantenere le proprie priorità farà fluire le benedizioni. Perché Dio vuole aiutare chi ha una priorità sbagliata.

In Aggeo 1:6 Avete seminato molto e avete raccolto poco; mangiate, ma non avete abbastanza; bevete, ma non siete sazi; vi vestite, ma non c'è nessuno che si scaldi; e chi guadagna il salario lo guadagna per metterlo in un sacco bucato.

Oggi le persone lavorano dalla mattina alla sera e fanno molti lavori. Alla fine, muoiono di cancro, infarto e molte altre malattie. Che tristezza! È semplice mantenere le nostre priorità e ricevere ciò che si cerca da Dio. Ho sempre desiderato la benedizione di Dio per me e per la mia famiglia. Questa è l'unica cosa che possiamo conservare per l'eternità. Ricordate che tutto ciò che avete sulla terra sarà bruciato come sarà bruciata la terra. Mettete in ordine le vostre priorità. Mantenete l'ordine di Dio come priorità. Tutto è bene quel che finisce bene.

PREGHIAMO

Che nostro Signore Gesù vi benedica con la saggezza, la conoscenza e la comprensione attraverso la sua Parola. Velocizzaci attraverso la tua Parola. Fa' che la nostra vita sia nel Suo piano prioritario. Che l'agenda di Dio sia la nostra. Dacci una calcolatrice soprannaturale che faccia solo addizioni e sottrazioni. Che il Signore ci dia la massima benedizione. Vogliamo che questo mondo sia benedetto attraverso di noi, nel nome di Gesù. Amen! Dio vi benedica.

28 FEBBRAIO

L'AZIONE HA UN COLLEGAMENTO

La nostra azione è legata a benedizioni o maledizioni. Ogni azione di una persona decide il suo domani. Molti si sono sentiti in diritto di agire e hanno reagito in modo sbagliato, ma fate attenzione. Avere una posizione vi permetterà di fare cose ingiuste, ma lasciate la vendetta nella mano di Dio. Alcuni pensano di essere giovani e di poter abusare dei miei anziani. Mettete in ordine le vostre preferenze. Siete arrivati o siete stati promossi solo per una prova. Nessuno ottiene un posto fisso. La vostra azione ha una conseguenza. Non sorprendetevi se vedrete dolore e tristezza se non avete agito con saggezza e rettitudine.

La Bibbia dice che il nostro lavoro non ci salva. Non possiamo ricevere la salvezza con le opere. Ma il sangue senza peccato del Salvatore ha vita, e il Signore Gesù lo ha dato per noi. Questo non significa che dobbiamo vivere come e quando vogliamo. La Bibbia ha molti "non fare" e "fai" e si esprime a favore o contro. I dieci comandamenti non sono mai cambiati. Seguire i comandamenti, insegnare contro la menzogna, l'adulterio, il furto, ecc.

Come sappiamo, Enoch:

Ebrei 11:5 Per fede Enoc fu tradotto affinché non vedesse la morte e non fu trovato, perché Dio lo aveva tradotto; infatti, prima di essere tradotto, ebbe la testimonianza di essere piaciuto a Dio.

Davide era l'uomo del cuore di Dio, ma commise adulterio e uccise un uomo. Questo gli procurò un grande giudizio. La sua azione ha comportato una grave punizione nella sua discendenza.

2 Samuele 12:10 Perciò la spada non si allontanerà mai dalla tua casa, perché mi hai disprezzato e hai preso in moglie la moglie di Uria, l'Ittita.

Il figlio del Re Davide morì e suo figlio Assalonne prese la sua concubina. Davide lo fece in segreto e Assalonne lo fece alla luce del sole. I vostri peccati hanno un legame con il risultato finale. Davide ha legato maledizioni, malattie e dolori ai suoi discendenti.

Insegnate ai vostri figli la rettitudine, affinché siano benedetti. Non abusate del potere contro qualcuno che non vi piace. È una questione di giudizio eterno, di vita e di morte, di maledizione e di benedizione. È una questione seria, giusto? Pregate che Dio porti nella vostra famiglia coniugi timorati di Dio. Siate un buon esempio per i vostri figli. Ho visto genitori usare i figli contro i suoceri se non gli piacciono. Fate attenzione, insegnate loro ad amare, a essere gentili e disponibili. Voi generate maledizioni e benedizioni nella loro vita. Ricordate che subiranno delle conseguenze. Insegnate a vostro figlio il modo corretto, così che riceva benedizioni e anche voi. Dio è serio riguardo ai suoi statuti, comandamenti e leggi. Siate seri, altrimenti si gioca con il fuoco.

Eli come sacerdote danneggia i suoi stessi discendenti. Non si prende cura e non corregge i suoi figli, secondo le leggi di Dio. Che maledizione ha inflitto alla sua discendenza. Avete mai visto una discendenza malvagia, maledetta da morire con malattie e infermità? Il peccato ha delle maledizioni che si attaccano ai vostri problemi.

2 Samuele 2:31 Ecco, vengono i giorni in cui taglierò il tuo braccio e il braccio della casa di tuo padre, affinché non ci sia più un vecchio in casa tua. 32 E vedrai un nemico nella mia dimora, in tutte le ricchezze che Dio darà a Israele; e non ci sarà più un vecchio in casa tua, in eterno. 33 L'uomo tuo, che non taglierò via dal mio altare, ti consumerà gli occhi e ti addolorerà il cuore; e tutto il patrimonio della tua casa morirà nel fiore della sua età.

Vedete, l'azione di Eli ha un legame con le calamità. Seguirà la discendenza di Eli. Ora capite, temete il Signore e fate ciò che vi ha chiesto. Fate attenzione alle vostre azioni. Conosco la storia di un fratello nel Signore. Il suo nome è Signor Min. Ha pregato per me e ho ricevuto la guarigione. La sua vita è un esempio di benedizione. Molti membri della sua famiglia gli dicevano di dimenticare il duro lavoro che stava facendo per Gesù. Non aveva abbastanza soldi quando andava in giro a pregare. La sua auto si è rotta molte volte quando usciva a pregare e tornava a casa tardi la sera. I suoi figli sentiranno i commenti di altri ricchi membri della famiglia contro il loro padre. Ma il fratello Min faceva l'opera di Dio senza aspettarsi nulla in cambio. Dopo alcuni anni, ho visto che la benedizione iniziava a scorrere. Dio ha mischiato tutte le carte, tutti i nipoti sono al primo posto in ogni attività scolastiche. Tutti i figli sono sposati e hanno un buon lavoro, il fratello Min e sua moglie hanno un buon matrimonio. I figli e i nipoti stanno bene. Tutte le benedizioni sono arrivate grazie alle azioni buone e divine. C'è un attaccamento alle proprie azioni. Sua moglie dice che queste benedizioni sono dovute al fatto che il nonno va in giro a pregare per le persone. Il fratello ricco e i suoi figli hanno perso tutto. I figli del fratello si sono drogati e hanno divorziato, la moglie è morta di malattia. Le benedizioni sono legate alle vostre azioni. La rettitudine ottiene l'attaccamento a tutte le disposizioni, i privilegi e i benefici per loro e per migliaia di generazioni.

Salmi 37:25: "Sono stato giovane e ora sono vecchio; eppure non ho visto il giusto abbandonato, né la sua discendenza mendicare il pane".

1 Cronache 16:14 Egli è l'Eterno, il nostro Dio; i suoi giudizi sono su tutta la terra.

Matteo 5:5: "Beati i miti, perché erediteranno la terra".

Deuteronomio 12:28 Osserva e ascolta tutte queste parole che ti comando, affinché vada bene a te e ai tuoi figli dopo di te per sempre, quando farai ciò che è buono e giusto agli occhi dell'Eterno, il tuo Dio.

La Bibbia dice che il timore del Signore è l'inizio della saggezza. Temere sapendo che il Signore Gesù è vivo e non ha varianti in sé. Dio è santo, giusto e vero. Decidete oggi di lasciare una benedizione ai vostri figli. Maria, Rehab, Giosuè, Mosè e la Regina Pasqua hanno portato la benedizione, la liberazione e la nascita del Regno con le loro azioni. Noi siamo la porta per tutta la nostra discendenza, affinché la benedizione di Dio continui per migliaia di generazioni. Se intraprendiamo le azioni giuste.

Salmi 5:12 Perché tu, SIGNORE, benedici il giusto; lo circonderai di favori come di uno scudo.

Dobbiamo prestare attenzione e fare attenzione alle nostre azioni, perché ognuna di esse ha un suo legame.

PREGHIAMO

Oh Signore, ti prego di mostrarci una via retta, in modo da ereditare le benedizioni per noi e per i nostri figli. Signore, vogliamo ereditare tutte le tue benedizioni. Possiamo ricevere le tue promesse se camminiamo nelle tue vie, leggi e comandamenti. Mostraci il tuo piano di successo affinché noi e la nostra famiglia siamo benedetti. Vogliamo uno scudo e una protezione da parte tua. Vogliamo continuare nelle benedizioni per le generazioni dopo di noi, nel nome di Gesù. Amen! Dio vi benedica.

29 FEBBRAIO

POCHI SONO GLI ELETTI!

Molti sono chiamati, ma pochi sono scelti!

Matteo 22:14 Molti sono i chiamati, ma pochi gli eletti.

Dio sceglie chi lo mette al di sopra di tutto. Ruth sceglie il Dio di Naomi e Dio la benedice. Ha trasformato il suo vedovo in marito. È arrivato attraverso la sua discendenza. Lo scopo del cuore è quello di essere guardato. L'amore per Dio può essere dimostrato dal nostro guardare, mangiare e avere.

2 Pietro 1:10 Perciò, fratelli, fate attenzione a rendere sicura la vostra vocazione e la vostra elezione; perché se fate queste cose, non cadrete mai.

Siate diligenti e aggiungete fede, virtù, conoscenza, temperanza, pazienza, pietà, gentilezza e carità.

Il nostro desiderio di avere DIO o le cose da mostrare? Il nostro desiderio mostra cosa c'è nel nostro cuore. Davide ha un buon sangue e ha fatto buone scelte divine. Così Dio gli ha dato salute e ricchezza, benedizioni che vanno al di là di tutto. Dio sceglie se noi scegliamo Lui al posto della nazione, della parentela e della famiglia. Egli ama chi Lo ama. Concentratevi sulle cose di lassù, non su quelle della terra. Imparate come si muove il Creatore e come beneficia la creazione.

Sapete che potete mortificare il vostro affetto e il vostro desiderio per questo mondo digiunando e pregando? Quando dite di no alle cose del mondo e continuate a guardare dove siete e come tenete gli occhi vi aiuterà a negare gli ostacoli alla vostra crescita spirituale. Le nostre scelte fanno sì che Dio sia attratto da noi o allontani il suo volto da noi. La vita ha una lezione da imparare dal Signore Gesù, da altri personaggi biblici e dalle persone che ci circondano.

1 Corinzi 6:9 Non sapete che gli ingiusti non erediteranno il regno di Dio? Non v'ingannate: né fornicatori, né idolatri, né adulteri, né effeminati, né abusatori di se stessi con gli uomini, 10 né ladri, né bramosi, né ubriaconi, né ingiuriosi, né estorsori erediteranno il regno di Dio. 11 E tali eravate alcuni di voi; ma siete stati lavati, siete stati santificati, siete stati giustificati nel nome del Signore Gesù e per mezzo dello Spirito del nostro Dio.

Per tutta la vita dobbiamo decidere. Non si tratta di una volta sola, ma ogni giorno ci sarà una nuova situazione, un nuovo problema e una nuova questione da decidere.

Proverbi 14:12 - C'è una via che sembra giusta all'uomo, ma la sua fine è la via della morte.

La scelta è sempre vostra, solo vostra. Daniele pregò tre volte. Tre schiavi ebrei scelsero di non adorare gli idoli. Ester digiunò tre giorni e tre notti senza cibo né acqua. Mosè scelse di non desiderare l'Egitto e la sua posizione. Le persone che scelgono di mettere in pratica la Parola di Dio finiscono per avere ciò che desideravano, ma meglio e più in alto.

Geremia 29:11 Perché io conosco i pensieri che penso verso di voi, dice il Signore, pensieri di pace e non di male, per darvi una fine attesa.

Quando si pensa a Dio, Egli ha mostrato nella Sua parola statuti, leggi, comandamenti e precetti. Egli sta anche pensando e realizzando il vostro cammino verso la prosperità, il successo, la protezione e la ricchezza. Tutte le benedizioni di Dio hanno condizioni di fondo nascoste nelle scelte e nelle decisioni che prendete. Cosa ci sta mostrando Dio mettendo l'albero proibito nel giardino dell'Eden? Dobbiamo scegliere cosa fare?

Deuteronomio 11:26 Ecco, io pongo oggi davanti a voi una benedizione e una maledizione.

La vita ha tutte le libertà, ma non usare la libertà di scelta può avere un effetto eterno buono o cattivo.

Avete visto tutti i problemi che Dio si è preso per istruirci attraverso la Parola di Dio, usando molti profeti, insegnanti, sacerdoti, sommi sacerdoti, apostoli, evangelisti, pastori, predicatori e lo Spirito Santo per condurci alle benedizioni di Dio? Egli ha benedetto la Sua creazione quando l'ha creata. Tutto ciò che dovete fare è decidere di piacere a Dio ed Egli vi inseguirà per benedirvi.

Siamo cresciuti in mezzo alla gente, compagni di scuola, vicini di casa, familiari e cugini. Vediamo che le decisioni che prendono portano caos o successo nella loro vita. Anche decidere di avere degli amici è una porta aperta ai problemi o al successo. Le vostre scelte lasciano un'eredità di effetti positivi o negativi sul mondo e sulla discendenza. Oggi, decidete di fare attenzione a prendere la decisione giusta, in modo che il Signore stesso possa dire che siete stati buoni e fedeli ed entrare nel vostro riposo.

Il Signore ha tanto non sulla terra ma per l'eternità. Non dovete decidere per una soluzione temporanea. Non temete che la paura prenda il sopravvento sul vostro cuore e sulla vostra mente per deviare la vostra vita verso la distruzione. È il Signore che protegge, aiuta, promuove, provvede e dà successo, ma a una sola condizione: che prendiate la decisione giusta. È facile farsi ingannare dalle scelte che facciamo. La vita sulla terra è temporanea, la nostra vita fisica è temporanea e la vita è breve. Ci facciamo accecare dalle cose che vediamo, che assaporiamo e di cui siamo orgogliosi. Se raggiungete il cielo, allora sapete che cosa vi ha detto il Signore e che cosa ha conservato per voi. Quando il Signore ha detto qualcosa, ricordate che Lui sa già cosa ha benedetto e conservato laggiù.

Che l'ostacolo degli occhi sia l'ostacolo della vostra carne e del vostro orgoglio. O Dio o il diavolo. Si tratta dell'inferno o del paradiso. O la benedizione o la maledizione, o la vita o la morte. Che cosa seria! È un lavoro che consiste nel prendere decisioni di vita e non nel vivere un giorno alla volta. Ora, capite perché il Signore ha detto di scegliere la benedizione e la vita? Il fatto di fare un piano senza le istruzioni di Dio può condurvi in una dimora di oscurità totale in cui non c'è una porta d'uscita. Anche voi scegliete la vostra vita facendo delle scelte in essa. Alcuni saranno chiamati saggi e altri sciocchi. Le vostre faccende vi porteranno a fare la coda a destra o a sinistra, a seconda della scelta che avete fatto. Potete essere chiamati pecora o capra. Il Signore ha una mappa e se vi connettete con la rete dello Spirito Santo, Egli vi guiderà, vi condurrà, vi insegnerà, vi darà potere e vi rafforzerà per raggiungere il vostro destino.

29 FEBBRAIO

Quando vi sceglie al posto di una persona ribelle come Eli, Re Saul o Adamo ed Eva, sappiate che state facendo la cosa giusta e che state scegliendo la strada corretta. Non siete voi a scegliere, ma è il Signore che vi porta più in alto.

PREGHIAMO

Signore, ti siamo grati per averci dato la libertà di scegliere. Chiediamo la tua direzione, il tuo consiglio e la tua saggezza per scegliere. Signore, non vogliamo ripetere il passato. Sappiamo che il Tuo spirito conduce e guida. Quindi, Spirito Santo, guidaci e guidaci a tutta la verità. Noi siamo connessi alla Tua rettitudine. Possiamo essere la luce e il buon esempio del seguace di Cristo. Signore, aiuta la tua creazione nel nome di Gesù. Amen! Dio vi benedica.

MARZO

1 MARZO

SIETE PERPLESSI?

Vi interrogate su tutti i problemi che vedete nel mondo di oggi? Siete alla ricerca di soluzioni e non trovate risposte su cosa credere o a chi credere? Lasciate che vi incoraggi a pensare e a stare sul solido terreno della Parola di Dio, la Bibbia. Fin dall'inizio, la Bibbia è stata la parola accurata e infallibile di Dio. Vi prego di leggere, citare, sostenere e testimoniare il suo significativo potere. Il diavolo odia quando testimoniate la grandezza di Dio e la potenza della Sua Parola. La testimonianza di Gesù porterà molte anime a Lui. La vostra testimonianza è il Sangue di Gesù contro il diavolo. Il diavolo trema di fronte al Sangue di Gesù. Il Sangue è sotto il nome di Gesù. La potenza vivificante è nel Sangue di Gesù. Il diavolo si acquieta, menzionando il nome di Gesù e il Sangue di Gesù.

Apocalisse 12:11 ci dice: "Ed essi lo vinsero per mezzo del sangue dell'Agnello e della parola della loro testimonianza; e non amarono la loro vita fino alla morte".

Cosa permettete a Gesù di fare attraverso di voi oggi?

Non parlate loro della vostra chiesa, ma di Gesù e di ciò che può fare. Oggi i notiziari parlano di sparatorie, omicidi, stupri, droga, rapimenti, incidenti, film, trucco, celebrità di Hollywood ecc.

Gesù ha dato autorità e potere ai suoi discepoli. Sei un discepolo di Gesù?

Marco 6:13 "E scacciavano molti demoni, ungevano con olio molti malati e li guarivano. 14a E il re Erode sentì parlare di lui (perché il suo nome era stato diffuso all'estero)."

Luca 10:17 "E i settanta tornarono di nuovo con gioia, dicendo: "Signore, anche i demoni ci sono sottomessi per mezzo del tuo nome"".

Sta accadendo intorno a voi? Vedete miracoli, guarigioni e la potenza di Dio in azione? Se no, è disponibile. Basta cercare la verità, l'unzione e la potenza.

La Bibbia dice in *Ebrei 13:8: "Gesù Cristo è lo stesso ieri, oggi e in eterno".*

Cercate Gesù per trovare la forza di continuare il suo compito, progetto e incarico.

Il diavolo ha fatto un altro grande lavoro per sbarazzarsi della preghiera nella maggior parte degli edifici; li avete chiamati chiese. Che dire della vostra vita personale, visto che siete il tempio di Dio? Senza la preghiera, siamo disconnessi da Lui. Non sentite nulla da Dio se non lo invocate. Ricordate che siamo limitati. La carne può entrare in contatto con Dio solo attraverso la preghiera, che significa parlare con Lui. Anche Geova Dio in carne e ossa ha pregato quando il suo Spirito è entrato nel corpo di Gesù.

Matteo 14:23 dice: "*E dopo aver mandato via le folle, salì su un monte in disparte a pregare; e quando fu sera, rimase lì da solo*".

Marco 1:35 "*La mattina, alzatosi molto prima del giorno, uscì, si ritirò in un luogo solitario e lì pregò*". *Mettetevi in contatto con Gesù.*

Un'altra cosa che il diavolo vi dirà è che basta credere e avere una fede semplice. Questa falsa dottrina è ciò che le chiese e le organizzazioni insegnano e predicano. Una volta accettata questa menzogna, conoscerete di Gesù solo quanto vi insegnano. Le religioni, le denominazioni o le organizzazioni non confessionali non possono mai sostituirsi a Dio. Si entra in contatto con Dio aprendo il cuore, la mente e la bocca. Trovate una caverna, una montagna, un armadio, una camera da letto o un'automobile e parlate con Lui. Egli è il vostro Dio. Non fatevi limitare da ciò che qualcuno vi insegna. Cercate Dio per voi stessi. Iniziate a parlare con Dio.

Egli vi risponderà. Dio vi ha dato insegnanti e profeti, ma avete anche la Parola e lo Spirito Santo per confermare se sono veri. Dio ha dato incarichi a persone con un titolo per portare avanti la Sua missione. L'incarico di questi uffici è quello di renderci perfetti nella dottrina di Dio, che è il Suo insegnamento. Assicuratevi che siano stati chiamati da Dio, o che lo hanno fatto da soli? Darsi un titolo non significa che Dio abbia ordinato quella persona.

Efesini 4:11 ci dice: "*E ad alcuni diede degli apostoli, ad altri dei profeti, ad altri degli evangelisti, ad altri ancora dei pastori e dei maestri...*".

Vi dico che tutte le vostre paure, preoccupazioni, malattie e confusione sono il risultato di una disconnessione da Dio. Daniele, Giuseppe, Mosè e Giosuè hanno mantenuto il loro legame con Dio ed Egli ha fatto lo stesso. Perché c'è tanta confusione e problemi quando si afferma che il proprio Dio è reale? Può fare qualcosa di soprannaturale per voi? Può dimostrarmelo? Dov'è la Sua pace, la Sua protezione e il Suo potere di guarire e liberare la Sua creazione? Abbiamo preso una scorciatoia. Non ci sono scorciatoie, amici. Gesù è la via. La preghiera verso Gesù è la soluzione. Non guardate intorno, in basso o in qualsiasi direzione. Guardate in alto, siate umili e seguite Dio. Il vostro redentore è vicino quanto la menzione del Suo nome, dice Gesù.

Studiando i tempi finali, ho posto al Signore alcune domande. Signore, la Bibbia dice che il tempo sarà cattivo; non lo è mai stato prima e non lo sarà dopo. Signore, ci deve essere una via di fuga. Mi ha dato questa Scrittura:

In Luca 21:36: "*Vegliate dunque e pregate sempre, affinché siate ritenuti degni di sfuggire a tutte queste cose che avverranno e di presentarvi davanti al Figlio dell'uomo*".

Non il vostro governo, i leader religiosi o nessun altro ha una risposta se non il Signore. Lasciate che il Signore faccia il Suo lavoro. Portate tutte le tragedie e i problemi a Gesù. Potete essere abbastanza umili da inginocchiarvi davanti a Lui? Egli vi proteggerà e vi darà pace. Gesù è la risposta a tutto il caos, il disordine e lo scompiglio. Pregate, abbandonate tutte le vie sbagliate e fate di Gesù la vostra strada.

Marco 13:33 ci dice: "*Fate attenzione, vegliate e pregate, perché non sapete quando è il momento. 34 Il Figlio dell'uomo, infatti, è come un uomo che fa un viaggio lontano, che lascia la sua casa e si dà alla macchia. e di dare a ciascuno il suo lavoro, e diede ordine al portiere di vegliare. 35 Vegliate dunque, perché non sapete quando il padrone di casa verrà, a sera, o a mezzanotte, o al canto del gallo, o al mattino 36 per non trovarvi improvvisamente addormentati. 37 E quello che dico a voi lo dico a tutti: vegliate".*

Anni fa ho fatto un sogno. In esso, stavo predicando il Vangelo per le strade d'America. Improvvisamente qualcuno iniziò a spararmi addosso. Io ero impavida e vedevo i proiettili che rimbalzavano. Wow! Era domenica, così quella mattina sono andata in chiesa e il predicatore mi ha guardata negli occhi e mi ha detto che Dio mi avrebbe protetta dai proiettili. "Sarai a prova di proiettile; rimbalzeranno". Daniele, Giuseppe, Davide e tutti coloro che hanno confidato nel Signore hanno visto la potenza della Sua liberazione. Vedremo accadere altre cose incredibili in questi giorni e in questi tempi se ci mettiamo in contatto con il Signore. Ho detto di comunicare con il Signore. Pregate; la preghiera è la risposta per sfuggire alla tribolazione.

2 Cronache 7:14 ci dice: "Se il mio popolo, che è chiamato con il mio nome, si umilia, prega, cerca la mia faccia e si converte dalle sue vie malvagie, allora Io ascolterò dal cielo, perdonerò il loro peccato e guarirò la loro terra".

Non guardate alle chiese, ma al Signore. Una pistola, la polizia e l'ospedale non sono la risposta, ma essa è entrare in contatto con la potenza che opera meraviglie in Gesù.

PREGHIAMO

Il Signore Gesù ci dona l'umiltà per riportare l'operazione dello Spirito Santo nella nostra vita. Riportare la preghiera e la Parola di Dio nella nostra vita.

Che il Signore ci dia un cuore credente per credere in Gesù. Egli è l'unica risposta a tutto il caos che stiamo affrontando. Gesù è il protettore, non la pistola. Che Gesù vi nasconda sotto le Sue ali e vi copra con il Suo sangue. Gesù acceca il nemico e lo confonde affinché non trovi mai il bersaglio. Possa il Signore liberare i Suoi Angeli ministri al servizio della Sua creazione nel nome di Gesù! Amen! Che Dio vi benedica!

2 MARZO

CON FATICA O CON FACILITÀ?

La fatica è una maledizione per aver trasgredito il comandamento di Dio. Dio creò Adamo ed Eva e li benedisse. La benedizione di Dio rende la nostra vita facile, senza preoccupazioni e rilassata. La maledizione è esattamente l'opposto. Una volta un amico ha commentato: "Dov'è Eva? Che la mia mano sia su di lei. Sì, ma dove sei oggi?".

Camminando con Dio in obbedienza, possiamo avere molta pace e gioia, poiché Egli si prende cura di tutte le nostre necessità e provviste. Fatica vuol dire qualcosa di logorante, sudore, difficoltà, schiavitù e stress.

Genesi 3:17 Poi disse ad Adamo: "Poiché hai dato ascolto alla voce di tua moglie e hai mangiato dell'albero di cui ti avevo comandato, dicendo: Non ne mangerai: Maledetto è il suolo per causa tua; ne mangerai con dolore per tutti i giorni della tua vita; 18 ti produrrà anche spine e cardi, e mangerai l'erba del campo; 19a Con il sudore del tuo volto mangerai il pane, finché tornerai al suolo.

Tutte le benedizioni hanno il potere di eliminare la schiavitù e la fatica sulla terra. Signore, aiutaci a lavorare sotto la tua direzione per sfuggire alla stanchezza e alla delusione.

Avete mai visto le persone lavorare duramente tutto il giorno sotto il sole? Al giorno d'oggi, le persone lavorano duramente. Avete mai pensato al perché lavoriamo tanto, non abbiamo abbastanza e siamo sempre stanchi? La sudorazione è una maledizione. Se accettate la direzione di Dio, la vostra sudorazione e il vostro duro lavoro diurno e notturno possono essere portati a termine in poco tempo con risultati potenti. Pregate affinché il vostro lavoro sia fruttuoso. Lasciate che il Signore sia nella vostra barca, in modo che la tempesta cessi.

Pietro, insieme ad altri pescatori, faticò tutta la notte e il risultato fu una delusione. Ma quando seguirono la voce di Dio, trovarono pesce in abbondanza. Il Signore sa dove e come benedirvi. Non è l'uomo, ma Dio. Non si tratta di fatiche, sudore e schiavitù, ma di ascoltare e obbedire alla Sua voce. Ascoltare la voce di Dio si tradurrà in una vita senza stress.

Luca 5:4b Disse a Simone: "Prendi il largo e cala le tue reti per la pesca". 5 Simone, rispondendo, gli disse: "Maestro, abbiamo faticato tutta la notte e non abbiamo preso nulla; tuttavia, alla tua parola, getterò la rete". 6 E quando ebbero fatto questo, presero una gran quantità di pesci; e la loro rete si ruppe.

Perché la nostra vita è così infelice? Cosa la rende così dura e deludente? Scartiamo la Sua parola come Eva e Adamo. Ecco perché continuiamo nella maledizione. La Parola di Dio è la direzione di una vita facile, senza fatica e serena.

2 MARZO

Ogni situazione e ogni problema della vita possono essere risolti se impariamo ad ascoltare la Sua voce e a obbedire. La vita può essere più piacevole se nascondiamo la Sua parola nel nostro cuore per avere una direzione. Un uomo saggio accetta consigli e suggerimenti dal Signore per evitare fatiche, scoraggiamento e stress.

Sembra il saggio Re Davide. Davide conosceva Dio e attendeva sempre la Sua direzione. Quando Davide ubbidì e rispettò la direzione di Dio, si assistette a una potente vittoria. La vittoria di un re grande e di successo non è dovuta alla sua forza o al suo potere, ma all'ordine dello Spirito di Dio.

2 Samuele 5:23 Quando Davide chiese all'Eterno, questi gli disse: "Non devi salire; ma prendi una bussola dietro di loro e vieni verso di loro, oltre i gelsi. 24 E quando sentirai il rumore di un passaggio tra le cime dei gelsi, allora ti preparerai, perché allora l'Eterno uscirà davanti a te per colpire l'esercito dei Filistei". 25 Davide fece così, come l'Eterno gli aveva ordinato, e sconfisse i Filistei da Gheba fino a Gazer.

Potete avere una vita vittoriosa se lasciate che Dio sia Dio. La direzione di Dio ha poco senso, ma ha bisogno di fiducia, di una fiducia totale.

Studiando tutti i re d'Israele, ho notato che chi è tornato con la vittoria ha seguito il consiglio di Dio. Avevano grande pace e tranquillità, ricchezza, provviste e prosperità. Dio ha combattuto la battaglia, perché Dio è l'uomo della guerra. Chi è potente come Dio? Nessuno! Sotto la guida della direzione del Signore ci preserveranno dal nemico.

Dio terrà una nube di tenebre in mezzo. Dio ci nasconderà dal nemico. Ci sarà la luce del fuoco e una nube per proteggerci dal calore e dalle tenebre. Il Signore sarà uno scudo e un'armatura.

Lo ascoltiamo oggi o siamo i moderni Adamo ed Eva? Volete rilassarvi e godervi la vita ascoltando ciò che Egli dice nella Sua Parola? Volete essere benedetti?

Vediamo cosa dice Dio nella Sua Parola.

Matteo 6:28 E perché vi preoccupate per i vestiti? Considerate i gigli del campo, come crescono; non faticano e non filano: 33 Ma cercate prima il regno di Dio e la sua giustizia, e tutte queste cose vi saranno aggiunte. 34 Non pensate dunque al giorno dopo, perché il giorno dopo penserà alle cose sue. Il male del giorno è sufficiente.

Se ascoltate e obbedite alla voce del Signore, allora: *Salmi 128:2 mangerai il lavoro delle tue mani: sarai felice e sarà bene per te.*

Invitate Gesù nella vostra tempesta, nel caos, nella vostra casa. Egli vi darà pace divina, protezione e provviste. La vita può essere facile, riposante e tranquilla. L'assenza della voce del Suo comandamento può portare alla fatica, alla schiavitù e al sudore. Se ascoltate la Sua voce, vi darà riposo, vittoria e stupore. Perché vi muovete senza la Sua guida? Il fatto angosciava i discepoli che si trovavano su una nave. La loro vita era in pericolo, ma invitare il Salvatore a bordo della nave portò la pace. Dio ha potere sulla tempesta. Può placare la tempesta e salvarvi da Satana. Satana è un principe dell'aria. Porta la tempesta, ma Dio porta la pace.

Marco 6:48 Li vide che si affannavano a remare, perché il vento era contrario; e verso la quarta ronda della notte si avvicinò a loro, camminando sul mare, e avrebbe voluto passare accanto a loro. 51 Salì da loro sulla nave e il vento cessò; ed essi si stupirono oltre misura e si meravigliarono.

Wow! Dalla distruzione alla costruzione, dalla rovina alla rinascita, dalla morte alla vita. Che Dio che opera meraviglie! Giuseppe ha avuto difficoltà in Egitto, ma quando Dio lo ha benedetto, ha dimenticato la schiavitù, le delusioni e le difficoltà.

Genesi 41:51 Giuseppe chiamò il primogenito Manasse: poiché Dio, disse, mi ha fatto dimenticare tutte le mie fatiche e tutta la casa di mio padre.

PREGHIAMO

Signore, Dio potente, vieni sulla nostra scialuppa in tempesta, dona una pace e una tranquillità sorprendenti. Lasciate che il vostro orecchio si apra al consiglio amorevole di Dio per benedirvi. Il Signore libera il Suo piano di successo e ci porta una fine attesa. Che il Signore metta nel vostro cuore il desiderio di cercare il Suo regno e la Sua giustizia per avere ogni gioia, pace e protezione nel nome di Gesù. Amen! Dio vi benedica!

3 MARZO

DAMMI LA VERITÀ!

Perché solo la verità? Non c'è nulla di così potente come la verità. Dio è dietro la verità. Dio onnipotente vi sosterrà se dite la verità. Ma l'opposto della verità è la falsità, la menzogna e la non verità.

Salmo 9:17 I malvagi saranno mandati all'inferno e tutte le nazioni che dimenticano Dio. Si può fuggire dall'inferno.

Giovanni 8:32 Conoscerete la verità e la verità vi farà liberi.

La verità è che gli israeliti non sapevano di essere in schiavitù. Discutevano con Gesù, sostenendo di non essere schiavi. Ma in realtà erano schiavi di Satana. Erano schiavi del peccato. Falsi insegnanti e profeti hanno stregato le persone. La verità è che la vostra azienda può essere pericolosa anche se affermano di essere cristiani.

La verità è che dovete sapere e confessare di essere peccatori e di poter essere salvati da Gesù Cristo. La verità è che la vostra salvezza è un processo, un lavoro in corso che consiste nel riconoscere la gravità del peccato. L'autorità ecclesiastica inganna molti, facendo credere che andare in chiesa, essere nati in una famiglia cristiana o conoscere la Torah-Bibbia, o ricoprire una posizione nelle chiese vi salvi. La verità è che bisogna continuare a seguire la verità della Parola per uscire da tutte le schiavitù, i peccati e gli errori. La verità è che i peccatori hanno bisogno del sangue del Salvatore, del battesimo nel nome di Gesù e dell'infusione dello Spirito Santo. Permettete allo Spirito Santo di guidarvi verso la verità. La verità è che lo Spirito Santo non ha bugie. La rivelazione è che Satana è bugiardo e padre della menzogna, poiché essa è stata trovata per la prima volta in Satana. La verità è che Satana è un autore di confusioni.

La verità è ciò che ha detto Gesù.

Giovanni 8:44 Voi siete del diavolo, vostro padre, e le voglie del padre vostro le farete. Egli è stato omicida fin dal principio e non ha dimorato nella verità, perché non c'è verità in lui. Quando dice una menzogna, la dice di suo pugno, perché è bugiardo e ne è il padre.

La definizione di verità della Concordanza Esauriente è, infatti, certamente, tutto come era. Gesù ha detto in Giovanni 14:6 di essere la verità. Dio, ti prego, dammi la verità. Le persone chiedono una macchina nuova, un buon lavoro, un aereo, una casa o dei figli, ma io chiedo a Dio di darmi la verità. Essa è un'arma potente per la liberazione. La liberazione da un nemico, dalla povertà, da qualsiasi dipendenza o da qualsiasi cosa da cui avete bisogno di essere liberati.

La verità ha il potere di liberarci dal leone, dalla tigre, dal fuoco, dalle malattie e dall'inferno. La verità può metterci nei guai, ma la verità può liberarci dai guai. La verità è l'elemento mancante più potente oggi. Alla gente piace ascoltare bugie e inganni edulcorati. Le persone amano la facciata, ma conoscono la verità. Non si faranno del male. La verità è la via di Dio, ma la facciata edulcorata è la via religiosa di Satana. Assicuratevi che sia chiaro nella vostra mente che Gesù è la verità. La verità è che la vita senza Gesù è una vita senza luce. Il fatto è che una persona confusa muore persa se non trova la verità. Tutto ciò che cercate è nella Parola di Dio. Il suo Spirito sprigiona la verità del cielo. La Bibbia dice che lo Spirito Santo è la verità. Amate la verità, aggrappatevi alla verità e state in piedi sulla verità, che è la Parola di Dio.

Qual è la verità?

Giovanni 18:37b Gesù ha affermato di essere una verità, affinché io renda testimonianza alla verità. Chiunque è dalla verità ascolta la mia voce.

Il pilota era interessato a conoscere la verità.

Giovanni 18:38a Pilato gli disse: "Che cos'è la verità?

State vagando da un luogo all'altro, confusi? Ma quando troverete la verità, il vostro vagare sarà finito. Saprete che non c'è nulla al di là della verità. Che cos'è la verità? La verità è che Dio è UNO; gli dei non sono milioni. La verità è che non si possono creare dèi, ma un solo Dio vi ha creato e può darvi la vita. La verità è che si possono scolpire statue o idoli, ma non si può mettere la vita al loro interno. La verità è che Dio ha creato il cielo e la terra. La verità è che Dio può guarire e liberare. La verità è che Dio è l'unico a essere soprannaturale.

Esodo 8:18 I maghi fecero così con i loro arnesi per far uscire i pidocchi, ma non ci riuscirono; così ci furono pidocchi sugli uomini e sulle bestie. 19 Allora i maghi dissero al faraone: "Questo è il dito di Dio".

La verità è che Dio sa che la causa delle malattie è il peccato. Perché si è preso trentanove colpi? Ci sono trentanove categorie di malattie che derivano dai peccati. Gesù, il Dio potente, le ha pagate tutte per liberarvi dalle malattie. La verità è che il sangue è uscito dalle frustate per pagare i peccati. Il sangue di un Salvatore senza peccato è l'unico rimedio per la salvezza. La verità è che il peccato causerà la morte all'inferno, ma il sangue vivificante vi riscatterà dal fuoco dell'inferno. La verità è che quando chiedete all'anziano di pregare con l'olio dell'unzione, ogni peccato sarà perdonato e sarete guariti.

Non ho preso medicine per guarire e curare i malanni. Chiamo qualcuno che ha lo Spirito Santo a pregare su di me quando sono malata.

Giacomo 5:15 La preghiera di fede salverà il malato e il Signore lo risusciterà; e se ha commesso peccati, gli saranno perdonati.

L'inferno è reale e anche il paradiso. Solo Gesù è la via per il paradiso. La verità è che la verità è fuori dalle chiese che si stanno costruendo. Ecco perché non si vedono guarigioni e liberazioni. Perché vediamo droghe, bande, divorzi, suicidi, sparatorie, malvagità, cancro, carceri piene, oppressione e possessione? Il motivo è che la verità non è ben accetta nelle chiese religiose. Il fatto è che servono due o tre Scritture per mettere in pratica una dottrina. La verità è che servono due o tre testimoni per stabilire una dottrina. La verità è l'aggiunta o la sottrazione alla parola che ne toglierà il potere.

Ha dimostrato il potere e la validità della verità da parte di chi l'ha praticata. La verità è che la regina Ester, Maria, Giuseppe, Mosè, Giosuè, Isaia, Geremia, Paolo, i discepoli e le chiese antiche hanno continuato a praticare la verità. Hanno dimostrato il potere di liberazione, di guarigione, di aprire gli occhi ai ciechi, di aprire le orecchie ai sordi, di far camminare gli zoppi e di compiere molti grandi miracoli. Amare la verità significa amare se stessi. Amare la verità è amare Dio.

La vostra tradizione è pericolosa.

Marco 7:13 rendendo vana la parola di Dio per mezzo della vostra tradizione, che avete trasmesso; e molte cose simili fate.

La verità consegnata dal Signore Gesù Cristo e i discepoli hanno interrotto la loro attività.

Luca 18:8b Tuttavia, quando il Figlio dell'uomo verrà, troverà la fede sulla terra?

Signore, santificaci. Che cos'è la santificazione? Pulire, purificare o santificare.

Giovanni 17:17 Santificali per mezzo della tua verità: la tua parola è verità.

La verità è che abbiamo bisogno della Parola scritta da Dio Onnipotente per trovare la nostra strada sulla terra. La verità è che il Signore è ancora a favore dell'umanità per mostrarle grazia e misericordia. E voi? Avete a cuore la verità o l'io come Eva e Adamo?

PREGHIAMO

Oh Signore Dio di Abramo, Isacco e Israele, che hai conosciuto l'unico vero Dio Geova, aiutaci. Signore, aiutaci a conoscere la verità del Messia, che era Geova Dio in carne e ossa come Gesù Cristo. Signore, donaci una rivelazione. Dacci l'amore per la verità, poiché la Tua parola dice che la rivelerai a chi ti ama. Sì, Signore, vogliamo la verità, perché tutte le Scritture hanno bisogno di una rivelazione. Signore, mostraci la verità per essere liberati dal fuoco dell'inferno. Grazie per la verità nella Parola di Dio. Dacci lo Spirito Santo per insegnare e guidare nel nome di Gesù. Amen! Dio vi benedica!

4 MARZO

IL POTERE DELLA LODE!

Lodiamo Dio, sapendo ciò che ha fatto per noi. Sappiamo che solo il Signore ci fa uscire da tutte le prove e i problemi. Egli ci dà la vittoria e la liberazione. Ogni volta che lo lodiamo, la Sua presenza entra in mezzo a noi e il nemico scappa.

Definizione di Lode dal dizionario KJV: "L'apprezzamento viene tributato a una persona per le sue virtù o azioni degne, per le azioni ammirevoli in sé o per qualsiasi cosa di valore; l'apprezzamento viene espresso con parole o canzoni."

La lode è l'idea di rendere grazie e onore a chi è degno di lode.

Ricordo la mia storia di lavoro all'ufficio postale. Ho pregato molto perché il posto era molto buio. Molte volte ho sognato dei serpenti sul posto di lavoro. Una volta ho sognato la valle dei serpenti, una giungla di serpenti che era impossibile da ripulire. Questi erano appesi ovunque. Mentre lavoravo lì, ho visto le azioni delle persone e le reazioni reciproche. Non vedete i demoni e Satana, quindi incolpate la persona che ha usato il serpente, che è il diavolo.

Venivo dall'India, dove non crediamo nell'esistenza dei demoni. Non ero pronta a riconoscere l'esistenza di demoni, spiriti maligni, angeli caduti e Satana. Avevo paura dei mostri. Non sapevo che gli spiriti maligni potessero fare del male ai cristiani. Non avevamo alcun insegnamento sui demoni o su Satana. La nostra conoscenza del mondo spirituale, che è il mondo reale, era molto scarsa.

Quando mi sono trasferita negli Stati Uniti, ho iniziato a frequentare la chiesa pentecostale. Non insegnavano altro che il mondo degli spiriti, e da allora ho iniziato ad avere esperienze. Una volta ho parlato con Dio, Signore, ho pregato molto, ma hanno succhiato via la mia energia spirituale sul posto di lavoro. Mi sentivo debole. Ho pregato tutti i giorni, ho digiunato due volte alla settimana e una volta al mese sono rimasta per tre giorni e tre notti senza acqua e senza cibo. Entrando ancora nell'edificio delle Poste, ho sperimentato che l'energia spirituale era stata prosciugata.

Facendo tutto questo, non c'era alcun risultato. Non si muoveva nulla. Mentre continuavo a cercare, un giorno il Signore mi disse di lodarLo per mezz'ora, di parlare in lingue per mezz'ora, di mettere la mano sulla testa e di pregare in lingua per mezz'ora. L'ho fatto per il periodo in cui ho lavorato all'ufficio postale. Questo mi ha aiutata molto. Ricordate che cercare una risposta pregando e digiunando non è inutile. È il momento in cui la risposta arriverà. La Bibbia dice che dobbiamo cercare, e cercare è un compito. A volte le persone parlano e si lamentano con gli amici o con i familiari, invece di rivolgersi al Signore. Parlare con i santi pieni di spirito li aiuterà a trovare la direzione se possono pregare per la situazione.

4 MARZO

Non capivo le Sue vie, ma facevo quello che mi chiedeva senza sbagliare.

Una volta ho partecipato a una conferenza. Il predicatore ci chiese di adorare e lodare il Signore, e noi lo facemmo. Poi il predicatore iniziò a insegnare sul tema delle lodi. Ero felice di essere lì. Quel giorno ho capito cosa fanno le lodi.

Ha spiegato il Salmo 149. Il predicatore ha detto: "Vedete cosa succede quando lodiamo il Signore":

Salmo 149:4 Perché il Signore si compiace del suo popolo; abbellirà i miti con la salvezza. 5 I santi siano gioiosi nella gloria; cantino ad alta voce sui loro letti. 6 Le alte lodi di Dio siano nella loro bocca e una spada a due tagli nella loro mano; 7 per eseguire la vendetta sui pagani e i castighi sui popoli; 8 per legare i loro re con catene e i loro nobili con catene di ferro; 9 per eseguire su di loro il giudizio scritto: questo onore hanno tutti i suoi santi. Lodate il Signore.

Mentre le lodi salgono, le benedizioni scendono. Satana desidera incatenarci con le tenebre, le malattie, la depressione, la paura, le preoccupazioni, i dubbi e così via. Ma quando lodate Dio con il canto, la parola, la danza e la musica, tutti i nobili e i re di Satana assegnati alla città, alla contea, allo Stato o al Paese che mettono una pastoia di ferro tornano a loro. Le loro catene tornano a loro. Le lodi sono un programma di inversione di Dio contro l'agenda di Satana. I versetti 7 e 8 sono la chiave. Cioè il segreto della lode a Dio. La presenza di Dio arriva e si impadronisce della vostra battaglia. Anche noi invitiamo la vista di Dio lodandoLo.

Salmi 22:3 Ma tu sei santo, o tu che abiti le lodi di Israele.

Il Re Davide aveva questa chiave di lode perché era sempre in battaglia. La sua vita era in pericolo perché Satana sapeva che Davide minacciava il regno delle tenebre.

Quando siete una minaccia per il regno delle tenebre, allora, credetemi, sarete un bersaglio per il nemico. Egli verrà contro di voi, ma usando le armi della lode, le sue catene e le pastoie di ferro torneranno al diavolo. Satana e il suo esercito saranno incatenati e voi sarete liberi. Citiamo la Scrittura: "Nessuna arma contro di noi può prosperare". È solo se sappiamo come tornare indietro al nemico. Dobbiamo capire qual è la chiave corretta per invertire la rotta. La vostra parola può essere lodata o dalla Parola della Bibbia. Lodatelo con uno strumento musicale ad alto volume. Lodatelo danzando. Ricordate che Davide danzò mentre portava l'arca di Dio. Michele criticò Davide e non ebbe figli.

2 Samuele 6:16 Mentre l'arca del Signore entrava nella città di Davide, Michal, figlia di Saul, guardò dalla finestra e vide il re Davide che saltava e danzava davanti al Signore; e lo disprezzò in cuor suo. 23 Perciò Michal, figlia di Saul, non ebbe figli fino al giorno della sua morte.

La gente vi criticherà quando lodate il Signore, ma non preoccupatevi. Perderanno le loro benedizioni. Ho sentito qualcuno dire in una chiesa pentecostale: non è bello che le signore anziane saltino e ballino. Posso adorare a qualsiasi età. Potete adorare Dio a qualsiasi età. È il vostro rapporto.

Ho visto persone che non hanno mai ricevuto benedizioni perché non hanno mai imparato la chiave più grande della lode. Se lodate, i vostri problemi familiari saranno risolti. Il diavolo non può sopportare che si lodi Dio. Dio usa le persone per la Sua opera. Ecco perché il diavolo le ferma e le ostacola incatenandoci ai problemi e alle difficoltà. Ma se sapeste quanto è facile abbattere il suo regno. Scatenandovi nella lode e nell'adorazione. Prendetevi delle libertà per farlo. Non c'è limite di età.

Molte volte mi sveglio sentendomi tormentata, malata e incatenata. Quando percepisco l'attacco di Satana, accendo un po' di musica e mi perdo a lodare il Signore. La lode e l'adorazione non si fanno solo in chiesa, ma sempre, ogni giorno. Le lodi portano nella stanza la potenza di Dio, che opera meraviglie. Ho ottenuto la libertà, e indovinate un po'? Come dice la Bibbia, ha incatenato il diavolo. Alleluia! Lode al Signore!

PREGHIAMO

Il Signore ci dà la rivelazione della lode. Dacci la vittoria, la guarigione e la liberazione attraverso la lode. Signore, riempi i nostri cuori e le nostre bocche con la lode. Signore, mentre lodiamo, vediamo la sconfitta nel campo del nemico e la vittoria nella nostra vita. Mentre le lodi salgono e le benedizioni scendono. Tu solo sei degno di ogni lode e nessun altro, perciò ti lodiamo nel Nome di Gesù. Amen! Dio vi benedica!

5 MARZO

IMPARATE A CERCARE DIO!

La Bibbia dice che se mi cercate, mi troverete!" Cosa e perché cerchiamo? Cerchiamo ciò che non abbiamo. Cerchiamo se abbiamo perso qualcosa. Non si cerca ciò che già abbiamo. Ha senso? La Bibbia dice chiaramente che se cerchiamo, troveremo.

La Bibbia dice in Matteo 7:7c cercate e troverete. Inoltre, si trova la via superiore di Dio cercandolo.

Tutto ciò che Dio ha è una benedizione. Le Sue vie e il Suo piano sono di benedirvi e custodirvi fino in fondo.

Salmo 119:2 Beati quelli che osservano le sue testimonianze e che lo cercano con tutto il cuore.

La definizione di Cercare dalla Concordanza Esauriente è quella di cercare, desiderare e informarsi per dare gloria a Dio. La ricerca può richiedere un coinvolgimento fisico o spirituale. Cercare aiuto dal mondo secolare non sarà la stessa cosa che farebbe Dio. Se si cerca Dio per la situazione, allora troverete il risultato soprannaturale. Ricordate che Egli ha creato gli Angeli per aiutarvi. L'Angelo verrà ad aiutarvi se cercate aiuto attraverso Dio.

Amos 5:14 Cercate il bene e non il male, per vivere; e così il Signore, il Dio degli eserciti, sarà con voi, come avete detto.

Si può cercare un medium diverso, come Re Saul si rivolse a uno spirito familiare. Molti si rivolgono a medium come i tarocchi, i sensitivi, i maghi o gli astrologi. Tutti rispondono, ma Dio ha la soluzione per evitare i problemi. Rivolgersi a un altro medium comporta una punizione senza rimedio. La Bibbia dice di cercare Dio per tempo. Hanno cambiato questa scrittura. Al diavolo non piace che cerchiamo Dio presto. Se ci svegliamo presto per cercare, la nostra giornata e il nostro lavoro andranno bene. Il piano, la tattica e la rete di Satana per catturarci saranno distrutti.

Salmi 63:1 O Dio, tu sei il mio Dio, presto ti cercherò; la mia anima ha sete di te, la mia carne ti desidera in una terra arida e assetata, dove non c'è acqua.

Tutte le situazioni e i problemi possono essere risolti se cerchiamo attraverso Dio onnisciente. La nostra vita può essere vittoriosa e gioiosa. La risposta del Signore arriva con la soluzione. In effetti, Dio sa tutto e, nonostante ciò, noi andiamo da Lui per ultimi. Andiamo a Dio quando siamo bloccati e non abbiamo più rimedi.

Salmi 34:4 Ho cercato il Signore ed egli mi ha ascoltato e mi ha liberato da tutte le mie paure. 10 I giovani leoni mancano e soffrono la fame, ma quelli che cercano il Signore non mancheranno di alcun bene.

Alla fine degli anni Novanta ho avuto un infortunio alla schiena. Conoscevo la guarigione solo attraverso il Signore. Ora, questa era la mia prova, senza sapere come e quale sarebbe stato il risultato. Il Signore voleva che andassi da un ortopedico. Non mi piaceva particolarmente andare dal medico. In qualche modo il Signore mi ha messo in contatto con un medico che ha rispettato la mia fede. Il medico non mi ha mai obbligato a prendere medicine. Tutti i suoi rapporti erano veritieri, senza che nessuno potesse essere biasimato. In quel periodo ho continuato a cercare Dio. Un giorno mi disse che mi avrebbe guarita in due fasi. Prima avrei camminato e poi corso.

Dio mi ha dato la Promessa.

Proverbio 4:12 Quando andrai, i tuoi passi non saranno stretti e quando correrai non inciamperai.

La mia mente non riusciva a comprendere le Sue vie, ma io credevo. Un giorno, uscendo dal posto di lavoro, il Signore mi disse: "Non tornerai mai più qui". Nella mia prova infuocata e dolorosa, camminavo molto vicino con un orecchio attento alla Sua voce. I miei colleghi si interrogavano, conoscendomi. "Liz è una buona cristiana. Allora perché sta vivendo questa situazione?". Sì, non andiamo secondo il nostro karma, che è il nostro lavoro, ma secondo il piano di Dio. C'è stato un giorno in cui ho perso il lavoro. Dopo alcuni anni, un giorno, il mio miracolo della prima parte si è avverato. Il signor Min ha pregato per me e io ho iniziato a camminare. Aveva molti doni. Mentre pregava, la mia gamba e la mia mano sono cresciute e la mia colonna vertebrale è tornata al suo posto. Dopo la guarigione, Dio mi ha permesso di partecipare al funerale del padre di uno dei miei colleghi, dove ho incontrato i miei ex colleghi. Li ha sorpresi vedermi camminare. Quando me ne sono andata dopo il funerale, sono andati in un ristorante. Tutti i miei colleghi erano intorno alla mia amica Chen e mi chiedevano che cosa fosse successo e come io fossi guarita, visto che non prendevo medicine. La mia amica Miss Chen ha raccontato di avermi portato dal fratello coreano Min, che ha il potere di guarigione di Gesù. La signorina Chen ha raccontato che la mia gamba è cresciuta e la mia colonna vertebrale è tornata a posto. È stato un ottimo momento di gioia per essere testimoni del Signore. Il Signore è fedele, anche se ci vuole tempo. Solo Lui ottiene la gloria tra i pagani. Cercare Dio mostrerà la sua potenza soprannaturale. Il diavolo sta facendo un lavoro meraviglioso per sostituire le frustate, i miracoli e le guarigioni di Dio. Alcune persone sulla terra non daranno gloria ad altri che al Signore.

Tutti coloro che hanno cercato Dio hanno trovato la via d'uscita da problemi, malattie, battaglie e situazioni personali. Fate di Lui il vostro consigliere. Parlo con Dio di ogni piccola e grande questione. Non prendo mai la valigia in mano per sporcarmi. La vendetta è del Signore e la gloria appartiene solo a Lui. Dio ha soluzioni per tutti i nostri problemi. Si serve della persona che sa cedere il suo Spirito. Hannah e Isacco hanno cercato Dio per il bambino e Dio ha dato loro la gloria di Dio. Davide ha sempre cercato il Signore per ogni passo che faceva. Quando non lo faceva, si trovava nei guai. Io cerco sempre Dio nelle situazioni. La mia vita ha meno complicazioni.

La scienza sta tentando le sue ricerche su di voi. La tecnologia e l'esplorazione avanzano rapidamente per distogliere lo sguardo delle persone dal Signore. Non troverete una soluzione nella tecnologia, ma nel Signore. Le protesi dell'anca e del ginocchio stanno diventando così comuni, soprattutto tra i cristiani. Si fanno trapianti di organi e cure per le malattie. Cosa è successo al popolo di Dio?

Possiamo cercare il Signore per le nostre malattie e per la prova del cancro? Cercare Dio per i nostri figli problematici. I problemi coniugali o di ogni tipo finiscono in divorzi disordinati. C'è qualcuno che sta proclamando il digiuno e la preghiera per cercare il Signore?

Isaia 55:6 Cercate il Signore finché è possibile trovarlo, invocatelo finché è vicino.

Anticamente, il re e il popolo di Dio digiunavano e pregavano per trovare la risposta di Dio. Il cristianesimo moderno ha perso l'antico cammino.

Il re Giosafat cercò il Signore.

2 Cronache 20:3 Giosafat ebbe paura, si mise a cercare l'Eterno e proclamò un digiuno in tutto Giuda. Ha avuto la vittoria in battaglia. La nostra nazione può invocare il digiuno e la preghiera? Anche noi abbiamo problemi ovunque.

Esdra 8:21 Allora proclamai un digiuno là, presso il fiume di Ahava, per affliggerci (digiunare) davanti al nostro Dio, per cercare presso di lui una via giusta per noi, per i nostri piccoli e per tutti i nostri beni.

Dobbiamo trovare la strada giusta. I cercatori di Dio hanno avuto successo nelle loro prove e nei loro problemi. Solo Dio ha una soluzione ai vostri problemi. Cercate il Signore, aspettatelo e vedrete cosa farà per voi.

Proverbi 3:5 - Confida nell'Eterno con tutto il tuo cuore e non appoggiarti alla tua intelligenza.

PREGHIAMO

Il Signore Dio ci dà persone che cercano Lui e non si appoggiano alla propria firma. Cerchiamo soluzioni sbagliate al problema, ma abbiamo problemi insopportabili, incredibili e innumerevoli disturbi. Il Signore ci dà l'autorità spirituale, come Mosè, Giosuè, Esdra ed Ester, per questo tempo moderno. Chi può farci uscire da tutte le paure, le uccisioni, le sparatorie, i suicidi, i divorzi, le malattie e molti, molti problemi? Signore, stiamo perdendo una battaglia da quando ci siamo liberati di te dalla nostra scuola, dalla nostra casa, dalle chiese che dipendono da un luogo chiamato "tana". Non proclamiamo il digiuno biblico e la preghiera. Non cerchiamo finché non troviamo una risposta. Perdonaci, Signore. Siamo i moderni Sodomiti. Signore, aiutaci a rivolgerci a te. Ci strappiamo il cuore e non i vestiti. Gridiamo: ti prego, salva, libera e guarisci nel nome di Gesù. Amen! Dio vi benedica!

6 MARZO

DIO ABBELLISCE I TIMORATI CON LA SALVEZZA!

A tutti piace essere belli! Le persone acquistano un aspetto straordinario quando vengono salvate. Io sono una testimone diretta. Ho visto per anni quando una persona viene salvata. Quando una persona si pente di tutti i peccati, si lava via i peccati battezzandosi nel nome di Gesù e riceve lo Spirito Santo, ha un aspetto squisito. Non cambiano i prodotti di bellezza, ma viene usato il tocco del Signore.

Dio viene nel corpo che ha creato per rimanere. Quel tempio si contamina commettendo tutti i peccati carnali. I peccati carnali sono:

Galati 5:19b fornicazione, impurità, lascivia, 20 idolatria, stregoneria, odio, discordia, emulazione, ira, lotte, sedizioni, eresie, 21 invidie, omicidi, ubriachezze, bagordi.

1 Samuele 16:7 Ma il Signore disse a Samuele: "Non guardare il suo volto né l'altezza della sua statura"; perché l'ho rifiutato; perché il Signore non vede come l'uomo vede; perché l'uomo guarda l'aspetto esteriore, ma il Signore guarda il cuore.

Tutti i peccati della carne non possono essere nascosti, ma si rifletteranno sul vostro volto. Non si ha gioia quando non si è felici. La persona invidiosa avrà malattie alle ossa. Morirà diventando più brutta e più magra, e il tono della sua pelle diventerà scuro o pallido. Ho visto questo tipo di persona la cui bellezza svanisce. La depressione, la preoccupazione e l'odio si manifestano nel trucco del viso e la chirurgia facciale non aiuta.

Quando ci si allontana dalle vie del male pentendosi, lavando i peccati nell'acqua nel nome di Gesù e ricevendo il Suo Spirito, si otterrà un cambiamento all'interno e all'esterno. Ricordo un profeta; la sua vita precedente era inutile. Sedeva nei bassifondi, entrava e usciva di prigione, era brutto a causa dei suoi peccati. Quando si è rivolto al Signore, Gesù è andato da lui ed è apparso radioso. Quando il Signore viene da noi, rinnova la sua dimora. Il nostro corpo è il suo tempio. Il volto risplende e i lineamenti cambiano.

Le signore che camminano con il Signore hanno una bella luce sul viso. Visito la casa di riposo dove incontro molte signore. Coloro che sono cristiane hanno un bel volto luminoso. Una volta in India, un'amica indù mi ha detto: "In una folla enorme, posso riconoscere chi è cristiano". Le ho chiesto come. Mi rispose che c'era una luce sul loro volto.

La gente si preoccupa molto dell'aspetto esteriore. Non ho mai saputo nulla del trucco perché sono cresciuta in India. Ci limitavamo a pulirci e ci pettinavamo i capelli; non facevamo altro.

Alcune signore si sono appena convertite al cristianesimo. La loro collega ha notato che erano bellissime dopo il battesimo. Gigi ha detto che tutti mi hanno detto che sono bellissima. Vedete, Dio ha creato tutte le cose belle.

Ecclesiaste 3:11 Egli ha fatto ogni cosa bella a suo tempo: La bellezza viene dal cielo. Tutte le figlie di Giobbe erano belle.

Giobbe 42:15a In tutto il paese non si trovavano donne così belle come le figlie di Giobbe.

Dio non rende brutto, ma bello il brutto. Ho imparato che una donna con rabbia, gelosia o orgoglio ha l'aspetto più brutto. È l'intuizione che porta l'aspetto esteriore. La bruttezza interiore fa capolino dal viso. Satana non ingannerà le persone che conoscono la verità.

Secondo una ricerca effettuata su Google, nel 2003 gli analisti di Goldman Sachs hanno stimato che l'industria globale della bellezza, che comprende prodotti per la pelle per un valore di 24 miliardi di dollari, trucchi per 18 miliardi di dollari e prodotti per capelli per 38 miliardi di dollari, sta crescendo fino al 7% all'anno, più del doppio del PIL del mondo sviluppato.

La chirurgia plastica, i cosmetici e i dermatologi guadagnano miliardi di dollari all'anno. Un essere umano smarrito non sa che il diavolo sta giocando con la sua mente. Sta vendendo un prodotto di bellezza, convincendolo che saranno bellissimi. Il diavolo fa anche in modo che ci si senta brutti e senza valore.

Amico mio, non credere a Satana; hai bisogno di un dermatologo di nome Gesù. Chi ha fatto il tuo corpo? Gesù, non Satana, che sta facendo confusione con il tuo corpo. Per quanto tempo vivrai su questa terra? Tutti questi interventi di chirurgia plastica e prodotti di bellezza vi danneggeranno. Chi si prende cura di voi? Solo il Signore! Satana vi farà notare gli occhi, le rughe del naso e i piccoli dettagli che non interessano o non vengono notati da nessuno. Sarebbe meglio se cambiaste il vostro modo di pensare. Rivolgete il vostro sguardo alle cose di lassù.

Venite alla Sua presenza e adorate il Signore. Leggete la Sua Parola da seguire, pregate e digiunate. Sarete bellissimi. La bellezza interiore risplenderà sul vostro volto. Parlando per me, io sono bella!

Salmi 140:4 Perché l'Eterno si compiace del suo popolo; abbellirà i miti con la salvezza.

Siete la sposa di Gesù e Lui vuole che siate belle, ma non secondo gli standard del mondo. Ricordate che Dio ha creato il vostro corpo e ogni suo dettaglio. Satana è la creatura più brutta e parla di bellezza. Vi fa sentire come lui. Tutti gli angeli caduti stanno facendo questo piano malvagio per farvi sentire brutti. Ascoltate e credetemi, voi siete bellissimi!

Proverbi 16:31 La testa bruna (grigia) è una corona di gloria se si trova nella via della rettitudine...

Quando il Signore viene dentro di voi per liberarvi dalla droga, dall'alcol, dalla gelosia, dall'invidia, dall'orgoglio, dalla rabbia, dalla menzogna e dall'inganno, sarete bellissimi. È compito del Signore e non di nessuno. Quanto durerà la vostra bellezza dopo aver speso migliaia di dollari in chirurgia plastica ed estetica? Alcuni non sono soddisfatti del colore degli occhi, della carnagione o di qualsiasi altra cosa. Dovete venire dal grande estetista, il Signore Gesù. Venite alla Sua presenza come fece Mosè.

Esodo 34:30 Quando Aaronne e tutti i figli d'Israele videro Mosè, ecco che la pelle del suo volto risplendeva e avevano paura di avvicinarsi a lui. 35 I figli d'Israele videro il volto di Mosè e la pelle del suo volto brillò: Mosè si tolse di nuovo il velo dalla faccia, finché non entrò a parlare con lui.

Il diavolo vi sta ingannando introducendo tutti questi prodotti per occhi, viso e pelle. Non abbiamo mai usato tutto questo prima. Allora perché ora? Ci allontaniamo dalla presenza di Dio e crediamo all'introduzione ingannevole di Satana; inganniamo noi stessi. Agli ingannatori del diavolo piace rubare voi e il vostro denaro al Signore. Dio metterà alla prova la vostra fede sulla terra. Se vi mettete in piedi credendo e facendo ciò che il Signore dice. Brillerete dove il diavolo avrà paura e scapperà dalla luce che brilla in voi. Ricordate che il diavolo era la più bella creatura di Dio. Quando ha peccato, è diventato la creatura più brutta. Guardate le sue immagini o il suo scheletro; una cosa spaventosa, vero? Sì, e indovinate un po'? Vuole che anche voi ne abbiate l'aspetto.

Dio vi ha fatto belli a Sua immagine e somiglianza. Non avete bisogno dell'aiuto di Satana. Basta dire: "Assomiglio a mio padre Gesù; sono bello. Mi sono fatto a Sua immagine e somiglianza. Gesù mi ha reso attraente. E sono bello dentro e fuori".

2 Corinzi 4:16 Per questo non ci stanchiamo; ma anche se il nostro uomo esteriore perisce, tuttavia l'uomo interiore si rinnova di giorno in giorno.

Le persone divine sono belle anche in età avanzata.

Salmo 92:14 Porteranno ancora frutti nella vecchiaia; saranno grassi e fiorenti.

PREGHIAMO

Che il Signore del cielo dia un tocco celeste per abbellirvi. Siete l'immagine di Dio e il Signore sa come rendervi belle. Voi siete la sua futura sposa. Signore, aiutaci a mantenerci senza macchia, senza rughe e senza difetti per Lui. Solo il Signore sa come prendersi cura del Suo tempio, il nostro corpo. Signore, ci portiamo al Tuo altare come sacrificio vivente. Mi fido di te. Ci ha fatti a sua immagine e somiglianza. Signore, ti amiamo e ti benediciamo nel Nome di Gesù. Amen! Dio vi benedica!

7 MARZO

GESÙ MI AMA!

Avete mai sentito qualcuno dire: "Gesù mi ama, quindi posso fare qualsiasi cosa!"? Ebbene, Gesù è amore perché Gesù è Dio e Dio è amore. Le persone giustificano Gesù come Dio, e Dio è Amore. Non c'è odio in Dio. Egli è Spirito e non carne. La carne ha tutto il male, poiché la nostra origine è peccaminosa e non innocente. Il sangue empio di Adamo scorre nel nostro corpo. Il peccato di Adamo ha contaminato la carne.

Il motivo per cui desidera salvarci in ogni caso è che Dio è amore. Ama benedire le Sue creazioni. Qualunque cosa facciate, se vi ripulite, vi allontanate dal male e chiedete aiuto, senza dubbio Gesù vi aiuterà. Vi salverà. Egli dice che se vi pentite e vi convertite dalle vostre vie, che sono chiamate vie malvagie, Egli vi accoglierà. Secondo Giovanni 14:6, Gesù è la via giusta per la vita eterna. Gesù ci mostra la via giusta. Molti cercheranno di portarvi sulle strade sbagliate. Gesù ha detto che io sono la via. Gesù ha detto: "Tornate indietro dalle vostre vie". Nessuno tranne voi deve affrontare il risultato delle vostre vie.

Proprio come il bambino cattivo che fa tutto male e desidera il trattamento migliore. Se infrangete le leggi, sarete puniti. La polizia vi rinchiuderà. La cattiveria è pericolosa per le famiglie e la società. Quando il limite di velocità è di 50 km/h, ma voi decidete di andare a 60 o 70, la polizia vi farà una multa. La polizia non vi odia. La polizia non vi frusta. Le autorità vi danno accesso, consigliandovi di guidare con prudenza. Se venite sorpresi a fare qualcosa di sbagliato, la polizia vi multerà o vi metterà dietro le sbarre. Nessuno vi odia. Vi denunceranno per aver infranto la legge e voi subirete conseguenze, multe e punizioni.

Gesù è Amore e in Lui non c'è odio. Vi ama anche se vi manda all'inferno. La virtù di Dio non cambia quando vi punisce. Proprio come si correggono i figli disciplinandoli. I genitori puniscono i figli, i giudici multano, mandano dietro le sbarre chi ha commesso un'infrazione. Comprendete che le leggi di Dio non cambiano. Dio è fermo, per questo ha detto di pentirsi e di allontanarsi dalle proprie vie malvagie. Lavate i vostri peccati nel nome di Gesù con l'acqua. Il suo sangue è disponibile sotto il nome di Gesù. Ripulite le vostre azioni.

Dio è buono, è Amore. Per questo ha dato un libro chiamato Bibbia. Ci sono voluti 1500 anni per scriverlo. Per tutte le dispensazioni, Dio ha mostrato la via del ritorno a Lui. Non è fantastico? Il nostro Dio è Amore. Il problema è che siamo malvagi, non ascoltiamo i nostri genitori. Infrangiamo le leggi di Dio e vogliamo comunque dei benefici. Viviamo in un'epoca in cui facciamo ciò che ci fa stare bene. Questa generazione imita tutto ciò che fanno Hollywood o Bollywood. Accettiamo i modi malvagi del mondo e vi ci buttiamo a capofitto. Non seguite i ciechi: essi non possono guidare. Mettetevi in sintonia con Dio e muovetevi secondo il suo Spirito. Siate una luce nelle tenebre. Capito?

L'ignoranza non conta.

Cosa succede se si tocca il fuoco, si salta da un albero o si entra nell'oceano? Potete dire che non lo sapevate? Fate attenzione; l'ignoranza non è una scusa. Sapete che molti vanno all'inferno e che si portano dietro molti altre? Israele ha fatto abbastanza male da essere allontanato dalla sua terra. Persone di altre nazionalità occuparono la terra. Portarono i loro dei e li adorarono. Così Dio li punì. Le persone temono Dio ma fanno comunque ciò che vogliono.

2 Re 17:26c Perciò ha mandato dei leoni in mezzo a loro, ed ecco che li uccidono, perché non conoscono la maniera del Dio del paese. 27 Allora il re d'Assiria ordinò: "Portate qui uno dei sacerdoti che avete fatto venire di là, che vada ad abitare là e che insegni loro il modo di agire del Dio del paese". 41 Così queste nazioni temettero l'Eterno e servirono le loro immagini scolpite, i loro figli e i figli dei loro figli; come fecero i loro padri, così fanno ancora oggi.

Temete solo Dio.

Giosuè 24:14 Temete dunque l'Eterno e servitelo in sincerità e in verità, e allontanate gli dèi che i vostri padri servirono al di là del fiume e in Egitto e servite il Signore.

Dovete sapere che Dio vi ama abbastanza da dare veri profeti e insegnanti con lo Spirito Santo.

1 Samuele 7:3 Samuele parlò a tutta la casa d'Israele dicendo: "Se tornate all'Eterno con tutto il cuore, allontanate gli dèi stranieri e Astaroth da voi, preparate il vostro cuore all'Eterno e servite solo lui; ed egli vi libererà dalla mano dei Filistei".

Dio può liberarci da malattie, infermità, alcol, droghe, divorzi, uccisioni e sparatorie.

Deuteronomio 13:4 Camminerete dietro all'Eterno, il vostro Dio, lo temerete, osserverete i suoi comandamenti, obbedirete alla sua voce, lo servirete e vi affezionerete a lui.

Tutti vogliono benedizioni, benefici e desiderano ereditare il cielo. Ma ciò che Dio dice in Geremia 7:23 è ciò che ha comandato loro, dicendo: "Obbedite alla mia voce e io sarò il vostro Dio e voi sarete il mio popolo; e camminate in tutte le vie che vi ho comandato, affinché sia bene per voi".

Dio è amore. Egli manda i profeti come Geremia, Isaia, Giovanni e i battisti, che hanno dato la vita dicendo la verità. Il Signore Gesù non deve morire se non gli interessa.

Geremia 7:13 E ora, poiché avete fatto tutte queste opere, dice il Signore, e io vi ho parlato, alzandomi di buon'ora e parlavo, ma non avete ascoltato; vi ho chiamato, ma non avete risposto.

Ricordate, Dio vi ama. Ha fatto tutto il necessario, ma ora tocca a voi rispondere. Non fate in modo che la parola di Dio non abbia effetto.

Marco 7:13 rendendo vana la parola di Dio per mezzo della vostra tradizione, che avete trasmesso; e molte cose simili fate.

Non aggiungete o sottraete alla parola che vi ha dato. Insegnate ai vostri figli la Parola e non il Mondo. Insegnate ai vostri figli il bene e non il male. Siate un buon esempio per i vostri figli e non uno cattivo. Mantenete la vostra vita in ordine, intatta con la Parola. Obbedite alla Parola per essere benedetti e per la generazione dopo di voi. Potete ereditare la terra con i vostri figli, con il fare e il non fare. Perché? Perché Dio è Amore. Si è preoccupato tanto da morire sulla croce. Il Dio ricco si fa povero solo per mostrarvi la via del cielo. Qual è il nostro problema? Abbiamo bisogno della giustizia di Dio e non della nostra.

Isaia 64:6 Ma noi tutti siamo come una cosa impura, e tutta la nostra giustizia è come stracci sporchi, e tutti svaniamo come una foglia; e le nostre iniquità, come il vento, ci hanno portato via.

Ricordate che Dio vi ama più di una madre.

Isaia 49:15 Può forse una donna dimenticare il figlio che allatta, per non avere compassione del figlio del suo grembo? Sì, essi possono dimenticarsi, ma io non ti dimenticherò.

L'Amore di Dio va oltre ogni immaginazione.

Giovanni 15:13 - Nessuno ha un amore più grande di questo: dare la vita per i propri amici.

Anni fa, quando ho iniziato a imparare la Parola, la mia linea di abbigliamento non era conforme agli standard biblici. Un giorno, mentre ero al lavoro, ho avuto la sensazione di essere alla presenza di Dio. Non riuscivo a guardare in alto. In quel momento Gesù ha scritto su ogni cellula del mio corpo: "Ti amo sinceramente". So che sentiamo con l'orecchio, ma tutte le mie cellule del corpo hanno ascoltato la Sua voce che diceva "Ti amo sinceramente, non per un giorno ma per giorni". Sono tornata a casa e ho ripulito il mio armadio. Non potevo rifiutare il Suo amore. Dio ti ama. Ti importa? Potete ripulire la vostra vita ed essere sinceri nell'obbedire al Suo comandamento? Amatelo; vale la pena di vivere per Gesù come Egli ha insegnato nella Parola. L'azione dimostra sempre che le parole vuote non significano nulla. Guardate Gesù, guardate la croce, guardate le Sue frustate. Ora, credete che Gesù vi ami e che abbia fatto tutto lui? L'amore è azione.

PREGHIAMO

Signore, aiutaci a mostrare il nostro amore con le nostre azioni. Signore, tu non cambi mai. Il tuo amore è lo stesso ieri, oggi e per sempre. Aiutaci ad amare noi stessi. Aiutaci a tenere in ordine la nostra vita con la Parola di Dio. La preziosa Parola che hai dato da seguire, non solo da leggere, discutere o dibattere. La Tua parola è vivificante e buona. Aiutaci ad avere un Amore in cui le persone vedono Gesù attraverso di noi. Non possiamo fare quello che hai fatto tu, ma diamo la nostra vita per il Tuo servizio. Nel nome di Gesù. Amen! Dio vi benedica!

8 MARZO

PREGO CHE LA VOSTRA FEDE NON VENGA MENO!

Luca 22:31 Il Signore disse: "Simone, Simone, ecco, Satana ha voluto prenderti per vagliarti come il grano; 32 ma io ho pregato per te, affinché la tua vita non sia più un'impresa. La fede non viene meno; e quando ti sarai convertito, rafforza i tuoi fratelli."

La vostra Speranza per i risultati se avete Fede.

Ebrei 11:1 La fede è la sostanza delle cose che si sperano, la prova delle cose che non si vedono.

Pietro affermò di avere una grande Fede, e un attimo dopo il diavolo lo spostò. La sua Fede era messa alla prova. Gesù pregò. Quanto dovremmo pregare gli uni per gli altri? Sapendo che la Fede è mirata, prego sempre per i Paesi e le persone, non solo per me, la mia famiglia e la mia situazione. Credo che il Dio del cielo si prenda cura di uno, poi potrà prendersi cura di tutti.

Satana si scaglia contro il ministro chiamato da Dio. Satana prende di mira la loro fede. La fede è la virtù più necessaria per stare in piedi. Senza la fede in Dio, non si può piacere a Lui. Dimostrate agli altri e a voi stessi che Dio è reale e può fare grandi cose. Agite secondo la vostra fede. Come Gesù ha compiuto guarigioni, miracoli e liberazioni, anche noi possiamo agire con l'autorità conferita nel Suo nome. Abbiamo potere nel nome di Gesù.

Il Signore Gesù è reale. Egli ascolta tutte le vostre preghiere. Io prego per le persone malate e vedo il miracolo. Il diavolo vuole spazzare via le persone, ma una preghiera di fede distrugge il piano del nemico. La preghiera strappa la materia dalla mano di Satana, che sa solo uccidere, rubare e distruggere. Quando si prega, Dio libera gli Angeli ministri per combattere contro Satana e il suo Angelo.

Condivido questa testimonianza per farvi capire come la preghiera distrugge l'opera di Satana. Gesù è Dio in carne e ossa, ha pregato per mostrarci il risultato della risposta. Se le persone conoscono il potere della preghiera, allora tutti pregheranno per primi e pregheranno senza sosta.

Mi piace pregare. Se ho poco tempo, lo impiego nella preghiera. La preghiera è la mia vita. Una volta ho detto: "Signore, vorrei che tu facessi un miracolo incredibile". Allora ho pensato a come e a cosa volevo vedere o sentire. Ho detto al Signore: "Voglio che tu faccia un miracolo di guarigione mentre il dottore controlla le lastre della risonanza magnetica". La Bibbia dice che se hai fede nel seme di senape, chiedi e ti sarà dato.

Ero a una riunione e un predicatore visitatore è venuto da un altro Stato e ha predicato. Ha testimoniato che un pastore aveva il cancro. Il medico curante di questo pastore era ateo. Non credeva in Dio, quindi come poteva credere nei miracoli? Era sicuro, dopo aver controllato la risonanza magnetica, che non ci fosse Dio. Se esiste, allora questo pastore non dovrebbe ammalarsi di cancro.

Mentre controllava il cancro sullo schermo della risonanza magnetica, il tumore ha iniziato a scomparire. Il medico ha controllato tutte le aree in cui il cancro ha iniziato a dissolversi dalla pellicola. Il medico non poteva credere a ciò che stava accadendo davanti ai suoi occhi. Chiamò immediatamente il pastore, gli chiese della sua salute e gli mostrò ciò che aveva visto. Ordinò una nuova risonanza magnetica. Indovinate un po'? La nuova era pulita. Nessun segno di cancro. Il predicatore in visita testimoniò al pastore di essere un uomo di fede. Non dubitava della sua guarigione. Ma io volevo sentire questo miracolo, e il medico ateo fu testimone di ciò per cui avevo pregato.

La vostra preghiera è necessaria per salvare il ministero e il popolo di Dio dalla mano di Satana. La nostra fede è messa alla prova. La preghiera di fede può arrivare a chilometri di distanza. Il Signore Gesù ha pregato per Pietro come vaso scelto. La fede di Pietro non viene meno perché egli possa continuare la missione del Signore Gesù. La paura era sopra e intorno ai discepoli quando i romani e i giudei religiosi uccisero Gesù. Era il momento in cui la Fede di chiunque poteva fallire. Qualcuno deve pregare per te, perché la tua Fede non venga meno. Dio metterà alla prova la vostra fede. Il diavolo deve uscire se mantenete la Fede. Il dardo infuocato di Satana si spegnerà se manterrete la Fede.

Satana prende di mira il leader, l'insegnante, la scuola, il Paese e la casa. Ecco perché il diavolo si è sbarazzato della preghiera. Cosa succede quando si prega? Guardate l'esempio di Gesù che prega per Pietro. Se si prega, cosa può accadere? Tutto il caos circostante scomparirà. Proprio come Pietro è uscito dalla mano di Satana, anche gli altri lo faranno se pregherete. Il pastore è stato guarito e un medico ateo ne è stato testimone diretto.

1 Timoteo 2: Esorto dunque, prima di tutto, a fare suppliche, preghiere, intercessioni e ringraziamenti per tutti gli uomini; 2 per i re e per tutti quelli che hanno autorità, affinché possiamo condurre una vita tranquilla e pacifica in tutta pietà e onestà. 3 Perché questo è buono e gradito agli occhi di Dio, nostro Salvatore.

Guardate cosa fa il diavolo tutto il giorno e la notte.

Giobbe 2:2 Il Signore disse a Satana: "Da dove vieni?". Satana rispose al Signore e disse: "Dall'andare e venire sulla terra e dal camminare su e giù per essa". 8 Il Signore disse a Satana: "Hai considerato il mio servo Giobbe, che non c'è nessuno come lui sulla terra, un uomo perfetto e retto, che teme Dio e rifugge il male?

Satana prende di mira i giusti e la loro fede. Satana prende di mira i seguaci di Dio. Guardate quanto osa. Satana sa che siamo mortali; il suo piano distruttivo può distruggere la creazione ignorante. Ma se teniamo Dio dalla nostra parte, possiamo avere un Angelo e una siepe di protezione intorno a noi.

Mantenete la fede e aggrappatevi a Dio quando vengono presi di mira i vostri figli, il vostro matrimonio, le vostre finanze o la vostra salute. Iniziate a pregare e a digiunare affinché i piani distruttivi di Satana vengano maledetti e distrutti.

Quando sono tornata dall'India nel 2015, il mio pastore ha detto che il diavolo voleva distruggere il mio ministero. Io lo sapevo già nello Spirito. Le persone del diavolo mi hanno seguita in India. So che la preghiera e il digiuno hanno distrutto il loro piano. Tutti noi abbiamo la misura della Fede e agiamo secondo la nostra

Fede. Alcuni fanno un lavoro minore e altri un lavoro più incredibile nel Regno! Il diavolo si oppone a tutti i lavori e agli operai per distruggere. Pensate che da quando Eva e Adamo gli hanno consegnato la terra, può fare tutto il ministero di uccidere, rubare, ingannare e distruggere. Satana crede di poter distruggere chiunque si erga sulla Fede. Ma solo se si sa che la nostra Fede è un'arma potente contro il nemico. Le armi della fede distruggeranno l'agenda di Satana, rendendo il suo agente senza casa e senza speranza. Quindi portate avanti la missione in ginocchio, pregando e digiunando. Questo vi porterà al vostro destino. La fede aumenterà quando vedrete vittoria, guarigione, prosperità e liberazione.

Ricordate, Gesù vi ha dato l'esempio di Daniele. Egli uscì dalla tana del leone. Il fuoco non poteva bruciare la Fede. La fiducia nella potenza di Dio vale la pena di essere mantenuta.

Ebrei 10:38 Ora il giusto vivrà per fede; ma se qualcuno si ritrae, l'anima mia non avrà più piacere in lui.

PREGHIAMO

Che il Signore dei cieli protegga la vostra fede, la vostra fede non venga meno. La vostra Fede si eleva al di sopra e al di là di ogni misura. Che la vostra vita sia come la persone di fede. La vostra testimonianza dà gloria a Dio. La vostra testimonianza di fede fa fare un occhio nero al diavolo. Attraverso essa, la gente grida di gioia: Alleluia! Che il Signore dei cieli conceda tutto ciò che sperate, affinché il Signore riceva tutta la gloria, l'onore e la lode nel nome di Gesù. Amen! Dio vi benedica!

9 MARZO

UN PICCOLO AIUTO PUÒ RIANIMARE E RIPRISTINARE!

Un uomo che passava da Gerico raccolse un uomo ferito e lo aiutò. Il diavolo derubava, spogliava e voleva uccidere quell'uomo. Ma un buon passante lo vide e lo raggiunse. Si occupò della ferita, lo prese in braccio e lo portò in un luogo sicuro. Il programma di Satana era di distruggere, ma il buon samaritano ha aiutato l'uomo ferito, lo ha rianimato ed è sopravvissuto. È lavorare per aiutare. Se lavoriamo come ha detto Gesù, qualcuno si rianimerà e sopravviverà e l'opera di Satana sarà distrutta. Rianimare significava far rivivere, portare in giro, riportare alla coscienza. La definizione della Bibbia è tornare alla vita, recuperare la vita.

Lavoro come missionaria, parlando con le persone a livello internazionale. Può sembrare un lavoro un po' complicato e scomodo. Ma non cerco mai il microfono, i milioni di spettatori e il pulpito per il mio spettacolo. Ho bisogno di persone che soffrono, che sono malate, che sono possedute e che sono depresse, per dare loro il messaggio di speranza. Lo faccio di cuore. Parlo ai nuovi convertiti, ai pastori e anche ai nuovi discepoli. Non so perché, ma alcuni pastori sono dei ladri. Non fanno altro che cantare belle canzoni, pregare e chiedere soldi.

Dare deve essere lo stile di vita dei cristiani. Dobbiamo dare se vogliamo essere benedetti. Il nostro lavoro è lavorare. Lavoriamo per ricevere il salario da Dio. Gesù non aveva tempo per mangiare o bere. Molti sono stati risvegliati, guariti, liberati e confortati grazie al suo lavoro. Le stesse missioni appartengono a voi e a me. Non è come tutti gli insegnamenti e le prediche di prosperità che sentite e vedete oggi. Ricordate che un piccolo aiuto può rianimare chi è sull'orlo del baratro. Aiutate alcune persone depresse e pregate per loro. Se vedete dei poveri, fermatevi e comprate qualcosa. Tutti i soldi servono per mangiare fuori, per un vestito nuovo, per le scarpe nuove, per le unghie, per i capelli e per uno stile di vita costoso. Ma se vi fermate in un ristorante, comprate del cibo e datelo agli affamati. Dio vi benedirà oltre misura.

Voi siete la mano di Dio. Qualcuno vi ristabilirà e vi rianimerà se userete la vostra mano per lavorare per il Regno. Vado in convalescenza, in ospedale e a casa per pregare sulle persone. Vedo persone depresse, scoraggiate e ferite. Andiamo dai ministri e preghiamo sui malati. Diamo loro la Bibbia, l'olio santo per ungere la casa e un panno per la preghiera da mettere in casa. Mentre tutti i gioghi e le catene distruggono, loro rianimano. Alcuni pastori cercano di fermarmi, ma no, io continuo l'opera e vedo una significativa distruzione nel regno del diavolo.

Ricordate, il cristianesimo non è un'attività prospera. Scappate da loro se vedete solo la parola e nessun segno seguente. Gesù ne ha dato un esempio proprio davanti ai vostri occhi. Osservate la vita di Gesù e vedete cosa ha fatto. Se non vedete la somiglianza della Sua opera con quella delle autorità religiose, allora siete con la contraffazione. Visito diverse case di riposo. Ho incontrato una signora di novantatré anni in un convalescenziario; ha perso il suo unico figlio quando aveva trent'anni. Ora non ha nessuno che si prenda cura di lei. Ho scoperto che aveva freddo, non aveva coperte e non aveva abbastanza panni caldi, così sono andata a fare la spesa e le ho dato tutto ciò di cui aveva bisogno. L'ho vista rinascere. Ho visto gioia e felicità. Il suo volto è cambiato. Se regalate a qualcuno che ha tutto, non si curerà dei doni. Non accontentate chi ha molto. Fate un regalo a chi non ce l'ha. Farete una grande differenza nella loro vita. Il Signore vi benedirà.

Proverbi 19:17 Chi ha pietà del povero presta all'Eterno; e quello che gli ha dato glielo restituirà.

Ogni Natale spendo soldi per i cristiani convertiti. Quando si convertono al cristianesimo, nessuno li nutre. Ho comprato macchine da cucire, vestiti da indossare e un bel pranzo per godersi il Natale e il Capodanno. Sono entusiasti di sapere che il cristianesimo è cura, condivisione e amore. La loro famiglia li rifiuta quando si rivolgono a Gesù. Ora sono la mia famiglia. Li amo come se fossero miei. Indovinate un po'? Hanno iniziato a fare come me. Imparano i versetti e li insegnano agli altri. Io prego per loro e loro pregano per gli altri. Se si bloccano, chiedono subito aiuto e io li aiuto. Non mi importa a che ora del giorno. Mi alzo e prego. Molti sopravviveranno se ci prendiamo il tempo di ministrare.

Osservate cosa dice Gesù nella Sua parola.

Luca 10:30 Gesù, rispondendo, disse: "Un uomo sicuro di sé scendeva da Gerusalemme a Gerico e cadde in mezzo ai ladri, che lo spogliarono, lo ferirono e se ne andarono lasciandolo mezzo morto. 31 E per caso scese per quella strada un certo sacerdote; e quando lo vide, passò dall'altra parte. 32 E anche un levita, quando fu sul posto, venne a guardarlo e passò dall'altra parte. 33 Ma un certo Samaritano, mentre camminava, giunse dove si trovava; e quando lo vide, ne ebbe compassione, 34 andò da lui, gli fasciò le ferite, versandovi olio e vino, lo fece salire sulla propria bestia, lo portò a una locanda e si prese cura di lui. 35 Il giorno dopo, quando partì, estrasse due penny, li diede al padrone di casa e gli disse: "Abbi cura di lui; e se spenderai di più, quando tornerò, ti ripagherò". 36 Chi di questi tre, secondo te, era il vicino di colui che è caduto tra i ladri? 37 Ed egli rispose: "Colui che ha avuto misericordia di lui". Allora Gesù gli disse: "Va' e fa' lo stesso".

Ciò che il Signore sta dicendo è che molti possono rivivere se vi mettete in piedi e aiutate. Non fate come qualche sacerdote o pastore o levita che è un cosiddetto cristiano in questa dispensazione. Hanno visto un uomo ferito, hanno attraversato la strada e sono scappati. Ecco perché molti sono malati, feriti, suicidi, depressi, morti di cancro, in prigione e in carcere.

Satana ha chiamato un ladro, spogliando l'uomo.

Giovanni 10:10 Il ladro non viene se non per rubare, e per uccidere e distruggere: sono venuto perché abbiano la vita e l'abbiano in abbondanza.

Che bella Scrittura! Il Signore Gesù non vi spoglierà, non vi deruberà e non vi ucciderà, ma vi benedirà, vi nutrirà e vi aiuterà. Il Signore fornirà la liberazione e guarirà il vostro cuore spezzato. Gesù fa rivivere le persone se voi siete la Sua mano e la Sua bocca. Satana sta facendo un lavoro meraviglioso. Se nessuno visita i malati, i feriti, i poveri, le vedove e gli orfani, questi non sopravvivono, non si rianimano e non si ristabiliscono. Saranno uccisi dal ladro Satana, spogliati da Satana e feriti dal diavolo. Dio nasconde le vostre benedizioni sotto piccoli atti di misericordia e gentilezza. Lavorate per il Re Gesù. Le persone muoiono, vengono uccise e ferite dal nemico Satana. Il nostro compito non è quello di fuggire da loro, ma di correre verso di loro e fare il necessario.

Essendo nel campo medico, i miei genitori portavano a casa le persone malate e si prendevano cura di loro. Hanno preso le persone dal cuore spezzato e rifiutate e le hanno aiutate a sistemarsi. Le aiutavano a finire la scuola e facevamo da babysitter ai loro figli. La mia casa era per tutte le persone maltrattate, ferite, bisognose. I miei genitori rifiutavano la nostra cattiva compagnia solo se la percepivano. Non ho mai avuto problemi ad accettare la loro saggezza. Come sapete, avevano più esperienza di me. I miei genitori non erano ricchi, ma condividevano il poco che possedevano. Non è necessario avere molto da condividere, basta un piccolo aiuto.

Conosco questa preziosa signora nel Signore. La sua salute è un grosso problema, quindi mi chiama spesso per chiedere preghiere. Io prego per lei e lei sta sempre meglio. Una volta, sua figlia è andata a prendere un figlio di genitori drogati che viveva nel garage. Questa anziana signora non ha molto per crescere i suoi nipoti. Ha accolto questa bambina nella sua casa. La sua famiglia si è riunita per comprare oggetti per la bambina. Ora ha due anni (2019). La bambina è stata rianimata ed è sopravvissuta. L'anziana signora ha detto di aver frequentato una chiesa in costruzione (perché voi siete la chiesa). Tutti sapevano che era malata e molto povera, con molti nipoti. Nessuno ha aiutato lei o loro. Nessuno ha pregato per la sua malattia. La gente le girava intorno. Non si preoccupava mai di chiedere o di visitare. Un giorno mi ha incontrato e io ho spezzato la maledizione della povertà, e si è rotta. Ora è diventata la mia compagna di preghiera. È sempre felice! Rendiamo la nostra vita piena di impegni, partecipando a feste, attività della chiesa, prove del coro e conferenze. Spendiamo tanti soldi per lo shopping. Non facciamo nulla per il regno di Dio, se non partecipare a un programma per i ladri la domenica. Visitate gli orfani, le vedove e i malati in ospedale che soffrono. Ricordate che qualcuno vi rianimerà e vi ristabilirà se compirete un'azione di questo tipo.

PREGHIAMO

Il Signore ci dona un cuore compassionevole. Che possiamo diventare la mano e i piedi del Signore! Che il Signore si serva di noi, affinché qualcuno si rianimi e sopravviva. Che la nostra vita sia come la vita di Gesù! Signore, donaci una natura di condivisione e di cura. Signore, facci riprendere la Tua missione dalle mani di Satana. Aiutaci affinché possiamo aiutare molti nel nome di Gesù. Amen! Dio vi benedica!

10 MARZO

IMPARATE A GRIDARE!

Signore Gesù, insegnaci a piangere. Dio addolcisce i nostri cuori. Signore, ricordaci che il nostro aiuto viene solo da te. Il mio Signore ci ricorda che un Dio in il cielo ascolta i nostri pianti. Il pianto ha un potere: attira l'attenzione di Dio. Siete una Sua creazione; è Sua responsabilità se chiamate e gridate a Dio per chiedere aiuto.

In questi tempi e in questi giorni, la gente piange davanti a qualcuno che non può aiutarla. Piangono e si lamentano quando vedono spargimento di sangue, dolore, sofferenza e mancanza di speranza. Chiedono aiuto e non trovano altra soluzione che confusione, scoraggiamento e paura. Le persone piangono ovunque, se si guardano i notiziari in TV, su YouTube o su qualsiasi altro mezzo di comunicazione. Vediamo gli occhi delle persone bloccati sull'autorità al potere. Le persone hanno dimenticato Dio, con il quale dovrebbero lamentarsi e gridare. Se sei lo schiavo della terra, chi ti ascolterà? Dove porterai la tua lamentela? Ma, Alleluia, il Dio del cielo sa come liberare gli oppressi, gli indemoniati, i malati e gli afflitti.

Se volete imparare e desiderate aiutare, sappiate dove e a chi gridare.

Esodo 3:7 L'Eterno disse: "Ho visto l'afflizione del mio popolo che è in Egitto e ho udito il suo grido a causa dei suoi padroni, perché conosco le sue pene; 8 e sono sceso per liberarli dalla mano degli Egiziani e per farli risalire da quel paese verso un paese buono e grande, verso un paese che scorre latte e miele; verso il luogo dei Cananei, degli Ittiti, degli Amorrei, dei Perizziti, degli Hiviti e dei Gebusei. 9 Ora, dunque, ecco che il grido dei figli d'Israele viene a me; e ho visto anche l'oppressione con cui gli Egiziani li opprimono.

Se conoscete il Signore e il Suo potere di liberazione, griderete a LUI. Non guarderete al governo. Giuseppe non guardò al governo. Ha guardato al Signore Dio. Pietro non guardò al governo, ma gridò al Signore. Ester seppe che il massacro del suo popolo sarebbe avvenuto a giorni; gridò. Gesù dice che è il Signore a liberare e non l'uomo. Coloro che cercano aiuto chiamano, scrivono e mandano messaggi a persone dove non c'è aiuto. Sapete cosa state facendo a voi stessi?

La Bibbia dice:

Geremia 17:5 Così dice il Signore: "Maledetto l'uomo che confida nell'uomo, che fa della carne il suo braccio e il cui cuore si allontana dal Signore".

Vi state maledicendo appoggiando al denaro, al lavoro, al governo, al re o a chiunque altro. La Bibbia dice di confidare nel Signore, dove si viene benedetti ricevendo aiuto.

10 MARZO

Geremia 17:7 Beato l'uomo che confida nell'Eterno, la cui speranza è l'Eterno.

La Bibbia è il libro delle promesse e delle opere per chiunque confidi nel Signore. Grazie al sangue di Gesù, anche i gentili sono partecipi delle benedizioni di Geova Dio. Siamo gentili, chiamati anche generazione eletta. Abbiamo libero accesso alla sala del trono di Dio attraverso il sangue di Gesù. Non ho bisogno di un sacerdote o di un sommo sacerdote, ma grazie al suo sangue purificatore posso stare nella sala del trono di Dio. Se sapete cosa c'è a disposizione, non vi rivolgerete al medico, al governo, al denaro, all'assicurazione medica e a tutte le altre vie fuorvianti di Satana. Guardate a Dio, che non è un idolo. Dio è Spirito. Vi aiuterà se gridate a Lui.

Hannah era così stanca delle torture della seconda moglie di suo marito. La moglie del marito aveva molti figli, ma Hannah non ne aveva. Andò dove viene il suo aiuto, che può aprire il grembo.

1 Samuele 1:10 Profondamente ferita, Hannah pregò il Signore e pianse con molte lacrime. 12 Mentre continuava a pregare davanti al Signore, Eli le segnò la bocca.

Il sommo sacerdote si accorse che stava pregando. Eli le disse:

1 Samuele 1:17 Allora Eli rispose e disse: "Va' in pace, e il Dio d'Israele ti esaudisca nella richiesta che gli hai rivolto".

Dio d'Israele esaudisce la tua petizione, non Eli o suo marito.

Capite perché c'è così tanto caos? Perché tanti divorzi? Ci sono chiese ovunque senza veri predicatori, profeti, insegnanti e pastori. Abbiamo dimenticato di gridare al Signore a causa di falsi insegnamenti e profeti. Tutto intorno, non si riesce a risolvere il proprio problema. Prendete ogni tipo di medicina, ma siete sempre malati. Crescete figli bellissimi e li perdete in prigione, nel carcere e nel mondo. Li avete istruiti, ma avete dimenticato di insegnare loro dove cercare aiuto.

Rachele non aveva figli e si lamentava e gridava di dolore. Ascoltate attentamente la risposta.

Genesi 30:1 Quando Rachele vide che non partoriva figli a Giacobbe, Rachele invidiò sua sorella e disse a Giacobbe: "Dammi dei figli, altrimenti muoio". 2 L'ira di Giacobbe si accese contro Rachele e disse: "Sono forse al posto di Dio, che ti ha negato il frutto del grembo?"

È andata a chiedere aiuto alla persona sbagliata. Da dove veniva il suo aiuto? Se lo avesse saputo, non si sarebbe rivolta al marito, ma direttamente al Signore. Aveva scoperto il Dio di Giacobbe. Per questo pregò gli dei di Abramo, Isacco e Giacobbe.

Genesi 30:22 Dio si ricordò di Rachele, le diede ascolto e le aprì il grembo. 23 Ed essa concepì, partorì un figlio e disse: "Dio ha tolto il mio biasimo".

Solo Geova Dio può aiutare.

Genesi 30:24 Gli pose il nome di Giuseppe e disse: "Il Signore mi aggiungerà un altro figlio".

Sì, Geova Dio le aggiunse un altro figlio, Beniamino. Siamo così ciechi nel seguire i leader ciechi. I leader come Mosè e Giuseppe vi direbbero di gridare al Signore Gesù. Cercate uno che vi guidi nella giusta direzione. Non siete stanchi di vedere droghe, spargimenti di sangue, caos e false promesse? Sono venuta a dirvi: allontanate il vostro volto da ogni falsa speranza e guardate al Signore.

Il potere non è nel re e nell'autorità. Se così fosse, il Re Davide non avrebbe gridato al Signore.

Salmi 18:6 Nella mia angoscia ho invocato l'Eterno e ho gridato al mio Dio; egli ha ascoltato la mia voce dal suo tempio e il mio grido è giunto fino ai suoi orecchi.

Il Signore ha liberato il Re Davide. Preghiamo affinché il nostro Re e la nostra Autorità imparino a gridare al Signore. Abbiamo bisogno che i leader spirituali e secolari imparino a gridare al Signore.

Salmi 118:5 Ho invocato il Signore nell'angoscia; il Signore mi ha risposto e mi ha sistemato in un luogo ampio.

Se sei malato, dove vai?

Salmi 30:2 O Eterno, mio Dio, ho gridato a te e mi hai guarito.

Ricordate, dovete imparare a gridare per le persone. Satana ha preso città e paesi perché voi non invocavate Dio per chiedere aiuto. Insegnanti, mamme, papà, familiari, pastori, predicatori, profeti e cristiani imparano a gridare a Dio. L'aiuto arriva più veloce di un fulmine. C'è un Dio in cielo che ha un orecchio e un esercito di Angeli per prestare servizio. Il Signore dell'esercito è un creatore di vie, un apripista, un aiutante e un liberatore. Il Signore Geova rende possibili le cose impossibili.

Gridate a questa generazione, alla contea, ai giovani, ai matrimoni e alle autorità in carica. Gridate, affinché Dio mandi la liberazione dal demone del cancro, della droga, dell'alcol e delle malattie mentali. Dio può spezzare le catene e i gioghi che il diavolo ha messo su di loro. Gridate per chiedere aiuto. Lascereste che Dio sia Dio?

PREGHIAMO

Il nostro Dio onnipotente ci tocca e ci cura da tutte le infermità che la scienza medica ha etichettato. Il Signore, che ha creato il nostro corpo, è il nostro medico e chirurgo. Il Signore Gesù è il nostro aiuto e la nostra salute spirituale, fisica ed emotiva. Che la Sua mano tocchi i malati e gli afflitti! Che il Signore tocchi la vostra salute emotiva, mentale, spirituale e fisica! Che Geova Rapha vi dia la salute divina, nel nome di Gesù. Amen! Dio vi benedica!

11 MARZO

CONSIGLIATEVI CON DIO!

La Bibbia dice che Dio è un consigliere.

Isaia 9:6 Perché a noi è nato un bambino, ci è stato dato un Figlio, e il governo sarà su di noi.

e il suo nome sarà chiamato Meraviglioso, Consigliere, Dio potente, Padre eterno, Principe della pace. La definizione di consigliere indicava un consigliere che si consultava per raccogliere. Un consigliere guida o mentore vi istruirà.

Proverbio 12:1 Chi ama l'istruzione ama la conoscenza, ma chi odia i rimproveri è un bruto.

Siate saggi e ascoltate il consiglio del Signore. Altrimenti, sarete distrutti.

Proverbi 1:5 Un uomo saggio ascolterà e aumenterà l'apprendimento, e un uomo intelligente raggiungerà consigli saggi.

Il Re Giosia fu il miglior re che seguì il Signore con tutto il cuore.

2 Re 22:2 Egli fece ciò che era giusto agli occhi del Signore, camminò per tutta la via di Davide suo padre e non si allontanò né a destra né a sinistra.

Il Re Giosia eliminò tutte le stregonerie, gli spiriti familiari e i maghi. Rimosse tutti gli idoli dalla Terra di Giuda. Eliminò i sacerdoti degli idoli. Ripulì Giuda dall'inquinamento degli idoli. Dio si compiacque delle sue azioni.

2 Re 23:25 Prima di lui non c'è stato un re simile a lui che si sia rivolto al Signore con tutto il cuore, con tutta l'anima e con tutte le forze, secondo tutta la legge di Mosè; e dopo di lui non c'è stato nessuno simile a lui.

Ma quando il Faraone Neco, re d'Egitto, andò contro gli Assiri per ordine di Geova Dio. Il Re Giosia andò contro il Faraone Neco senza chiedere consiglio a Dio. Come il re Giosia, possiamo diventare orgogliosi dopo i successi e ignorare il consiglio di Dio. Abbiamo bisogno di qualcuno che ci aiuti a ragionare.

2 Cronache 35:20 Dopo tutto questo, mentre Giosia preparava il tempio, Neco, re d'Egitto, salì a combattere contro Carchemish, presso l'Eufrate; Giosia gli andò contro. 21 Ma egli gli mandò degli ambasciatori, dicendo: "Che ho da fare con te, re di Giuda? Io non vengo oggi contro di te, ma contro la casa con cui ho la guerra: Dio mi ha ordinato di affrettarmi; evita di immischiarti con Dio, che è con me, affinché non ti distrugga". 22 Tuttavia Giosia non volle allontanarsi da lui, ma si camuffò per combattere con lui, non ascoltò le parole di Neco dalla bocca di Dio e venne a combattere nella valle di Megiddo. 23 Gli arcieri spararono contro il re Giosia e il re disse ai suoi servi: "Portatemi via, perché sono molto ferito".

Un re buono e giusto, Giosia, non ha ascoltato il consiglio di Dio dalla bocca di Fero e si è fatto uccidere. Dio amava quest'uomo; era un re saggio. Anche Geremia si lamentò del re Giosia.

Proverbio 11:14 Dove non c'è consiglio, il popolo cade; ma nella moltitudine dei consiglieri c'è sicurezza.

Proverbio 24:6 Perché con un saggio consiglio farai la tua guerra; e in una moltitudine di consiglieri c'è sicurezza.

I genitori giusti, i fratelli maggiori, le sorelle, i pastori, i profeti, gli insegnanti e gli amici fedeli sono buoni consiglieri. Ricevo molte richieste di consulenza, poiché ho lo Spirito di Dio. Quando le persone scelgono la loro strada, non mi chiamano. So che vogliono ascoltare la loro carne. Carne e Spirito sono opposti l'uno all'altro. Perché abbiamo il caos, le gravidanze degli adolescenti, le bande, i suicidi e problemi che vanno oltre le nostre possibilità? Perché non abbiamo un buon consigliere divino.

Ascoltate l'esperienza di un uomo e di una donna saggi e retti dai capelli grigi. In Israele, il re aveva sempre un consigliere. E il re si faceva consigliare da loro. Il consiglio del saggio consigliere stabilì il grande Regno.

Cronache 27:33a Achithofel era il consigliere del re:

Samuele 16:23 I consigli di Achithofel, che egli fece in quei giorni, erano come se un uomo avesse chiesto informazioni all'oracolo di Dio; così furono tutti i consigli di Achithofel sia con Davide che con Assalone.

Ammiro i consulenti. Io uso lo Spirito Santo e le persone sagge come miei consiglieri. Tutti abbiamo bisogno di un buon consigliere che ci protegga dal male e dal pericolo. Mantenete sempre un consigliere pio e saggio. Inoltre, fate attenzione a non accettare consigli da persone fuorvianti, soprattutto da giovani amici e da persone che potrebbero avere motivazioni sbagliate. Il figlio del Re Salomone, Roboamo, fu un esempio di consiglio da parte di persone sbagliate.

1 Re 12:8 Ma egli abbandonò i consigli dei vecchi che gli avevano dato e si consultò con i giovani che erano cresciuti con lui e che stavano davanti a lui.

Ascoltando un consiglio sbagliato, il Re Roboamo perse dieci tribù. I consigli sbagliati dividono il regno, separano famiglie e amici, fanno divorziare e causano danni.

1 Re 12:16 Quando tutto Israele vide che il re non dava loro ascolto, il popolo rispose al re dicendo: "Che parte abbiamo in Davide? E non abbiamo eredità nel figlio di Iesse; va' alle tue tende, o Israele; ora pensa alla tua casa, Davide". Così Israele se ne andò alle sue tende.

Un consiglio sbagliato causò la divisione del regno in due, settentrionale e meridionale. Il Re Roboamo governava nel Sud, che aveva due tribù.

Vedo anche bambini o adulti vittime di cattivi consigli. Solo un buon avvertimento può salvare, risparmiare

11 MARZO

e guidare nella giusta direzione. Non so cosa farei senza i consigli delle persone buone. Lo Spirito Santo è anche il vostro consigliere. Un consiglio saggio vi consoliderà. Pregate sempre per ogni questione importante o secondaria della vita. Se non ottengo una risposta, vado da un consulente. Mi faccio consigliare solo da persone o profeti guidati dallo Spirito. La vita si svolgerà a un livello più alto. Se sei un ascoltatore e hai un cuore saggio, la vita può essere tranquilla e di successo.

Mia madre era una donna divina, retta e altruista. Con lei ho condiviso molti dei miei problemi. Ho seguito i suoi consigli perché aveva una grande percezione e discernimento. Era molto coraggiosa nel dire la verità. Ho diversi amici che mi guidano sulla strada giusta. Sono coraggiosi e non hanno paura di dirmi la verità. È come il profeta Nathan, Giovanni Battista e molti altri che non hanno paura. Ti risparmieranno la vita. Abbiamo bisogno di un consigliere sulla terra, non in cielo.

I bambini ribelli sono la bocca di genitori egoisti. I genitori malvagi amano usare i bambini per i loro programmi malvagi. Vi prego di non fuorviare i vostri figli. Molti genitori insegnano loro cose sbagliate; non parlano, ma usano la bocca dei loro figli. Potreste vederli come familiari, mamma, papà, fratelli, sorelle, coniugi o amici, ma possono essere pericolosi. Ricordate che chi vi parla all'orecchio è molto vicino a voi. Forse il vostro amico malvagio, la vostra famiglia, coniuge, autorità spirituale o qualsiasi autorità su di voi. Scappate da loro. Vogliono venire a casa vostra per maledirvi e separarvi da Dio, dalla famiglia e dagli amici. Se non dite la verità per benedirvi, nessuno è vostro familiare o amico.

Leggete il capitolo 1 dei Salmi. L'interesse di Dio è quello di benedirvi e di risparmiare la vostra vita. Pregate e chiedete a Dio di darvi un buon consigliere, e lo farà.

PREGHIAMO

Nel nome di Gesù, Signore, donaci un orecchio per ascoltare. Aiutaci, Signore, a prendere buoni consigli attraverso il tuo spirito. Alle persone che si trovano nelle tenebre manda il miglior consigliere, amico, anziano o insegnante che le guidi. Tu sei il nostro consigliere. Consigliaci attraverso le Tue preziose parole. Rendici consiglieri divini per gli altri. Signore, donaci una generazione di persone sagge nel nome di Gesù. Amen! Che Dio vi benedica!

12 MARZO

LA DOTTRINA DI DIO CONTRO LA DOTTRINA DELL'UOMO!

La Bibbia parla delle dottrine. Anche diverse Chiese e organizzazioni, denominazionali o non denominazionali, hanno insegnanti di filosofie diverse. Come sappiamo, chi aderisce a una denominazione deve seguirne la dottrina. I battisti, i pentecostali, i metodisti, i mormoni e i testimoni di Geova insegnano le loro dottrine. Anche gli induisti, i musulmani e altre religioni hanno la loro dottrina. La Bibbia dice che Gesù, l'unico Dio venuto in carne e ossa, ha la vera Dottrina. Che cos'è dunque la Dottrina? Dottrina significa istruzione che si applica alla vita, l'insegnamento di una particolare religione, o qualcosa che viene insegnato. In breve, è un insegnamento. Nella Bibbia c'è un'istruzione specifica che parla di come stabilire la dottrina. Per stabilire una dottrina biblica, sono necessarie due o più Scritture.

Non si può stabilire una dottrina trovando una sola Scrittura per l'argomento.

2 Corinzi 13:1 Sulla bocca di due o tre testimoni sarà stabilita ogni parola.

Deuteronomio 19:15 sulla bocca di due testimoni o sulla bocca di tre testimoni sarà stabilita la questione.

Giovanni 8:17 È scritto anche nella vostra legge che la testimonianza di due uomini è vera.

La Bibbia dice che bisogna cercare l'insegnamento degli apostoli e dei profeti per stabilire la dottrina su qualsiasi argomento o questione.

Efesini 2:20a E sono edificati sul fondamento degli apostoli e dei profeti.

Il Libro degli Atti non è continuato perché l'uomo ha iniziato una falsa dottrina chiamata insegnamento. Il falso insegnamento può annullare la potenza di Dio nella Sua Parola.

Marco 7:13 rendendo vana la parola di Dio per mezzo della vostra tradizione, che avete trasmesso; e molte cose simili fate.

Matteo 16, 6 Allora Gesù disse loro: "Fate attenzione e guardatevi dal lievito dei farisei e dei saducei". 11 Come mai non avete capito che non vi ho parlato del pane, ma di guardarvi dal lievito dei farisei e dei saducei? 12 Allora capirono che non aveva detto loro di guardarsi dal lievito del pane, ma dalla dottrina dei Farisei e dei Sadducei.

12 MARZO

Che cos'è il lievito? È un peccato. La Bibbia dice che un piccolo lievito, un peccato, può contaminare l'intera massa. Le false dottrine o insegnamenti possono portare il male. Ricordate, la tradizione non è dottrina, bensì un insegnamento creato dall'uomo per controllare le persone e rendere la Parola di Dio ininfluente.

Matteo 15:1 Allora vennero da Gesù scribi e farisei, che erano di Gerusalemme, dicendo: 2b Perché i tuoi discepoli trasgrediscono la tradizione degli anziani? 3 Ma egli rispose loro: "Perché trasgredite anche voi il comandamento di Dio con la vostra tradizione?

La Bibbia menziona la dottrina.

Ebrei 6:2 Sulla dottrina dei battesimi, dell'imposizione delle mani, della risurrezione dei morti e del giudizio eterno.

Per stabilire la dottrina del Battesimo, un Dio, che giace a portata di mano, ha bisogno di due o più Scritture come testimonianza o sostegno. La Bibbia ha bisogno di due o più prove scritturali, non di tradizioni. Fate attenzione. Esaminiamo la tradizione dell'uomo sul battesimo.

Matteo 28:19 Andate dunque e ammaestrate tutte le nazioni, battezzandole nel nome del Padre, del Figlio e dello Spirito Santo.

Non troverete questa scrittura da nessuna parte, se non una volta. Ma mentre si battezza, menzionare il nome di Gesù è ovunque nella storia della Chiesa antica, poiché si concentra sul titolo.

Atti 2:38a Allora Pietro disse loro: "Ravvedetevi e ciascuno di voi sia battezzato nel nome di Gesù Cristo per la remissione dei peccati".

Atti 8:16 (Perché ancora non era caduto su nessuno di loro, solo coloro che furono battezzati nel nome del Signore Gesù).

Atti 10:48 E ordinò loro di essere battezzati nel nome del Signore.

Voglio che studiate il battesimo nel libro degli Atti, la storia di una chiesa antica. Scoprite se state seguendo le istruzioni di Gesù o la tradizione creata dall'uomo. Fate attenzione alle false dottrine stabilite da falsi insegnanti e profeti. La Bibbia dice che la parola sarà efficace se si rimane nella dottrina di Gesù. Come sapere se questa è la dottrina corretta? Se si verifica un evento successivo, si è nella Dottrina di Gesù. In caso contrario, si sta seguendo la tradizione.

Marco 16:17 E questi segni seguiranno quelli che credono: nel mio nome scacceranno i demoni; parleranno con lingue nuove;18 prenderanno in mano i serpenti; e se berranno qualche cosa di mortale, non farà loro male; imporranno le mani ai malati e questi guariranno.

Se seguite la tradizione dell'uomo o la falsa dottrina, Gesù non lavorerà con voi. State rendendo inefficace la Parola di Dio. Se seguite le istruzioni di Gesù, allora Egli farà tutto ciò che ha detto.

Marco 16:20 Poi partirono e predicarono dappertutto, mentre il Signore operava con loro e confermava la parola con segni successivi. Amen.

Anni fa, quando ho iniziato a studiare il libro degli Atti e a leggere la verità, ho appreso come falsi insegnanti e profeti avessero fuorviato il popolo. Non avendo una rivelazione di Gesù, hanno fondato le loro chiese e organizzazioni di marca e hanno fatto in modo che la gente non si accorgesse di nulla.

Mi hanno battezzata tradizionalmente in India. Ho visto il battesimo con il nome di Gesù, ma avendo una scaglia negli occhi, non potevo vedere. Dio ha parlato, dicendo di andare a battezzarmi. Ma il demone della tradizione era così forte che avevo difficoltà a seguire la verità. È stata un'esperienza meravigliosa sentire la voce di Dio che mi diceva di battezzarmi, cosa che ho fatto. Il demone della religione mi ha sopraffatta. Iniziai a studiare le Scritture, considerando la dottrina di Gesù. C'è voluto del tempo per essere liberata dal falso insegnamento e dalla tradizione. Cercate la verità e continuate a essere liberi. Oggi, molti falsi insegnanti e profeti non sanno chi sia Gesù. Senza rivelazione, hanno fondato diverse chiese. È evidente che la dottrina creata dall'uomo non sarà efficace. Guarigioni e liberazioni miracolose sono l'unica prova di avere la verità. Ora capite perché abbiamo molti edifici o tane chiamate chiese?

Timoteo 3:5 Hanno una forma di pietà, ma ne rinnegano la potenza; da costoro allontanatevi. Paolo dice di fuggire dalla falsa dottrina e dalle tradizioni create dall'uomo. 2 Timoteo 4:3 Verrà infatti il tempo in cui non sopporteranno la sana dottrina, ma, seguendo la loro concupiscenza, si procureranno maestri, avendo orecchie pungenti.

Il diavolo consigliere lavora senza sosta insegnando in modo sbagliato.

1 Timoteo 4:1 Ora lo Spirito dice espressamente che negli ultimi tempi alcuni si allontaneranno dalla fede, dando ascolto agli spiriti seduttori e alle dottrine dei diavoli

Vi siete mai chiesti perché non vediamo segni e prodigi? Perché non possiamo aprire gli occhi dei ciechi, far uscire i demoni, far udire i sordi e far camminare gli zoppi? Perché abbiamo visto così tanti ospedali? Anche se Dio ha dato il potere di guarire i malati. Qual è la differenza tra i discepoli e noi? Il Signore stesso ha detto che voi potete fare di più. La risposta è semplice: state seguendo la dottrina del diavolo o degli uomini e non di Dio.

PREGHIAMO

Che il Signore del cielo ci benedica con la Sua dottrina. Il Signore insegna la via di Dio. Il Signore ci liberi dai falsi insegnanti, dai profeti, dalla tradizione, e dalle dottrine di Satana. Signore, mostraci la via, la verità nella Tua Parola. Dacci il coraggio di fare ciò che è giusto ai tuoi occhi. Signore, dacci i veri insegnanti e profeti di Dio. Signore, dacci la vera Dottrina per sperimentare la potenza di Dio in funzione nel nome di Gesù. Amen! Dio vi benedica!

13 MARZO

CHE COLUI CHE SI È PERSO TROVI LA VIA D'USCITA!

La Bibbia è una storia vera del rapporto tra il Creatore e la sua creazione. È la storia di un padre e di un figlio perduto e ribelle. La storia di una pecora smarrita. La storia della donna che perse la moneta. La trovò quando la cercò.

Farisei e scribi erano moralisti e criticavano costantemente gli altri. I peccatori non trovano aiuto nell'associazione dei moralisti. La Bibbia parla dei farisei, il gruppo di sette rigorose di Israele. Conoscevano le leggi di Dio, ma non conoscevano il Dio della Legge. I moralisti non vedono il progetto del Signore di venire sulla terra. Non andiamo in cielo grazie alla nostra autocritica. Abbiate compassione per le pecorelle smarrite. Pregate velocemente per quelle smarrite in chiesa, a casa vostra e intorno a voi. Trovate il tempo per chiamare e cercare coloro che si sono persi.

Gesù è venuto sulla terra per trovare la Sua creazione perduta. Noi dobbiamo trovare colui che si è perso. Il malato ha bisogno di un medico. La morte ha bisogno di sorgere. Il nostro compito è trovare i peccatori, aiutarli e non criticarli. Un vero pastore è premuroso e compassionevole e cerca la pecora smarrita. Esse sono indifese e prese di mira dal lupo. Le pecore sono seguaci. I veri pastori trovano le pecore prima di divorarle e di impossessarsene.

È importante tenere gli occhi puntati sulle persone smarrite per guidarle nella giusta direzione.

La Bibbia dice in *Luca 15:7*: *"Io vi dico che la gioia sarà altrettanto grande in cielo per un solo peccatore che si pente, più che per novantanove giusti che non hanno bisogno di pentimento"*.

Il capitolo 15 di Luca esemplifica l'estremo amore e la compassione di Dio verso la Sua creazione perduta. Il Suo desiderio e la Sua speranza che ritornino sani e salvi. Il Padre gioisce per il ritorno sano e salvo del peccatore. Il Padre aspetta di ricevere il figlio perduto e di dare una grande festa quando si pentirà. Dio considera il figlio prodigo un'anima morta.

La Bibbia dice che non importa quello che ha fatto:

Luca 15:20 Poi si alzò e venne da suo padre. Ma quando era ancora lontano, suo padre lo vide, ne ebbe compassione, corse, gli cadde sul collo e lo baciò. 22 Ma il padre disse ai suoi servi: "Portate la veste migliore e indossatela, mettetegli un anello alla mano e dei calzari ai piedi". 23 Poi portate qui il vitello grasso e uccidetelo; poi mangiamo e facciamo festa.

Dio insegna con l'esempio che non c'è divertimento nel mondo. Là fuori ci sono privazioni, fame e divoratori. Si hanno privilegi solo se si è sotto la protezione di Dio. Dio ha provveduto a tutto. Anche se avete fatto scelte sbagliate, Dio ci tiene a voi. È vero che quando le persone smettono di servire Dio, la loro situazione diventa sfortunata e negativa. C'è un altro esempio di pecora.

Luca 15:4 Chi di voi, avendo cento pecore, se ne perde una, non lascia le novantanove nel deserto e va dietro a quella perduta, finché non la trova? 5 E quando l'ha trovata, se la mette sulle spalle e si rallegra. 6 E quando torna a casa, chiama a raccolta i suoi amici e i suoi vicini, dicendo loro: "Rallegratevi con me, perché ho ritrovato la mia pecora che era perduta". 7 Io vi dico che, allo stesso modo, ci sarà gioia in cielo per un solo peccatore che si pente, più che per novantanove giusti che non hanno bisogno di pentimento.

Dio ci chiede di cercare coloro che si sono persi. Quando tornano, accettateli, prendetevi cura di loro, rallegratevi, portateli in spalla e date una festa. Le persone si allontanano da Dio intere e tornano a casa desolate. Tornano nude, affamate, ferite e vivono l'illusione del diavolo. È la menzogna di Satana per tentarvi. Una signora aveva dieci pezzi e ne ha perso uno. Per uno, si prese del tempo e lo cercò diligentemente. Quando l'ha trovato, si è rallegrata con gli amici e con i vicini.

Luca 15:10 Allo stesso modo vi dico che c'è gioia alla presenza degli angeli di Dio per un solo peccatore che si ravvede. 32 Era opportuno che facessimo festa e ci rallegrassimo, perché tuo fratello era morto ed è tornato in vita, era perduto ed è stato ritrovato.

La Bibbia è la storia di un padre amorevole che ha fatto tutto per voi e per me. Il Padre si è fatto carne ed è morto al posto nostro. Egli vuole togliere il nostro dolore.

Isaia 61:3 per destinare a quelli che fanno cordoglio in Sion, per dare loro bellezza per la cenere, olio di gioia per il lutto, veste di lode per lo spirito di tristezza; perché siano chiamati alberi di giustizia, piantagione del Signore, affinché egli sia glorificato. 9 La loro discendenza sarà conosciuta tra le genti e la loro discendenza tra i popoli; tutti quelli che li vedranno li riconosceranno, perché sono la discendenza che il Signore ha benedetto. 10 Io mi rallegrerò grandemente nell'Eterno, l'anima mia sarà lieta nel mio Dio, perché egli mi ha rivestito delle vesti di salvezza, mi ha coperto con la veste della giustizia, come uno sposo si adorna di ornamenti e come una sposa si adorna dei suoi gioielli. 11 Infatti, come la terra fa germogliare il suo germoglio e come il giardino fa germogliare le cose che vi sono state seminate, così il Signore DIO farà germogliare la giustizia e la lode davanti a tutte le nazioni.

Non c'è peccato troppo grande, problema troppo complesso e montagna troppo alta per il Signore. Non importa quale tipo di peccato abbiate commesso, tornate a casa. Il vostro Padre celeste vi aspetta a braccia aperte per accogliervi e benedirvi. Gli Angeli sono lì per danzare e gioire con voi.

PREGHIAMO

Nostro Padre celeste, ti preghiamo di mandare operai a cercare i perduti. Signore, ti preghiamo per i peccatori di dare uno spirito di pentimento. Che il Signore mandi loro la Sua luce per trovare la strada di casa. Aiutaci a digiunare e a pregare per i perduti, i ribelli e i peccatori affinché tornino a casa. Signore Gesù, metti amore e compassione per chi ne ha bisogno. Signore Gesù, donaci misericordia e gentilezza. Signore Dio, dirigi il cammino dei peccatori verso di te nel nome di Gesù. Amen! Dio vi benedica!

14 MARZO
L'ATTESA È LA CHIAVE PER RICEVERE LE PROMESSE!

Attendere significa rimanere in un luogo fino a quando non si verifica un evento previsto, resistere o essere pazienti. L'attesa porta alla maturità. Se aspettate, vedrete la piena fioritura. Non si compiono diciott'anni il giorno dopo essere nati. Non si ottiene la patente di guida fino a quando non si ha una certa età. Non aprite il bocciolo; aspettate che si apra da sé.

Ecclesiaste 3:11 Egli ha fatto ogni cosa bella a suo tempo.

Il periodo di attesa è il processo di preparazione e maturazione. La Bibbia dice:

Salmi 27:14 Attendi il Signore; abbi coraggio ed egli rafforzerà il tuo cuore; attendi, dico, il Signore.

Il tempo dell'attesa richiede coraggio e pazienza. Dio si prende cura di tutte le forze, le tentazioni e le situazioni durante questo periodo di attesa. Ci saranno pressioni interne ed esterne, spinte e domande che bombarderanno. Aspetterete se conoscete il Signore. Dio si presenterà non quando lo vorrete, ma puntualmente. Ricordate che Dio sa cosa sta facendo. Non dovete preoccuparvi: Dio non dimentica mai le Sue promesse. Il Re Saul stava aspettando il sacerdote Samuele. Quest'ultimo stava arrivando al momento stabilito da Dio. Il Re Saul si stancò di aspettare e fece ciò che non avrebbe dovuto fare.

1 Samuele 13:7 Una parte degli Ebrei passò il Giordano per andare nel paese di Gad e di Galaad. Quanto a Saul, egli era ancora a Ghilgal e tutto il popolo lo seguiva tremante. 8 Egli rimase sette giorni, secondo il tempo stabilito da Samuele; ma Samuele non giunse a Ghilgal e il popolo si disperse da lui. 9 Saul disse: "Portatemi un olocausto e offerte di pace". Ed egli offrì l'olocausto. 10 E appena ebbe finito di offrire l'olocausto, ecco che arrivò Samuele; Saul gli andò incontro per salutarlo. 11 Samuele disse: "Che cosa hai fatto? E Saul rispose: "Perché ho visto che il popolo si è disperso da me e che tu non sei venuto nei giorni stabiliti".

L'attesa di Dio approva la vostra chiamata. Dio chiama con delle promesse, ma nel mezzo getta del tempo. Tra un tempo e l'altro, controlla come state gestendo la situazione. Qual è la vostra reazione alle prove e ai momenti di difficoltà? Seguite le Sue vie o deviare dalle istruzioni?

Dio può darvi ciò che ha promesso. Se fallite, Dio nominerà qualcun altro che possa aspettare e fare ciò che ha chiesto. Ricordate, Dio vi sta intervistando.

13 Samuele disse a Saul: "Hai agito stoltamente; non hai osservato il comandamento del Signore tuo Dio, che ti aveva ordinato; perché ora il Signore avrebbe stabilito il tuo regno su Israele per sempre. 14 Ma ora il tuo regno non continuerà: il Signore ha cercato un uomo secondo il suo cuore e il Signore gli ha ordinato di essere capitano sul suo popolo, perché tu non hai osservato ciò che il Signore ti ha comandato".

Dio nominò Saul re del popolo di Dio, Israele. Il Re Saul aveva paura della gente e non del Signore. Vide il popolo disperdersi. Fece ciò che non doveva fare. Dio rimosse il Re Saul anche se governò per quarant'anni. Dio lo ha trasformato, allontanando la sua famiglia. Avete capito? La situazione, la paura, la preoccupazione o l'ambiente circostante non devono smuovervi. Dio vuole qualcuno che ascolti e obbedisca per realizzare il suo piano. Ricordate sempre che Dio vi chiama per il Suo scopo. Quindi liberatevi dei vostri programmi.

Abbiamo la vera storia di Abramo. Dio promise un figlio. Ha aspettato a lungo quando le situazioni di età lo hanno indotto a non credere. Sua moglie è invecchiata e non ha potuto concepire. Ascoltò la moglie ed ebbe un figlio da un'altra donna. Una domestica egiziana di nome Agar. Abramo non ha atteso la promessa del Signore. Abramo non può dire: "Mia moglie". Tutte le scuse sono bugie. È tutta colpa sua e non di una parte.

Ismaele non era quello promesso. Non aspettando il momento giusto, ebbe Ismaele. Abramo portò problemi per il futuro. Ricordate, Dio non ha bisogno del vostro aiuto per adempiere alla sua promessa.

Genesi 17:6 Ti renderò oltremodo feconda, farò di te delle nazioni e da te usciranno dei re. 19 Poi Dio disse: "Sara, tua moglie ti partorirà un figlio; gli porrai nome Isacco e stabilirò con lui il mio patto per un patto eterno e con la sua discendenza dopo di lui".

Genesi 22:17 che nella benedizione ti benedirò e nella moltiplicazione moltiplicherò la tua discendenza come le stelle del cielo e come la sabbia che è sul lido del mare; e la tua discendenza possederà la porta dei suoi nemici.

Dio non è l'uomo, quindi dimentica. Dio mi ha ricordato ancora una volta le Sue promesse.

Genesi 17:21 Ma la mia alleanza la stabilirò con Isacco, che Sara ti partorirà in questo tempo stabilito dell'anno successivo.

Genesi 21:2 Infatti Sara concepì e partorì ad Abramo un figlio nella sua vecchiaia, nel tempo stabilito di cui Dio gli aveva parlato. 3 Abramo chiamò il figlio che gli era nato e che Sara gli aveva dato, Isacco.

Ismaele è stato un errore di Abramo per non aver atteso le promesse. Nel nostro tempo e nell'epoca in cui le persone fanno ciò che sembra buono e non ciò che è giusto. Vediamo giovani che fanno ciò che non dovrebbero fare. Anche i bambini piccoli sono sviati dall'ambiente circostante e dai genitori. Non tenete il passo con i "Jones". È un gioco del nemico. Aspettate di ricevere il vostro. Non abbiate fretta. Aspettate il momento giusto per guidare, sposarvi e lavorare.

Isaia 40:31 Ma coloro che attendono il Signore rinnoveranno le loro forze; saliranno su ali come aquile; correranno, senza stancarsi, cammineranno e non si stancheranno.

Abbiamo promesse date da Dio affinché la vita sia più abbondante. Non importa quanto tempo ci vorrà, basta aspettare. La durata della vita sulla terra è troppo breve rispetto all'eternità. Siamo qui per un po' di tempo.

Aspettate, Lui ha un piano per benedirvi e farvi prosperare.

Come Eva e Adamo furono fuorviati, così lo siamo noi. Il programma di Satana è quello di buttarvi fuori dal bellissimo piano di Dio. Incontro molte nazionalità e culture di persone. Hanno lo stesso spirito di fretta. La fretta di andare davanti a Dio produce scompiglio, tumulto e illegalità. Vediamo divorzi, bambini in prigione, sparatorie, omicidi e depressione come risultato della mancata attesa. Aspettate Dio per tutte le petizioni che avete presentato.

PREGHIAMO

Che il Signore vi dia tutto ciò che desiderate. Che Dio vi dia la fede e la fiducia per aspettare! Signore, tu hai il piano migliore e non noi. Signore, aiutaci a rimanere nella direzione in cui ci stai portando. Il Signore ci dà coraggio e audacia nel piano di Dio, qualunque cosa accada. Aiutaci, Signore, a essere in sintonia con te. C'è un tempo per realizzare ciò che Dio ha promesso. Che Dio vi faccia maturare nell'attesa. Prego che tutto ciò che è stato respinto dal diavolo si liberi. Trovate la pazienza per raggiungere il destino preparato per voi nel nome di Gesù. Amen! Dio vi benedica!

15 MARZO

CINQUE SCIOCCHE, CINQUE SAGGE!

La parabola in Matteo 25:1-13 parla di dieci vergini. Cinque sciocche e cinque sagge.

Vediamo alcune definizioni prima di parlare di questa parabola. Cinque erano stolte, sconsiderate, senza cervello, non intelligenti e noncuranti, e cinque erano sagge (lungimiranti, pratiche, esperte o illuminate, con il potere di discernere e giudicare correttamente). Qui lo sposo è Gesù Cristo, che la sposa sta aspettando. La Chiesa si riferisce a una vergine o a una donna come a una sposa. Ci sarà un giorno in cui ci incontreremo come la sposa-sposo, Gesù.

Tutte queste sciocche vergini rappresentano la chiesa e conoscono Gesù, ma Gesù non le conosce. È possibile? Sì, alcuni pensano che andare in Chiesa li renda adatti. Il dovere di frequentare la Chiesa non li rende saggi. Potrebbero essere membri del coro, avere una posizione per stare sul pulpito o tenere un microfono. È il motivo per cui Dio ti ha chiamato nel Regno? Il Regno di Dio è un sistema dove c'è il potere della preghiera per connettersi con lo sposo. Deve esserci l'atto di scacciare un demone, di guarire i malati, di risuscitare i morti, di aprire gli occhi dei ciechi e di spezzare le catene e i gioghi come ci ha ordinato il Re Gesù per favorire il Suo regno. Innanzitutto, dobbiamo conoscere la Parola di Dio. Usate la Parola di Dio come una luce per percorrere la vostra vita. Le parole potenziate dallo Spirito Santo faranno del bene.

Avete letto quello che Gesù ha detto sulla montagna? Beati quelli che hanno fame, vivono il lutto, visitano la vedova, vanno in prigione, predicano il Vangelo e pregano per gli altri. Ricordate tutto quello che Gesù e il Suo discepolo hanno fatto, fatelo oggi. Molti pensano che sia sufficiente gettare acqua, ottenere l'iscrizione alla chiesa e ora scaldare il banco. Pagano soldi al business della religione per mantenerlo in vita. Ora il mio lavoro è finito.

Conoscete le cinque sciocche? Gli stolti sono impegnati in un sistema demoniaco, diventano ciechi e finiscono l'olio. Hanno bruciato il loro olio nel sistema religioso mondiale. Dimenticano che ci sarà un giorno in cui incontreranno Gesù e che avranno bisogno di olio e che si esaurirà l'olio della loro lampada. Chi non conserva olio a sufficienza è chiamato stolto. Pregate, digiunate e cercate Dio per avere l'olio pieno nella vostra lampada.

Matteo 25:1 Allora il regno dei cieli sarà paragonato a dieci vergini che presero le loro lampade e andarono incontro allo sposo. 2 Cinque di loro erano sagge e cinque stolte. 3 Quelle stolte presero le loro lampade e non portarono con sé l'olio. 4 Ma le sagge presero l'olio nei loro vasi con le loro lampade. 5 Mentre lo sposo si attardava, tutte si assopirono e dormirono. 6 E a mezzanotte si gridò: "Ecco, lo sposo viene; uscitegli incontro". 7 Allora tutte le vergini si alzarono e accesero le loro lampade. 8 Le stolte dissero alle sagge: "Dateci il vostro olio, perché le nostre lampade si sono spente". 9 Le sagge risposero: "Non così, perché non ce n'è abbastanza per noi e per voi; ma andate piuttosto da quelli che vendono e comprate per voi stesse". 10 E mentre esse andavano a comprare, venne lo sposo e quelle che erano pronte entrarono con lui alle nozze; e la porta fu chiusa. 11 Poi vennero anche le altre vergini, dicendo: "Signore, Signore, aprici". 12 Ma egli rispose: "In verità vi dico che non vi conosco. 13 Vegliate dunque, perché non sapete né il giorno né l'ora in cui il Figlio dell'uomo verrà".

Le cinque sagge conoscono lo sposo, e lo sposo conosce loro. Esse hanno una relazione con lo sposo, il Signore Gesù. Sono consapevoli e motivate dal progetto di Gesù Cristo. Sanno di essere il tempio e non l'edificio o la tana. La saggezza non è camminare sulla terra senza uno scopo o una meta. Le vergini sagge seguono veramente Cristo osservando la Sua Parola.

1 Tessalonicesi 5:4 Ma voi, fratelli, non siete nelle tenebre, perché quel giorno vi sorprenda come un ladro. 5 Voi siete tutti figli della luce e figli del giorno; non siamo della notte né delle tenebre.

Vediamo alcune caratteristiche delle vergini stolte. La moglie di Lot è un esempio eccellente di stolta. Gli Angeli la salvarono, ma il suo cuore era nella sua ricchezza. Guardò dietro la sua ricchezza e divenne una colonna di sale. Dio vi ha salvato dal mondo, ma il mondo non è fuori di voi. Portate con voi tutti i sistemi del mondo per intrattenere la carne. Se il mondo è ancora in voi, allora non siete utili al regno e al Re Gesù. Questo accade all'interno del sistema ecclesiastico creato da molti falsi insegnanti e profeti. Alcuni si addormentano. Alcuni dicono di essere cristiani senza che vi sia un cambiamento nel loro atteggiamento e nel loro stile di vita. Pensano che nessuno lo sappia. Pensano che a Dio interessi solo la presenza nella Chiesa. Ma io sposo Gesù come vergine casta e non tutte le agende e le attività delle organizzazioni e delle chiese.

2 Corinzi 11:2 Io infatti sono geloso di voi con una gelosia divina, perché vi ho sposati a un solo sposo, per presentarvi come una vergine casta a Cristo.

Siate fedeli gli uni agli altri e non alle chiese, alle organizzazioni e alle denominazioni. Quindi fate attenzione a tutto ciò con cui vi siete impegolati. Non ingannatevi. Preparatevi, pregate, studiate e obbedite alla Parola di Dio.

Luca 21:34 E fate attenzione a voi stessi, perché in qualsiasi momento i vostri cuori non siano sovraccarichi di cibo, di ubriachezza e di preoccupazioni di questa vita, e così quel giorno vi piombi addosso all'improvviso.

In questo tempo e in questo giorno, un sistema di religione ha sostituito Gesù Cristo e si è fatto re e regina di se stesso. Attenzione! Guardate cosa dice la Bibbia; controllate cosa stanno facendo. Frequentare la chiesa domenicale o infrasettimanale non è un requisito richiesto da Gesù Cristo. Gesù ha seguito questo tipo di programma? Pregava di notte, digiunava e insegnava la Parola. Il Suo cuore era compassionevole verso chi aveva il cuore spezzato. Guarì i loro cuori spezzati. Non assopitevi e non dormite. Svegliatevi. È tempo di digiunare e di pregare. È tempo di essere luce nel mondo oscuro. Il tempo della fine è un tempo di persecuzione. Molti cristiani perseguitati hanno bisogno di preghiera e di intercedere per loro. Guardatevi intorno: quanti sono svegli? Vedete i problemi? Non vedo altro che problemi. La sposa si è addormentata. I cinque stolti non conoscono le loro responsabilità. Non hanno o hanno poco olio nelle loro lampade.

Non pensate mai che Dio venga per uno sciocco che si gode la vita, mangia, ha piacere nel mondo, è senza cuore, senza autocontrollo. Prepararsi ed essere pronti è un processo. Non si tratta di musica, capelli, vestiti o scarpe. Bensì della vostra anima, del vostro atteggiamento verso Gesù e del vostro stile di vita. Alla fine, abbiamo la prova, la persecuzione e il processo.

Dobbiamo essere pieni del Suo Spirito, che è olio. La Sua Parola deve operare attraverso di noi. Noi siamo la luce nel momento più buio che stiamo affrontando. Ecco perché nella Bibbia ci sono molti avvertimenti su come prepararsi, vigilare e pregare per poter fuggire. Abbiamo trovato Gesù che pregava prima di affrontare la crocifissione. È la sposa che deve prepararsi, non Gesù lo Sposo. Egli ci aspetta e ci avverte. Continua a mandare il profeta e il predicatore per avvertirci. Siate pronti; tenete la vostra lampada piena di olio. Lasciatela traboccare e sgorgare. In un momento come questo, il Signore ha un piano per la vergine saggia.

PREGHIAMO

Oh Signore, non sappiamo quando arriverà lo sposo, ma aiutaci a essere pronte. Aiutaci a vegliare sul nostro tempo di preghiera. Dobbiamo prepararci e aiutarci affinché anche gli altri siano pronti. È nostro compito essere un'autentica lampada che dà luce, così che gli altri possano vedere e trovare la strada. Signore, come hai detto, stai arrivando e nessuno sa quando. Puoi aiutarci a essere sempre pronti? Fa' che possiamo essere quella vergine consapevole e perspicace per svegliare gli altri e prepararli. Nel nome di Gesù. Amen! Dio vi benedica!

16 MARZO

IL GIUSTO NON SARÀ SMOSSO!

La Bibbia contiene oltre cinquemila promesse e funziona solo per i giusti. Dio ha dato molte promesse a questi! I giusti devono collegare un'azione a promesse in denaro.

Salmi 112:6 Certo, non sarà smosso per sempre; il giusto sarà in perenne ricordo.

La Terra è una dimora temporanea. Poiché la malvagità è aumentata, le persone finiscono la loro vita in giovane età. Vivono con molte malattie e dispiaceri. Le persone hanno abbastanza denaro per dimenticare Dio e la famiglia e comportarsi in modo sgradevole. Fanno sapere agli altri che hanno i soldi e non hanno bisogno delle persone. Ricordate che il denaro ha le ali. Solo la rettitudine si affermerà. Il denaro con purezza ha una grande protezione. Il nostro Dio si è fatto carne e ha compiuto un grande atto d'amore verso di noi.

2 Corinzi 5:21 perché lo ha fatto diventare peccato per noi, che non ha conosciuto peccato, affinché fossimo resi giustizia di Dio in lui.

Proverbi 10:30 Il giusto non sarà mai rimosso, ma l'empio non abiterà sulla terra.

Qual è la definizione di giusto? Giusto vuol dire di principio, irreprensibile, morale e santo. I giusti hanno fiducia e sono valorosi. I giusti portano la croce per vedere il Signore operare in ogni modo ed essere benedetti. Il nostro Dio è giusto. Se seguiamo le Sue vie, diventiamo giusti. Un piano malvagio contro di noi sarà abbattuto. Ciò che si semina si raccoglie. La rettitudine porta la copertura della grazia e della misericordia sulle generazioni successive. I vostri figli erediteranno da Dio i buoni pasto per sempre. Che meravigliosa opportunità se abbiamo la rettitudine.

So che gli indù credono nel karma, che significa lavoro buono. Il loro Dio non rispetta le persone. Ricordo che una delle mie amiche indù mi diceva sempre: ho insegnato a mio figlio a fare il bene. Questo lo ha portato a essere gentile e disponibile con gli altri fin da piccolo. Diceva: "Non avevo mai abbastanza soldi, ma mio figlio, essendo buono, andava in giro ad aiutare gli anziani. La gente gli dava dei soldi che hanno sempre contribuito alla sua retta scolastica.". Quando potevo le mandavo dei vestiti, ed erano perfetti per la sua uniforme scolastica. Non conoscevo la taglia o il colore dell'uniforme. Vedete quanto è buono Dio. Non intendevo dire che l'ha salvata, ma sicuramente i giusti ricevono benedizioni da Dio.

Salmi 37:25 Sono stato giovane e ora sono vecchio; eppure non ho visto il giusto abbandonato, né la sua discendenza mendicare il pane.

Il nostro Dio è giusto; vede le persone non in base alla pelle, al colore, all'aspetto, alla lingua, alla ricchezza o alla religione. Potete ricevere benedizioni se siete giusti.

Quando Dio ha detto: insegnate ai vostri figli. Insegnate loro ciò che dice il Signore. Viviamo in un mondo in cui le persone ottengono un po' di denaro e mostrano il loro brutto aspetto. Fanno tutto il male e insegnano ai loro figli a essere doppiogiochisti e ingannatori. Cosa stanno facendo? Stanno preparando la prossima generazione di raschiatori, i serpenti. Quei figli saranno un'insidia per i loro genitori. Non saranno mantenuti sulla terra. Sono in procinto di ricevere maledizioni. Vi prego di insegnare ciò che è giusto agli occhi di Dio. Possono andare ovunque nel mondo. La Sua grazia e la Sua misericordia li seguiranno.

Se pensate che i vostri figli siano molto istruiti, non avranno bisogno di nessuno. Se insegnate loro a essere cattivi nei confronti dei suoceri o di altre persone che non gli piacciono, avete fatto loro un grosso torto. Ricordate che Dio ha usato tre figli di Jochebed per la liberazione degli ebrei. Si potrebbe dire che Mosè ha perso una grande occasione per diventare il prossimo faraone d'Egitto. No, egli sapeva cosa era giusto agli occhi di Dio per essere stabilito. Non scendete a compromessi per un'opportunità sulla terra. La terra appartiene al Signore! Permettere l'insegnamento dello Spirito di Dio ci mantiene giusti.

Isaia 64:6 Ma noi tutti siamo come una cosa impura, e tutte le nostre virtù sono come stracci immondi, e tutti svaniamo come una foglia; e le nostre iniquità, come il vento, ci hanno portato via.

Cercate la guida di Dio in un momento difficile. Trovate la guida e l'insegnamento di Dio. Ne uscirete irreprensibili e sarete benedetti. Qualcuno al lavoro mi ha detto che gli ingiusti non hanno problemi ma si divertono. Non credo che sia così. Aspettate e vedrete la fine.

Il Re Saul voleva che i suoi figli salissero al trono. Saul cercò di uccidere Davide, ma non ci riuscì. Furono gli Angeli di Dio a proteggere Davide. Un potente guerriero avrebbe spazzato via il Re Saul in un secondo. Il Signore è stato fedele perché Davide era giusto. Fu onesto, non mettendo la mano sull'unto di Dio. Ne uscì pulito e divenne il re d'Israele.

2 Samuele 7:16 La tua casa e il tuo regno saranno stabiliti per sempre davanti a te; il tuo trono sarà stabilito per sempre.

Il Messia è uscito dalla discendenza di Davide. Gesù è il re per sempre. Davide ha portato benedizioni eterne alla sua generazione. I giusti Abramo, Isacco e Israele portarono grandi benedizioni e diedero vita all'onesto popolo di Dio. Egli ereditò le migliori nazioni e da esse uscirono molti grandi re. Quando si entra nella sala del trono, reclamando il Dio di Abramo, Isacco e Israele, si entra nella loro alleanza e si ereditano le benedizioni della loro giustizia.

Alcuni hanno preso posizione sul pulpito e hanno detto: "Ho bisogno di pace nella mia casa". Perché? Non c'è pace in casa. Riuscite a credere che un pastore possa dimenticare di essere giusto? Perché? Perché è un giusto.

Giacomo 3:18 Il frutto della giustizia viene seminato nella pace di coloro che fanno la pace.

Dio non esenta nessuno. Anche il vostro titolo richiede la giustizia di Dio. Detenere il titolo nelle chiese non significa nulla. Non avete l'autorità di annullare la giustizia di Dio.

Mia madre era un esempio di donna giusta. Era una donna coraggiosa. L'ho sempre vista fare la cosa giusta con i servi che lavoravano sotto di lei. Non aveva paura dell'autorità superiore. Non difendeva solo se stessa, ma anche tutti quelli che non potevano essere aiutati. Credo che i miei genitori ci abbiano portato grandi benedizioni. E anche molti, attraverso di lei, ne hanno ricevute. Vendicarsi è compito del Signore. Mia madre non ha mai fatto del male a chi gliene ha fatto, ma ha fatto del bene a sua volta. Testimoniava che chi le faceva del male moriva senza motivo. Il malvagio se ne andava in pochi giorni. Essendo cristiana, credeva che vendicarsi fosse compito del Signore. Quando fai il bene, Dio ti darà tutta la saggezza e il favore. Dio si serve di coloro che sono giusti. Satana si serve di coloro che non sono giusti. La Parola di Dio insegna la rettitudine e non solo, può cambiare chiunque.

Il Vangelo parlerà al vostro cuore.

Romani 1:16 Non mi vergogno infatti del vangelo di Cristo, perché è potenza di Dio per la salvezza di chiunque crede, del Giudeo prima e del Greco poi. 17 Perché in esso si rivela la giustizia di Dio da fede a fede, come sta scritto: "Il giusto vivrà per fede".

La storia dimostra che le persone di maggior successo erano rette, non intelligenti, talentuose o ricche. Ricordate: siate giusti e insegnate la rettitudine ai vostri figli e ai loro figli. Dio benedirà voi e la vostra discendenza sulla terra.

PREGHIAMO

Che il nostro giusto Signore ci insegni e ci dia la Sua giustizia! Fa' che le nostre azioni nell'angoscia e nel disastro siano giuste. Signore, donaci un cuore saggio in un tempo di opportunità per scegliere la strada giusta. Aiutaci a non lasciarci ingannare da ciò che sembra un successo. Il nostro successo è solo attraverso la giustizia di Dio. Aiutate quindi il Signore a essere un insegnante meraviglioso per i nostri figli e per i loro. Che il Signore ci dia un sano timore nei nostri cuori per rimanere sulla strada giusta nel nome di Gesù. Amen! Dio vi benedica!

17 MARZO

SAPETE COSA È DISPONIBILE?

Essendo cristiani, Dio diventa il nostro fornitore. Ci sono così tante promesse disponibili che forse avete bisogno di imparare. Tutto ciò che desiderate, richiedete, credete, chiedete, e cercate è proprio lì. Il vostro padre nei cieli possiede il bestiame su migliaia di colline. Fate la spesa e incassate tutte le promesse nel nome di Gesù.

Salmi 50:10 Perché ogni animale della foresta è mio e il bestiame su mille colline.

La Bibbia non parla di povertà, ma di ricchezza. Il vostro Dio è ricco.

Salmi 104:24 O Signore, quanto sono molteplici le tue opere! Con sapienza le hai fatte tutte; la terra è piena delle tue ricchezze.

Il popolo di Dio ha bisogno di una mappa per trovare questo tesoro. Si nasconde nel volume di libri chiamato Bibbia. Cerchiamo ricchezze ovunque. Facciamo di tutto e di più per denaro.

Le persone possono uccidere i propri familiari o parenti per esso. Chiunque voglia proteggersi deve farlo dai suoi parenti, e dico sul serio. Quanti uccidono i propri familiari per avere denaro! È un dato di fatto. Lasciate che vi dica che tutto il male che fate è il piano più ingannevole di Satana per maledirvi. Avete mai visto il diavolo venire con il suo corno per uccidere? No, non ce n'è bisogno; vi ha presi finché avete la concupiscenza degli occhi, della carne e l'orgoglio della vita. Il desiderio carnale vi renderà schiavi del diavolo. Potete essere schiavi del diavolo o liberi figli del Re Gesù. Cosa preferite? La scelta è vostra. Ricordate una donna di nome Eva? A prescindere da ciò che diciamo di lei, tutti noi siamo vittime della nostra carne.

La carne attiva il peccato. Guardatevi dal guardare, mangiare e desiderare. Tutto ciò che volete, desiderate e bramate può essere senza Dio e senza sudore. Quando ho bisogno di qualcosa, prego e chiedo a Dio di darmela. Arriverà al momento e nella stagione giusta. Il Padre vostro che è nei cieli sa di cosa avete bisogno.

Matteo 6:8 perché il Padre vostro sa di quali cose avete bisogno prima che gliele chiediate.

Dio ha una vigna da coltivare, dice Matteo 6:33 Ma cercate prima il regno di Dio e la sua giustizia, e tutte queste cose vi saranno aggiunte.

Lo capite? È tutto gratuito. Aprite la vostra Bibbia e iniziate a lavorare nella Sua vigna. Lavorate sempre e ovunque nel campo del Signore. Siate operai nella vigna di Dio e lavorate con gioia e con piacere. Non siate gelosi quando l'operaio di Dio riceve il meglio. Se volete tutto, lasciate la vostra agenda e iniziate a lavorare nella vigna. Cercate la Sua giustizia. Vedete il segno "+" che aggiunge, e il contrario di sottrazioni? Pace, protezione, provviste e molti privilegi sono a vostra disposizione. Ha creato gli Angeli per aiutarci.

Ebrei 1:13 Ma a quale degli angeli ha mai detto: "Siediti alla mia destra, finché non abbia fatto dei tuoi nemici lo sgabello dei tuoi piedi"? 14 Non sono forse tutti spiriti ministranti, mandati a servire coloro che saranno eredi della salvezza?

Esodo 23:20 Ecco, io mando un angelo davanti a te, per custodirti nel cammino e per condurti nel luogo che ho preparato.

Una volta ho letto un libro intitolato "Una liberazione dalle tenebre" di Emmanuel Eni (http://www.divinerevelations.info/dreams_and_visions/delivered_dai_poteri_dell'oscurità.pdf).

La sera in cui ho finito questo libro, ho sentito che nessun diavolo all'inferno era abbastanza grande da intimidirmi. Quella sera andai a dormire sentendomi vittoriosa. Poco prima di mezzanotte, qualcosa entrò nella mia camera da letto e mi svegliai. Sentii un ululato spaventoso nel mio cortile posteriore e laterale. Questi due rumori erano diversi, non li avevo mai sentiti né immaginati. Ma avevo una pace indescrivibile, ero calma e senza paura. Poi mi sono riaddormentata. Di nuovo sono stata svegliata da qualcos'altro e ho sentito altre grida spaventose dal cortile laterale. Il mio Dio mi ha dato pace e protezione oltre ogni misura.

Chiunque senta quell'urlo e quel rumore potrebbe avere un attacco di cuore. Ho sperimentato il potere e l'unzione attraverso quel libro. No, l'inferno non ha alcun controllo su di voi se seguite il libro chiamato Bibbia. Trascorro ore in questo libro e prego per molte ore. Mi rendo conto che ciò che cerchiamo è tutto disponibile senza faticare. Molte cose che possedete non sono mai state usate. Quando morirete, potrete prenderle? Ricordate di concentrarvi su ciò che è meglio per voi e per la vostra anima. Chiedete, cercate e bussate con grande saggezza. Non volete qualcosa che possa spaventare voi e i vostri figli.

La saggezza è disponibile, basta chiederla.

Giacomo 1:5 Se qualcuno di voi manca di sapienza, la chieda a Dio, che dà a tutti gli uomini con liberalità e non fa complimenti, e gli sarà data.

La saggezza è intelligenza, giudizio e prudenza. Chiedete a Dio di darvi la saggezza per tutte le questioni e vedete cosa succede. Rimarrete stupiti. Io chiedo sempre saggezza e guida per ogni cosa. Guida per le questioni grandi o piccole che siano. Il Suo Spirito guida, insegna e dà forza alle questioni che vi riguardano. Riuscite a immaginare l'acqua dalla roccia? L'autostrada nel Mar Rosso? Sì, è possibile. Pensate a qualcosa e credeteci. Non si tratta di comprensione, ma di un blocco o di un accecamento della mente. Leggete la Bibbia e pregate per voi stessi. È una direzione per entrare nel soprannaturale. Tutte le cose soprannaturali che sono accadute in passato sono disponibili oggi. Nella scuola domenicale i bambini imparano le seguenti scritture.

Marco 11:23 In verità vi dico che chi dirà a questo monte: "Sii rimosso e gettato nel mare", e non dubiterà in cuor suo, ma crederà che le cose che dice si avvereranno, avrà ciò che dice.

Ho sentito questa storia vera di un'enorme montagna davanti alla loro casa. I bambini sono usciti e hanno chiesto alla montagna di spostarsi nel nome di Gesù. Una mattina, un bambino si è svegliato e ha visto grandi camion e operai che lavoravano per rimuovere la montagna. In pratica sono usciti e hanno parlato alla montagna credendo nelle parole. Perché siamo così cresciuti? Io credo solo nel Signore e in nessun altro. C'è così tanto a disposizione che non riesco a immaginarlo. Indovinate cosa dovrebbe chiedere la gente? Penso la contentezza, visto che le persone hanno troppo. Non godono di ciò che hanno, ma cercano di più.

1 Timoteo 6:6 Ma la pietà con la contentezza è guadagno significativo.

I genitori possono dare solo quello che possono. Ma se i genitori insegnano ai figli che Dio può dare tutto quello che vogliono se pregano per credere nel loro cuore. Le Scritture che seguono sono le mie preferite perché danno l'eccesso della ricchezza del Padre celeste.

Apocalisse 5:12 dicendo a gran voce: "Degno è l'Agnello che è stato ucciso di ricevere potenza, ricchezza, sapienza, forza, onore, gloria e benedizione".

Possiamo ricevere da Gesù credendo e seguendoLo. Lui ha tutto; non c'è bisogno di vagare di paese in paese per ottenere la prosperità. Basta credere in Gesù.

PREGHIAMO

Nostro Signore e Salvatore Gesù, benedici il Tuo popolo con la conoscenza e la saggezza esoterica. Sappiamo che è disponibile per noi. Abbiamo bisogno del cuore per credere e il potere di conquistare. Dacci la saggezza, così insegneremo ai nostri figli la mappa della ricchezza, della saggezza e della potenza di Dio. Insegniamo a Gesù vivo e risorto. È nostro dovere. Puoi aiutarci a essere precisi nella conoscenza della Parola? Solo la verità rimarrà per sempre. Abbiamo tanto a disposizione, quindi permetteteci di aprire la Bibbia, cercarla e reclamarla nel nome di Gesù. Amen! Dio vi benedica!

18 MARZO

RICONNETTETEVI CON DIO!

Dio, aiutaci a riconnetterci con te e a disconnetterci dagli errori. Fa' che la riconnessione con il Signore diventi viva. La connessione è molto importante. Se vi mettete in contatto con Dio, il vostro problema sarà risolto. Quando Adamo ed Eva si sono messi in contatto con Lui, sono stati al sicuro, protetti e benedetti.

Il diavolo sa cos'è e cosa può fare Dio per la sua creazione, quindi cerca di disconnetterci da Dio. Il programma di Satana di rubare, uccidere e distruggere può essere attuato con successo se ci disconnette da Dio. Come sapete, la donna con l'emorragia,

Matteo 9:21 disse tra sé: "Se solo toccassi la sua veste, sarei guarita".

Voleva essere intera, non solo guarita. Intero significa corpo, spirito e anima completi, integri e non feriti. Così si mise in contatto con Dio e la perdita di sangue cessò.

Marco 5:29 E subito la sorgente del suo sangue si seccò, e sentì nel suo corpo che era guarita da quella piaga.

Giovanni Battista è venuto per metterci in contatto con Dio. Ha impartito il battesimo di pentimento. Dopo essersi pentiti, si sono ricollegati a Dio. Noi dobbiamo connetterci con Dio. Nell'Antico Testamento, i profeti e i sacerdoti erano collegati a Dio. Prima di tutto, associarsi a Dio, poi aiutare gli altri. La connessione è molto importante. Il legame con le compagnie sbagliate vi contaminerà. Il capitolo 1 dei Salmi parla della connessione con gli empi, i peccatori e gli sprezzanti che vi infetteranno.

La connessione con lo spirito maligno si manifesta con un'azione malvagia. I demoni dell'alcol vorrebbero connettersi con i bevitori. I demoni della sigaretta si connettono con i fumatori di sigarette. Lo spirito della morte vi connetterà con corpi malati. Il demone del cancro vi darà il cancro. Tutti gli attaccamenti mostrano il tipo di connessione che avete. Se la casa è connessa con le termiti, allora la casa sarà distrutta da esse. Se vi collegate a un'azienda malvagia, sarete distrutti. Al diavolo piace collegare le persone con Internet, i film e il mondo per disconnetterci da Dio. Un legame si manifesta nel vostro comportamento. Il vostro comportamento mostrerà con chi siete in contatto. Il Re Saul si è staccato da Dio a causa della sua trasgressione. Che cos'è la trasgressione? Trasgressione significa che si calpesta consapevolmente la legge di Dio. Si chiama crimine o ribellione. Il Re Saul, in preda all'angoscia, cercava di connettersi con Dio, ma Egli lo ha completamente scollegato.

1 Samuele 28:5 Quando Saul vide l'esercito dei Filistei, ebbe paura e il suo cuore tremò molto. 6 Quando Saul chiese informazioni all'Eterno, l'Eterno non gli rispose né con sogni, né con Urim, né con profeti.

Ricolleghiamoci a Dio, dove la ricchezza, il tesoro, conoscenza, la saggezza e il flusso di potere.

Efesini 2:13 Ma ora, in Cristo Gesù, voi che eravate lontani siete diventati vicini grazie al sangue di Cristo.

Grazie a Dio per averci ricollegato al trono della misericordia e della grazia attraverso il suo prezioso sangue. Un medium come la tavola Ouija, le streghe, gli stregoni, gli astrologi, i sensitivi e i maghi si mettono in contatto con il mondo degli spiriti. Il vostro collegamento non deve essere con lo spirito sbagliato. Gli altri spiriti sono falsi, tranne lo Spirito Santo. Esso vi metterà in contatto con tutta la verità.

Come entrare in contatto con Dio? È molto semplice: prima pentitevi dei vostri peccati, poi battezzatevi nel nome di Gesù per lavare i vostri peccati. Ora potete pregare e parlare con il Signore per entrare in contatto con Dio. Il nostro Dio, Gesù, ha orecchie per ascoltare, occhi per vedere e potere per aiutare. Il vostro telefono può connettersi con chiunque abbia un telefono. Se si dispone di Internet, ci si connette ovunque nel mondo. Non è come la TV, ma ora si ha il controllo del mondo. Il peccato ci disconnette da Dio e ci mette in contatto con punizioni e maledizioni. Caino uccise suo fratello. Per questo motivo Dio lo collegò alla punizione e alla maledizione.

Genesi 4:11 Ora sei maledetto dalla terra, che ha aperto la bocca per ricevere il sangue di tuo fratello dalla tua mano; 12 quando dissoderai il terreno, esso non ti renderà più la sua forza; sarai un fuggiasco e un vagabondo sulla terra. 13 Caino disse all'Eterno: "Il mio castigo è più grande di quanto io possa sopportare".

Ricordate che la terra appartiene al Signore. Se vi connettete con il proprietario della terra, vi connette con il suo tesoro, le sue benedizioni, il suo potere, la sua ricchezza e la sua salute. Tutto sarà vostro. Il Signore vuole che siate connessi con Lui. Manda la Sua parola; manda profeti, predicatori, pastori e missionari e, infine, viene Lui stesso. Ha dato il Suo sangue. Connettersi con noi è l'unico desiderio di Dio. Per questo motivo ha inviato dodici e poi settanta discepoli per metterli in contatto con Lui.

Voleva che sapeste che siete malati, con il cuore spezzato, persi, posseduti, oppressi e seduti nelle tenebre a causa della disconnessione con Dio. Avete visto quanto è terribile quando ci si disconnette da Internet? Il mondo può crollare, le aziende vanno in rovina e una banca chiude. Nello stesso modo in cui il mondo è crollato, si muore di malattie incurabili da quando ci si stacca da Dio. Il Suo ultimo messaggio dopo la resurrezione è semplice: andate a predicare per riconnettere la mia creazione con me.

Marco 16:15 Poi disse loro: "Andate in tutto il mondo e predicate il Vangelo a ogni creatura. 16 Chi crederà e sarà battezzato sarà salvato, ma chi non crederà sarà dannato. 17 E questi segni seguiranno quelli che credono: nel mio nome scacceranno i demoni, parleranno con lingue nuove". 18 Essi prenderanno in mano i serpenti; e se berranno qualche cosa di mortale, non farà loro male; imporranno le mani ai malati e questi guariranno. 20 Poi partirono e predicarono dappertutto, mentre il Signore operava con loro e confermava la parola con segni successivi. Amen!

Predichereste il Vangelo per collegare le persone al Creatore? Le persone hanno bisogno di conoscere il Creatore. Desiderate raccontare al mondo il piano di riconnessione di Gesù. Date tutto ciò che Gesù ci ha messo a disposizione gratuitamente. Riposate. Egli si prenderà cura di voi. Non dovete preoccuparvi, è Lui che comanda. Ricollegatevi a Dio!

PREGHIAMO

Signore Dio onnipotente, aiutaci a riconnetterci con te. Ti prego di fornirci i pastori e i profeti giusti per metterci in contatto con il nostro Creatore. Non abbiamo bisogno di una connessione a Internet, ma di connessioni cosmiche. Che il Signore apra i nostri occhi per discernere e percepire il piano di Satana e il suo potere di controllo per disconnetterci da Dio. Che il Signore ci aiuti a disconnetterci da Satana e dal mondo. Signore, aiutaci a trovare una connessione attraverso il prezioso sangue di Gesù. Il nostro Padre celeste vi aspetta per riconnettervi e godere di tutto ciò che ha per voi, nel nome di Gesù. Amen! Dio vi benedica!

19 MARZO

SEME BUONO CONTRO TARA!

Matteo nel capitolo 13 parla della parabola del Regno di Dio.

Matteo 13:24 Poi espose loro un'altra parabola, dicendo: "Il Regno dei cieli è simile a un uomo che ha seminato del buon seme nel suo campo; 25 ma mentre gli uomini dormivano, venne il suo nemico, seminò della zizzania in mezzo al grano e se ne andò per la sua strada. 26 Ma quando la zizzania fu spuntata e portò frutto, apparve anche la zizzania. 27 Allora i servi del padrone di casa vennero a dirgli: "Signore, non hai seminato del buon seme nel tuo campo? Da dove viene dunque la zizzania? 28 Egli rispose loro: "Un nemico ha fatto questo". I servi gli dissero: "Vuoi dunque che andiamo a raccoglierla?". 29 Ma egli disse: "No, perché se raccogliete la zizzania, non sradicherete con essa anche il grano. 30 Lasciate che l'uno e l'altro crescano insieme fino alla mietitura; e al tempo della mietitura dirò ai mietitori: "Raccogliete prima la zizzania e legatela in fasci per bruciarla; ma raccogliete il grano nel mio granaio".

Gesù spiegò ai suoi discepoli la parabola del grano e della zizzania.

Matteo 13:37 Egli rispose e disse loro: "Colui che semina il buon seme è il Figlio dell'uomo; 38 il campo è il mondo; il buon seme sono i figli del Regno; ma la zizzania sono i figli del malvagio; 39 il nemico che li ha seminati è il diavolo; la mietitura è la fine del mondo; e i mietitori sono gli angeli. 40 Come dunque la zizzania viene raccolta e bruciata nel fuoco, così sarà alla fine di questo mondo. 41 Il Figlio dell'uomo manderà i suoi angeli, i quali raccoglieranno dal suo regno tutto ciò che offende e ciò che commette iniquità, 42 e li getteranno in una fornace di fuoco; ci saranno lamenti e stridore di denti. 43 Allora i giusti risplenderanno come il sole nel Regno del Padre loro. Chi ha orecchi per udire, ascolti.

Vi siete mai chiesti perché ci sono così tante organizzazioni, non denominazioni, denominazioni e chiese? Tutto appartiene a Gesù? No, solo i semi buoni. I semi buoni sono figli del Regno. Dio è il re dei re. Il Re ha un regno. Satana vuole rovesciare il Re Gesù; il suo programma è dividere il Regno portando falsi insegnanti e profeti. Le tare sono i seguaci dei falsi insegnanti, e sono molti.

I semi buoni sono i figli di Dio, mentre la zizzania è figlia di Satana. Quando vedete queste opere sotto diverse denominazioni, usate la Parola di Dio stravolgendo, cambiando, aggiungendo e sottraendo i figli di Satana. Le tare sanno parlare bene e suonare come si deve. Ci si può chiedere quale sia la differenza. La loro dottrina e i loro insegnamenti non sono conformi alla Parola di Dio. Gesù ha detto che queste sono le caratteristiche del suo grano che sono figli di Dio.

Scacciano il demone nel nome di Gesù. Questo è il primo carattere di un figlio di Dio. Le tare diranno che i cristiani non hanno demoni. Davvero? La zizzania mentirà. Alcune tare insegneranno che non ci sono demoni.

19 MARZO

Alcune tare diranno che quando si diventa cristiani, si ha lo Spirito Santo. Le tare appartengono alle organizzazioni o alle chiese create da Satana per distruggere i figli obbedienti di Dio. Le tare sono cieche e sorde.

2 Corinzi 7:1 La Bibbia dice di ripulirsi da ogni sporcizia della carne e dello spirito, perfezionando la santità nel timore di Dio.

Dobbiamo ripulirci da tutti gli spiriti e dai peccati carnali a noi legati. Digiuniamo, preghiamo e obbediamo alla Parola di Dio, affinché il Signore Gesù possa servirsi di noi. Alleluia! Dio non usa le persone impure. Le tare non credono che un demone esista in loro, nella casa, nell'ufficio, e nemmeno che esista. Come fanno a scacciarlo se non credono nella sua esistenza? Il demone non può scacciare un demone. Questi sono i figli di Satana che lavorano portando zizzania. Incontro molte tare che crescono e lavorano tra i buoni semi di grano. Dio ha piantato semi buoni nel mondo. Non limita Dio agli ebrei, ma chiunque crede in Lui è privilegiato.

Il secondo segno di un buon seme è che parlerà in una nuova lingua, proprio come nel giorno di Pentecoste. La chiesa dei discepoli del Nuovo Testamento parlava nella lingua celeste. Ma la zizzania non crederà nella lingua parlata. Perché? Perché confonde Satana. Satana non sa che lingua parlano i figli di Dio.

In terzo luogo, nessun danno ai figli del re. La zizzania sarà sempre malata. Lamentele del sistema immunitario, reazioni, cancro, attacchi di cuore ecc. Avendo un falso insegnamento, non riconoscono mai di essere tare. Le tare sono buone ingannatrici, come il loro re Satana. Nulla potrà ferire o danneggiare i semi buoni. Credono nelle frustate per essere guariti. Ungono i malati con l'olio e guariscono. Le tare vanno in chiesa, dove non succede nulla. Quando sono malate, il diavolo ha la conoscenza per dare loro la medicina. Vedete due simboli di serpenti su un'insegna medica? Satana non permette loro di ungersi con l'olio, quindi non possono ricevere la guarigione. La tara mangerà il cibo senza fede. Il seme malvagio crederebbe in una cosa mortale o nel male del serpente, anche il cibo buono danneggia la zizzania! La zizzania si oppone a ciò che il seme buono crede.

Non conosco la medicina, ma porto sempre con me l'olio, ungo i malati e prego su di loro. Le tare vanno in chiesa usando la Bibbia, ma i loro falsi insegnanti, profeti e pastori seguono l'insegnamento di Satana. Stravolgono, aggiungono e sottraggono all'insegnamento del Signore Gesù. Ho notato che le tare sono forti nelle argomentazioni, troppo buone per il loro male. Che tristezza, la dottrina anticristo è iniziata quando il discepolo Giovanni era in vita. Egli ci ha avvertito nella prima, seconda e terza lettera di Giovanni. Le tare non credono che Gesù fosse Geova. Un Dio Spirito ha camminato nella carne per versare il sangue. Il peccato causa la malattia. Le maledizioni generazionali sono reali. La malattia deve andarsene nel nome di Gesù. Il diavolo vuole che i suoi figli siano malati, posseduti e oppressi dall'inganno. Alla maggior parte delle tare piace la Chiesa. Satana ha fatto in modo che i detti di Broadway arrivassero così come sono. Non dovete pentirvi. Vivete come volete, non c'è bisogno di liberarsi del peccato e non siete obbligati a credere nell'insegnamento di Dio. Egli sta lavorando duramente per produrre medicine e ricercare molti farmaci per sconfiggere il piano di salvezza di Dio.

La zizzania, seguace di Satana, perde tutto il denaro, il tempo libero e la gioia perché è sempre malata. Satana non può guarire, liberare o liberare.

Ho letto la testimonianza di un uomo. Ha visto un serpente su una stretta strada di montagna, pronto a mordere. L'uomo ha iniziato a parlare nella lingua dello Spirito Santo e il serpente è impazzito. Le tare non crederanno nel parlare in lingua anche in testimonianze come questa.

Le tare crederanno che avete lo Spirito Santo quando accettate Gesù. No, non è così. Si riceve lo Spirito Santo avendo la prova di parlare nella propria lingua. La zizzania è scettica. Questo era il motivo per cui il Signore parlava in parabole. Vedono e sentono, ma non vedono e non sentono.

Matteo 13:10 Poi vennero i discepoli e gli dissero: "Perché parli loro in parabole?". 11 Egli rispose loro: "Perché a voi è dato di conoscere i misteri del Regno dei cieli, ma a loro non è dato. 12 Infatti, a chi ha, sarà dato e avrà più abbondanza; ma a chi non ha, sarà tolto anche a colui che ha. 13 Perciò parlo loro in parabole, perché non vedono e non sentono e non capiscono.

Dio dice: "Lascerò prosperare queste chiese, ma alla fine manderò la zizzania a bruciare, e prenderò i miei figli, chiamati grano, buon seme nel mio Regno.".

Il grano, la predicazione della verità, la cacciata dei demoni e la distruzione del Regno di Satana ricevendo il potere dello Spirito Santo sono i semi buoni. Abbiate pazienza fino alla fine. Riconoscete la zizzania dalla sua incredulità e dall'assenza di frutti dello Spirito Santo. Credete al messaggio della parabola prima di lasciare la terra. Gesù è venuto a distruggere l'opera di Satana liberando gli oppressi e i posseduti. Scacciando il demonio, guarendo i malati, aprendo gli occhi ai ciechi, facendo camminare gli zoppi, risuscitando i morti, guarendo il cuore spezzato, facendo un grande lavoro. I suoi discepoli hanno fatto come hanno ricevuto la potenza di Dio. Mi dispiace vedere sempre i malati. Ma come ha detto Gesù, non possono vedere né sentire, anche se leggono la Bibbia. Per questo non possono lavorare contro Satana. E allora, come possono scacciare il demonio? Satana ama il peccato e non permette alla zizzania di pentirsi, di pulirsi dalla carne. Quindi ricordate, il grano è il seme buono, il seguace di Gesù.

PREGHIAMO

Nel nome di Gesù, Signore, metti negli occhi e nell'orecchio la goccia del tuo sangue mescolata allo Spirito Santo. Fa' che il Signore ci renda grano e non zizzania. Il mondo riconosce la zizzania e la mette intorno al grano. Il Signore preserva il grano dai danni e dai pericoli. Signore, fa' che i semi siano buoni e si moltiplichino. Fa' che la Tua protezione divina sia sul campo. Fa' che i tuoi occhi veglino sul grano e lo preservino dal male, nel nome di Gesù. Amen! Dio vi benedica!

20 MARZO

LAVORIAMO NELLE AVVERSITÀ!

I cristiani promettono la vittoria, il che significa che ci sarà una battaglia. Il popolo di Dio lavora nelle avversità. I cristiani lavorano in mezzo a bugiardi invidiosi e orgogliosi e alle forze del nemico. Siamo nell'esercito di Dio. Lasciamo che il Signore combatta la nostra battaglia. Daniele aveva molti avversari, ma il Signore sapeva come ribaltare la situazione. Gesù sa come proteggere i Suoi figli.

Il diavolo prende di mira le persone chiave. Trama accuratamente contro di loro. Il diavolo osserva ogni mossa dei giusti. Ma la fede e la conoscenza di Dio sconfiggono il diavolo. Questo elabora un piano di distruzione contro di voi, ma Dio lo contrasta per portarvi alla vittoria se gridate a Lui per chiedere aiuto. L'operaio di Satana trama il piano migliore per sbarazzarsi dei giusti. Ma Dio dice: "Io so come abbattere e rovesciare la tavola". Dio permette lo stesso piano contro il nemico. Così il nemico muore senza rimedio. Non è meraviglioso? Nelle nostre avversità, gridiamo: dov'è Dio? Lui ci guarda ed è impegnato a preparare il piano di salvataggio, comandando ai suoi Angeli di salvarci.

Il Signore è impegnato a chiudere la bocca del leone. Dio è molto impegnato a rispondere al nostro grido. Non è visibile, ma lo saprete quando vedrete la liberazione. Quando il piano di Dio entrerà in azione, sarete promossi e il nemico vi distruggerà per sempre. Lavoriamo nelle avversità.

Daniele 6:5 Allora quegli uomini dissero: "Non troveremo nulla contro questo Daniele, a meno che non ne troviamo contro di lui riguardo alla legge del suo Dio".

Così progettano di distruggere Daniele.

Daniele 6:7 "Tutti i presidenti del regno, i governatori, i principi, i consiglieri e i capitani si sono consultati insieme per stabilire uno statuto reale e per emanare un decreto definitivo, secondo il quale chiunque chieda una petizione a un Dio o a un uomo per trenta giorni, eccetto che a te, o re, sarà gettato nella fossa dei leoni. 8 Ora, o re, stabilisci il decreto e firma lo scritto, affinché non sia cambiato, secondo la legge dei Medi e dei Persiani, che non si altera". 11 Allora quegli uomini si riunirono e trovarono Daniele che pregava e faceva supplice davanti al suo Dio.

Wow! Il loro piano ha successo. Ma il Signore del cielo onora coloro che onorano le Sue leggi. Non viviamo per Dio quando è conveniente. Viviamo per Dio nelle avversità.

15 Allora quegli uomini si radunarono dal re e gli dissero: "Sappi, o re, che la legge dei Medi e dei Persiani è che nessun decreto o statuto stabilito dal re può essere cambiato". 16 Allora il re ordinò di portare Daniele e lo gettarono nella fossa dei leoni. Il re parlò e disse a Daniele: "Il tuo Dio, che tu servi continuamente, ti libererà".

Dio reagisce alla vostra parola, azione e atteggiamento. Non ha avversità, ma benedizioni preparate per coloro che stanno alti, immobili e saldi nella Parola di Dio. Lavoriamo nei problemi per Dio. Egli ha salvato Daniele per mano dei Suoi Angeli.

Daniele 6:21 Allora Daniele disse al re: "O re, vivi in eterno. 22 Il mio Dio ha mandato il suo angelo e ha chiuso la bocca ai leoni, che non mi hanno fatto del male; poiché davanti a lui sono stato trovato innocente, e anche davanti a te, o re, non ho fatto del male.

Dio ha ribaltato la situazione contro l'avversario. La Sua parola è stata stabilita per sempre. Sapendo questo, Daniele fece ciò che era giusto. I comandamenti di Dio sono buoni in qualsiasi nazione e situazione per chiunque. Egli osservò il comandamento di Dio. Dio ha rovesciato la tavola contro il nemico.

Daniele 6:24 Il re diede un ordine ed essi portarono gli uomini che avevano accusato Daniele e li gettarono nella fossa dei leoni, loro, i loro figli e le loro mogli; i leoni ebbero il sopravvento su di loro e fecero a pezzi tutte le loro ossa o quando arrivarono in fondo alla fossa.

Il re ordinò al suo regno e al suo dominio di temere il Dio di Daniele, ma non solo: *28 Così questo Daniele prosperò nel regno di Dario, e nel regno di Ciro il Persiano.*

Le persone che detengono l'autorità possono provare contro di voi. Non prendete la legge nelle vostre mani, ma aspettate Dio. Dio dice che la vendetta è Sua. Egli sa come liberare i giusti. Non libera gli ingiusti. Anche se non lo fa, dobbiamo comunque rimanere fedeli alle Sue leggi e ai Suoi comandamenti. Dio è buono! La terra ha bisogno di persone fedeli per dimostrare l'opera meravigliosa di Dio. Il popolo di Babilonia ha sempre visto l'uomo che mangia il leone nella tana. Ma non avevano mai visto quello che videro quella notte. Daniele non rimase lì per poche ore, ma per tutta la notte. Così il re vide la potenza di Dio a Babilonia.

Il re ha detto:

27 Egli libera e salva, opera segni e prodigi in cielo e in terra, ha liberato Daniele dal potere dei leoni.

Gesù ha lavorato nelle avversità. Gesù ha portato a termine la Sua missione e ciò per cui è venuto. Satana progetta di distruggere ciò per cui vi battete. Il diavolo vuole stressarvi e vedere qual è la vostra reazione. Vi arrendete, cedete o cercate di scendere a compromessi in qualche modo? Adamo ed Eva hanno consegnato la terra a Satana, che non vuole partecipare al programma di Dio sulla terra. Ha progettato di crocifiggere Gesù. Gesù ha ribaltato la situazione contro il diavolo! Ha dato il suo sangue per lavare i peccati dell'umanità. Il sangue ha vita; è per la vostra e la mia vita. Ha preso trentanove colpi per la nostra guarigione. Ha dato lo Spirito Santo perché potessimo scacciare il diavolo. Possiamo imporre le mani per guarire i malati nel nome di Gesù. Satana vuole sbarazzarsi di tutti coloro che stanno con Gesù. Tutti coloro che stanno dalla parte di Gesù lavoreranno nelle avversità. I cristiani non hanno un cammino roseo, ma se ci basiamo sulla Parola di Dio, otteniamo la vittoria. Le persone di Dio trovano liberazione e guarigione e vedono i morti risorgere. Non pensate mai che la terra non abbia battaglie. La terra è il luogo dove c'è un diavolo avversario con un piano per portare calamità, difficoltà, sofferenze e afflizioni. Ma imparate a stare con la Parola di Dio per ottenere la liberazione e la vittoria.

Abbiamo bisogno di una mente e di un cuore unici per concentrarci sulla Parola di Dio e non sul problema.

Se Dio dice che è fornitore, allora non guardate a ciò che vi manca, ma dite: "Ricevo la Sua provvidenza.". Non preoccupatevi del tipo di malattia, ma concentratevi. Le Sue frustate vi guariscono. Tutte le tempeste, le malattie, le oppressioni e le possessioni sono state crocifisse quando Gesù è stato inchiodato sulla croce. Nessun'arma dell'avversario ha potere su di voi se confidate nel Signore. La porta di una prigione si aprirà se rimarrete concentrati sulla vostra missione. Lavoreremo sempre nelle avversità. Ricordate che il diavolo, l'avversario, ha un piano.

1 Pietro 5:8 Siate sobri, vigilate, perché il vostro avversario, il diavolo, come un leone ruggente, va in giro cercando chi divorare.

Il diavolo, in quanto avversario, blocca e ferma. Satana ha un esercito di angeli caduti e di demoni che lavorano sotto di lui. Non importa dove andiate e cosa facciate, il diavolo vi insegue e vi contrasta. Pregate e digiunate come fecero Daniele e nostro Signore Gesù.

Daniele 10:13 Ma il principe del regno di Persia mi ha ostacolato per un giorno e venti; ma ecco che Michele, uno dei principali principi, venne ad aiutarmi; e io rimasi lì con i re di Persia.

Apocalisse 12:7 E ci fu guerra nel cielo: Michele e i suoi angeli combattevano contro il drago; e il drago combatteva con i suoi angeli, 8 e non prevaleva; e non c'era più posto per loro nel cielo. 9 E il grande drago fu scacciato, quel serpente antico, chiamato diavolo e Satana, che inganna tutto il mondo; fu scacciato sulla terra e i suoi angeli furono scacciati con lui.

Abbiamo la chiave per vincere il diavolo.

Apocalisse 12:11 Essi lo sconfissero per mezzo del sangue dell'Agnello e della parola della loro testimonianza e non amarono la propria vita fino alla morte.

PREGHIAMO

Signore Gesù, aiutaci a vincere l'avversario. Sappiamo che la croce è l'opera finita del Messia. Signore, aiuta il tuo popolo a credere e a stare come Daniele, Davide e altri che si sono basati sulla Parola di Dio. Tutti noi abbiamo prove e testimonianze scritte nella Parola di Dio. Ci basiamo su di esse e dichiariamo che nessuna arma può terrorizzarci con un piano dell'avversario, ma spezziamo il piano dell'avversario e il suo potere nel nome di Gesù. Amen! Dio vi benedica!

21 MARZO

DIVENTATE VIOLENTI. PRENDETELO CON LA FORZA!

Matteo 11:12 E dai giorni di Giovanni Battista fino ad oggi il regno dei cieli subisce violenza e i violenti se lo prendono con la forza.

Dio sta dicendo: "Ti do la chiave del regno". Ma dovete usare la forza della preghiera, la forza del digiuno e brandire la spada della Parola di Dio. In questo mondo, vediamo che il matrimonio è insicuro, i bambini vengono ingannati, si beve, ci si droga, si uccide, si spara, le prigioni sono piene ecc. Dio ha detto: "Vi do la chiave per usare il potere della preghiera e del digiuno per scacciare Satana". Se lo usate correttamente, il diavolo sarà tagliato fuori. Mentre Gesù andava a liberare l'uomo, il diavolo portò la tempesta. Gesù placa la tempesta, raggiunge l'uomo posseduto dalla legione e lo libera. Gesù disse: "Anche voi potete fare quello che faccio io. Vi do la chiave; è la parola obbedendo. Vi do il potere sul serpente e sullo scorpione".

Luca 10:19 Ecco, io vi do il potere di calpestare i serpenti e gli scorpioni e tutta la potenza del nemico; e nulla vi potrà in alcun modo ferire.

Dio vi ha permesso di compiere l'opera utilizzando le autorità nel Suo nome, Gesù. Ricevendo lo Spirito Santo, Dio viene su di voi per darvi potere. È Gesù che farà il lavoro usando il nostro corpo. Cedete al Suo Spirito. Imparate a operare ascoltando la guida dello Spirito Santo attraverso la Parola di Dio. La conoscenza è potere, la chiave è la conoscenza. Se sapete cosa avete o potete avere a disposizione, allora pregherete, digiunerete e distruggerete Satana e il suo programma di uccidere, rubare e distruggere.

Se la vostra famiglia è vittima della droga, dell'alcol, dell'oppressione, della possessione, delle malattie mentali, del cancro, dell'aids e di tutti i tipi di problemi, la chiave è indossare l'armatura di Dio non solo dicendolo ma anche agendo. Digiunare, pregare e praticare la Parola come armatura, non solo leggendola. È la corazza della giustizia. Se qualcuno è malato, ungetelo con l'olio santo e pregate. Vedo sempre una vittoria ungendo i malati con l'olio. Ungere luoghi, alberi e case distrugge l'opera di Satana. Pietro era in prigione e il programma di Satana era di ucciderlo. Ma alcune persone indossavano un'armatura e pregavano senza sosta per distruggere il piano. Dio mandò l'Angelo e salvò Pietro. Il diavolo avversario prende di mira i cristiani; qualcuno deve diventare violento nella preghiera e distruggere il piano di Satana. Rendere l'idea del diavolo non efficace. Questa è l'armatura della giustizia.

Atti 12:5 Pietro fu dunque tenuto in prigione, ma la Chiesa pregava senza sosta per lui. Dobbiamo fare lo stesso. Non parlare della situazione, ma pregare contro di essa.

Atti 12:7 Ed ecco che l'angelo del Signore venne su di lui e una luce brillò nella prigione; poi colpì Pietro al fianco e lo rialzò dicendo: "Alzati presto". E le catene gli caddero dalle mani. 8 E l'angelo gli disse: "Cingiti e allacciati i sandali". Ed egli fece così. Poi gli disse: "Gettati addosso le tue vesti e seguimi". 9 Ed egli uscì e lo seguì.

Alcuni sono stati violenti con Satana e hanno fatto uscire Pietro di prigione. Siate violenti nella preghiera. Gridate, travagliate. Piangete e vi affliggete con la bocca chiusa? Avete visto una donna che partorisce un bambino in silenzio? Potete chiederle di tacere?

Il diavolo vuole che urliate mentre vi intrattenete con la carne. Ma in chiesa, silenzio. Chi ha detto "silenzio"? Satana è ingannevole e inganna coloro che amano essere ingannati. Non mi piace particolarmente essere ingannata e non mi piace per niente andare in posti dove i morti siedono sui banchi. Ovunque vada, scaccio il diavolo, guarisco i malati e prego ad alta voce. Non sono morta. Un discepolo ha gridato quando ha ricevuto lo Spirito Santo. È il potere dei vivi e non dei morti. Gesù chiese loro di tenere la bocca chiusa? No, aprì la bocca e parlò. Naturalmente, i morti spirituali non possono gridare. Lo capite, vero?

Gesù disse: Luca 22:31 Il Signore disse: "Simone, Simone, ecco, Satana ha voluto averti per vagliarti come grano; 32 ma io ho pregato per te, affinché la tua fede, quando ti sarai convertito, rafforzi i tuoi fratelli".

Preghi quando Satana sta passando al setaccio qualcuno? Satana stava cercando di uccidere uno dei membri della famiglia e io sono entrata in preghiera per evitare che venisse uccisa. L'ho tolta dalla bocca di Satana. Ho avuto una visione di una strega. Stava contattando il demonio per distruggere il mio familiare. Ho visto in una visione e ho comandato che tornasse da lei. Tutti i demoni sono entrati nel suo corpo. Non mettetevi contro i santi divini e giusti. Essi sanno come essere violenti con Satana e il suo esercito nel regno spirituale. Vegliare e pregare significa essere consapevoli del mondo degli spiriti e comandare al diavolo di non toccarlo. "Ti lego nel nome di Gesù e spezzo il tuo potere."

Una volta ho sentito l'urlo dell'inferno mentre legavo lo spirito, che è caduto sui miei piedi e ha spezzato il suo potere. Gesù ha detto che quando andate nella casa di un uomo forte, che è Satana, dovete legarlo, così potrete distruggerlo. Prima lego Satana e poi distruggo il suo piano di rubare e uccidere. Liberate lo Spirito Santo e gli Angeli.

Gesù andò a liberare l'uomo che aveva una legione nel corpo. Il diavolo è il principe dell'aria che ha portato la tempesta a bloccarsi. Gesù calma la tempesta parlandole. Comanda la tempesta e l'acqua impetuosa dei problemi e delle prove. Parla alla montagna dei problemi: esci. Diventò violento. Gesù lo prese con la forza. Il Signore Gesù ha liberato l'uomo. Capite, pregate finché non vedete il risultato.

C'è stato un momento in cui i figli di una famiglia cara erano in difficoltà. Ho visto che sarebbero stati vittime della loro madre, che si preoccupava troppo della sua famiglia. Mandando i figli alla famiglia di origine della madre, questa avrebbe usato il suo denaro per mantenere i genitori e i fratelli. Ma i bambini erano le vittime del programma di Satana. Ero preoccupata per loro. Dio ha detto che nella notte dovevo pregare finché non fosse sorto il sole. L'ho fatto. Il Signore ha salvato i bambini dal piano di Satana. La madre ha stregato la figlia per mandare i bambini a casa della madre. Ammaliare i membri della famiglia significa approfittarne per un motivo egoistico.

Romani 14:17 Perché il regno di Dio non è carne e bevanda, ma giustizia, pace e gioia nello Spirito Santo.

Avete sentito alcune chiese parlare di cibo e di programmi e non di guarigione e liberazione? Questo è estraneo ad alcune chiese religiose. Invece, lodano il pranzo piacevole o il pollo. L'opera del Regno è distruggere Satana e salvare la vittima. Avete visto le Chiese gridare e sudare sangue come Gesù? Santo cielo, se lo facciamo, allora scenderà un Angelo.

Luca 22:43 Gli apparve un angelo dal cielo che lo rafforzò.

Ricordate che il Signore e i Suoi discepoli addestravano i nuovi convertiti. Hanno vinto grazie alla chiave chiamata verità. Essa è la chiave della liberazione. Il diavolo ha rubato la chiave chiamata verità. Per favore, cercatela e diventate violenti contro il demone della droga, sparate e uccidete il demone, il demone del cancro, il demone della depressione, spiate le persone dalla sua mano. Pregate nella lingua, pregate con la Parola di Dio, pregate con il digiuno. Arruolatevi nell'esercito e fate come dice la Parola.

Matteo 6:33 Cercate prima il regno di Dio e la sua giustizia, e tutte queste cose vi saranno aggiunte.

Cercate il regno di Dio per primo, per ultimo o quando avete tempo? Non piangete quando i vostri figli sono in prigione. Sono tossicodipendenti, malati di mente e malati. Tenete fuori il nemico vegliando in preghiera. Il lavoro è sempre pregare e dare sacrifici a Dio per i peccati dei figli. Quando si allontanano dal mondo, li copre con la preghiera. La preghiera metterà al sicuro i vostri figli.

Andate in comunione, dove sono consapevoli di Satana come Gesù. Possono scacciare i demoni, guarire i malati e risuscitare i morti. Non predicate solo amore. Non ascoltate i programmi ingannevoli di Satana. Cosa è successo oggi? Nessuno conosce il diavolo e il suo esercito. Imparate a invadere e a distruggere prima che Satana distrugga. Molti sono dietro le sbarre, decapitati e uccisi oggi e più tardi. Diventate violenti e togliete le mani di Satana dal popolo di Dio. Portateli via con la forza.

PREGHIAMO

Nel nome di Gesù, donaci una santa audacia. Dacci la chiave della Tua verità. Dacci la spada per tagliare la testa al diavolo, poiché egli sta tagliando molte teste. Signore, aiutaci a digiunare e a pregare come dice la Tua parola. Vogliamo sfuggire al male, vegliare e pregare. Signore, tu hai pregato prima di salire sulla croce e l'Angelo ti ha dato la forza. Aiutaci a pregare finché non si apre la porta della prigione, le droghe sono finite e il cancro scomparso. Spezziamo la schiena di Satana nel nome di Gesù. Amen! Dio vi benedica!

22 MARZO

NON ROVINATE LA MIA REPUTAZIONE!

Proverbi 23:7a 7 Perché come pensa il suo cuore, così è: mangia e bevi, ti dice, ma il suo cuore non è con te.

Tale padre, tale figlio; sì, è vero. Il cognome del padre può raccontare la storia di una persona. I genitori dicono ai figli di non rovinare il loro nome. Per favore, non rovinate la reputazione del mio Paese. Siamo così attenti alla nostra importanza; anche Dio lo è. Possiamo dare credito al Signore Gesù come Dio o rovinare la sua credibilità sulla terra.

La Bibbia dice in Proverbio 23:7a che l'uomo che pensa è esattamente ciò che è.

Si pensa al male se si è cattivi. Nessuno crede che chi pensa sia pazzo. Noi, cristiani, conosciamo il nostro Dio; rappresentiamo Gesù Cristo. Dipende dalla comprensione che la persona ha di Dio e da come lo descrive. O si pubblica il Suo nome come una signora che ha avuto un problema per dodici anni. Signore che ha il potere di purificare i lebbrosi, aprire gli occhi dei ciechi. Oppure si dice semplicemente: "Non so cosa sia il Signore". Si può anche lamentarsi, mormorare o non dargli ciò che spetta al Signore.

Dio fece un potente miracolo tra gli Egiziani, che ebbero così paura del Dio degli Ebrei. Gli ebrei hanno dato gloria a Dio vedendo la rovina dell'Egitto. Gli ebrei vedevano Dio in azione e ricevevano favori, ma poi si lamentavano e mormoravano.

Numeri 14:2 Tutti i figli d'Israele mormorarono contro Mosè e contro Aronne; e tutta la comunità disse loro: "Volesse il cielo che fossimo morti nel paese d'Egitto, o volesse il cielo che fossimo morti in questo deserto!"

Dio è il fornitore; stava dando loro la manna. La gente ha preso il cibo degli Angeli invece di essere grata e di ascoltare le loro parole.

Esodo 16:3 I figli d'Israele dissero loro: "Volesse il cielo che fossimo morti per mano dell'Eterno nel paese d'Egitto, quando ci sedevamo accanto ai vasi di carne e quando mangiavamo pane a sazietà, perché ci avete condotti in questo deserto per far morire di fame tutta questa assemblea".

Lamentarsi e mormorare può rovinare la reputazione di Dio. Il vostro comportamento corretto invita alle benedizioni di Dio. Un uomo della legione ha dato a Dio il merito e l'onore di aver compiuto un'opera potente. Era libero da tagli, urla e tormenti di Satana. Che tristezza e orrore vedere la situazione.

Quando Gesù liberò l'uomo: *Luca 8:39b Egli se ne andò per la sua strada e pubblicò per tutta la città le grandi cose che Gesù gli aveva fatto.*

Dare credito a ciò che è dovuto. L'intero villaggio era ansioso di ricevere Gesù.

Luca 8:40 Quando Gesù fu tornato, il popolo lo accolse volentieri, perché tutti lo aspettavano.

Ebrei 13:8 Gesù Cristo è lo stesso ieri, oggi e in eterno.

Se Gesù è lo stesso, qual è il problema? Il problema siamo noi. Non vogliamo allinearci al Suo comandamento. Ci rifiutiamo di riverire il Suo Santo nome credendo e confidando in tutto. Si può rovinare o elevare la Sua parola più in alto del cielo. Che cosa state facendo? Quando riceverete il vostro miracolo, testimoniate, date gloria a Dio e portatelo in alto.

Salmi 78:56 Eppure hanno tentato e provocato il Dio supremo e non hanno osservato le sue testimonianze.

Ho scritto un libro intitolato "L'ho fatto "a Suo modo"" per darGli gloria. Ogni testimonianza del libro dà gloria a Dio. Nessuno tranne il Signore! Il discepolo uscì e testimoniò il nome di Gesù, ma questo turbò i sacerdoti e il sommo sacerdote.

Atti 4:18 Li chiamarono e ordinarono loro di non parlare affatto e di non insegnare nel nome di Gesù.

Un miracolo avvenuto nel nome di Gesù era così grande. La gente cominciò a credere in Lui. Ma i capi d'Israele dicevano che Gesù era un ladro, un ingannatore e un figlio di Giuseppe e Maria. I discepoli di Gesù non avrebbero permesso che il Suo nome fosse rovinato. Sapevano che Gesù era un Messia.

Atti 5:28 dice: "Non vi avevamo forse ordinato severamente di non insegnare in questo nome? Ed ecco che avete riempito Gerusalemme con la vostra dottrina e intendete far ricadere il sangue di quest'uomo su di noi".

Atti 3:14 Ma voi avete rinnegato il Santo e il Giusto e avete voluto che vi fosse concesso un assassino. Hanno rinnegato e ucciso il Signore Gesù. Se vi proclamate cristiani, allora vivete una vita santa e pura. Vivete rettamente dietro la porta chiusa. Pensate al Santo nella stanza della vostra mente. Il diavolo non oserebbe rovinare il nome di Gesù.

Il demone parlò a Gesù.

Marco 1:24 Dice: "Lasciaci in pace; che abbiamo a che fare con te, Gesù di Nazareth? Sei venuto per distruggerci? Io so chi sei, il Santo di Dio".

Ascoltate i due testimoni: hanno dato gloria a Dio.

Luca 24:19 Poi disse loro: "Quali cose?". Ed essi gli risposero: "Riguardo a Gesù di Nazareth, che era un profeta potente in opere e parole davanti a Dio e a tutto il popolo".

Cosa testimoniate di Gesù? Vi state lamentando o testimoniando che Egli mi ha risuscitato dal mio letto di malattia? State dicendo: "No, Gesù non può", o confessando che mi guarirà toccando la veste del Suo ventre?

Fate sapere alla gente che sono guarita dall'ombra di Pietro, di Gesù o di Paolo? Sapete che la vostra vita parla di Gesù, non la vostra lingua. La vostra vita può rovinare o innalzare il nome del Signore Gesù. Avete un fattore di fede che parla a favore o contro Gesù. La lingua può dire bene, ma la vita può dire molto di più.

22 MARZO

Dodici discepoli e poi settanta non parlarono, ma mostrarono il nome di Gesù. Hanno detto: "Nel tuo nome i demoni sono stati sottomessi". Potete dire che nel vostro nome i demoni sono sotto dominio o etichettarli come schizofrenia, bipolare, ADD, ADHD o PTSD? Non rovinate il nome di Gesù.

Il Signore Gesù fu testimone di un uomo che disse: "Non ho mai visto questa fede in Israele". E voi? La vostra fede è cresciuta o nessuno sa che Gesù può fare l'impossibile? Il suo stesso villaggio ha rovinato il nome di Gesù. Gli infedeli hanno rovinato la credibilità del Signore Gesù.

Matteo 13:58 Lì non fece molte opere potenti a causa della loro incredulità.

Dio Gesù si meraviglia della vostra fede? La Bibbia ha una qualche credibilità o l'avete rovinata? Qualcuno ha mai bussato alla vostra porta per conoscere Gesù guaritore, il vostro liberatore? O testimonia che non volete mai essere come lei?

Il mio telefono squilla. Ricevo messaggi di richiesta di preghiera tutto il giorno e la notte. Mi chiedono di pregare per una situazione e di insegnarmi qualcosa su Gesù. Mi chiedono di pregare per gli altri. È come una vita impegnata a innalzare il nome di Gesù. Voglio che il Suo nome sia benedetto, che sia innalzato più in alto del cielo e che dia gloria a Lui. Dio dipende da me, poiché ha detto di andare in questo mondo e predicare il Vangelo scacciando i demoni e guarendo i malati. La Parola di Dio mescolata alla fede dà a Dio lode e rispetto e stabilisce il Regno di Gesù. Predicare il Vangelo senza fede, segni e meraviglie rovina il nome di Gesù. È impotente, insapore e senza credibilità. Fate come ha detto il Signore, seguite solo Lui.

PREGHIAMO

Nel nome di Gesù, aiutaci a darti tutta la gloria facendo il segno e il prodigio tra i malati nel mondo oscuro. Molti hanno rovinato il Tuo nome non mostrando la verità. Ma Signore, questo è il nostro tempo per darTi tutto il merito mantenendo la nostra fede in te e solo in te. Dio ha tutto il potere, quindi facciamo da diffusori e annunciamo guarendo e liberando i prigionieri. Fa' che il Tuo nome non rovini mai la nostra vita a causa di credenze sbagliate. Tu l'hai detto e l'hai inteso, perciò fa' che noi siamo i destinatari delle benedizioni. Il Tuo nome è benedetto dalla guarigione dei malati e dalla liberazione degli oppressi e degli indemoniati. Nel nome di Gesù. Amen! Dio vi benedica!

23 MARZO

NON POTETE FARE NULLA SENZA L'UNZIONE!

Che cos'è l'unzione? Strofinare o spalmare con olio o profumo.

Saul, Davide e Salomone sono stati unti prima di assumere la carica di re. Il sacerdote li unse per ordine di Dio. Lo Spirito di Dio li autorizza a svolgere l'incarico assegnato.

1 Samuele 16:13a Allora Samuele prese il corno d'olio e lo unse in mezzo ai suoi fratelli; e lo Spirito del Signore venne su Davide da quel giorno in poi.

La carne è impotente senza lo spirito. Soprattutto quando lo Spirito Santo in voi apporta una differenza significativa. Lo Spirito di Dio arriva quando si unge la persona con l'olio.

Zaccaria 4:6b dice: "Non per forza né per potenza, ma per il mio spirito, dice il Signore degli eserciti". Dio ha unto il Signore Gesù.

Atti 10:38 38 Come Dio unse Gesù di Nazareth con lo Spirito Santo e con potenza, il quale andava facendo del bene e guarendo tutti coloro che erano oppressi dal diavolo, perché Dio era con lui.

Isaia 61:1 Lo Spirito del Signore Dio è su di me, perché il Signore mi ha unto per annunciare la buona novella ai miti; mi ha mandato a fasciare il cuore spezzato, a proclamare la libertà ai prigionieri e a ungermi ogni giorno. Se esco e scaccio un demone, essi si spezzano.

Perché ungiamo i malati con l'olio benedetto? L'unzione con l'olio significa lo Spirito Santo. Quando si unge, lo Spirito di Dio spezza il giogo e la catena di Satana. Quando qualcuno è malato, per favore, ungetelo con l'olio santo benedetto e pregate su di lui. Il demone della febbre e della malattia si libererà. L'unzione ha il potere di fare il lavoro di Dio. L'unzione spezza il giogo.

Che cos'è un giogo? Un giogo è una schiavitù o un peso che il diavolo pone su qualsiasi essere vivente. Per esempio, tutti i tipi di malattie, la depressione, l'ADD, l'ADHD, il PTSD, il cancro, la schizofrenia, il bipolarismo e altre malattie sono messe su di noi dal diavolo con il nome di giogo. Quando vedete un comportamento empio, riconoscete che qualcosa non va bene.

Dio si è fatto carne ed è sceso per liberare i prigionieri. Dio ci ha restituito la libertà che avevamo perso nel Giardino dell'Eden. La disobbedienza e la ribellione sono problemi nostri, non del diavolo. Disobbedendo a Dio, date a Satana un diritto legale. Satana allora vi ruba al vostro creatore, Gesù Cristo, e vi uccide e distrugge all'inferno. Noi portiamo noi stessi sotto la schiavitù, il peso e la catena delle tenebre, infrangendo i

23 MARZO

comandamenti, le leggi e gli statuti di Dio. Ora siamo schiavi di Satana.

Ricordate che la Parola scritta di Dio è la Sua voce. Dio ha detto che vi ho dato una semplice via d'uscita. Ci credereste e la seguireste? Io lo farei. Sì, è semplice, basta crederci e farlo. La Bibbia dice:

Isaia: 10, 27 In quel giorno avverrà che il suo fardello sarà tolto dalla tua spalla e il suo giogo dal tuo collo, e il giogo sarà distrutto a causa dell'unzione.

L'unzione distrugge il giogo. Che cosa significa? Una volta distrutto, non può essere ricomposto. Amen! È molto semplice: ungersi regolarmente con l'olio d'oliva benedetto. Io lo faccio, visto che il diavolo tenta continuamente diverse tattiche per distruggerci.

Come e con cosa si può ungere? Con olio d'oliva benedetto. Ungere se stessi, la casa, i vestiti e le scarpe. Ungere il posto di lavoro, l'ufficio, i figli e la casa. Andate in città a ungere. Ungete gli alberi, l'acqua, le strade e i mercati. Vedrete la differenza. Tutti i demoni fuggiranno e le loro opere saranno distrutte. Andate a ungere gli ammalati e questi guariranno.

Marco 6:13 Scacciarono molti demoni, unsero con olio molti malati e li guarirono.

Mettete in pratica la Parola di Dio per vedere il miracolo. Cercate Dio attraverso il libro chiamato Bibbia e nient'altro. Cercate Lui. Lasciatemi condividere quello che è successo quando sono stata unta con l'olio benedetto.

Una volta Dio mi ha chiesto di ungere le scuole pubbliche e l'ho fatto. In una scuola, ho visto il frutto sul terreno della scuola. Allora vi ho versato sopra l'olio dell'unzione e dal piccolo frutto è uscito del fuoco, il che mi ha spaventata. Non me l'aspettavo. La gente può fare Woodoo, stregoneria, magia nera, e lasciare cose in giro. Ma se facciamo l'unzione, vedremo la potenza di Dio operare contro la potenza delle tenebre. Ricordate, questa è una battaglia. Seguite le indicazioni di Dio come istruzioni, non come suggerimenti. Dio sa di cosa sta parlando.

Una volta una signora mi chiese di pregare e di ungere la sua casa. Si lamentava della depressione del marito da quando era tornato dalla guerra. Non potevo pregare su di lui perché non era presente. Si ricordò di ungerlo mentre dormiva. Quando ha messo un po' d'olio su di lui, ha visto uno strano comportamento. Ha detto che dopo avergli versato l'olio sulla testa, si è seduto sul letto, ha iniziato ad abbaiare e si è riaddormentato. La cosa l'ha terrorizzata. Poiché era notte fonda, non poteva chiamare nessuno in aiuto. Al mattino disse al marito che cosa aveva fatto durante la notte quando lo aveva unto. Lui rispose che non lo sapeva. Certo che no. È stato il demone a farsi vivo. Dopo l'unzione, il demone depresso lo lasciò. Ungereste i vostri familiari mentre dormono? Osservate cosa succede.

Giacomo 5:14 C'è qualche malato tra voi? Chiami gli anziani della chiesa e preghino su di lui, ungendolo con olio nel nome del Signore; 15 e la preghiera della fede salverà il malato e il Signore lo risusciterà; e se ha commesso peccati, gli saranno perdonati.

Doppio "Alleluia!" per il disturbo.

Salmo 45:7 Tu ami la giustizia e detesti l'iniquità; perciò Dio, il tuo Dio, ti ha unto con olio di letizia al di sopra dei tuoi simili.

L'unzione bloccherà la porta del diavolo e spezzerà il suo potere. Pratico la Parola di Dio. Insegno a chi Dio me ne dà l'opportunità. Insegno loro a ungere e do loro sempre dell'olio consacrato. Quando ungono persone malate, possedute e oppresse, sento un eccellente resoconto di guarigione e liberazione. Praticate la Parola. È semplice. Non complicatela aggiungendo i vostri due centesimi. Credete e obbedite. Continuare a farlo. Azioni necessarie per l'opera di Dio. Ungo le opere cartacee e ciò che mi riguarda. Ho unto anche la macchina, le foto delle persone e i bambini rapiti.

Praticate la verità e insegnate a questa generazione e a quella successiva. La religione non ci ha toccato, ma la verità ci renderà liberi.

Salmo 92:10 Ma tu esalterai il mio corno come il corno di un unicorno: Sarò unto con olio fresco. Per favore, ungetevi con l'olio d'oliva benedetto.

Giovanni 8:31 Allora Gesù disse a quei Giudei che avevano creduto in lui: "Se perseverate nella mia parola, siete davvero miei discepoli; 32 conoscerete la verità e la verità vi farà liberi".

La libertà è nella verità e non nella religione. Vi prego di ungere con l'Olio Santo Benedetto.

PREGHIAMO

Signore Gesù, veniamo davanti al Tuo altare, l'altare della misericordia. Ti preghiamo di perdonare tutti i nostri peccati. Fa' che il nostro peccato sia sotto il prezioso sangue purificatore di Gesù Cristo. Vi abbiamo chiesto di spezzare la catena, le catene e il giogo che Satana ha posto sui nostri figli e su di noi. La schiavitù delle malattie, delle malattie mentali, della possessione demoniaca, della pressione del sangue alta e bassa, del diabete, della febbre, di tutti i tumori e degli incubi, ci opponiamo a loro nel nome di Gesù Cristo. Pressione, diabete, febbre, tutti i tumori e gli incubi, ci opponiamo a essi nel nome di Gesù Cristo; comandiamo loro di uscire e di liberarci. Signore, ungici con il Tuo sangue e il Tuo Spirito Santo nel nome di Gesù Cristo. Amen! Dio vi benedica!

24 MARZO

POTETE FAR MUOVERE DIO!

Potete smuovere Dio, se sapete come farlo. Dio è reale e noi possiamo farGli cambiare idea. Possiamo impedire alla Sua mano di fare o non fare. Imparate cosa fare e come muovere Dio nella vostra situazione. Potete cambiare la mente di Dio dal giudizio se cambiate le vostre azioni pentendovi dei vostri peccati. Dio mandò Giona in una città chiamata Ninive, che doveva essere punita.

Giona 1:2 Alzati, vai a Ninive, quella grande città, e grida contro di essa, perché la loro malvagità è salita davanti a me.

Giona fuggì invece in un'altra direzione. Dopo aver affrontato la sua disobbedienza punita dalla tempesta, si pentì e sopravvisse nel ventre del pesce. Giona entrò nella città di Ninive e iniziò a predicare.

Giona 3:4 Giona si avviò verso la città a un giorno di cammino, e gridò dicendo: "Ancora quaranta giorni e Ninive sarà abbattuta. 5 Allora il popolo di Ninive credette a Dio, proclamò un digiuno e si vestì di sacco, dal più grande fino al più piccolo. 6 Infatti giunse la notizia al re di Ninive, che si alzò dal suo trono, si tolse la veste di dosso, si coprì di sacco e si mise a sedere in cenere. 7 E fece proclamare e pubblicare per tutta Ninive il decreto del re e dei suoi nobili, dicendo: "Né uomini né bestie, né greggi né mandrie, assaggino nulla; non si nutrano e non bevano acqua; 8 ma uomini e bestie si coprano di sacco e gridino con forza a Dio; sì, si convertano ciascuno dalla sua via malvagia e dalla violenza che hanno in mano". Chi può dire se Dio si convertirà, si pentirà e si allontanerà dalla sua ira feroce per non farci perire? 10 Dio vide le loro opere, che si allontanarono dalla loro via malvagia, e Dio si pentì del male che aveva detto di voler fare loro, e non lo fece.

Potete cambiare le azioni di Dio cambiando le vostre. Iniziate a seguire Dio secondo il comando dato nella Bibbia. Non andate nella direzione opposta alle Sue istruzioni nella Parola. Nella nostra carne c'è un fattore di peccato che può portare calamità. Le nostre azioni sbagliate verso gli altri o contro Dio ci causano molti dolori, punizioni e malattie. Ogni giudizio parte dal mancato ascolto di Dio. Ma allo stesso modo, se ci si umilia e ci si pente, cioè si cambia l'azione peccaminosa con un'azione corretta, si allontana il giudizio di Dio.

Cronache 7:14 Se il mio popolo, che è chiamato con il mio nome, si umilia, prega, cerca il mio volto e si converte dalle sue vie malvagie, io sentirò dal cielo, perdonerò il loro peccato e risanerò la loro terra.

Le nostre azioni sbagliate portano problemi alla terra. Cambiate le vostre azioni perché la terra sia guarita. Non c'è bisogno di polizia, armi o prigioni. Un giorno, mentre citavo 2 Cronache 7:14, mi sono resa conto di essere il Suo popolo chiamato con il Suo nome. Allora ho chiesto a Dio: "Qual è la mia via malvagia?". Il Signore mi ha risposto: "Ciò che fai senza la mia approvazione è la tua via malvagia.". Siamo molto responsabili di tutte le azioni che compiamo senza l'approvazione di Dio. Tutte le nostre azioni senza chiedere il consiglio di Dio sono chiamate vie malvagie. Se volete che Dio si muova in vostro favore, procedete secondo la Sua volontà e la Sua via con cuore umile. Fate in modo che le vostre azioni e priorità siano gradite a Dio. Potete indurre Dio a benedirvi o a maledirvi. È nelle vostre mani far muovere Dio. Le scelte sono vostre. Dio si muove se si crede e si ha fiducia che possa farlo. La fede in Dio rende possibile tutto l'impossibile. Dio dice che nulla è impossibile per Lui.

Luca 1:37 Perché con Dio nulla è impossibile.

Ricordate che Dio è sovrano. È supremo, Dio illimitato, senza limiti, assoluto e senza confini. Il problema è la nostra mente limitata, finita e ristretta. non ci permette di credere a ciò che Dio può fare. Ho iniziato il mio percorso di apprendimento del miracolo di Dio quando ho iniziato a frequentare la chiesa pentecostale. Inoltre, parlando con altri credenti ho imparato molto sulla fede.

È stato bellissimo! Come sapete, ho cercato solo Dio, e anche oggi, lo stesso. Cerco Dio attraverso la Sua Parola per ricevere il Suo tesoro nascosto. Non si può trovare altro posto che nella Bibbia; lì sono nascoste ricchezze e tesori. Ciò che la gente cerca è nei sessantasei libri chiamati Bibbia. Se credete, potete avere tutto ciò che volete e desiderate in modo facile, più significativo e a buon mercato.

Una volta avevo il naso chiuso per un problema di sinusite e non riuscivo a respirare. Una notte non riuscii a dormire perché mi mancava il respiro. Quella mattina sono andata in chiesa e hanno pregato su di me mentre Dio mi parlava durante il tempo di lode e adorazione. E ho iniziato a ballare. Indovinate un po'? La sinusite si è allentata e si è ripulita. Da allora non ho più avuto problemi di sinusite, lode a Dio! Potete obbedire e ricevere un'enorme benedizione. Ricordate i dieci lebbrosi della Bibbia? Quando videro Gesù, sapevano che Gesù non poteva toccare i lebbrosi, ma nonostante ciò gridarono e chiesero la Sua misericordia.

Luca 17:13 Allora essi alzarono la voce e dissero: "Gesù, Maestro, abbi pietà di noi". 14 Ed egli, vedendoli, disse loro: "Andate a presentarvi ai sacerdoti". E avvenne che, mentre andavano, furono purificati. 15 E uno di loro, vedendo che era stato guarito, si voltò indietro e a gran voce glorificò Dio, 16 e cadde con la faccia ai suoi piedi, rendendogli grazie; ed era un samaritano. 17 E Gesù, rispondendo, disse: "Non erano forse dieci i purificati? Ma dove sono i nove? 18 Non se ne trovano di quelli che sono tornati a rendere gloria a Dio, eccetto questo straniero". 19 E gli disse: "Alzati, va' per la tua strada, che la tua fede ti ha reso integro".

Il cuore che ringrazia può spingere Dio a rendervi integri. Intero significa che il vostro corpo, la vostra anima e il vostro spirito sono completi e integri, come Adamo ed Eva prima del peccato. Che meraviglia! Imparate a far muovere Dio. Imparate a essere grati a Dio. Le parole di ringraziamento a Dio danno accesso al cielo, a ciò che si desidera e a molto altro ancora. Dio non dà poco, ma è nella vostra mano per ricevere di più. Per questo ha detto in:

Geremia 33:3 Chiamami e io ti risponderò e ti mostrerò cose grandi e potenti che non conosci.

Sono sicuro che se Lo chiamiamo con fede, Lui lo farà. Non sono attratto da nulla in questo mondo. Le automobili, le case, i macchinari e tutte le meraviglie che vedete sulla terra sono un'illusione di Satana. Potete muovere Dio a fare miracoli, guarigioni e opere più grandi. Dio può fare ciò che la vostra mente non può comprendere. Se Dio del cielo può mandare la manna, può mandare il miele dalla roccia. Non legate la Sua mano. Non stimate Dio poco. Leggete la Bibbia per vedere come potete spingere Dio oltre. Il vostro credere in Lui farà molto. Anna era sterile e pregava per avere un figlio maschio. Offrì il suo bambino al Signore.

24 MARZO

1 Samuele 1:20 Perciò, quando fu giunto il tempo in cui Hannah aveva concepito, partorì un figlio e lo chiamò Samuele, dicendo: "Perché l'ho chiesto al Signore".

Nel momento in cui ha dato il figlio per il servizio di Dio, ha ottenuto di più. Potete spingere Dio a darvi di più.

1 Samuele 2:21 Il Signore visitò Hannah, che concepì e partorì tre figli e due figlie. E il bambino Samuele crebbe davanti al Signore.

Aprite la mano e date il vostro cuore a Dio. Sappiate che è nella vostra mano che Dio si muove. Cambiate le vostre azioni, le vostre reazioni, i vostri pensieri e la vostra vita. Egli vi inseguirà e vi benedirà.

PREGHIAMO

Nel nome di Gesù, Signore, aiutaci a custodire le nostre labbra, le nostre azioni e le nostre reazioni. Signore, aiutaci a credere nell'impossibile. Aiutaci a portare il ringraziamento e la lode alla Tua corte. Tieni le nostre labbra lontane da qualsiasi parola negativa che possa fermare la mossa di Dio. Aiutaci ad avere fede, come Anna, Daniele e altri che hanno visto l'azione di Dio attraverso la forza della preghiera. Fa' che i nostri cuori credano e abbiano fiducia. Abbiamo bisogno di un cambiamento di pensiero e non di Gesù. Tu sei lo stesso ieri, oggi e per sempre. Signore, aiutaci nel nome di Gesù. Amen! Dio vi benedica!

25 MARZO

LASCIATE CHE DIO COMPIA LA SUA OPERA!

Vedremo Dio muoversi se lasceremo la questione nelle Sue mani. La Sua conoscenza e la Sua saggezza vanno oltre la nostra situazione. Lo spirito di Dio ha potere, conoscenza e saggezza illimitati. Tenetelo a mente.

Romani 11:34 Chi ha conosciuto la mente del Signore o chi è stato suo consigliere? 35 O chi gli ha dato per primo e poi gli sarà restituito? 36 Poiché da lui, per mezzo di lui e a lui sono tutte le cose; a lui sia la gloria in eterno. Amen.

Assicura all'uomo mortale la protezione, la direzione e la guida di Dio. Lo scopo dell'uomo è quello di realizzare il piano di Dio.

Isaia 43:7 Anche chiunque sia chiamato con il mio nome, perché l'ho creato per la mia gloria, l'ho formato, sì, l'ho fatto.

Dio ha creato secondo il Suo piano e il Suo scopo:

Isaia 55:8 Poiché i miei pensieri non sono i vostri pensieri e le vostre vie non sono le mie vie, dice il Signore. 9 Infatti, come i cieli sono superiori alla terra, così le mie vie sono superiori alle vostre vie e i miei pensieri ai vostri pensieri.

Dio ha creato prima il giardino dell'Eden e poi l'uomo se ne è preso cura. Non vi sembra che questi piani siano fantastici? Niente sudore, niente fatica! Potere sugli animali, completa proprietà della terra. Dobbiamo parlare a noi stessi e insegnare ai bambini di Dio, dei Suoi piani e delle Sue disposizioni. L'unico modo per avere una vita è quello di desiderarla. L'umanità smarrita ha bisogno di aiuto, protezione e guida. È possibile se incliniamo le nostre orecchie per ascoltare e i nostri cuori per obbedire.

Apocalisse 4:11 Tu sei degno, o Signore, di ricevere gloria, onore e potenza, perché hai creato tutte le cose e per il tuo piacere sono state create.

"Sono il capolavoro di Dio per il Suo piacere. Devo ascoltare solo Dio per realizzare il Suo piano per la mia vita."

Il successo di Abramo, Isacco, Giacobbe, Davide, Mosè e molti altri deriva dal seguire il piano di Dio. Erano esseri umani come tanti. Il loro potente successo è arrivato entrando nel piano di Dio. Sedendosi nella barca con Gesù e lasciando che sia Lui il timoniere, il pilota o il timoniere. Non prendete il volante in mano. Inviterete i problemi. Tutti coloro che hanno ascoltato e obbedito a Dio senza fare domande sono stati gli uomini di maggior successo. Potete battere Dio?

Geremia 29:11 Perché io conosco i pensieri che penso verso di voi, dice il Signore: pensieri di pace e non di male, per darvi una fine attesa.

La vostra barca raggiungerà il destino perché è predestinata dall'abbandono a Dio. "Predestino" significa destino prefissato. Come se foste sull'aereo che va a New York. È predestinato. Sedetevi e rilassatevi fino a quando non arriverete a destinazione. Dio ha la mente e noi abbiamo bisogno di essa per pensare allo stesso modo. Liberatevi di voi stessi e pregate. Accettate di seguirlo. Obbedendo a Lui imparerete le Sue vie e capirete la mente di Dio.

1 Corinzi 2:16 Chi infatti conosce la mente del Signore per istruirlo? Ma noi abbiamo la mente di Cristo.

A volte abortiamo le promesse non credendo o parlando contro di esse. Non abbiate fretta. Egli ha detto che a suo tempo le cose accadranno. Il fattore tempo è importante.

Ecclesiaste 3:11 Egli ha fatto ogni cosa bella a suo tempo; inoltre ha posto il mondo nel loro cuore in modo che nessuno possa scoprire l'opera che Dio fa dal principio alla fine.

Mosè vide la liberazione aspettando Dio. Ha capito obbedendo alle istruzioni di Dio. Ho sempre imparato ascoltando e seguendo la Sua voce. È un Dio puntuale. Lui conosce l'esito del piano, noi no. Aspettate di vedere quello che sta facendo finché non è finito. Abramo vide il figlio Isacco al tempo di Dio. Davide divenne Re nei tempi di Dio. Gesù è venuto al momento stabilito. Quindi non affrettate la vostra vita in una tempesta o in un incidente. Non vi servirà a nulla. Ripeterete gli errori, non aspettando e non ascoltando. Ascoltare e obbedire è la chiave per vedere la Sua opera.

Ricordo di aver sentito una voce che mi diceva: "Ti guarirò". Ma ogni giorno avevo un dolore estremo. Ho perso la memoria e il lavoro e stavo per perdere l'auto e la casa. Ma mi sono affidata alle promesse. Tutte le situazioni sembravano negative, ma Dio le ha trasformate in benedizioni. Dio fece il miracolo a suo tempo e io lasciai la sedia a rotelle. In seguito, Dio mi ha trasferita a Dallas e tutto è cambiato. Tutto sembrava difficile contro il sognatore, Giuseppe. La strada scelta da Dio per lui aveva poco senso. Ma in seguito lo ebbe. Tutti noi ci lamentiamo, ci interroghiamo, discutiamo e ragioniamo. Fermatevi! Aspettate e vedete il risultato.

Direte:

Salmo 118:23 Questa è l'opera del Signore, è meravigliosa ai nostri occhi.

Ricordate: non pensate, ma sottomettetevi. Non preoccupatevi, ma fidatevi, fate un respiro profondo e vivete. Tutto va bene! Quando vedete l'oceano, si asciugherà se lo lasciate fare a Dio. Lasciate che Dio svolga la Sua opera! Il vostro nemico vi insegue, ma non lo vedrete più. Quando siete malati e afflitti, guardate la croce. Vedrete la guarigione e la liberazione del Signore! Dio dice nella sua Parola:

Zaccaria 8:6 Così dice il Signore degli eserciti: "Se in questi giorni è meraviglioso agli occhi del residuo di questo popolo, dovrebbe essere meraviglioso anche ai miei occhi?" dice il Signore degli eserciti.
Geremia 32:27 Ecco, io sono il Signore, il Dio di tutti i popoli.

C'è qualcosa di troppo difficile per me? Potete chiedere a Sara, Abramo, Maria, la madre di Gesù, Daniele,

Shadrac, Meshac e Abdenego. Se conoscete Dio come lo conoscevano loro, credo che lascerete che Dio faccia la sua opera. Lasciatevi andare nella mano di Dio. Dio cavalca la vostra fede e la vostra fiducia. Resistete. Umiliatevi come un asino. Le promesse si realizzano solo se lasciate che Lui cavalchi e voi siate il veicolo.

Ebrei 10:35 Non abbandonate dunque la vostra fiducia, che ha una grande ricompensa. 36 Perché avete bisogno di pazienza, affinché, dopo aver fatto la volontà di Dio, possiate ricevere la promessa. 37 Ancora un po' di tempo e colui che verrà e non tarderà.

Guardate la farfalla. Il processo è lungo per guardare una bella farfalla. Succederà. A nessuno piace il processo. Ma lasciamo che Dio faccia la sua opera!

PREGHIAMO

Mio Signore Gesù, ammiriamo la Tua grandezza e la Tua bontà. Insegnaci la Tua via, o Signore, cammineremo nella Tua verità; unisci il nostro cuore per temere il Tuo nome. Aiutaci a obbedire al comandamento in modo da ricevere benedizioni. Che Dio ci conceda un cuore saggio per imparare la verità del Signore. Ci tenga nel piano di Dio per vedere la fine prevista. Sappiamo, Signore, che hai intenzione di benedirci, perciò aiuta noi e i nostri figli a temere e a obbedire a Dio. Vogliamo essere chiamati benedetti sulla terra. Signore, compi la Tua opera per noi, nel nome di Gesù. Amen! Dio vi benedica!

26 MARZO

AUTORITÀ DATA DA GESÙ CRISTO!

Il Signore è eccellente e si prende cura della Sua creazione. Quando abbiamo i nostri figli, ci preoccupiamo per loro e ci assicuriamo che siano ben curati. I genitori non vogliono fare del male ai bambini, né lo fa il nostro Dio. Dio ha creato Adamo ed Eva nel Giardino dell'Eden per prendersi cura della Sua creazione. Ma con le nostre scelte sbagliate, perdiamo i nostri diritti e le nostre benedizioni.

Dio ha fornito i sacerdoti e i profeti nonostante il popolo d'Israele chiedesse un re per staccarsi da Dio. Chiedendo un re, che è carne, abuserà del potere in ogni caso. Gli esseri umani non sono Dio e non si prenderebbero cura di noi come il vero padre. Egli ha dato la Torah e la Bibbia per insegnare e guidare. Dio, Geova, si è vestito di carne e si è fatto pastore per salvarci, liberarci e guarirci. I genitori esemplari sono protettivi, difensivi e preventivi del benessere dei loro figli. Ci fanno nascere e ci sorvegliano con amore.

Tutto questo viene dal Padre celeste e non da noi. Il Signore ha posto il Suo amore e la Sua cura nel cuore dei genitori. Il nostro Padre celeste ha la stessa idea quando mette diverse autorità a vigilare su di noi. Il concetto di Dio è quello di fornire una guida. Comunica con noi attraverso l'autorità assegnata e ci dirige tramite lo Spirito Santo. Gli esseri umani sono duri d'orecchi. Non si preoccupano di ciò che accade a loro e agli altri.

Non perdete l'opportunità di ricevere l'incarico di Dio. È molto importante. Nessun incarico è piccolo o grande. È il modo in cui si svolge il proprio lavoro. Uno spazzino, un servo, un re, un ricco, un povero o uno schiavo hanno la loro parte nell'esecuzione. Fatelo come se fosse gradito al Signore. Ci sarà un giorno in cui vi promuoverà.

Colossesi 3:23 E tutto ciò che fate, fatelo di cuore, come al Signore e non agli uomini; 24 sapendo che dal Signore riceverete la ricompensa dell'eredità, perché servite il Signore Cristo.

Lo scopo di Dio nel creare gli esseri umani non è temporaneo. C'è un'anima in un tabernacolo di carne che ha un destino eterno. Il destino del Signore è quello di benedirci e prosperare. Il futuro di Satana è quello di distruggerci. Quindi gli avvertimenti e i comandamenti di Dio non sono per controllarci o dettarci ordini. È come un rapporto con i propri figli. Si desidera amare, proteggere e provvedere ai propri figli. Israele ha rifiutato Dio chiedendo un re.

1 Samuele 8:7 L'Eterno disse a Samuele: "Ascolta la voce del popolo in tutto ciò che ti dice; perché non hanno rigettato te, ma hanno rigettato me, perché non regni su di loro".

Accettate Dio. La carne cede allo spirito di Satana e non allo Spirito di Dio. Due scopi diversi: lo scopo di

Satana è distruggere, mentre lo scopo eterno di Dio è benedire. Dio è sceso per sconfiggere Satana e riacquistare ciò che abbiamo perso nel giardino dell'Eden indossando la carne.

Isaia 35:3 Rafforzate le mani deboli e rafforzate le ginocchia deboli. 4 Di' a quelli che hanno il cuore impaurito: "Siate forti, non temete; ecco, il vostro Dio verrà con la vendetta, Dio con la ricompensa; verrà e vi salverà. 5 Allora si apriranno gli occhi dei ciechi e si schiuderanno gli orecchi dei sordi. 6 Lo zoppo balzerà come un leprotto e la lingua del muto canterà, perché nel deserto sgorgheranno le acque e nel deserto i ruscelli.".

Dio è venuto in carne e ossa e si è vendicato guarendo e liberando i prigionieri. Il Signore ha versato il Suo sangue per la Sua creazione. Non ha fatto altro che riacquistare ciò che abbiamo perso. Ha perso la sposa creata per Lui. Ora, dopo aver versato il Suo sangue, abbiamo accesso alla sala del trono. Ha dato un aiuto chiamato Spirito Santo.

Ha formato e inviato i Suoi discepoli e ha dato loro ogni autorità. Dopo la Sua alleanza di sangue, ne diede alcune.

Efesini 4:11 Ad alcuni diede degli apostoli, ad altri dei profeti; ad alcuni, evangelisti; ad altri, pastori e maestri; 12 per il perfezionamento dei santi, per l'opera del ministero, per l'edificazione del corpo di Cristo: 13 finché tutti giungiamo all'unità della fede e della conoscenza del Figlio di Dio, all'uomo perfetto, alla misura della statura della pienezza di Cristo: 14 affinché non siamo più bambini, sballottati da una parte e dall'altra e portati da ogni vento di dottrina, per mezzo di astuzie di uomini e di astuzie che mirano a ingannare.

Il termine apostolo significa "colui che viene inviato". L'apostolo occupa una posizione unica. Un apostolo compie segni e prodigi. È il messaggero del Vangelo di Cristo. Introducono un'opera nuova dove la gente non ha mai sentito parlare del Signore Gesù. Pongono le basi per la verità.

Efesini 2:20 e sono edificati sul fondamento degli apostoli e dei profeti, essendo Gesù Cristo stesso la pietra angolare principale.

Vediamo cosa fa questa autorità. Gli apostoli: le fondamenta poste da dodici discepoli, poi chiamati apostoli nel libro degli Atti. Non seguite la tara piantata a Nicea 325 d. C. dividendo un Dio in tre. Coloro che hanno avuto una rivelazione di Gesù hanno già gettato le fondamenta. Ricordate di seguire il libro degli Atti. Seguite il cammino di Pietro e Paolo, che hanno avuto la rivelazione di Gesù e hanno dato la chiave del Regno. La dottrina del diavolo si chiama tara, aspettiamo la fine per vedere il loro giudizio. Il diavolo ha distrutto il primo comandamento; un Dio è diventato tre.

Profeta: è un portavoce di Dio. Porta la Parola direttamente da Dio al popolo. Il suo compito è quello di dirigere, ammonire, incoraggiare, consigliare e portare a un livello superiore di prosperità.

Evangelista: per evangelista si intende la persona che evangelizza. Gli evangelisti vanno in giro a ispirare e proclamare il Vangelo per ravvivare i nuovi convertiti. Andando da un luogo all'altro, incoraggiano e portano il ministero dei santi a un livello superiore; rianimano le persone.

Insegnante: gli insegnanti chiamati da Dio hanno la rivelazione dell'identità di Gesù. Nel primo secolo, al tempo del discepolo Giovanni, i falsi insegnanti e profeti iniziarono la loro missione anticristo. Sono chiamati falsi insegnanti e profeti. Tornate al libro degli Atti e alle epistole per trovare l'insegnamento dei veri insegnanti e profeti. Una chiesa continuerà se costruiamo l'opera fondata da apostoli, profeti e insegnanti nel libro degli Atti. Seguite la vera dottrina per vedere il cambiamento della vita. Il sangue è sotto il nome di Gesù. I falsi insegnanti e profeti hanno rimosso il nome nel battesimo, quindi il sangue di Gesù è stato rimosso rimuovendo il nome di Gesù. Solo il sangue di Gesù ha il potere di togliere i nostri peccati. Il profeta e apostolo Giovanni ci ha avvertito di evitare i falsi insegnanti e profeti.

L'anticristo ha rimosso il nome di Gesù, dove è nascosto il sangue.

1 Giovanni 5:6 Questo è colui che è venuto per acqua e sangue, cioè Gesù Cristo; non per acqua soltanto, ma per acqua e sangue. Ed è lo spirito che rende testimonianza, perché lo spirito è verità. 8 E sono tre quelli che rendono testimonianza in terra, lo spirito, l'acqua e il sangue; e questi tre concordano in uno.

Entrate nell'acqua per rimettere il vostro peccato nel nome di Gesù per il sangue. Il peccato sarà perdonato e la malattia sparirà. Provate.

1 Giovanni, versetto 7: Poiché molti ingannatori sono entrati nel mondo, i quali non confessano che Gesù Cristo è venuto nella carne. Questo è un ingannatore e un anticristo.

Ricordo di aver frequentato un'organizzazione che praticava il battesimo nel nome di Gesù. Era una cosa nuova per il mio orecchio. Avevo letto la Bibbia tante volte, ma il falso insegnante bloccava la verità imponendo una falsa dottrina. Quelle chiese sono nate dopo il 325 d.C., hanno diviso un Dio in tre, poi hanno tolto il nome per titoli. Riuscite a credere a quanto Satana sia connivente? Agli anticristi non piace pronunciare il nome di Gesù nel Battesimo. È per questo che non sperimentiamo il potere del sangue.

Ebrei 9:22 E quasi tutte le cose sono state purificate dalla legge con il sangue; e senza spargimento di sangue non c'è remissione.

Usando il nome nel battesimo d'acqua, entriamo in un'alleanza di sangue. Purgare significa sciacquare, raffinare, purificare, liberare dalle accuse e lavare via. Ricordate, il nome di Gesù è stato messo fuori gioco dall'anticristo, di cui Giovanni ha messo in guardia nelle sue tre epistole. Io e mia madre abbiamo vissuto un'esperienza meravigliosa andando sott'acqua, nel nome di Gesù. Ha lavato via i nostri peccati e ci siamo sentite più leggere. Mia madre ha detto che era malata ed è stata guarita quando è stata battezzata, nel nome di Gesù.

PREGHIAMO

Nel nome di Gesù, Signore, ti prego, mandaci i veri insegnanti e profeti. Dacci una rivelazione di te. Desideriamo la verità, perché solo essa ci renderà liberi. Ti prego, Signore, dacci l'amore per la verità. Fa' che le persone siano libere dalla tara, dai falsi insegnanti, dai profeti e dai pastori. Come hai avvertito, vediamo la corruzione nella Chiesa. Vogliamo che il cristianesimo, la verità biblica e la potenza dello Spirito Santo operino per far sapere al mondo che Dio ancora guarisce e libera i prigionieri nel nome di Gesù. Amen! Dio vi benedica!

27 MARZO

CACCIA ALLE MASSIME BENEDIZIONI!

Ci sono diverse Benedizioni. Sapete che alcune di esse vi permetteranno di accedere al massimo livello di favore, prosperità, conoscenza e saggezza? Naturalmente, vengono solo dal Signore. Si può comprare il miglior regalo e la migliore istruzione e lasciare un'eredità di milioni. Ma non c'è paragone con la benedizione di Dio. Quando siete benedetti, vi prenderete sempre cura di voi.

Il re di Moab voleva maledire Israele. Trovarono un incantatore, Balaam, per condannare Israele. Le benedizioni di Dio sono accompagnate da un'eccellente protezione. Nessun'arma può prosperare contro di noi, quindi nessun canto, maledizione, incantesimo o stregoneria può funzionare contro il popolo di Dio.

Numeri 23:23 Certo non c'è incantesimo contro Giacobbe, né divinazione contro Israele; secondo questo tempo si dirà di Giacobbe e di Israele: "Che cosa ha fatto Dio!".

Numeri 24:2 Balaam alzò gli occhi e vide Israele che stava nelle sue tende secondo le loro tribù, e lo spirito di Dio venne su di lui.

Balaam entrò in trance e, con gli occhi aperti, parlò: 5 Quanto sono belle le tue tende, o Giacobbe, e i tuoi tabernacoli, o Israele! 6 Come le valli sono distese, come giardini in riva al fiume, come alberi di aloe lignificata che il Signore ha piantato e come cedri in riva alle acque. 7 Egli verserà l'acqua dai suoi secchi, la sua discendenza sarà in molte acque, il suo re sarà più alto di Agag e il suo regno sarà esaltato. 8 Dio lo ha fatto uscire dall'Egitto; ha la forza di un unicorno; divorerà le nazioni sue nemiche, spezzerà le loro ossa e le trafiggerà con le sue frecce. 9 Si è accucciato, si è sdraiato come un leone, e come un grande leone; chi lo smuoverà? Benedetto chi ti benedice e maledetto chi ti maledice.

Quando Dio benedice, nulla può agire contro di loro. Andare a caccia di benedizioni. Giacobbe era diverso da Esaù. Giacobbe non era un eccellente cacciatore come il suo gemello maggiore Esaù, ma un abile cacciatore di benedizioni. Le persone come Giacobbe possono cambiare la storia dei loro discendenti. Mentre tornava a casa, Giacobbe incontrò un uomo che era un Angelo. Giacobbe lotta e prevale. Vedete cosa chiese Giacobbe all'Angelo?

Genesi 32:26 Egli disse: "Lasciami andare, perché si fa giorno". Ed egli rispose: "Non ti lascerò andare, se non mi benedici". 28 E disse: "Il tuo nome non si chiamerà più Giacobbe, ma Israele, perché come principe hai potere presso Dio e presso gli uomini e hai prevalso".

Dio ha delle benedizioni se obbedite alla Sua voce. Quanto sono grandi le benedizioni!

27 MARZO

Deuteronomio 28:1 Se ascolterai diligentemente la voce del Signore tuo Dio, osservando e mettendo in pratica tutti i suoi comandamenti che oggi ti ordino, il Signore tuo Dio ti porrà in alto, al di sopra di tutte le nazioni della terra; 2 e tutte queste benedizioni verranno su di te e ti sovrasteranno, se ascolterai la voce del Signore tuo Dio.

Giacomo 1:12 Beato l'uomo che sopporta la tentazione; perché quando sarà provato, riceverà la corona della vita, che il Signore ha promesso a coloro che lo amano.

Matteo rilascia le benedizioni nel capitolo 5. Se siete poveri in spirito, miti, mansueti, affamati e assetati di giustizia, misericordiosi, puri di cuore, costruttori di pace, perseguitati per essere giusti, e denigrati per essere giusti. Le benedizioni possono continuare per migliaia di generazioni. Quando Dio benedice, lo fa in GRANDE.

Deuteronomio 7:9 Sappi dunque che l'Eterno, il tuo Dio, è Dio, il Dio fedele, che mantiene il patto e la misericordia con coloro che lo amano e osservano i suoi comandamenti per mille generazioni.

Dio, o colui che è incaricato di pronunciare una benedizione su di noi. Se avete la benedizione di Dio, allora potete benedire gli altri. Ma bisogna averla.

1 Cronache 4:10 Jabez invocò il Dio d'Israele dicendo: "Oh, se tu mi benedicessi e allargassi il mio territorio, e sia la tua mano con me. e mi tenga lontano dal male, affinché non mi affligga!". E Dio gli concesse ciò che aveva chiesto.

Giacobbe benedisse il Faraone poiché Dio lo aveva benedetto.

Genesi 47:10a Giacobbe benedisse il faraone. Matteo 5:44c benedite coloro che vi maledicono.

Come benedire il nemico? Pregare, Dio concede loro lo spirito di pentimento e perdona il loro peccato, in modo che non muoiano perduti o si ammalino. C'è una benedizione Aronica (o Sacerdotale).

Numeri 6:24 Il Signore ti benedica e ti protegga; 25 il Signore faccia risplendere il suo volto su di te e sia benevolo con te; 26 il Signore alzi il suo sguardo su di te e ti dia pace.

Ricordo che una volta mia madre faticava a muoversi a causa delle cattive condizioni di salute. Non riusciva ad andare in bagno. Non sapevo cosa fare. Correvo in giro alla ricerca di qualcosa per aiutare la mamma. La aiutai a letto a sbrigare le sue faccende. Ho sentito lo Spirito Santo parlarmi. Se lei ti benedice oggi, allora tu sarai benedetto. Mi sono seduta accanto a lei e in pochi minuti mia madre ha detto: "Dio ti benedirà" e mi ha benedetta lei stessa. Sì, andate a caccia di benedizioni. Le azioni giuste, che sono la giustizia di Dio, portano grandi benedizioni. Quando vado in una casa di riposo, incontro persone anziane che a volte amano pregare e benedirmi. Sono felice di avere la loro benedizione nella mia vita. Molte persone pensano che il denaro, la casa e l'istruzione siano benedizioni, ma io credo che la benedizione di Dio sia la migliore di tutte. Le persone perseguono obiettivi, denaro e risultati. Tutti i campioni e le medaglie d'oro hanno fatto sacrifici per raggiungere i loro obiettivi.

Il Signore Gesù dice che:

Marco 10:29 Allora Gesù rispose e disse: "In verità vi dico che non c'è nessuno che abbia lasciato casa, fratelli, sorelle, padre, madre, moglie, figli o terre per causa mia e del Vangelo, 30 ma riceverà il centuplo in questo tempo, case, fratelli, sorelle, madri, figli e terre, con persecuzioni, e nel mondo a venire la vita eterna".

Non distogliete lo sguardo dai poveri, ma benediteli.

Salmo 41:1 Beato chi considera i poveri; il Il Signore lo libererà nel momento della difficoltà.

La Bibbia è la chiave per ricevere le benedizioni. Una benedizione è il risultato più potente al mondo. Quindi, impegnatevi per riceverne.

Geremia 17:7 Beato l'uomo che confida nel Signore e nel quale il Signore è la sua speranza. 8 Egli sarà infatti come un albero piantato in riva alle acque e che stende le sue radici in riva al fiume; non si accorgerà quando verrà il caldo, ma la sua foglia sarà verde; non si curerà nell'anno della siccità e non cesserà di dare frutti.

Ricordiamo che Giacobbe mise a repentaglio la sua vita per rubare la benedizione di Dio a suo fratello Esaù. Ci ha insegnato che volevo la benedizione di Dio, che è la più alta ed eterna.

PREGHIAMO

Nel nome di Gesù, Signore, donaci un cuore desideroso di cercare tra le pagine della Bibbia. Aiutaci a ricevere le benedizioni eterne in questo mondo per donarle ai nostri figli e alle mille generazioni successive. Porta persone timorate di Dio nella nostra vita. Crediamo nella benedizione e non nella maledizione. Aiutaci a pronunciare benedizioni sul nostro nemico e sul popolo di Dio. Giuseppe portò la benedizione di Geova Dio nella casa di Potifar e nella terra d'Egitto, essendo giusto. Portiamo anche noi la benedizione ovunque andiamo, nel nome di Gesù. Amen! Dio vi benedica!

28 MARZO

I DONI DELLO SPIRITO SONO DISPONIBILI!

La Bibbia è un libro ricco, potente e pieno di ricchezza. Cercate la conoscenza e la saggezza attraverso il volume del libro chiamato Bibbia. La parola di Dio è stata data alla Sua creazione! C'è una verità in essa per la vostra vita per rimanere saggi, sani, ricchi, informati e liberi dalle tattiche di Satana. È una potenza se si crede e si obbedisce. L'obbedienza è la chiave di questo libro. Non sapete tutto, ma credete e obbedite. Non c'è domanda, ascoltate la voce di Dio, che è nella Parola di Dio, e obbedite. La Bibbia è un libro di istruzioni per chi vuole avere successo. Nel corso dei secoli, Dio ha voluto mantenerci al top. Vuole darci un'eredità straordinaria. Oggi vi esorto a scavare in questo libro, a sfogliare ogni pagina e a mangiare la parola per digerire. Fatene la priorità numero uno. Studiate giorno e notte. Potete diventare il Daniele, Ester, Mosè, Davide o Paolo dei nostri giorni. Potete fare come ha detto Gesù.

Giovanni 14:12 In verità, in verità vi dico: chi crede in me, le opere che io faccio le farà anche lui; e ne farà di più grandi di queste.

La Bibbia dice in *Apocalisse 5:12: "Degno è l'Agnello che è stato ucciso di ricevere potenza, ricchezza, sapienza, forza, onore, gloria e benedizione".*

Potete avere tutto se obbedite alla voce di Dio, senza temere nessuno. In breve, non seguite le autorità confessionali, organizzative o religiose perdute che non credono nelle semplici istruzioni di Dio. Gli israeliti hanno un alto quoziente intellettivo e ricchezza perché hanno la benedizione di Dio Geova. La benedizione di Dio li ha resi ricchi, potenti e intelligenti. Obbedendo e osservando il Suo comandamento, ereditiamo tutto ciò che Dio ha. Come Daniele e tutti i suoi compagni ebrei hanno trovato dieci volte meglio.

Daniele 1:17 Quanto a questi quattro figli, Dio diede loro conoscenza e abilità in tutto ciò che riguarda l'apprendimento e la saggezza; e Daniele aveva comprensione in tutte le visioni e i sogni. 20 E in tutte le questioni di saggezza e di comprensione che il re chiese loro, li trovò dieci volte migliori di tutti i maghi e gli astrologi che c'erano in tutto il suo regno.

Il Re Salomone chiese la saggezza per governare il popolo di Dio, *Israele, 1 Re 3:12 Ecco, ho fatto secondo le tue parole; ecco, io ti ho dato un cuore saggio e intelligente, così che non c'è stato nessuno come te prima di te, né dopo di te sorgerà nessuno come te. 13 Ti ho dato anche ciò che non hai chiesto, ricchezze e onori, così che non ci sarà nessuno tra i re simile a te per tutti i tuoi giorni. 14 E se vorrai camminare nelle mie vie, osservare i miei statuti e i miei comandamenti, come fece Davide, tuo padre, allora allungherò i tuoi giorni.*

Dopo che il Signore Geova è venuto in carne e ossa, è diventato il nostro Sommo sacerdote. Ci ha dato dei doni spirituali. Siete idonei a ricevere i doni.

1 Corinzi 12:7 Ma la manifestazione dello spirito è data ad ogni uomo perché ne tragga profitto. 8 Infatti, a uno è data dallo Spirito la parola della sapienza; a un altro la parola della conoscenza per mezzo dello stesso Spirito; 9 a un altro la fede per mezzo dello stesso Spirito; a un altro i doni di guarigione per mezzo dello stesso Spirito; 10 a un altro l'operare miracoli; a un altro la profezia; a un altro il discernimento degli spiriti; a un altro diversi tipi di lingue; a un altro l'interpretazione delle lingue: 11 Ma tutte queste cose le opera un solo e medesimo Spirito, che divide a ciascuno come vuole.

Perché la gente va dal sensitivo, dallo stregone, dai tarocchi, dalla tavola Ouija, dal lettore di palmi, dall'oroscopo, dal mago, dall'astrologo, dal guaritore spirituale, dallo spirito familiare o dall'indovino? Cristiani, fate attenzione e non commettete errori rivolgendovi a questo tipo di medium, che forniscono informazioni da un falso spirito familiare maligno e non dallo Spirito Santo. Le persone verranno da noi se abbiamo i nove doni spirituali di Dio promessi nel Nuovo Testamento. I doni dello Spirito, le parole di conoscenza e la saggezza lavorano per riunire. Se avete questi doni dello Spirito, allora potete dire il nome, l'indirizzo, il numero di telefono o di casa. Lo Spirito di saggezza dà una soluzione al problema. Non c'è bisogno di rivolgersi a un medium, come fece Re Saul, per evitare problemi. Ho incontrato molti induisti e cristiani religiosi che ricorrono all'aiuto di uno spirito familiare. Se avete il dono della fede, del miracolo e della guarigione, potete fare altri miracoli e guarigioni con l'assistenza dello spirito di fede.

Atti 19: 11 E Dio fece miracoli speciali per mano di Paolo:12 così che dal suo corpo furono portati ai malati fazzoletti o grembiuli, e le malattie se ne andarono da loro e gli spiriti maligni uscirono da loro.

Matteo 10:1 E, chiamati a sé i suoi dodici discepoli, diede loro potere contro gli spiriti immondi, di scacciarli e di guarire ogni sorta di malattia e di infermità. 17 E i settanta tornarono di nuovo con gioia, dicendo: "Signore, anche i demoni ci sono sottomessi per mezzo del tuo nome".

Viviamo nell'era più potente. Tutto ciò che dovete fare è credere e chiedere. Sarebbe utile se desideraste questi potenti doni dello Spirito. Quando uscite, imponete le mani, scacciate il demonio. Il potere e l'autorità sono già stati dati e usati come fecero i discepoli. Vedrete l'opera del Signore, proprio come fece con i Suoi discepoli. È il Signore che opera. Solo voi dovete santificare i vostri vasi e obbedire alla Sua voce. Il Signore ha detto che nulla è impossibile per Lui.

I doni spirituali della lingua e dell'interpretazione della lingua sono doni vocali.

Vi aiutano a dare un messaggio del Signore. Si può ricevere una lingua; significa linguaggio. Ho visto persone che mostravano messaggi in lingue diverse che non conoscevano. Il discernimento dello spirito vi aiuterà a capire che tipo di spirito sta operando. Il dono della Profezia rivelerà la volontà e divino di Dio. Tutti e nove i doni possono funzionare dieci volte meglio di tutti i medium malvagi, solo per consentire lo Spirito di Dio. È disponibile per chiunque lo desideri.

1 Corinzi 12:31a Ma se desiderate ardentemente i doni migliori Potete ricevere i doni spirituali ponendo la mano di uno di voi.

1 Timoteo 4:14 Non trascurare il dono che è in te e che ti è stato dato per profezia, con l'imposizione delle mani del presbiterio.

Questo deve avvenire attraverso di noi, poiché il nostro corpo è la chiesa, non l'edificio. Se obbediamo alla verità di Dio, la promessa dei nove doni è per noi, se lo desideriamo. Egli verrà in noi e farà questa speciale opera spirituale attraverso di noi. Pietro fece molti miracoli e diede gloria a Dio.

La Bibbia dice in Atti 3:6: Allora Pietro disse: "Non ho argento né oro; ma quello che ho te lo do: nel nome di Gesù Cristo di Nazaret alzati e cammina". 8 Ed egli, balzando in piedi, camminò ed entrò con loro nel tempio, camminando, saltando e lodando Dio.

Riuscite a immaginare cosa può accadere se lavoriamo attraverso i nove doni spirituali? Il mondo intero crederà in Gesù. Gesù non è un discorso, un sermone, una teologia o una lezione, ma una potenza che opera miracoli. Quando lavoravo in un ufficio postale, ricordo che le persone venivano da me per pregare. Anche dopo aver lasciato il lavoro alle Poste, mi chiamavano per farlo. Credo nella possibilità di scacciare i demoni, di guarire i malati e di profetizzare. Lavoravo in un reparto e una signora venne a lavorare con me. Il Signore mi disse di testimoniare, così lo feci. Mi ha detto che sono un'incappucciata. Ho chiesto al Signore di darmi lo spirito di discernimento per sentire come si sentono loro. Gesù guarisce e cura, ma noi dobbiamo mettere una mano. Dobbiamo arrenderci e cedere allo spirito di Dio. Siete solo un contenitore; mettetevi a disposizione di Dio. La conoscenza della Parola è sorprendente, ma ricordate che Dio l'ha data loro. Se vi arrendete al Suo Spirito, Egli farà il soprannaturale attraverso di noi.

PREGHIAMO

Signore, desideriamo tutti i doni spirituali, affinché la Tua unica Chiesa sia edificata. Che gli abitanti di questo mondo sappiano che tu sei il Dio che guarisce, libera e rende i prigionieri liberi! Desideriamo che i nostri abiti, la nostra ombra e la nostra mano guariscano e liberino i malati. Non siamo solo un altro edificio religioso, ma seguaci dotati di Gesù Cristo, dove le persone ricevono miracoli, le orecchie sorde si aprono, gli zoppi camminano e gli occhi ciechi vedono. Dona a tutti coloro che sono disponibili di portare a Te la gloria, l'onore e la lode. Fa' che tutte le nazioni sappiano che Gesù è il salvatore del mondo e l'unico vero Dio nel nome di Gesù. Amen! Dio vi benedica!

29 MARZO

NON VIVETE NEI PRIVILEGI!

Potreste essere stati rifiutati, venduti come schiavi o accusati maliziosamente da persone come Giuseppe, ma continuate ad andare avanti. Il fratello di Giuseppe lo vide arrivare.

Genesi 37:19 E si dissero l'un l'altro: "Ecco, viene questo sognatore. 20 Venite dunque, uccidiamolo, gettiamolo in una fossa e diremo: "Una bestia malvagia lo ha divorato"; e vedremo che ne sarà dei suoi sogni.

Dio sa come benedire e come maledire. Giuseppe ha mantenuto la sua integrità. Ha osservato il comandamento di Dio.

Proverbio 2:22 Ma i malvagi saranno eliminati dalla terra e i trasgressori saranno sradicati da essa.

La moglie di Potifar cercò di metterlo in difficoltà. In tutte le difficoltà e le opposizioni, Giuseppe non dubitò mai del piano di Dio. Entrate e continuate ad andare avanti. Fatevi strada per ricevere ciò che vi appartiene.

Genesi 39:9 In questa casa non c'è nessuno più grande di me; e non mi ha nascosto nulla all'infuori di te, perché tu sei sua moglie; come posso dunque fare questa grande malvagità e peccare contro Dio?

Joseph fu accusato e messo dietro la sbarra. Giuseppe continuò a farsi strada. Un giorno Dio gli permise di interpretare il sogno per il Faraone.

Genesi 41:39 Il faraone disse a Giuseppe: "Per quanto Dio ti abbia mostrato tutto questo, non c'è nessuno così discreto e saggio come te". 43 Poi lo fece salire sul secondo carro che aveva, e quelli gridarono davanti a lui: "Inginocchiati"; e lo fece diventare capo di tutto il paese d'Egitto.

Giuseppe disse: "Mi rifiuto di essere chiamato schiavo in Egitto, mi rifiuto di stare dietro le sbarre. Rifiuto l'oppressione e l'abuso da parte di uomini o donne. Temo Dio.".

Proverbio 22:29 Vedi un uomo diligente nei suoi affari? Egli si presenterà davanti ai re; non si presenterà davanti a uomini meschini.

Non vivete sotto i vostri privilegi! Davide non fu turbato da ciò che avveniva nella casa di suo padre. Davide portò le provviste a suo fratello sul campo di battaglia. Il fratello lo rimproverò.

1 Samuele 17:28 Eliab, suo fratello maggiore, sentì quando parlò agli uomini; e l'ira di Eliab si accese contro

Davide e disse: "Perché sei sceso fin qui? E con chi hai lasciato quelle poche pecore nel deserto? Io conosco la tua superbia e la cattiveria del tuo cuore, perché sei sceso per vedere la battaglia". 29 Davide disse: "Che cosa ho fatto? Non c'è forse una causa?

A Davide non importava essere disapprovato e rifiutato dagli altri e persino dalla sua stessa famiglia. Egli non si lasciò turbare. Continuò a insistere fino a raggiungere la posizione più alta.

2 Samuele 5:3 Così tutti gli anziani d'Israele vennero dal re a Ebron, e il Re Davide fece una lega con loro a Ebron davanti al Signore; e unsero Davide re su Israele.

Vedete, tutti coloro che volevano uccidere Davide furono sradicati.

Proverbi 2:22 Ma l'empio sarà eliminato dalla terra e i trasgressori saranno sradicati da essa.

Il Re Davide regnò per quarant'anni in Israele. Che la vostra battaglia porti vittoria, che la vostra malattia porti guarigione! Prego che voi riceviate una promozione dal cielo! Il Signore apre tutte le porte e le benedizioni arrivano come un fiume in piena! Il Signore Gesù, manda i Suoi Angeli ad aprire le porte di ogni prigione e a far uscire i prigionieri! Che il Signore vi visiti sul letto della vostra malattia, nelle afflizioni, e vi dia speranza! Nella Bibbia ci sono più di cinquemila promesse; rivendicatele e rendetele personali. Non vivete nei vostri privilegi. Le persone possono etichettarvi e mettervi in difficoltà, ma voi insistete e rivendicate tutto. Arriverete in alto, benedetti e favoriti. Tutti noi abbiamo qualcuno come il Re Saul che cerca di uccidere. La moglie malvagia di Potifar ha cercato di distruggere la reputazione dell'uomo timorato di Dio. Fratelli e sorelle gelosi, orgogliosi e invidiosi volevano distruggervi, ma non preoccupatevi, continuate ad andare avanti, a reclamare le vostre promesse e vedrete il successo e il trionfo.

Non accontentatevi di meno.

Dite che siete designati a ricevere benedizioni centuplicate se rimanete concentrati sul sentiero di Dio. Dite: "Prospererò come prospera la mia anima". È tempo di non permettere a nessuno di predicare o di fuorviarvi, di accontentarvi di meno. Dio vi chiama a fare di più e a sfruttare di più. È tempo di credere nell'impossibile, nel miracolo, nel segno e nella meraviglia. Lasciate che il cielo sia il limite.

È il momento di fare un exploit. Nessuno può battervi se inseguite e superate.

Non accontentatevi del programma dei falsi profeti e insegnanti. Non permettete che il piano di Gezabele abbia successo nelle chiese. Non permettete che la menzogna del diavolo si diffonda nella vostra città o nel vostro Paese.

Salmi 146:8 L'Eterno apre gli occhi dei ciechi, l'Eterno rialza quelli che sono prostrati, l'Eterno ama i giusti:

Continuate a provare e a credere. Un giorno vedrete il miracolo del corpo morto che esce dalla tomba dopo quattro giorni. Egli vi risusciterà. Egli mantiene le promesse. La Bibbia dice: "C'è qualcosa di troppo difficile per il Signore?".

Avevo le tonsille, che mi davano molto dolore. Non riuscivo a dormire la notte. Il medico non poteva operarmi per via della condizione del mio sangue. Continuai a chiedere alla chiesa di continuare a pregare. Un giorno un predicatore visitatore salì sul pulpito e, invece di salutare, chiese se qualcuno fosse malato. Ho risposto che lo ero; mi ha chiesto di salire e l'ho fatto. Dopo aver pregato su di me, sono tornata al mio posto. Il diavolo ha detto: "Non guarirai". Ho detto che lo ero e la guarigione è stata immediata. Ero completamente guarita. Ma il diavolo bugiardo portò la nube dell'incredulità. Il diavolo mi ha mentito all'orecchio: "Non eri malata!". Ho detto che lo ero e Dio ha portato il dolore su entrambi i lati, uno alla volta. Ho fatto un occhio nero al diavolo dicendo che ero malata. Dio ha eliminato il dolore quando ho detto la verità e ho affrontato il diavolo con la sua menzogna. Ringrazio Dio per la guarigione. Ho testimoniato della mia guarigione. So che devo prenderla con la forza.

L'impossibilità per il medico non significa che sia impossibile per Dio, vero? Siamo la testimonianza vivente di Gesù Cristo solo se rivendichiamo ciò che è disponibile per noi. Non lasciate che il diavolo vi faccia credere che non sia disponibile. Fate un occhio nero al diavolo confidando e credendo in ciò che vi ha promesso. Abbiate fiducia senza paura. Siate ostinati in ciò in cui credete. Sarà vostro, basta che diciate che vi rifiutate di vivere sotto i vostri privilegi.

Avevo il cancro; ho detto no al cancro; sono stata liberata da quel demone. Ero su una sedia a rotelle, ma ho rifiutato di restarci. Sto camminando. "No Diavolo, no! Mi rifiuto di restare a terra; vengo contro di te nel nome di Gesù. Faraone, lascia andare il mio popolo.

Lascia che i ciechi vedano, che gli zoppi camminino e che i prigionieri siano liberi. I nostri figli hanno il privilegio di essere in cima, a capo, primi, al di sopra e benedetti. Il nostro privilegio è insegnare loro il Dio potente, in modo che ricevano benedizioni e non maledizioni.". Ho detto che noi genitori dobbiamo insegnare ai nostri figli le leggi, i comandamenti e i precetti di Dio, come fece Iochebed con Mosè, Aronne e Mariam. Non ci affidiamo agli insegnanti della scuola domenicale per l'insegnamento. Se amate i vostri figli e volete che continuino a ricevere benedizioni, prendete il vostro tempo per preparare la verità della Bibbia. Vivrete in modo traboccante. Amen!

PREGHIAMO

Nel nome di Gesù, fa' che il vostro dolore si trasformi in gioia. Che il Signore vi liberi dalla schiavitù della droga, dell'alcol, della sigaretta e di altre catene. Che il Signore vi dia forza, coraggio e audacia per magnificare e glorificare il Suo nome! Prego che siate i Davide, i Daniele e i Giuseppe di oggi. Siete l'Ester che libera il Suo popolo dai piani del diavolo. È nostro privilegio che il piano del diavolo venga rovesciato e che voi riusciate a fuggire. Vivete sotto l'ombrello della grazia e della misericordia nel nome di Gesù. Amen! Che Dio vi benedica!

30 MARZO

UN SOLO ACCORDO E UNA SOLA MENTE!

Il potere di un accordo e di una mente unica è infrangibile, immutabile e incrollabile.

Anche la Bibbia dice che nessuno può fermarsi se lo ha deciso. Il diavolo divide un accordo e una mente, e poi distrugge l'opera. Il diavolo conosce il potere dell'armonia e dell'unità di una sola mente. Dio onnisciente ha applicato il principio. Geova Dio distrugge una sola ragione e un solo accordo per porre fine al piano degli uomini.

Quando Dio stesso disse nel libro della Genesi:

Genesi11:1 E tutta la terra era di una sola lingua, e un solo discorso. 4 E dissero: "Andate, costruiamoci una città e una torre, la cui cima arrivi fino al cielo; e facciamoci un nome, per non essere dispersi sulla faccia di tutta la terra". 5 L'Eterno scese a vedere la città e la torre che i figli degli uomini avevano costruito. 6 E l'Eterno disse: "Ecco, il popolo è uno e hanno tutti una sola lingua; e questo cominciano a fare": e ora non sarà loro impedito nulla di ciò che hanno immaginato di fare. 7 Scendiamo, scendiamo e confondiamo la loro lingua, perché non comprendano i discorsi degli altri". 8 Così l'Eterno li disperse di là sulla faccia di tutta la terra, ed essi si allontanarono per costruire la città. 9 Perciò si chiama Babele, perché il Signore vi confuse la lingua di tutta la terra; e da lì il Signore li disperse sulla faccia di tutta la terra.

Dio ha creato l'umanità per riempire la terra. Ma le persone volevano rimanere in un solo posto. Anche Dio dice che se sono una cosa sola, nulla può fermarli. Quando tutti hanno lo stesso credo, la stessa lingua, lo stesso pensiero e le stesse abitudini, allora non c'è nulla che possa fermarli. L'atto stesso di cambiare le lingue separerà le persone e manderà in frantumi i loro piani. Satana usa lo stesso principio, ma al contrario. Come dice la Bibbia, c'è un solo Dio, e il diavolo dice di no, che ce ne sono tre. Divide e governa. Se credete a questo primo comandamento di Dio, allora avete il regno di Dio sulla terra.

Deuteronomio 6:4 Ascolta, o Israele: Il Signore nostro Dio è un solo Signore.

Conoscere la verità della Bibbia avendo la rivelazione di UN SOLO DIO, non di tre. Se siete in accordo con lo Spirito di Dio, allora state lavorando con Dio. Se avete confuso le tre divinità, allora state lavorando con il diavolo e non troverete mai la verità. La chiave della verità nel Nuovo Testamento è identificare Geova manifestato nella carne di Gesù. Lo Spirito di Dio rivela che lo Spirito di Dio si è manifestato nella carne, non nella carne e nel sangue.

Questo avviene solo se lo Spirito di Dio ci dà la rivelazione. Il diavolo ha approfittato delle persone che non camminavano nello Spirito. Gli scribi misero alla prova il Signore Gesù per la sua comprensione di Dio.

Conosce la radice stessa della Bibbia? Gesù sa che c'è un solo Dio?

Marco 12:28 Giunse uno degli scribi e, avendoli sentiti ragionare insieme, e avendo visto che aveva risposto bene, gli chiese: "Qual è il primo comandamento di tutti?". 29 E Gesù gli rispose: "Il primo di tutti i comandamenti è: Ascolta, o Israele: il Signore nostro Dio è un solo Signore". 32 E lo scriba gli disse: "Bene, Maestro, hai detto la verità, perché c'è un solo Dio".

La verità è che esiste un solo Dio e non milioni. Quindi ricordate, se credete che ci siano molti dei e dee, allora non troverete mai la soluzione, ma solo confusione. Se avete la rivelazione di chi è Gesù, allora ci sarà una sola chiesa che farà ciò che Pietro e i dodici discepoli hanno iniziato. Nessuna porta dell'inferno può prevalere contro la chiesa. All'inizio, avendo un solo accordo e una sola mente, hanno messo il mondo sottosopra:

Atti 17:6b Anche questi che hanno messo sottosopra il mondo sono venuti qui.

I discepoli mettono il mondo sottosopra perché hanno capito, agito e lavorato come Gesù, con una sola mente e un solo accordo.

Atti 1:14 Tutti costoro continuavano a pregare di comune accordo e di supplica, con le donne, con Maria, madre di Gesù, e con i suoi fratelli.

Atti 2:1 Quando il giorno di Pentecoste fu pienamente giunto, si trovavano tutti insieme nello stesso luogo. 2 E all'improvviso si udì dal cielo un suono come di un vento impetuoso e potente, che riempì tutta la casa dove erano seduti. 3 E apparvero loro lingue taglienti come di fuoco e si posarono su ciascuno di loro. 4 E tutti furono riempiti di Spirito Santo e cominciarono a parlare con altre lingue, come lo Spirito dava loro la parola.

Al diavolo non piace che seguiamo Dio. Se ci uniamo a Dio, compiamo un'opera potente Il libro degli Atti, che è la storia di una prima chiesa, avrebbe continuato.

Filippesi 2:2 Realizzate la mia gioia, perché siate simili a me, avere lo stesso amore, essere concordi, avere una sola mente.

Romani 15:6a Affinché con una sola mente e una sola bocca possiate glorificare.

Matteo 16:18 E ti dico anche che tu sei Pietro e su questa pietra edificherò la mia Chiesa e le porte degli inferi non prevarranno contro di essa.

Come distruggere l'opera di Dio? Il diavolo sa che il nostro corpo è il tempio dello Spirito Santo.

Conosciamo questa verità solo se abbiamo la rivelazione di Gesù, come Dio Geova in carne e ossa. Il diavolo ha tramato contro questa verità utilizzando falsi insegnanti e profeti. Dobbiamo sapere cosa hanno fatto Paolo e Pietro. La rivelazione di un unico Dio manifestato in carne e ossa compiendo un'opera potente. Allora le nostre chiese non avrebbero problemi a battezzare nel nome di Gesù. Il fatto è che Gesù, il loro Dio Messia, cammina in carne e ossa.

Satana si rese conto che il suo regno era in pericolo. Come opporsi al regno di Dio? Il diavolo disse: "Devo dividere e separare". Usando una sola Scrittura, Matteo 28:19, e non permettendo loro di avere la rivelazione di Gesù. Il diavolo ha fatto un lavoro notevole eliminando il nome di Gesù, che è al di sopra di tutti i precedenti nomi di Geova Dio usati nell'Antico Testamento. Satana introdusse la falsa dottrina nel 325 d.C. alla conferenza di Nicea, così la gente non trovò mai la verità. Ha portato distruzione alterando la Bibbia e rimuovendo la verità. Il diavolo ha dato vita a collegi teologici introducendo tre divinità chiamate trinità. L'identità di Gesù proviene dalla rivelazione; il diavolo ha introdotto una falsa dottrina e ha iniziato a insegnare con i suoi falsi maestri e profeti.

Il cristianesimo è così diviso che non c'è nessuno che sia d'accordo. La chiesa è diventata un covo di ladri dove non c'è potere per scuotere l'inferno, ma l'inferno sta scuotendo noi. Nessun diavolo viene scacciato, ma la gente è piena di demoni. La verità viene solo dalla rivelazione. Una signora disse che Dio avrebbe usato una scrittura per rivelare la sua identità. Ho aspettato la scoperta di Gesù. Un giorno Dio ha usato una Scrittura per rivelare il Salvatore come servo Gesù, vedendo Geova in Lui.

Isaia 43:10 Voi siete i miei testimoni, dice il Signore, e i miei servi che ho scelto, affinché mi conosciate e crediate, e comprendiate che io sono lui: davanti a me, non è stato formato alcun Dio, né ci sarà dopo di me. 11 Io, proprio io, sono il Signore; e all'infuori di me non c'è salvatore.

Sapevo che Filippesi 2:6 il quale, essendo in forma di Dio, non ritenne una rapina l'essere uguale a Dio; 7 ma non si fece una reputazione, assunse la forma di servo e fu fatto a somiglianza degli uomini. Wow! Dio è così sorprendente! Nessuno, se non la parola di Dio, che è spirito, può rivelare la verità.

Ho provato ad andare all'università di teologia, ma Dio mi ha fermata. Ho studiato diverse religioni, tra cui i Testimoni di Geova, gli Avventisti del Settimo Giorno e un po' i Mormoni. Le porte dell'inferno non possono opporsi alla verità. Assicuratevi che siamo in un unico accordo e in un'unica mente con la verità. La confusione scomparirà.

PREGHIAMO

Signore, abbiamo confusione, non abbiamo la verità. Signore, rivelaci la verità. Non vediamo scacciare i demoni, guarire i malati e i cuori spezzati da quando non ci siamo presi il tempo di cercarti. Ti prego, aiutaci a trovare la verità e fa' che siamo una cosa sola, una mente sola. Signore, vogliamo capovolgere il mondo. Solo la verità rende liberi i prigionieri. Dacci la verità. Vogliamo scacciare il demonio, guarire i malati e curare il cuore spezzato. Signore, dacci la rivelazione della verità e aiutaci a essere una sola mente, un solo spirito per compiere la tua missione, dove le persone vedono e conoscono il potere della verità e il potere di unirsi a te. Nel nome di Gesù. Amen! Dio vi benedica!

31 MARZO

RIPRENDETEVI DA SATANA!

Ciò che mi appartiene è mio e anche molto. Dobbiamo sapere cosa ci appartiene e riprendercelo.

Prendere il controllo di ciò che è nascosto, rubato e distrutto. Salute, ricchezza, prosperità, vittoria, conoscenza, saggezza e terra ci appartengono. Se il vostro Dio padre è Gesù, allora siete proprietari di tutto ciò che ha creato. Ricordo di aver incontrato una signora anziana, molto povera. Ogni volta che andavo a trovarla, si lamentava di non avere nulla da mangiare. Forse un po' di cibo, pane, fagioli o riso. Cercavo di aiutarla, ma quanto potevo fare? Aveva molti nipotini. Gesù ha detto: "Si è fatto povero perché io sia ricco". È una brava donna cristiana. Dovrebbe avere molta abbondanza. Così, pregando, ho spezzato lo spirito di povertà. Da allora, ha avuto tutto ciò di cui aveva bisogno. I suoi figli hanno una macchina nuova, una casa grande e del cibo. Alleluia! Osate distruggere chi ruba e uccide. Riprendetevi ciò che vi spetta.

Giovanni 10:10b Io sono venuto perché abbiano vita e avere più abbondantemente.

Il diavolo, il ladro, lo prende e ce lo nasconde.

Giovanni 10:10a: Il ladro non viene se non per rubare, uccidere e distruggere.

Il diavolo si concentra sulla nostra benedizione, sul denaro, sui beni, sui figli e su tutto ciò che Dio ci ha dato. La storia dimostra che le nazioni in via di sviluppo si rivolgono a Gesù e diventano ricche. Il nostro Dio benedice il nostro cesto, la terra, la salute, i raccolti, gli animali e la terra. Quando ci rivolgiamo a Gesù, finanziamo con il benedicente.

1 Corinzi 9:8 Dio è in grado di far sovrabbondare ogni grazia verso di voi, affinché possiate essere sempre sufficienti in ogni cosa e abbondare in ogni opera buona.

Se Satana sta rubando, stendete la mano in ogni direzione e dite che "Satana perde tutto ciò che mi appartiene nel nome di Gesù". Legate il diavolo, le sue coorti e i demoni e distruggeteli. Dio vi ha dato potere e autorità nel nome di Gesù.

Proverbi 10:22 La benedizione del Signore arricchisce e non aggiunge dolore ad essa.

Il vostro Dio ha promesso.

Deuteronomio 15:6 Perché il Signore tuo Dio ti benedice, come ti ha promesso; e tu presterai a molte nazioni, ma non prenderai a prestito; regnerai su molte nazioni, ma esse non regneranno su di te.

31 MARZO

Ho visto quando le nazioni si sono rivolte a Gesù e sono diventate molto ricche. Il potere di benedire è solo nella mano del vero Dio. L'America è benedetta perché i loro antenati hanno servito Dio con tutto il cuore. Ora, guardate l'America. Se ci allontaniamo da Dio, possiamo constatare che perdiamo le benedizioni.

Salmi 33:12 Beata la nazione il cui Dio è il Signore e il popolo che egli ha scelto come sua eredità.

Ho ascoltato la testimonianza di un mio fratello in Cristo, ateo. Ha detto che quando era in Corea, la nazione non credeva in Gesù, era molto povera. Mangiavano una volta al giorno con un pugno di riso, facendolo bollire in una grande pentola d'acqua e mettendoci molto sale. Solo per sfamare tutti i suoi fratelli, genitori e nonni. Da quando Gesù è arrivato nella loro nazione, sono diventati ricchi. Solo Gesù può benedire. Se vi rivolgete a Lui con tutto il cuore per servire, vedrete la differenza tra voi e la vostra nazione. Satana ha un esercito di angeli caduti e di demoni. Questi ultimi sono anime perdute che lavorano sotto Satana. Noi non vediamo il mondo spirituale. Non abbiamo alcuna idea o conoscenza e non sappiamo come proteggerci.

Malachia 3:11 Io rimprovererò il divoratore per il vostro bene ed egli non distruggerà i frutti del vostro suolo, né la vostra vite getterà i suoi frutti prima del tempo nel campo, dice il Signore degli eserciti.

I divoratori sono Satana, gli angeli caduti e i demoni che lavorano nell'esercito di Satana. Satana usa la malattia, le malattie, le locuste, il baco, il bruco e il verme della palma per distruggerci. Per rovinare anche i vostri raccolti. Il diavolo divora chi può. Vivete con la consapevolezza del diavolo dell'avversario. Lui esiste e opera come un principe dell'aria. Scoprite come ricevere le benedizioni dando ai luoghi ciò che Dio ci ha chiesto. Investite negli operai di Dio che predicano, insegnano, scacciano i demoni e guariscono i malati sul campo di Dio. Inoltre, vi prego di dare ai poveri, agli affamati, agli orfani e agli ignudi poiché, in questa dispensazione, il nostro corpo è il tempio, non gli edifici.

1 Pietro 5:8 Siate sobri, vigilate, perché il vostro avversario, il diavolo, come un leone ruggente, va in giro cercando chi divorare.

Il vocabolario del diavolo è ingannevole, con piani nascosti per distruggere. Il diavolo può rubare la vostra risposta se state pregando. Rimanete quindi in ginocchio e imparate a bussare, cercare e chiedere finché tutto ciò che vi appartiene non sarà libero da Satana.

Daniele 10:12 Poi mi disse: "Non temere, Daniele, perché dal primo giorno in cui hai posto il tuo cuore a capire e a castigare te stesso davanti al tuo Dio, le tue parole sono state ascoltate e io sono venuto per le tue parole. 13 Ma il principe del regno di Persia mi ha ostacolato per un giorno e venti; ma ecco che Michele, uno dei principi principali, è venuto ad aiutarmi; e io sono rimasto là con i re di Persia".

Il principe della vostra regione trattiene molte delle vostre richieste di preghiera. Potreste pensare che non sia la volontà di Dio di ottenere la risposta. No, Satana le tiene in mano e le nasconde. Entrate in guerra e toglietegliele di mano. Ordinategli di andarsene, dite: "Ti rimprovero, Satana, nel nome di Gesù. Ti ordino, diavolo, di uscire dal mio caso nel nome di Gesù". Invocate Dio e dite: "Signore, ho bisogno di un aiuto speciale per la mia situazione e il mio caso".

Mi sono ricordata di un'amica che era diventata molto cattiva con me. Non capivo cosa la rendesse così. Aveva così tanto, e io non riuscivo a capire perché si accanisse contro di me. Allora ho pregato: "Gesù, che cosa l'ha fatta diventare così?". Gesù mi ha fatto sognare. Nel sogno ho visto due donne e una di loro era questa amica. Dio ha detto che entrambe sono gelose, invidiose e orgogliose nei miei confronti. Molte volte la loro personalità mi ha ricordato che erano gemelle. Comprendete che i vostri familiari e amici lavorano per l'esercito di Satana. Pregate che queste persone non vi facciano mai del male e che vengano liberate. Nella carne abbiamo bisogno di aiuto. Per questo Dio ha creato gli Angeli.

Luca 22:43 Gli apparve un angelo dal cielo che lo rafforzò.

Salmo 34: 7 L'angelo del Signore si accampa intorno a quelli che lo temono e li libera.

Se tutti invochiamo Gesù, allora la nostra casa, la nostra città, la nostra contea e la nostra nazione saranno libere da droghe, divorzi, carceri, ospedali, malattie, rapitori, armi e guerre. Potete dedicare del tempo alla preghiera? Chiamate Dio, non il 911. Invocate Gesù e non la polizia. Potete dichiarare guerra e dire: diavolo, quando è troppo è troppo. Vengo contro di te nel nome di Gesù. Non sono fatto per il cancro, l'ictus, le malattie o le infermità mentali e fisiche. Non voglio essere povero. Mi rifiuto di essere povero. Ciò che mi appartiene torna doppio. La conoscenza è la chiave.

Trovate la chiave per rubare salute, ricchezza, figli, matrimonio, successo e prosperità. Usatela e riprendetevela dal nemico.

Osea 4:6a: Il mio popolo è distrutto per mancanza di conoscenza.

Credo che la Parola di Dio sia buona per tutte le stagioni e le situazioni e che sia meglio della medicina. La mia amica atea aveva il cancro. L'ho assistita per dieci anni. Nel momento più difficile, aveva bisogno di Gesù. Sapeva che conoscevo il Signore. Mi chiamò per andare a casa sua a pregare. Mentre pregavo, ho visto entrare una luce brillante e Gesù ha seguito quella luce ed è entrato nella sua stanza. Quella sera la mia amica è stata guarita da molte cose. È ancora viva, ma molte dei suoi gruppi di donne malate di cancro sono morte. Ora la mia amica ama Gesù. Gesù può annientare il distruttore. Ho tolto la sua vita dalle mani di satana nel nome di Gesù.

PREGHIAMO

Signore, siamo grati per il Tuo sangue. Hai pagato il prezzo per tutti i peccati e hai riscattato le nostre anime dalla morte eterna. Ti preghiamo di darci la conoscenza della tua parola per ricevere la pienezza del patrimonio. Abbiamo l'abbondanza ma ci viene rubata dal nemico. Signore, ti chiediamo nel nome di Gesù di far sparire chi è legato alla droga, all'alcol, alle sigarette e ai peccati. Ordiniamo al diavolo di uscire dalla nostra famiglia. Facciamo in modo di venire contro il demonio. Ti leghiamo e ti mandiamo, diavolo, nella fossa dell'inferno a cui appartieni. Lascia che la tua trappola ti catturi nel nome di Gesù. Fa' che tutto ciò che ci appartiene torni in abbondanza, nel nome di Gesù. Amen! Dio vi benedica!

APRILE

1 APRILE

POTETE RISORGERE!

Gesù è risorto il terzo giorno. Secondo le credenze ebraiche, il corpo morto inizia a decomporsi dopo tre giorni.

Dio ci mostra che può infrangere ogni legge naturale; è il Dio che rende vivi i morti. Voi eravate morti perché la chiave della morte è nelle mani di Satana. Dopo la risurrezione, Gesù ha dato il suo sangue nel luogo santo per i peccati del mondo. Chiunque può risorgere dai peccati, perché è possibile per chi lo desidera.

Apocalisse 1:18 Io sono colui che vive ed era morto; ed ecco, sono vivo in eterno, amen, e ho le chiavi dell'inferno e della morte.

Ora la morte non ha più potere perché Gesù ci ha dato la vita; la vita è nel sangue. Il sangue non muore. Gesù ha risuscitato se stesso e tutti coloro che sono morti nel Signore senza sangue.

Efesini 4:8 Perciò dice: "Quando è salito in alto, ha condotto in cattività i prigionieri e ha dato doni agli uomini". 9 (Ora che è salito, che cos'è se non che è anche sceso prima nelle parti basse della terra? 10 Egli che è sceso è lo stesso che è salito molto in alto tutti i cieli, affinché riempia tutte le cose).

Ha risuscitato tutti coloro che sono morti nella giustizia dell'Antico Testamento senza il sangue dell'agnello. Dopo l'offerta del sangue del Salvatore Gesù, essi non sono più sotto la maledizione di Adamo ed Eva. Ha preso con sé Abramo, il suo discendente, Mosè e tutti i giusti. Il piano di Dio di venire nella carne per morire era di risuscitare tutti coloro che Satana teneva prigionieri. Inoltre, era per liberare gli altri dal programma di Satana di rubare, uccidere e distruggere. Nel piano di Dio, abbiamo bisogno del ruolo di cattivo di Satana per realizzare e stabilire un progetto di Dio. Satana pensava di aver distrutto Gesù uccidendolo. Satana pensava che il piano fosse riuscito a distruggere il Regno di Dio, ma si è ritorto contro Satana.

Il Signore Gesù ha dimostrato che il miracolo del pesce non limita la rigenerazione. Egli dimostrò che era possibile la resurrezione del pesce morto nella moltiplicazione. Ricordo che nel mio giardino un albero continuava a morire. Ho parlato con un'amica e lei mi ha detto: "Posso pregare su di esso; tornerà in vita". E così ha fatto. L'albero si è rianimato. Ricordo di aver pregato per molto tempo su un paziente morto o quasi morente in terapia intensiva, e questi è tornato in vita. Gesù ha detto: "Puoi resuscitare i morti nel mio nome". Vi sto dando potere sulla morte. Ho preso la chiave da Satana; ora Satana assassino è fuori dal mercato. Non perdete la chiave: è nella parola di Dio chiamata Bibbia.

Quanti ci credono? Vediamo diverse tattiche messe in atto da Satana per farci credere di non avere alcun potere di rianimare. Satana ci fa credere che un demone dell'alcol, della droga, del cancro o dell'infarto non

1 APRILE

possa essere guarito o liberato. Tutti i demoni lavorano giorno e notte per distruggere. Lasciate che vi dia una buona notizia: potete essere rinnovati e riconciliati.

1 Corinzi 5:17 Se dunque uno è in Cristo, è una nuova creatura; le cose vecchie sono passate; ecco, tutte le cose sono diventate nuove. 18 E tutto viene da Dio, che ci ha riconciliati a sé per mezzo di Gesù Cristo e ci ha dato il ministero della riconciliazione; 19 cioè che Dio era in Cristo, riconciliando il mondo a sé, non imputando loro i debiti; e ha affidato a noi la parola della riconciliazione.

Solo voi avete bisogno della chiave della conoscenza. Nessuno può farci del male se non l'ignoranza personale. Potete risorgere dai peccati che vi portano all'inferno per la morte eterna.

Galati 5:19 Ora, le opere della carne sono manifeste: adulterio, fornicazione, impurità, lascivia, 20 idolatria, stregoneria, odio, discordia, emulazioni, ira, lotte, sedizioni, eresie, 21 invidie, omicidi, ubriachezze, bagordi e cose del genere; e di queste cose vi ho già detto, come vi ho detto anche in passato, che chi fa queste cose non erediterà il regno di Dio.

Il sangue dell'agnello, Gesù, può lavare i peccati e darci una coscienza pulita. La coscienza pura non ha una presa potente sul cuore e sulla vita. Cancello il ricordo del peccato con la sua forza dalla vita. Che meraviglia è questa?

Romani 6:1 Che cosa diremo dunque? Continueremo nel peccato, affinché la grazia abbondi? 2 Dio non voglia. Come potremo noi, che siamo morti al peccato, vivere ancora in esso? 3 Non sapete che quanti siamo stati battezzati in Gesù Cristo siamo stati battezzati nella sua morte? 4 Perciò siamo stati sepolti con lui mediante il battesimo nella morte, affinché come Cristo è stato risuscitato dai morti per mezzo della gloria del Padre, così anche noi camminiamo in novità di vita. 5 Infatti, se siamo stati piantati insieme a somiglianza della sua morte, saremo anche a somiglianza della sua risurrezione: 6 sapendo che il nostro vecchio uomo è stato crocifisso con lui, affinché il corpo del peccato sia distrutto e non serviamo più al peccato. 7 Perché chi è morto è liberato dal peccato.

Gesù ha risuscitato molti per dimostrare il Suo potere di risurrezione. Stava per trasformarci attraverso il Suo Spirito. Quando ricevete lo Spirito Santo, Gesù stesso viene dentro di voi. Ora non opera all'esterno, ma attraverso di voi, dimorando in voi. Siete la Sua creazione. Egli vive in eterno e anche noi possiamo vivere in eterno confidando in Lui. La potenza di risurrezione in noi ha potere vivificante. Non accontentatevi di credere alla menzogna del diavolo. È vostra responsabilità sapere che potete risuscitare i morti. L'attacco di Satana è quello di uccidere. Il diavolo vuole farvi credere che ha ancora una chiave per la morte, ma non è così. Ogni peccato provoca trentanove categorie di malattie che possono causare la morte. Gesù ha pagato prendendo trentanove frustate da cui è sgorgato il sangue. Dio ha fatto tutto. Non pensate alla morte, ma alla risurrezione. Andate in giro e fate risorgere chi è seduto nelle tenebre, in un ospedale, in un bar, in un buco di droga, in prigione o in un carcere. Dio ha ordinato al demone della morte di uscire. Toglieteli dalle mani di Satana e dite che avete perso il diavolo quando Gesù è risorto.

Sapete cosa vi appartiene? La chiave è nelle mani della Chiesa costruita sulla roccia. La roccia è la rivelazione di chi è Gesù Cristo. Le porte dell'inferno non possono prevalere se sapete chi è Gesù. Egli è il Salvatore di Geova in carne e ossa e voi siete la Chiesa con autorità e potere.

Tutto ciò che Satana vuole farvi credere è che non avete potere. Oh sì, tutto ciò che dobbiamo dirgli è che il sangue di Gesù è contro di lui, il diavolo. Uso il sangue di Gesù sulla città, sulla casa, sulle persone e su tutto.

Le risuscito. Satana attacca la morte, ma supplicare tutto con il sangue di Gesù distrugge il potere della morte. Il sangue ha vita.

Isaia 33:6 La saggezza e la conoscenza saranno la stabilità dei tuoi tempi e la forza della salvezza; il timore del Signore è il suo tesoro.

Ricordate che potete risorgere e rigenerare nel nome di Gesù.

PREGHIAMO

Nel nome di Gesù, sappiamo che questa non è una festa di caccia alle uova o ai coniglietti. Il diavolo è un bugiardo. Dacci la saggezza, la conoscenza e la comprensione della Tua risurrezione. Tu sei vivo e hai inghiottito la morte con la vittoria. Il corruttibile indosserà l'incorruttibile e il mortale indosserà l'immortalità. La potenza della risurrezione è nella nostra bocca, credendoci con il cuore. Il Dio vivente Gesù in noi ha distrutto Satana. Grazie per averci dato la chiave del Tuo regno. Siamo vittoriosi grazie alla Tua verità e potenza nello Spirito Santo. Non per forza, né per potenza, ma per lo Spirito Santo. Risuscitiamo tutte le parti e tutti i morti in noi e intorno a noi nel nome di Gesù. Amen! Dio vi benedica!

2 APRILE

ATTIVATE LA VOSTRA FEDE!

La vostra fede si materializzerà. Vedrete l'invisibile. La fede è qualcosa in cui si spera. La fede è la cosa più potente se si sa come attivarla. La fede fa muovere una montagna, fa camminare uno zoppo e fa vedere un cieco. La fede può fare molto se si sa come mantenerla. Se vi affidate al denaro, alla famiglia, al titolo di studio, alla salute, ai figli o a qualsiasi dio o dea, allora non funzionerà. Vi dispiacerete per il fatto che non accadrà.

Sento le lamentele dei miei amici pagani quando pregano molti dei e dicono che non funziona nulla. Eppure, quando prego il Signore Gesù, ricevono le benedizioni. Chiedo loro di essere cortesi nel dire "grazie, Gesù". Lui solo può spostare la montagna, guarire i malati, rimuovere ciò che blocca le vostre benedizioni, darvi miracoli e distruggere il distruttore. Imparate ad attivare la vostra fede: è la chiave per ricevere ciò che desiderate, e lo riceverete.

La prima cosa che presentiamo è Gesù: il Dio Geova in carne e ossa, che fa tutto ciò che desiderate. Egli può benedirvi, dato che abbiamo molti cosiddetti dei e dee.

Ebrei 11:6 Ma senza la fede è impossibile piacergli; perché chi viene a Dio deve credere che egli è e che ricompensa coloro che lo cercano diligentemente.

Quando credete in Gesù come Dio, potete ottenere tutte le ricompense di ciò che desiderate e chiedete. Ponete le vostre richieste, poi bussate e pregate. Se non conoscete Gesù, procuratevi la Bibbia KJV, che è una copia non corrotta delle traduzioni in ebraico e greco. Leggetela, questa è la Parola di Dio per voi. Lasciate che la Parola di Dio parli al vostro cuore per operare un cambiamento potente.

Ho incontrato un buddista del Bangladesh. Mi ha detto: "Non mi piaceva andare in chiesa perché hanno troppo amore. In secondo luogo, non leggevo la Bibbia". Eppure ha detto che il giorno in cui ha aperto la Bibbia, non è riuscito a metterla giù finché non l'ha finita. Un predicatore stava distribuendo Bibbie per strada. Un uomo disse: "Userò le pagine della Bibbia per il tabacco e lo fumerò". Il predicatore disse: "Puoi farlo, ma prima di bruciare, vuoi leggere quella pagina e poi fumarla?". L'uomo lo fece per alcune pagine, ma quando arrivò al libro di Giovanni, non riuscì a farlo. Cadde sulla faccia e si arrese a Dio. È la Parola di Dio che cambia la vita.

Cercate di trovare Dio. Cambierà la vostra vita. Vi salverà. In secondo luogo, lo farete.

Giacomo 2:14 Che giova, fratelli miei, se uno dice di avere fede e non ha le opere? La fede può forse salvarlo? 17 Anche la fede, se non ha le opere, è morta, essendo sola.

La fede si attiva quando si lavora, si mette in atto e si obbedisce alla parola.

Attivate la vostra fede con le vostre azioni di oggi. Se volete essere insegnanti o predicatori, studiate e iniziate a insegnare e predicare. Un uomo di nome Abramo fu chiamato il padre della fede. Egli agì senza vedere la nazione promessa nascere davanti ai suoi occhi. Accolse il figlio, visto che sua moglie era sterile e di età avanzata. Portò per fede suo figlio Isacco sul monte Moriah per sacrificarlo. La fede ha bisogno di obbedienza e non di domande e ragionamenti. Richiede un tipo di fede per la quale l'oceano può trasformare le strade in aride, e la roccia farà emergere l'acqua. Dobbiamo agire sulla fede inviando la Parola di Dio nei luoghi. Gesù non poteva fare il miracolo nella sua città. Perché?

Matteo 13:54 E quando fu giunto nel suo paese, li ammaestrava nella loro sinagoga, tanto che essi si stupivano e dicevano: "Da dove viene a quest'uomo questa sapienza e queste opere potenti?" 58 E lì non fece molte opere potenti a causa della loro incredulità.

La loro fede negativa ha permesso loro di distruggere e di abusare di ciò a cui dava diritto. Esco a fare shopping, a viaggiare o a lavorare, mantenendo la fede. Sapendo che Dio fornirà ciò di cui ho bisogno. Faccio shopping con Gesù. Trovo ciò che cerco sempre a un prezzo nominale.

Quando stavo per andare in India, il profeta ha detto che avrei svolto il ministero a tutti gli indù. Disse che mi avrebbe pagato il biglietto, ma io l'avevo già comprato. Qualcuno mi diede abbastanza soldi per occuparmi del mio viaggio missionario. L'ultimo giorno mentre asciavo l'India e Dubai, mi sono accorta di aver servito degli indù o di aver convertito dei cristiani. Non cerco mai di capire cosa mi riserverà il futuro, perché conosco colui che ha in mano la mia sorte.

Molte volte chiedo agli indù di fidarsi di Gesù. "Lui vi risponderà". Agli indù non importa, perché credono in molti dei e dee. Gesù è solo un altro. Gesù è l'unico, non più di un milione. Quello che voglio dire è che anche Abramo era uno di loro. Egli si è fidato del Dio vivente, così è uscito dalla sua terra come Dio lo ha guidato. Grazie all'obbedienza di Abramo, oggi esiste la nazione di Israele. È la terra data da Geova Dio, che l'aveva promessa ad Abramo.

La Bibbia dice che la conoscenza è la chiave del successo.

Osea 4:6a Il mio popolo è distrutto per mancanza di conoscenza; poiché hai rifiutato la conoscenza, anch'io ti rifiuterò.

La vostra situazione è modificabile se trovate la chiave dei vostri problemi. Come si può ottenere la conoscenza per ripristinare, costruire e conservare?

Romani 10:17 La fede dunque viene dall'udito e l'udito dalla parola di Dio.

Ascoltate lo scrittore della Bibbia, Geova Dio. Cosa può fare, chi è e dove vive? Quanto vi ama? ecc. Un amico mi ha detto: "Non importa a che ora devo venire, io arrivo sempre dove vi trovate a leggere la Bibbia. Leggete mai il vostro libro di studio?".

Frequentavo una facoltà scientifica, mi stavo specializzando in matematica e fisica. Quindi pensavo: "Come e cosa sto facendo?". Avevo fame della Parola di Dio. Uno dei miei amici mi ha consigliato di leggere la Bibbia quando fossi stata vecchia. "In questo momento, goditi la tua vita. Sei troppo giovane per prendere in mano la Bibbia. Andare in chiesa è sufficiente.".

Mi dispiace, no, ho iniziato a leggere la Bibbia in giovane età e avevo così tante domande. Ho iniziato a cercare Dio la mattina presto e la sera tardi. Questo ha benedetto la mia vita. Ho abbandonato la sedia a rotelle perché sapevo che era possibile. Ho avuto fede nel ricevere la guarigione per vari problemi agli occhi, per il cancro e per tutte le malattie. Non devo mai prendere medicine.

La lettura della Bibbia ci dà conoscenza e ci preserva dalla distruzione.

Quando leggo la testimonianza nella Parola di Dio, parlo a Dio: lo rivendico perché anch'io sono idonea. Mi baso sulla parola e dico: fai questo perché lo dice la Tua parola. Signore, lo voglio perché vivo della Tua parola. Ascolto una testimonianza che aumenta la mia fede. Ho detto: "Signore, l'hai fatto per il tal dei tali, fallo per me, ti prego". Come dice il bambino: "E io? Lo voglio anch'io". Se Dio ha fatto per gli altri, può fare per me. Sono così felice che abbiamo la Sua parola da reclamare e ricevere credendo e obbedendo. Impongo le mani e prego per i malati, e loro guariscono. Vedo quando le persone vengono battezzate nel nome di Gesù e ne escono libere dai peccati con un aspetto diverso. Ho visto distruggere il giogo dei demoni e le schiavitù.

Iniziate a cercare le Scritture per essere ricchi. La misura in cui date è la misura in cui riceverete. Una fede maggiore produce risultati maggiori. Tutto è nelle vostre mani se credete, obbedite e agite per l'Amen! Cosa dovete fare? Lasciate quello che avete in mano, due pesci, entrate in acqua e battezzatevi nel nome di Gesù. Le azioni parlano più forte delle parole...

PREGHIAMO

Nel nome di Gesù, Signore, la nostra fede ha un grande valore, perciò chiediamo il coraggio di agire. Sappiamo che i poveri sono ricchi di fede. Gesù ci dona la fede dei poveri. Prezioso Signore, mettiamo in atto azioni per attivare la nostra fede. Signore, aiutaci a credere. Dio, riceviamo per fede tutto ciò che è disponibile per noi. Signore, rendici ricchi di fede nel nome di Gesù. Amen! Dio vi benedica!

3 APRILE

UN CRISTIANO ATTIVO REALIZZA IL PIANO DI DIO!

Le persone pensano che cristiano significhi andare in chiesa la domenica e alcuni anche alle funzioni infrasettimanali. Cosa fanno i cristiani attivi per continuare l'opera di Dio? Continuare nel cristianesimo è come unirsi all'esercito. Anche Satana ne ha uno. Satana e la vostra carne sono simili, potenti e attivi per abbattervi. Satana conosce la Bibbia e ha degli operai nel suo esercito. Sono chiamati anche pastori, predicatori, profeti, insegnanti, angeli caduti e demoni per fuorviare le persone. Il diavolo lavora per distruggere l'opera di Dio.

Per prima cosa, Gesù pregò tutta la notte per scegliere i suoi discepoli, e il Signore li addestrò. Tutti e dodici, poi settanta, furono istruiti e formati per seguirlo. Gesù li ha mandati a insegnare, a predicare e a seguire le Sue orme. Dio scruta i nostri cuori prima di chiamare. Gesù qualifica chi chiama. Tutti i formatori saranno come Giuseppe, Mosè, Daniele, Giosuè, Paolo, Pietro e altri.

Le persone virtuose avranno la stessa integrità, purezza e rettitudine. Nel piano del Signore, Egli vi metterà alla prova in ogni ambito e voi dovrete uscirne come oro. La prova vi preparerà al tempo dell'addestramento per le vostre testimonianze. Mosè è stato nel deserto, anche Paolo è andato nel deserto. Davide è stato nella grotta e nel deserto. Tutti coloro che il Signore ha messo alla prova ne sono usciti intensi, puliti e fedeli. Dio cerca i fedeli, non quelli che bevono, sgobbano, rubano, giocano d'azzardo, mentono e stanno la domenica su un pulpito. Sappiamo che Paolo è stato in prigione per un Vangelo; Mosè ha lasciato il potere e la posizione dell'Egitto. Dopo le prove e le tribolazioni, i seguaci assumono le posizioni per cui il Signore li ha chiamati. Il Signore controlla la direzione della vostra vita, e se potete oscillare nella sua direzione, allora siete qualificati.

Ho ricordato la mia situazione. Un giorno, mentre lavoravo all'ufficio postale, uscendo da lì, ho sentito la voce: "Non tornerai mai più in questo posto". Avevo una grave lesione alla schiena e in quel periodo non potevo camminare. Uscendo dall'edificio, non ho voluto guardarmi alle spalle; sono uscita e basta. La voce di Dio era chiara e mi ha fatto pensare a ciò che sarebbe successo dopo. Dio mi diede un piccolo pezzo del puzzle, ma sapevo che la voce che sentivo era del Signore. Da quel momento non sono più tornata indietro e la battaglia è iniziata. Non sapendo cosa sarebbe successo alla mia vita, le finanze e il futuro sembravano imprevedibili. Nel piano di Dio, si scorre. Non è necessario sapere o capire. Non vedrete mai la riva. Il fuoco è caldo, ma Lui ha il controllo. I leoni sono pronti ad abbatterti, ma Lui ha il potere di fermarti.

Una sorella nel Signore ha incontrato il Signore a proposito del mio processo. Ha detto che il Signore è apparso e ha detto che la sorella Das stava attraversando una prova di fuoco. Il Signore ha detto che è una prova lunga e che lei ne uscirà come oro.

Giobbe 23:10 Ma egli conosce la via che prendo; quando mi avrà provato, ne uscirò come oro.

3 APRILE

Stavo affrontando tutte le questioni legali per lasciare il mio lavoro e non avevo scelta. In quelle condizioni, non sapevo come sarei guarita, ma avevo una promessa da mantenere. Avete una promessa? Fissatela. Succederà.

Proverbio 4:12 Quando andrai, i tuoi passi non saranno stretti e quando correrai non inciamperai. Sapevo che un giorno avrei camminato.

In quel periodo dovevo decidere se scegliere la pensione di invalidità o mantenere il programma di compensazione. Dio mi disse di accettare la pensione, che non era molto. Grazie a Dio mi mandò un profeta, che mi confermò sì, di andare in pensione. Secondo i miei calcoli, era impossibile sopravvivere con un piccolo assegno. Ma ancora una volta ho sentito la voce che diceva: "Mi prenderò cura di te". In quel periodo, il mio Signore ha preparato la formazione. Se hai una vocazione, devi diplomarti alla scuola della prova e della sperimentazione.

Quando avete una chiamata da parte di Dio, aspettate e attendete solo Lui. Ci sono molti operatori del nemico fuorvianti e confusi. È scioccante, ma alcune persone che salgono sul pulpito sono come il diavolo di loro padre: i demoni della religione che guidano le persone. L'uso della Bibbia, il possesso della Bibbia o il titolo non ne fanno uno. Controllate i loro frutti. Cercate quello del quale il Signore ha descritto le caratteristiche. Seguite solo colui che il Signore ha indicato.

Marco 16: 17 E questi segni seguiranno quelli che credono: nel mio nome scacceranno i demoni; parleranno con lingue nuove; 18 prenderanno in mano i serpenti; e se berranno qualche cosa di mortale, non farà loro male; imporranno le mani ai malati e questi guariranno. 20 Poi partirono e predicarono dappertutto, mentre il Signore operava con loro e confermava la parola con segni successivi. Amen.

Innanzitutto, bisogna riconoscere che si tratta di una battaglia tra il diavolo e Dio. Dovete sapere come scacciare il diavolo. In caso contrario, avete chiamato voi stessi e non Dio. Cosa devo fare se non riesco a scacciare il demonio? Le persone hanno bisogno di essere liberate da malattie, demoni dell'alcol, bugie, droghe, cancro, malattie, gioco d'azzardo, adulterio e ogni tipo di spirito maligno. Al giorno d'oggi, molte persone che siedono sul pulpito hanno bisogno di essere liberate. Se vedete una persona che scaccia i demoni, è mandata da Dio e non da una chiesa o da un'organizzazione.

In secondo luogo, parlano in una nuova lingua. La parola greca "glossa" significa lingua: una lingua che non si è imparata a scuola. Proprio come il giorno della Pentecoste, ricevettero lo Spirito Santo e parlarono lingue che non conoscevano. Questo lo dice Gesù, non io. Se non parlano in lingue, non sono seguaci di Gesù ma anticristi contraffatti. Fate attenzione a frequentare le chiese perché Gesù è reale, ma anche il diavolo. La vostra anima avrà bisogno di riposo eterno. Amate la vostra anima. Gesù ha dato un'introduzione diretta su chi credere e chi non credere.

Terzo, li proteggerò dalle bevande e dai serpenti mortali.

Quarto, guariranno i malati. Per quale motivo vai in Chiesa? Cerco Dio per la guarigione e vado dove parlano nella loro lingua, dimostrando di avere lo spirito di Dio. Anche loro possono guarire, perché lo Spirito di Dio può guarire. Non perdete tempo ad andare in una chiesa qualsiasi. Il Signore richiede ogni qualità e dimostrazione.

Una persona chiamata dalle chiese, dall'organizzazione o da se stessa fa poi quello che vuole.

Quando Geroboamo divenne re dopo la morte del Re Salomone, cambiò il piano di Dio con il suo programma.

1 Re 12:31 Fece una casa di alti luoghi e costituì sacerdoti tra gli infimi del popolo, che non erano figli di Levi.

1 Re 13:33 Dopo questo fatto, Geroboamo non tornò dalla sua strada malvagia, ma fece di nuovo degli infimi del popolo dei sacerdoti degli alti luoghi; chiunque volesse, lo consacrava ed egli diventava uno dei sacerdoti degli alti luoghi.

Se questa è la condizione, vedrete chiese, organizzazioni e denominazioni con nomi diversi che lavorano al loro programma usando la stessa Bibbia. Nel piano di Dio, la nostra anima è importante. Proprio come ha fatto Gesù in:

Matteo 4:23 E Gesù andò in giro per tutta la Galilea, insegnando nelle loro sinagoghe, predicando il Vangelo del regno e guarendo ogni sorta di malattia e ogni genere di infermità tra il popolo.

La Chiesa nel libro degli Atti ha fatto lo stesso. Gesù ha dato il potere che è attraverso lo Spirito Santo.

Atti 5:16 Anche dalle città circostanti giunse a Gerusalemme una folla che portava malati e persone afflitte da spiriti immondi; e tutti furono guariti.

Se state seguendo l'insegnamento del Signore, allora non scenderete a compromessi. Il discepolo Giovanni ci avverte in un'epistola di:

1 Giovanni 4:1 Amati, non credete a ogni spirito, ma provate gli spiriti se sono da Dio; perché molti falsi profeti sono usciti nel mondo.

Attenzione allo spirito anticristo di Satana che oggi lavora sodo. Vado a una riunione di comunione in cui vengono forniti dettagli su una persona, come se si sapesse tutto della persona stessa. Il pastore permette allo Spirito Santo di ministrare alle persone. Interrompe le cure, guarisce, scaccia il demonio e li rimanda indietro integri. La Chiesa originale è in funzione! Non ho tempo da perdere. Sto cercando l'originale e vero Amen!

PREGHIAMO

Mio Signore, cerchiamo, chiediamo e bussiamo per trovare la verità. Vogliamo la salvezza di Dio seguendo la verità insegnata da veri maestri e profeti. Guidaci con il Tuo Spirito, affinché non seguiamo lo spirito dell'Anticristo. Il Signore ci dà percezione e discernimento spirituale. Lo Spirito Santo ci conduce, guida e insegna. Sappiamo che nel mondo ci sono molti falsi insegnanti e profeti, ma tieni lontane le Tue pecore dal lupo. Aiutaci a mantenere la Tua parola come guida nel nome di Gesù. Amen! Dio vi benedica!

4 APRILE

COMPRENDETE L'OPERAZIONE DELLO SPIRITO!

Il mondo reale è quello degli spiriti. È possibile trovare una soluzione se si ha la conoscenza del mondo degli spiriti e la comprensione del suo potere.

Il problema è che il diavolo non vuole che tu creda nello spirito. Sono stata vittima del falso insegnamento delle chiese religiose. Dopo la situazione di mio fratello, ho cercato di trovare aiuto e la verità. Quest'ultima è che l'operazione dello spirito è il mondo invisibile che controlla. Fa tutto il lavoro, ma vuole che voi rimaniate ciechi e sordi nei suoi confronti.

Assistiamo al funzionamento del potere omicida, rubatore e distruttivo di Satana. Lo etichettiamo come cancro, infarto, ictus, tubercolosi o qualsiasi altra malattia, ma mai come il diavolo. Dite al diavolo che la sua era di rubare, uccidere e distruggere è finita.

È necessario conoscere la verità per credere e ricevere la liberazione. Ci sono falsi insegnanti e profeti. Non vedono il potere dello Spirito di compiere miracoli. Sono infedeli ed eretici di professione. Le etichette di malattie come il diabete, la pressione sanguigna e i nomi diversi. Le persone accettano le condizioni fisiche perché falsi maestri e profeti le addestrano e le insegnano. Devono andare a chiedere aiuto ai farmaci. Leggete l'etichetta di ciò che il diavolo ha allegato come effetto collaterale. Tuttavia, fidatevi e credete piuttosto che affidarvi alla Sua striscia. Credete e dite: "Sono guarito". Invece di pentirvi di ogni peccato, battezzatevi nel nome di Gesù per lavare via tutti i peccati che avete scelto di subire. Il battesimo non serve per entrare in una chiesa, ma per il perdono dei peccati. Satana sta lavorando duramente piantando tare. Le tare sono i falsi pastori-predicatori. È una grande idea del diavolo distruggere l'opera di Dio. Giovanni ci avverte di non assecondare tutti gli spiriti. Il diavolo ha chiamato i suoi operatori: pastori, predicatori, evangelisti ecc. C'è uno spirito anticristo in forma ingannevole, che opera nelle chiese e nelle organizzazioni. Sono semi amari di Satana.

Atti 1:8a Ma riceverete potenza, dopo che lo Spirito Santo sarà sceso su di voi.

Sansone ricevette il potere da Geova: lo Spirito di Dio.

Giudici 14:6a Lo Spirito dell'Eterno scese con forza su di lui ed egli lo squartò come si squarcia un capretto, ed egli non aveva nulla in mano: Otniel, un uomo comune, vinse la battaglia grazie allo Spirito di Dio.

Giudici 3:10 Lo Spirito del Signore scese su di lui, che giudicò Israele e uscì in guerra; e il Signore consegnò Cusan Risataim, re di Mesopotamia nelle sue mani e la sua mano prevalse su Cusan Risataim.

1 Samuele 16:13 Allora Samuele prese il corno d'olio e lo unse in mezzo ai suoi fratelli; e lo Spirito del Signore venne su Davide da quel giorno in poi.

Davide uccise l'orso e il leone.

1 Samuele 17:36 Il tuo servo ha ucciso il leone e l'orso; questo filisteo incirconciso sarà come uno di loro, perché ha sfidato gli eserciti del Dio vivente.

L'uomo naturale può compiere opere soprannaturali attraverso lo Spirito di Dio. Allo stesso modo, gli spiriti maligni possono fare tutti i lavori distruttivi; hanno anche il potere. Una persona dotata di forza e potenza atletica potrebbe fare cose fisicamente potenti, ma lo Spirito Santo supera tutti i semi. Ricordate che quell'uomo aveva legioni di demoni.

Marco 5:2 Quando fu uscito dalla nave, subito gli si fece incontro, fuori dai sepolcri, un uomo con uno spirito immondo, 3 che aveva la sua dimora tra i sepolcri. Nessuno poteva legarlo, né con catene: 4 perché era stato spesso legato con catene e catenelle, e le catene erano state da lui strappate e le catenelle spezzate; e nessuno poteva domarlo.

L'uomo non spezzò le catene, ma lo fecero i demoni. Questi entrarono nei maiali e li distrussero. Satana, gli angeli decaduti e i demoni o spiriti maligni sono uno spirito. Compiono opere distruttive, uccidendo, rubando e distruggendo.

Marco 5:12 Tutti gli indemoniati lo pregavano dicendo: "Mandaci dai porci, perché entriamo in loro". 13 E subito Gesù diede loro il permesso. E gli spiriti immondi uscirono ed entrarono nei porci; e la mandria corse violentemente giù per un luogo scosceso verso il mare (erano circa duemila) e furono soffocati nel mare.

Il mondo degli spiriti è potente, ma lo Spirito di Dio è più forte e più potente di tutti gli altri. Ecco perché Dio ha dato lo Spirito Santo il giorno di Pentecoste. Il potere miracoloso dello Spirito di liberare, guarire, profetizzare e fare miracoli. I nove doni spirituali, come le parole di conoscenza e di saggezza, sono nello spirito di Dio.

Zaccaria 4:6 Non per forza né per potenza, ma per il mio spirito, dice il Signore degli eserciti.

Dio dice per mezzo di Zaccaria che se il profeta si appoggia al mio spirito, otterrà risultati fenomenali.

Atti 19:2 Disse loro: "Avete ricevuto lo Spirito Santo da quando avete creduto?". Ed essi gli risposero: "Non abbiamo neppure sentito dire se c'è uno Spirito Santo".

Oggi le persone hanno sentito parlare dello Spirito Santo, ma credono di averlo già. Se avete lo Spirito Santo, allora parlare in lingue ne è la prova. Si possono fare guarigioni e liberazioni attraverso lo Spirito Santo. La Chiesa primitiva sapeva come ricevere lo Spirito di Dio:

Atti 19:6 Quando Paolo impose loro le mani, lo Spirito Santo scese su di loro ed essi parlarono con le lingue e profetizzarono.

I discepoli di Gesù hanno fondato chiese storiche. Hanno sempre avuto un modello di ricezione dello Spirito di Dio, e questa è la prova del parlare in lingue. Non hanno mai creduto in un altro modo. Allora perché lo fate anche voi? È disponibile, oppure siete impotenti, come vediamo oggi nelle nostre chiese. Potete essere usati

4 APRILE

in chiesa o in un'organizzazione, ma lo Spirito di Dio non opera attraverso di voi.

Atti 8:14 Ora, quando gli apostoli che erano a Gerusalemme vennero a sapere che la Samaria aveva ricevuto la parola di Dio, mandarono da loro Pietro e Giovanni; 15 i quali, scesi, pregarono per loro, affinché ricevessero lo Spirito Santo; 16 (perché ancora non era sceso su nessuno di loro; solo erano stati battezzati nel nome del Signore Gesù). 17 Allora imposero le mani su di loro ed essi ricevettero lo Spirito Santo.

Pietro e Giovanni vennero e imposero una mano. In altri luoghi, Paolo ha imposto una mano per ricevere lo Spirito. Molte volte si tratta di ricevere lo spirito quando si battezza nel nome di Gesù, ma se non lo si fa, lo si riceve imponendo una mano. La prova è che parlerete nella vostra lingua.

1 Corinzi:12 parla di nove doni dello Spirito. Lo stesso Spirito Dio, lo stesso Signore, opera attraverso di voi.

Si può dire: parola di conoscenza, di sapienza, di guarigione, di fede, di miracolo, di lingua, di interpretazione della lingua, di discernimento dello spirito e di spirito di profezia, dati individualmente per il popolo e per il miglioramento della chiesa del Signore Gesù. Tutti coloro che si sono pentiti e sono stati battezzati nel nome di Gesù e hanno ricevuto lo Spirito Santo parlando nella loro lingua sono la Sua chiesa e non l'edificio.

1 Corinzi 12:31 Ma desiderate ardentemente i doni migliori: il dono dello Spirito.

Nella Chiesa antica, migliaia di persone sono state aggiunte perché erano vasi cedenti. Permettete allo Spirito Santo di Dio di operare attraverso di voi. Le persone non hanno bisogno di andare da un sensitivo, da un lettore di tarocchi, da un chiromante, da un mago, da un astrologo, da una strega o da una tavola Ouija.

Lo Spirito di Dio si prende cura dei nostri bisogni. Abbiamo doni dello Spirito per prepararci. Qualcuno vi insegna a non credere perché non vuole lo spirito di Dio in lui. Vedete la situazione di oggi? Le chiese malate hanno portato maledizioni al Paese. Ricordate, non permettono l'operazione dello Spirito Santo. I falsi insegnanti e profeti amano avere il controllo. Permettete allo Spirito di Dio di risolvere tutti i problemi. Possiamo capovolgere il mondo se lo Spirito di Dio è in funzione. Benvenuto, Spirito Santo.

PREGHIAMO

Signore, sappiamo che il nostro Dio è Spirito e vogliamo adorarti in spirito e verità. La verità ha il potere di renderci liberi. Possiamo davvero avere lo Spirito di Dio per condurci, insegnarci e guidarci. Possiamo operare con potenza sulla terra se ci arrendiamo al Suo Spirito. Diamo il benvenuto allo Spirito di Dio perché venga a mostrare la potenza come Sansone, Davide, Paolo, Pietro e tutti vasi operativi pieni di Spirito nel tempo passato e molti anche adesso. Potresti darci il Tuo Spirito? Possiamo guarire, essere vittoriosi e avere la salvezza se abbiamo lo Spirito di Dio. Vogliamo più Spirito nel nome di Gesù. Amen! Dio vi benedica!

5 APRILE

VISIONE CON RIVELAZIONE!

I cristiani nominali non sanno che possiamo vedere la visione celeste proprio come la televisione. Questa viene trasmessa sulla terra, ma Dio trasmette la sua visione celeste.

Stavo visitando dei luoghi per le mie vacanze e condividevo la camera da letto con un'amica. Nel cuore della notte, un rumore mi svegliò. Il motel era vicino al lago, così mi sono girata nella direzione del rumore. Vidi un gruppo di donne con molte mani che uscivano dalla testa. La guardai, ma stava dormendo profondamente e russava. Le tante signore facevano rumore vicino alla sua testa e le loro mani giravano in cerchio vicino alla spalla.

Un giorno, mentre distribuivo la Bibbia alla motorizzazione, ho incontrato una signora indù. Ha iniziato a venire a casa mia perché stava subendo l'attacco del demonio. Mi raccontava da cosa e come era tormentata. Anch'io ero alle prime armi con il cammino spirituale. Come sapete, ero solo una cristiana religiosa alla ricerca di Dio.

Quando ho visto le donne con molte mani, mi sono venuti in mente gli idoli dell'India. Non si trattava di idoli, ma di veri e propri demoni. Al mattino le ho detto quello che avevo visto. Sapevo che Satana la stava tormentando mentre mi spiegava come si sentiva. Vedendo quelle forme di demoni, sapevo con certezza che non era altro che il diavolo a confonderla. Iniziai a farle studiare la Bibbia e fu battezzata nel nome di Gesù. Smise di adorare gli idoli. Ho saputo che era stata esposta al cristianesimo ancora prima di conoscerla.

Le spiegai la visione che avevo avuto nella stanza d'albergo. Le chiesi di non portare i demoni adorandoli. Lei capì e disse: "Non lo farò". Ha detto che i demoni l'avevano attaccata perché in passato aveva adorato quegli idoli. Quando ho iniziato a scacciare il demone, si è sentita liberata. Insegnate alle persone come affrontare i demoni; l'addestramento è importante per i nuovi convertiti.

2 Corinzi 12:1 Senza dubbio non è opportuno che io mi glori. Verrò alle visioni e alle rivelazioni del Signore.

Paolo fondò molte chiese in diverse parti del mondo. Egli riceveva visioni e rivelazioni da Dio. Non si può predicare o insegnare senza avere informazioni dal Signore. Scaricate le informazioni dal cielo.

Vado in giro senza conoscere le persone e la cultura, quindi ho bisogno di una visione e di una rivelazione. Un medico ha bisogno di una radiografia, di una risonanza magnetica o di una pellicola diagnostica per diagnosticare il problema, quindi quanto facciamo noi? Dobbiamo vagliare la visione celeste con la comprensione di come essere curati. Ho avuto visioni mentre pregavo al telefono o da sola. Le informazioni mi hanno aiutata a svolgere il mio compito. Molte volte le persone accettano la loro condizione, ma Dio cura i problemi mostrando schermi diagnostici chiamati visioni o informazioni orali. Il nostro Dio non esercita come i medici, ma cura, guarisce, libera e perdona.

Atti 18:9 Allora il Signore parlò a Paolo, di notte, mediante una visione: "Non temere, parla e non tacere, perché io sono con te e nessuno ti metterà alle costole per farti del male, perché ho molta gente in questa città".

La visione è necessaria se si lavora per Dio. Il vostro Dio Gesù è reale. È vivo e parla. Dimostra il Suo interesse nel prendersi cura della Sua creazione. Ascoltatelo, in sintonia con Lui. Dite: "Signore, ti sto cercando, rispondimi. Parlami attraverso le visioni. Ti prego, dammi una rivelazione". Il problema è che abbiamo fretta. Per favore, liberatevi dalla fretta. Prendetevi il vostro tempo e fate della preghiera e del digiuno con Dio uno stile di vita. Possiamo salvare noi stessi, le nostre famiglie e gli altri.

Pietro ebbe la visione nel capitolo 10 degli Atti. Lo aiutò a ministrare ai gentili. Dio disse di andare, con la paura di non incontrare Cornelio. Questi ricevette le indicazioni con l'indirizzo dagli Angeli. Gli Angeli sono lì per svolgere il loro ministero. Lo Spirito di Dio parlerà e vi fornirà informazioni sui luoghi.

Nella situazione di Paolo, nessuno voleva avvicinarsi a lui perché uccideva i cristiani.

Atti 9:10 C'era un certo discepolo a Damasco, di nome Anania; e a lui il Signore disse in visione: "Anania". Ed egli disse: "Ecco, io sono qui, Signore". 11 Il Signore gli disse: "Alzati, va' nella via che si chiama Diritta e cerca in casa di Giuda uno che si chiama Saulo, di Tarso, perché, ecco, egli prega".

In un'altra mano, Dio diede a Paolo la visione di Anania che veniva da lui.

12 E vide in una visione un uomo di nome Anania che entrava e gli metteva la mano addosso perché ricevesse la vista.

Dio si occupò di entrambe le parti. Paolo era pronto, ma Anania aveva paura di Paolo perché uccideva i cristiani. Anch'io avrei paura, e voi? Quando Dio mi manda nelle nazioni, vado con le informazioni di Dio. Lasciatemelo dire: Dio fornisce informazioni. Mi piace. La visione e la rivelazione ci aiutano a raggiungere le radici dei problemi. Nessuno vi manderà senza informazioni. Mandereste qualcuno senza l'indirizzo o senza i fatti?

Atti 16:9 Durante la notte apparve a Paolo una visione: un uomo di Macedonia stava in piedi e lo pregava dicendo: "Vieni in Macedonia e aiutaci".

Vi accoglieranno a braccia aperte quando andrete con le informazioni. Dio dà una visione per queste.

Genesi 15:1 Dopo queste cose, la parola del Signore venne ad Abram in visione, dicendo: "Non temere, Abram; io sono il tuo scudo e la tua grandissima ricompensa".

Abramo si spostava di regno in regno. In alcuni luoghi, la sua vita era in pericolo. A causa di una bella moglie, la sua vita era in pericolo.

Il Signore lo ha portato via dal suo paese e dalla sua famiglia e lo ha protetto. Dio è reale. Gli ha dato una mappa per spostarsi. Dio ha fornito Angeli e visioni supplementari per continuare il suo viaggio.

Il vostro viaggio sarà sicuro se il Signore lo dirige. Non vi manderà ovunque o a fare qualsiasi cosa. Egli vi condurrà e vi guiderà, ma siete pronti a seguirLo? Siete disposti ad arrendervi? Siete pronti ad accettare l'incarico? Non abbiate paura quando Dio vi chiama. Egli fornisce protezione, istruzioni, avvertimenti e informazioni attraverso la visione. Ascoltate e abbiate fiducia. Il compito sarà difficile se non avrò tutte le informazioni, la visione e la rivelazione. Non posso lavorare senza informazioni da parte di Dio. Re Geova è accurato e preciso. Dovete eliminare ogni paura e dubbio.

Dio diede il sogno e la visione a Daniele.

Daniele 7:1 Nel primo anno di Belshazzar, re di Babilonia, Daniele ebbe un sogno e delle visioni sulla sua testa sul letto:

A volte le persone hanno visioni, ma non hanno rivelazione o comprensione. La rivelazione è la spiegazione dei fatti. Cercate persone che conoscono Dio per l'interpretazione di un sogno o di una visione. Non rivolgetevi a nessun medium. Gli antichi re saggi avevano anche persone in grado di fornire informazioni soprannaturali. Molti avevano astrologi, maghi e indovini, ma noi teniamo vicino quello che ha la saggezza di Gesù. Solo Gesù ha le informazioni corrette. Cercate Dio e desiderate una visione con rivelazione dall'alto dei cieli.

PREGHIAMO

Signore, tu sei un Dio vero e reale. Insegnaci a camminare attraverso la Tua visione dandoci la rivelazione. Sappiamo che tutte le informazioni che ci dai sono vere. Signore, insegnaci a usare queste autorità che abbiamo. Non vogliamo essere dipendenti dalla televisione mondana, ma desideriamo e cerchiamo una visione celeste. Abbiamo bisogno di conoscenza attraverso visioni di incarichi per occuparci della situazione. Grazie alle persone divine attraverso le quali fornisci informazioni. Dacci una comprensione delle visioni e dei sogni, poiché sono disponibili nel nome di Gesù. Amen! Dio vi benedica!

6 APRILE

COME FAR CADERE UNA PERSONA!

Come cade la nazione, la famiglia o anche un singolo individuo? Semplicemente eliminando la verità, facendo dimenticare le vie, le leggi e i comandamenti di Dio.

In breve, se le persone sono fuorviate, la caduta sarà rapida. Sappiamo che le cattive compagnie o le amicizie possono corrompere. Lo capisco da quando sto invecchiando. I miei genitori ne erano consapevoli e hanno sorvegliato le nostre amicizie. I nostri genitori, i fratelli, gli insegnanti e gli anziani hanno sempre tenuto d'occhio le nostre frequentazioni, perché sapevano quanto fossero letali. Chiedete a Dio di darvi percezione, discernimento, saggezza, audacia e coraggio per guidare e proteggere. Ascoltate sempre i genitori giusti. Fate attenzione a i fratelli cattivi o immorali. Possono fare del male anche a voi. È importante fare attenzione: il diavolo inganna per corromperci. Gli occhi di Satana sono puntati su individui, famiglie e nazioni.

L'America, essendo un Paese cristiano, è benedetta. Perché? Perché ha seguito le leggi, i comandamenti e gli statuti di Dio. Se qualcuno, una famiglia o una nazione segue Gesù osservando le Sue leggi, i Suoi comandamenti e i Suoi statuti, credetemi, la storia della vita sarà riscritta. Un individuo o una famiglia saranno favoriti, incredibilmente avvantaggiati, primi e benedetti. Dio darà loro ricchezza, conoscenza, saggezza e comprensione. Nessun'arma del nemico potrà prosperare e ogni lingua che si alza in giudizio condannerà. Questa è l'eredità del Signore. L'ho ereditata nascendo di nuovo. Amo seguire le leggi e i comandamenti di Dio. Sono benedetta e straordinariamente avvantaggiata. Suo fratello ha favorito Giuseppe in modo eccezionale? Il fratello di Giuseppe progettava di distruggerlo. Una donna adultera e lussuriosa cercò di andare a letto con Giuseppe e mentì. Le leggi di Dio non devono essere sulle labbra, ma nel cuore. L'origine della vita è nel cuore. Avere un cuore pulito significa avere una vita buona, prospera e straordinariamente favorita. Il peccato è contro Dio. Non si pecca contro il proprio coniuge quando è presente. Quando c'è o non c'è, si vive rettamente osservando i comandamenti di Dio.

Un uomo di nome Saul divenne re. Iniziò come un re sincero e umile. Lungo la strada portò distruzione a se stesso e alla sua famiglia. Il Re Saul disse di temere le persone. Ricordate di temere Dio, non le persone. La verità ci rende liberi, non la paura. Rimanete sulla parola di Dio.

Giosuè seguì il Dio di Geova osservando le sue leggi e i suoi comandamenti. Dio si servì di lui per fondare la nazione di Israele.

Giosuè 24:15: Se vi dispiace di servire il Signore, scegliete oggi chi volete servire: se gli dèi che i vostri padri servirono oltre il fiume oppure gli dèi degli Amorrei, nel paese dei quali abitate. Quanto a me e alla mia casa, vogliamo servire il Signore.

Quando il Re Geroboamo prese il comando di Israele, si corruppe alterando le leggi del Dio vivente. Egli divenne re e corruppe il popolo di Dio cambiando le leggi di Dio e insegnando il culto degli idoli. È così facile fuorviare e far cadere le nazioni.

Il Signore allontanò il nord di Israele dalla sua terra nel 722 a.C. e altre nazionalità lo sostituirono. Dimenticare la legge porta alla distruzione. L'avete sostituita o rimossa? Verificate quanto vi siete allontanati dal Signore.

Ricordate che Dio è presente al momento della scelta. Quando ricevete le benedizioni di Dio, la vostra pancia è piena di buon cibo, le vostre case sono belle, i vostri figli hanno tutto e voi siete in cima a una montagna. Vivete per Dio anche se non ne avete bisogno. Osservate la legge. Ricordate il vostro avversario. Satana ha molti piani per uccidervi, derubarvi e distruggervi. Il diavolo mostrò la gloria del regno e disse: "Tutta questa gloria delle nazioni te la do se cadi e adori". Gesù ha rifiutato tutto. Ricordate che il diavolo non possiede nulla. Non conformatevi a questo mondo. Non importa cosa possedete. Anche se vivete in una nazione ricca, tenete gli occhi fissi su Gesù. Il diavolo sta facendo marketing per l'inferno. Il diavolo ha un piano distruttivo per uccidere voi, la vostra famiglia e la vostra nazione.

Il Re Davide vide una donna dall'alto e la fece entrare. Quando si raggiunge l'altezza, arriva l'orgoglio. La menzogna di Satana vi tenterà. Dirà che nessuno lo saprà o lo vedrà; che tristezza. Gli occhi di Dio vi vedono sempre. Davide portò la spada nella sua casa e il giudizio. Ricordate che le persone che peccano in segreto non conoscono Dio.

Insegnate a osservare.

Matteo 28:20 Insegnando loro a osservare tutte le cose che vi ho comandato; ed ecco, io sono con voi tutti i giorni, fino alla fine del mondo. Amen.

Un'autorità malvagia è su di voi come pastore-insegnante, fratello o coniuge vive ancora nell'integrità. Ricordate che la Parola di Dio non cambia. Osservate per seguire Dio. Non abbiate paura di nessuno, se non di Dio. Non rendetevi ridicoli.

Matteo 23:3 Tutto quello che vi dicono di osservare, osservatelo e fatelo; ma non fate come le loro opere, perché dicono e non fanno.

Il vostro regno e la vostra prosperità finiscono non appena distogliete lo sguardo da Dio. Quando allontanate il volto da Dio e la rivolgete all'uomo, essi diventano i vostri idoli. Cosa è successo agli Stati Uniti d'America? La caduta degli Stati Uniti è iniziata nel 1963 con l'eliminazione della preghiera e della lettura della Bibbia. Un Paese al suo apice è stato affossato dai governanti. Questi hanno rimosso la luce, la verità e la Parola di Dio. Da quando la nazione ha iniziato a declinare, allontanarsi dalla verità ha portato calamità. Non disconnettetevi mai da Dio. La vostra vittoria, le benedizioni, la guarigione, la prosperità e la protezione sono nel libro chiamato Bibbia. Se insegnate la Parola di Dio alla vostra nazione, alla vostra famiglia e a voi stessi, avrete successo.

Giosuè 1:8 Questo libro della legge non si allontanerà dalla tua bocca, ma lo mediterai giorno e notte, per osservare di fare secondo tutto ciò che vi è scritto; perché così renderai la tua via prospera, e allora avrai un buon successo.

6 APRILE

La caduta di un individuo, di una famiglia e di una nazione inizia con il rifiuto dei Suoi comandamenti.

1 Samuele 2:27a Un uomo di Dio si recò da Eli e gli disse: "Così dice il Signore: 29 Perché ti scagli contro il mio sacrificio e la mia offerta, che ho ordinato nella mia dimora, e onori i tuoi figli al di sopra di me, per ingrassarti con la più grande di tutte le offerte di Israele, mio popolo? 30 Perciò il Signore, Dio d'Israele, dice: "Ho detto che la tua casa e la casa di tuo padre avrebbero camminato davanti a me per sempre; ma ora il Signore dice: "Siate lontani da me, perché quelli che mi onorano li onorerò e quelli che mi disprezzano saranno poco stimati". 31 Ecco, vengono i giorni in cui taglierò il tuo braccio e quello della casa di tuo padre, affinché non ci sia più un vecchio in casa tua. 33 E l'uomo tuo, che non taglierò dal mio altare, sarà per consumare i tuoi occhi e per addolorare il tuo cuore; e tutta la progenie della tua casa morirà nel fiore della sua età. 36 E avverrà che chiunque sia rimasto in casa tua verrà a rannicchiarsi da lui per un pezzo d'argento e un boccone di pane, e dirà: "Mettimi, ti prego, in uno degli uffici dei sacerdoti, perché io possa mangiare un pezzo di pane".

Ricordate di osservare le leggi di Dio. Osservate i Suoi comandamenti e precetti. Sarà bene per voi, per la vostra famiglia e per la vostra nazione. Come ho sempre detto, sono venuta negli Stati Uniti, non per i dollari o per una laurea, ma per cercare il Suo volto. So dove trovare il mio aiuto, salute, protezione, benedizioni e prosperità con la pace. Vengono dal Signore, il Creatore del cielo e della terra.

Osservate le leggi di Dio, o inviterete alla caduta e alle calamità.

PREGHIAMO

Signore unisci i nostri cuori per osservare le Tue leggi. Dacci veri profeti e maestri che insegnino le giuste leggi di Dio. Preserva i nostri cuori dal male. Insegna ai nostri cuori a nascondere i difetti e i comandamenti di Dio al loro interno. Proteggici dai peccati e dalle tentazioni. Ci basta la Tua parola per ricevere le Tue benedizioni. Dacci un cuore affamato per imparare a cercare il Tuo regno e la Tua giustizia. La nostra benedizione è nel libro chiamato Bibbia, osservandolo. Ti ringraziamo per averci dato la Parola di Dio nel nome di Gesù. Amen! Dio vi benedica!

7 APRILE

COME FUNZIONA IL REGNO?

Dio, essendo Re, vuole stabilire il Suo Regno sulla terra. Vuole regnare per benedire noi dalla creazione, Adamo ed Eva. Il giusto e il Santo Dio designerà il capo migliore. Vuole che qualcuno segua il suo comando. È appropriato per qualsiasi regno. Può continuare se si obbedisce a colui che governa. Chi governa sa che cosa e come vuole il suo Regno. Dio vuole che il suo Regno sulla terra sia meraviglioso come in cielo. Come immaginate il paradiso? Bello, pacifico, senza malattie, carceri o prigioni, corruzione o schiavitù. Naturalmente, niente sparatorie, uccisioni e rapimenti. Sì, e Lui vuole garantire la stessa sicurezza sulla terra.

Quando le persone diventano disordinate o più intelligenti del loro capo, si crea un problema. Pensate ai vostri figli di cinque anni che vi guidano. I bambini diventano genitori. Potreste dire: non è permesso, allora qual è il nostro problema? Perché non ascoltate Dio e non fate quello che Lui vi comanda? C'è un modo preciso per portare il Regno di Dio sulla terra. Innanzitutto, ha bisogno di un lavoratore che ascolti e obbedisca. Proprio come la vostra casa o la vostra azienda, il Paese ha bisogno di buoni lavoratori. Se nessuno segue le regole e i regolamenti, le prigioni e le carceri saranno piene di ribelli.

Mosè, essendo cresciuto come un principe, imparò a obbedire. Sapeva essere un comandante e un capo nell'esercito. Non aveva problemi a seguire il comando di Dio e del suo capo. Dio non ha avuto problemi a consegnare il comandamento a Mosè. Ha dato a Mosè tutte le leggi, i precetti e gli statuti. Perché Dio ha continuato a comunicare con lui? Perché Mosè ha ascoltato e obbedito. Dio può fare lo stesso se voi ascoltate e obbedite. Davide faceva ciò che DIO gli comandava, ma quando sbagliava, Dio lo correggeva attraverso il profeta. Avete imparato la reazione di Davide? Il pentimento! Tornate a Dio e accettate la punizione. Dio ha perdonato e continua la relazione con Lui. Questo vale per tutti. Se volete continuare la vostra relazione, pentitevi di tutti i peccati e ristabilite una relazione con Dio.

Avete notato le famiglie disciplinate e quelle indisciplinate? La disciplina non ha problemi a seguire i governanti, ma l'indisciplina sì. Correggere i bambini è un problema, è un lavoro difficile. I genitori educano i figli all'obbedienza. È difficile tenerli sotto controllo. È difficile crescere i figli quando i genitori non sono in armonia. Siamo spose di Cristo. Dobbiamo avere la mente di Dio. Gesù non vuole divorziare dalla sua sposa, quindi rimaniamo in sintonia per ascoltare e obbedire. È tutto a nostro vantaggio se facciamo un lavoro di squadra.

Geremia 42:6 Sia che si tratti di un bene, sia che si tratti di un male, obbediremo alla voce dell'Eterno, il nostro Dio, al quale ti mandiamo; affinché sia bene per noi quando obbediremo alla voce dell'Eterno, il nostro Dio.

Quando scegliete di servire Dio, Egli non vi lascerà stupire, ma vi custodirà con la sua verità.

7 APRILE

Atti 7:36 Li fece uscire, dopo aver compiuto prodigi e segni nel paese d'Egitto, nel Mar Rosso e nel deserto per quarant'anni.

Non allontanatevi dal Signore, non sarà un bene per voi e per i vostri figli. Il diavolo ha un bello schermo, ma dietro c'è un inferno che brucia. Non lasciatevi tentare da lui.

Lasciate che il Signore vi conduca accanto ad acque tranquille. Egli ungerà il vostro capo con l'olio e vi darà una gioia traboccante. Rimanete alla Sua presenza e lasciatevi assistere dai Suoi Angeli. Lui solo sa cosa vi aspetta, mentre voi non lo sapete. Io non lo so, ma cammino nella protezione divina. Vedo la situazione e le condizioni finanziarie che spesso non sembrano giuste, ma credetemi, Lui è un Dio puntuale. Compie miracoli. Sta apparecchiando una tavola che voi non conoscete. Il Regno di Dio può arrivare se credete nel Re e gli permettete di essere il vostro sovrano. Il Signore vuole che portiate il Suo Regno lontano, fino all'estremità del mondo. Egli verrà con voi e opererà attraverso di voi con un segno potente e meraviglioso. Vi precederà con il Suo esercito di Angeli. Gesù non vi manderà da soli. Credetemi, sono stata nei bassifondi di Bombay, in luoghi che non potevo immaginare. So che il mio Dio era con me e mi ha protetta da tutti gli attacchi spirituali e fisici. Dio fa cose soprannaturali. Dovete avere fiducia e credere. Predicate il Regno. Un'azienda di successo ha bisogno di un manager intelligente, di un amministratore delegato e di un dipendente competente, così come il nostro Dio.

Dobbiamo ricevere un addestramento dal Signore. Paolo scomparve in Arabia, Mosè andò nel deserto e il Signore Gesù addestrò il discepolo. In questi giorni, lo Spirito Santo vuole addestrarci. Ascoltate quella piccola voce, fate quello che vi dice. Non vedete le circostanze. La vostra mente non penserà come Dio. Lasciate che sia Lui a pensare. Permettete a Dio di predicare il Regno con segni e meraviglie. La gente del Paese dirà che non abbiamo mai visto queste cose.

Marco 2:12 E subito si alzò, prese il letto e se ne andò davanti a tutti, tanto che tutti erano stupiti e glorificavano Dio, dicendo: "Non l'abbiamo mai visto in questo modo".

Siate coloro che credono e obbediscono. Non apprezzate un non credente che ostacola il Regno.

Giovanni 20:29 Gesù gli disse: "Tommaso, perché mi hai visto, hai creduto; beati quelli che non hanno visto eppure hanno creduto".

Non limitatevi a dire: "Signore, venga il tuo Regno come in cielo così in terra", senza capirlo. Desiderate essere quelli che vanno e lavorano per far scendere il Regno dei cieli. Non pregate, ma lavorate la preghiera.

Luca 10:1 Dopo queste cose il Signore ne designò altri settanta e li mandò a due a due davanti al suo volto in ogni città e luogo, dove egli stesso sarebbe venuto. 2 Perciò disse loro: "La messe è veramente molta, ma gli operai sono pochi; pregate dunque il Signore della messe che mandi operai nella sua messe".

Arrendetevi con la vostra volontà e la vostra vita a colui che avete scelto come vostro Re. Ricordate di cercare prima il Regno di Dio e la SUA giustizia. Per questo è necessario conoscere l'Antico Testamento e poi passare al Nuovo Testamento. Durante questo passaggio, dovete sapere chi è Gesù. Il Nuovo Testamento di Gesù è l'Antico Testamento di Geova. Il Dio Spirito dell'Antico Testamento è il Dio Carne di Gesù. Per nascere di nuovo, santi, è necessario il battesimo dello Spirito Santo.

Perché abbiamo molte chiese, organizzazioni, denominazioni e non denominazioni? Qualcuno ha deciso di non ascoltare. L'umanità ha un problema con Dio. Lo ha fin dall'inizio. Gli è costato la vita, che è nel sangue, per salvare un uomo.

Vivere in un Paese libero è pericoloso. Speriamo che qualcuno ci ami abbastanza da correggerci e disciplinarci. Ho visto mamme e papà separarsi. I bambini sono da soli. Quanto è difficile stare in questa giungla dove ci sono i giganti. Molti sono in prigione, sotto l'effetto di droghe, muoiono di malattie o uccidono qualcuno. Chi è responsabile di queste perdite? Noi. Un grande governante crea un buon regno. I governanti saggi portano la pace. Un buon sovrano ascolta i suoi superiori. Davide, Giosafat, Ezechia e Asa erano re obbedienti poiché seguivano il capo. Il capo era Geova Dio. Il Regno prosperò non perché erano saggi, ma perché obbedivano a Dio.

PREGHIAMO

Nel nome di Gesù, Signore, dacci un orecchio per ascoltare e un cuore per obbedire. Mio Signore, vogliamo che il Tuo Regno venga sulla terra. Vogliamo che Tu sia il nostro Signore, Sovrano, Re e Dio. Vogliamo che il mondo sappia che sei reale. Sono io che devo predicare questo Regno. Signore, ungimi, aiutami, affinché il Tuo Regno venga. Mi guardo allo specchio; cambiami. Mi guardo nello specchio di Dio. Cambiami. Sono responsabile del Tuo Regno sulla terra. Cambiami e modellami per essere il Tuo operaio. Grazie, vi amo nel nome di Gesù. Amen! Dio vi benedica!

8 APRILE

INVIATE LA PAROLA!

Le persone devono riconoscere la loro autorità e il loro potere attraverso la Parola di Dio. Dio ha trattato con noi in ogni epoca con leggi diverse. Nella dispensazione dell'innocenza, l'uomo non conosceva i peccati. Che bello! La consapevolezza veniva dalla disobbedienza e dal mangiare il frutto. Allora Dio governava con leggi e comandamenti, con profeti e re.

L'epoca in cui viviamo è chiamata dispensazione di Dio. È l'epoca più potente. Una Parola è Gesù che vive in noi come Spirito Santo. Lo Spirito Santo ha tutta l'autorità per fare ciò che dice. La vostra parola è l'autorità se la pronunciate nel nome di Gesù.

Solo se sapete cosa possiamo ottenere e stabilire credendo e inviando la parola, la Parola di Dio funzionerà. Il controllo di questo mondo è sulla punta della vostra lingua. Parlate per farlo accadere. Inviate la parola mista a fede! Un uomo riconosce la parola del comando.

Luca 7:8 Perché anch'io sono un uomo posto sotto autorità, ho sotto di me dei soldati; dico a uno: Va', ed egli va; e a un altro: Vieni, ed egli viene; e al mio servo: Fa' questo, ed egli lo fa.

La Parola di Dio è la Sua garanzia. Imparate a pregare reclamando la Sua Parola. Pronunciate la Sua Parola credendo in essa. Possiamo stabilire opere potenti inviando la Sua Parola. La parola di Dio è un assegno circolare, non tornerà mai indietro senza alcun effetto.

Isaia 55:11 Così sarà la mia parola che esce dalla mia bocca; essa non tornerà a me vuota, ma compirà ciò che mi piace e prospererà nella cosa per cui l'ho mandata.

La Parola è spada, luce, cibo e 5467 promesse. Sono tutte vostre. Reclamate tutto parlando di vita. Cercate i versetti sulla guarigione. Cominciate a inviarli a tutti i malati, a tutti gli ospedali.

Salmo 107:20 Ha inviato la sua parola, li ha guariti e li ha liberati dalle loro distruzioni.

Ordinate al diavolo di uscire dal vostro caso. Inviate la Parola. Ricordo che le Scritture dicono che se non lo fate, la roccia griderà. Wow! Cominciai a pregare: "Signore, fa' che questo idolo, fatto di pietra, dica la verità". Ho sentito la testimonianza di un uomo indù che pregava gli idoli per ottenere la guarigione. Un idolo ha detto: "Non posso guarire, vai da Gesù, lui può guarirti". Ero grata a Dio! Ho detto: "Sì, Signore, fallo ancora e ancora e ancora". Guardate la creazione. La Bibbia afferma che la Parola di Dio ha fatto tutta la creazione.

Salmo 33:6 Per la parola del Signore sono stati fatti i cieli e tutto l'esercito di essi per il soffio della sua bocca.

Grande profeta di Dio, Samuele obbedì alla voce di Dio. Unse anche due re d'Israele. La Bibbia parla in modo eccellente del profeta Samuele. Dio stabilì ciò che uscì dalla bocca di Samuele.

1 Samuele 3:16 Samuele cresceva e il Signore era con lui e non lasciava cadere a terra nessuna delle sue parole.

Perché la Parola di Dio?

Ebrei 4:12 La parola di Dio, infatti, è rapida, potente e più affilata di qualsiasi spada a doppio taglio, e penetra fino a dividere l'anima e lo spirito, le giunture e le midolla, e discerne i pensieri e gli intenti del cuore.

Usate la Parola di Dio come spada per distruggere l'opera del nemico. Provate a inviare la parola e osservate la potenza che essa crea. Le parole positive o negative hanno potere. Le prime creano, ma quelle negative distruggono. Amo la Parola di Dio. Quando prego, uso le Scritture. Dico di abitare nel luogo segreto del Dio più alto. Elisabetta è stata guarita 2000 anni fa con le Sue frustate. Gesù ha preso dei colpi, così io sono guarita. Mi affido alla Sua Parola per il mio successo, la mia guarigione, la mia liberazione, la mia protezione, la mia pace, le mie provviste, il mio conforto e tutto ciò di cui ho bisogno.

Mando gli Angeli a proteggere i bambini piccoli. Mando lo Spirito Santo per confortare chi ha il cuore spezzato. Mando la parola di Dio per fare ciò che desideri, come il centurione. Mando l'unzione sulla città, sullo Stato, sulla contea e sul Paese pronunciando la parola. Mando la copertura di sangue sui peccatori parlando. È bello e facile, vero? Potete stabilire così tanto sulla punta della vostra lingua. Non c'è bisogno di uscire di casa.

Prego con parole di Dio per le richieste di preghiera individuali e generali. Ho visto il cambiamento di una situazione, la vittoria, la guarigione e risultati potenti. Dite la Parola di Dio sui vostri figli. Dite che Dio vi ha dato figli saggi, santi e sinceri. Pregate per il futuro dei figli pronunciando la Parola. Voi ve ne andrete, ma non la vostra preghiera. Mia madre pregava sempre. Ne vedo i risultati. Quando le persone non hanno una vita di preghiera, posso dire che non ne conoscono la potenza. Vedo i bambini in bocca a Satana perché nessuno invia loro la parola di liberazione. Non siate troppo occupati. Prendete il vostro tempo e inviate la parola per la sicurezza e la protezione dei vostri figli. Potete chiedere a Dio di accelerare le promesse e tutto ciò che desiderate.

Ezechiele 12:28 Perciò di' loro: "Così dice il Signore Dio: Non si prolungherà più nessuna delle mie parole, ma la parola che ho pronunciato sarà eseguita, dice il Signore Dio".

Inviate la parola... Pensate a quella giusta per la situazione. Studiate la parola! Scovate una persona, una città e un Paese e inviatele la parola. Mandate una parola quando gli altri pregano un falso Dio. Inviate parole agli idoli perché parlino per voi. La vostra parola è profezia se parlate con autorità credendo. Parola di Dio per bocca del profeta, dove sarebbe andato a svolgere il suo ministero.

Quando Satana tentò Gesù sul monte, usò la parola. Il diavolo ha usato la Parola di Dio per tentare. Imparate a usare la parola contro il diavolo. Il diavolo ha una rete per intrappolarci. Nel momento della tentazione, la vostra vittoria è nella parola che pronunciate. Anche il diavolo sa che meraviglia fa la parola. Ecco perché NKJV, NIV e altre traduzioni sono cambiate per corrompere la parola. Il diavolo sa che la parola è viva e potente per distruggere il suo piano e la sua tattica. Il diavolo ha cambiato la parola togliendo la verità, alterando i termini, aggiungendo e sottraendo vocaboli.

Satana andrà all'inferno, ma vuole anche voi. Amate la vostra anima e amate voi stessi. Usate la parola vera. Dite che Dio ha un piano per farvi prosperare. Dio ha messo gli Angeli ad accamparsi intorno a voi. "Mi nascondo nel Suo sangue e nelle Sue ali. Il Signore è il mio scudo e la mia fibbia. Ho prosperato camminando nel Suo piano, che è più alto del mio. Le armi del nemico falliranno contro di me, ma gli si ritorcerà contro. Il Signore è il mio Pastore. Sono in piedi sulla Sua Parola; sono altamente avvantaggiato, guarito e prospero come prospera la mia anima".

Mando sempre la parola di liberazione, verità, guarigione e salvezza in prigione e in carcere. Mando la parola, le visioni e i sogni ai palazzi, agli uffici governativi, all'ONU, a Israele e a tutti i primi ministri, presidenti e governanti di ogni nazione. Inviate la Parola di Dio e vedrete come potrete cambiare la situazione. La morte si trasformerà in vita, la malattia in guarigione, il lutto in danza, la povertà in prosperità, le tenebre in luce, e così via... nel nome di Gesù.

PREGHIAMO

Signore, il potere nascosto della Tua parola è grande. Insegnaci come e in quali situazioni usarlo. Sappiamo che sei venuto contro il diavolo utilizzando la Parola, poiché il Salmo 138:2 dice che hai magnificato la Tua parola al di sopra di tutto il Tuo nome. Pronunciamo la parola della fede per curare e guarire. Mandiamo la Tua parola alla montagna delle preoccupazioni e dei problemi per farli diventare oceani. Mandiamo la parola come un fulmine per divorare il nemico. Ti ringraziamo per averci dato l'autorità di inviare la parola che desideriamo nel nome di Gesù. Amen! Dio vi benedica!

9 APRILE

INCHINATEVI A DIO!

La definizione della parola inchinare significa dare attenzione, dare ascolto, ascoltare e prestare attenzione. Quando si presta attenzione a Dio, la vita assume una modalità diversa. La vita senza l'attenzione alla Sua voce è come una nave senza un capitano. Una pecora errante senza pastore e dei bambini senza genitori. La vita ha bisogno di un autista che ci guidi sul giusto sentiero della vita.

La vita del cristiano è caotica senza ascoltare il vero Dio. Mi chiedo cosa sia successo al cristianesimo. Alcuni si allontanano dal Signore. Guidate secondo la parola di Dio. Rivolgetevi a Lui e prestate attenzione. Le cose si sistemeranno. Imparate a prestare attenzione a Dio, perché Lui conosce la strada giusta e quella sbagliata. Sa come tenervi lontani dal male e guidarvi fuori dai guai. Tendere l'orecchio vi darà speranza e un futuro luminoso. Non siete stanchi di ripetere gli stessi errori, di vagare senza direzione?

Perché succede? Perché non tendiamo l'orecchio al Signore. Imparate a tendere l'orecchio verso Colui che ha interesse per il vostro benessere. Dio fa nuove tutte le cose ogni giorno! Inchinatevi ad ascoltarlo per trovare lo scopo della vostra vita temporanea. Uno scopo da stabilire sulla terra. Non fate come Eva, Adamo, Re Salomone e altri che hanno sbagliato nella loro vita. La causa della caduta del Re Salomone, il più saggio, iniziò quando smise di ascoltare la voce di Dio. Trovò molte donne stravaganti e cominciò a prestare loro l'orecchio, portando alla rovina se stesso e il regno. Non sto parlando di vita di routine; sto parlando di ascoltare e decidere. Sto parlando di Davide, che ha conosciuto lo scopo della sua vita tendendo l'orecchio al suo Dio.

Uno studioso, Paolo, che padroneggiava la Torah, divenne un assassino perché seguiva ciò che sapeva di Dio. Un giorno Dio lo colpì sulla via di Damasco, incontrando colui che pensava di conoscere. Saulo divenne Paolo, una trasformazione totale, e iniziò ad ascoltare Gesù. Un uomo che pensava di essere nel giusto e ha scoperto di essersi sbagliato. Credo che ora abbiate capito cosa intendo.

Molte volte si ascolta tutti tranne Dio. Un giorno ho incontrato una coppia di pastori in pensione. Sapevano di cosa parla la religione. Ma durante la riunione, il profeta gli ha detto: "Voi sapete di Dio, ma non conoscete Dio".

Una volta c'ero anch'io. Ho iniziato ad ascoltare, ho inclinato l'orecchio. La storia della mia vita è cambiata. Ciò che pensavo fosse giusto è diventato sbagliato. Fate attenzione! Prestate attenzione, ascoltate fino in fondo, non a metà, e siate prosperi.

Salmi 119:36 Inclina il mio cuore alle tue testimonianze e non alla cupidigia. 112: Ho inclinato il mio cuore a eseguire sempre i tuoi statuti, fino alla fine

9 APRILE

Non credete a nessuno, perché nessuno sa tutto di Dio. Il vostro cammino si complicherà senza la direzione di Dio. Nel viaggio della vita ci sono molte afflizioni, prove e situazioni. Tendete l'orecchio: è Dio che comanda. Non rimanete stagnanti, bloccati e confusi. Aprite la Bibbia per studiare la vita di Gesù e seguirlo. Non seguite la dottrina creata dall'uomo. Tutte le chiese e le organizzazioni hanno la loro dottrina e vi diranno di seguirla. Non seguite la loro confusione. Lasciate che vi dica: aprite la Bibbia e studiate la vita di Gesù. Prendete esempio da Lui per seguire Lui e nessuno. Tendete l'orecchio per ascoltare lo Spirito Santo e salperete verso la vostra riva. Sarete le pecore dei suoi pascoli. Avrete un padre.

Giosuè 24:23: Ora, dunque, allontanate, disse, gli dèi estranei che sono tra voi e inclinate il vostro cuore verso l'Eterno, il Dio d'Israele.

Ricordate che il sacerdote e il sommo sacerdote erano diventati così dottrinali e non conoscevano Dio, così lo crocifissero. Non dimenticate colui che dà le leggi, i comandamenti e i precetti. Diventerete pericolosi per voi stessi, per le persone e per Dio. Imparate a prestare attenzione, aprite la Bibbia e lasciate che lo Spirito parli. Volete che lo Spirito vi colpisca, come Paolo, Giona, come il Re Salomone e molti altri che hanno rifiutato di inclinarsi a Dio?

Dio non è autore di confusione, ma lo sono le dottrine create dall'uomo. Lo Spirito vi condurrà a tutta la verità, non l'uomo designato come il sacerdote o il sommo sacerdote. Non lasciate che nessuno vi manipoli. Non lasciate che nessuno vi confonda o che qualcuno vi dica che dovete credere e obbedire. Sì, potete farlo finché non saranno inclini alla voce di Dio come Mosè, Aron e Giosuè. Lo capite? Una posizione, un titolo, può essere molto ingannevole.

1 Re 8:58 affinché inclini i nostri cuori verso di lui, per camminare in tutte le sue vie e osservare i suoi comandamenti, i suoi statuti e i suoi giudizi, che ha comandato ai nostri padri.

Salmi 78:1 Ascoltate, o popolo mio, la mia legge; tendete l'orecchio alle parole della mia bocca.

Il Re Salomone, un grande re, seguì Dio tendendo l'orecchio per ascoltare Dio. Alla fine, però, si è perso. Rimanete quindi in sintonia con Dio. Tendete l'orecchio alla voce di Dio e non perdetevi nelle denominazioni o nelle organizzazioni non confessionali. Rimanete nella dottrina degli apostoli e dei profeti, che sono già stati stabiliti. Non dovete seguire falsi profeti, insegnanti, pastori, evangelisti e apostoli.

Neemia 13:26 Non ha forse peccato Salomone, re d'Israele, con queste cose? Eppure tra molte nazioni non c'era un re come lui, che era amato dal suo Dio, e Dio lo fece re su tutto Israele; tuttavia anche lui fece peccare le donne stravaganti.

Isaia 55:3 Tendi l'orecchio e vieni a me; ascolta e la tua anima vivrà; e io stabilirò con te un patto eterno, le sicure misericordie di Davide.

Dico sempre che sono di passaggio. Tendo solo l'orecchio a Dio. Lui conosce la strada, io no. Dio può fuorviarvi? No, non lo farà. Manderà l'aiuto di veri profeti, insegnanti o qualsiasi cosa sia necessaria nella vostra direzione.

Geremia 7:24 Ma essi non hanno ascoltato e non hanno teso l'orecchio, ma hanno camminato nei consigli e nell'immaginazione del loro cuore malvagio, e sono andati indietro, non avanti.
Geremia 17:23 Ma essi non hanno obbedito, non hanno teso l'orecchio e hanno irrigidito il collo per non

ascoltare e per non ricevere l'istruzione.

Le persone come Daniele non avrebbero paura di stare da sole. È una decisione individuale quella di inclinare l'orecchio. I risultati si vedranno di conseguenza.

Daniele 9:18 O mio Dio, inclina il tuo orecchio e ascolta; apri i tuoi occhi e guarda le nostre desolazioni e la città che è chiamata con il tuo nome; perché non presentiamo le nostre suppliche davanti a te per le nostre virtù, ma per le tue grandi misericordie.

Insegnate ai vostri figli a prestare attenzione alla voce di Dio: gli farà bene. Saranno benedetti. Aprite la Sua Parola e imparate da essa. Non potete sbagliare.

Proverbi 4:20 Figlio mio, ascolta le mie parole, tendi l'orecchio ai miei discorsi.

PREGHIAMO

Mio Signore, donaci un orecchio per ascoltare e un cuore per seguire la Tua parola. Signore, metti nelle nostre orecchie e nei nostri occhi il sangue di Gesù che si mescola con le gocce del Tuo spirito, delle Tue narici, lingua, labbra e bocca. Fa' che Dio assista alla nostra preghiera quando invochiamo il Tuo nome. Che la Sua mano direttiva ci indichi la via della salvezza. Parola di Dio, comandamenti, statuti di Dio è la Tua voce, Signore. Dacci un orecchio attento. Fa' che ti ascoltiamo più di qualsiasi persona, chiesa o dottrina. Crediamo che la Tua parola sia la massima autorità. Vogliamo seguire quanto è scritto nel nome di Gesù. Amen! Dio vi benedica!

10 APRILE

RIMPROVERATE CHI FERMA E CHI BLOCCA!

Chi sono questi fermatori e bloccatori? È il diavolo!

Potreste chiedervi il motivo per cui la vostra preghiera non è stata esaudita. Potreste pensare al motivo per cui la vostra vita continua a ripetersi. Qual è la ragione per cui non ci sono progressi? C'è un mondo reale di Satana, dei suoi angeli caduti e dei demoni che lavorano contro di voi, la vostra preghiera e le vostre promesse. Il diavolo vide il futuro bello e luminoso di Adamo ed Eva nel Giardino dell'Eden. Il diavolo iniziò a pensare a come e cosa fare per distruggere il piano di Dio. Satana pensò che se non si fosse fermato, il suo regno delle tenebre sarebbe stato in pericolo.

Satana sa che l'umanità ha una vista limitata e non ha mai visto il cielo. Così il diavolo ha pianificato di far fare loro il contrario di ciò che Dio voleva che facessero. Quando ci riuscirà, li prenderà per il regno delle tenebre. Si staccheranno dalla fonte di energia di Dio onnipotente. Ebbene, ci è riuscito con successo. La stessa pianificazione continua da parte del diavolo. Egli si rivolge alle istruzioni dell'onnipotente per le cose da fare e da non fare.

Vi chiederete perché quando pregate non ricevete risposta. Continuate a fare come dice la Bibbia: bussate, bussate, bussate, chiedete, chiedete, chiedete e cercate, cercate finché non riceverete. In breve, non importa quanto tempo ci vorrà, continuate a fare quello che state facendo. Perché? Nel mondo invisibile non ci sono solo Dio e gli angeli buoni che ci assistono, ma anche Satana, gli angeli caduti e i demoni che bloccano e impediscono ciò che vi spetta. Dio ha fatto delle promesse, ma Satana le bloccherà proprio come il diavolo ha rubato le benedizioni ad Adamo ed Eva. Rimanete in guardia.

Apocalisse 12:12 Rallegratevi dunque, voi dei cieli e voi che abitate in essi. Guai agli abitanti della terra e del mare, perché il diavolo è sceso su di voi con grande ira, perché sa di avere poco tempo a disposizione.

Settanta discepoli tornarono esultanti e dissero a Gesù: anche i demoni ci sono sottomessi. Gesù diede informazioni sul fatto che il diavolo è qui con noi e bloccherà e impedirà tutto ciò a cui avete diritto. Il diavolo impedirà la guarigione, la liberazione e il potere dello Spirito Santo. Ruberà, ucciderà e distruggerà la verità, che è l'unica arma per liberarvi. Il diavolo stravolgerà, aggiungerà e sottrarrà alla Parola di Dio come fece nel Giardino dell'Eden.

Luca 10:18 Poi disse loro: "Ho visto Satana cadere dal cielo come un fulmine".

State in guardia, fate esattamente come Gesù ha dato l'esempio: pregate, digiunate, predicate, insegnate, battezzate nel nome di Gesù, scacciate i demoni e guarite i malati.

Ricordo che alcuni anni fa ero in visita in India. In quel periodo, un evangelista visitatore venne in India. Egli fece in modo che un gruppo di guerrieri della preghiera si recasse la mattina presto in ogni città e pregasse stando in piedi agli angoli e chiedendo specificamente di legare e distruggere il loro potere nel nome di Gesù. Durante il suo incontro, avvennero molte guarigioni e liberazioni. L'evangelista sapeva come eliminare il diavolo bloccatore e fermatore. Ha sconfitto il regno delle tenebre. Non entrate in nessun territorio senza aver legato e distrutto con il digiuno e la preghiera. Non vincerete.

Quando vado all'estero per un lavoro di missione, prego e digiuno sempre prima di arrivare sul posto. Se non lo faccio, Satana ha un piano per distruggermi. Quando andate al lavoro, in un negozio o in qualsiasi altro posto, pregate e ordinate al demonio di uscire. Potreste pensare al motivo per cui continua a succedere. Continua a ripetersi contro di voi.

Indossate l'armatura di Dio e venite contro l'incarico del diavolo e del suo esercito. Comandate al diavolo di uscire e di spezzare il suo esercito e il suo programma nel nome di Gesù. Satana trattiene l'Angelo, per non raggiungere Daniele.

Daniele 10:13 Ma il principe del regno di Persia (cioè l'Angelo decaduto) mi ostacolò per un giorno e venti; ma ecco che Michele, uno dei principi principali, venne ad aiutarmi; e io rimasi là con i re di Persia.

Pietro è sfuggito al piano di Satana.

Atti 12:5 Pietro, dunque, fu tenuto in prigione; ma la Chiesa pregava senza sosta per lui.

L'Angelo ha salvato Pietro dal piano di Satana di ucciderlo il mattino seguente. Il diavolo è un bloccatore e un fermatore. Pietro, chiamato da Dio a prendersi cura delle pecore, sarebbe stato ucciso, ma la preghiera lo fece uscire. La vostra preghiera può far uscire voi, i bambini e persino le nazioni.

Ricordate, non si tratta di semplice fede, ma di guerra e di preghiera. La dottrina della fede semplice viene dall'inferno. Le persone pigre manifestano una fede semplice. Ricordate che la fede senza opera è morta. Fate quello che la Scrittura e lo Spirito Santo vi chiedono di fare. Diventate violenti e toglietelo a Satana con la forza. Non pensate che se vi hanno battezzato nel nome di Gesù e vi hanno dato lo Spirito Santo, allora adesso potete andare in paradiso. Dimenticate i pranzi dopo la chiesa, i tè, le feste di compleanno, i banchetti di Natale, i canti, le corse e le danze nelle chiese, tutti i programmi di acconciature e di bei vestiti fatti all'inferno. Dopo essere nati di nuovo, ci si arruola nell'esercito di Dio, si digiuna, si prega e si ottengono i muscoli spirituali per combattere contro il nemico. Cosa facevano i seguaci di Gesù? Seguivano Gesù.

1 Pietro 5:8 Siate sobri, vigilate, perché il vostro avversario, il diavolo, come un leone ruggente, va in giro cercando chi divorare.

Il diavolo, il nostro nemico, vuole consumarvi e fagocitarvi. Egli governa nelle alte sfere, nelle organizzazioni, nelle chiese e nelle alte cariche governative. Il diavolo cerca di influenzare tutti i governanti.

Apocalisse 12:9 E il grande drago fu scacciato, quel vecchio serpente, chiamato diavolo e Satana, che inganna il mondo intero; egli fu gettato sulla terra e i suoi angeli furono gettati con lui.

Una tattica viene usata in un'altra nazione, città o nella stessa casa. Le sue armi sono la menzogna e l'inganno. Blocca il vostro progresso introducendo religioni, costumi e culture. Inserite la Parola di Dio e lasciatevi trasformare. Ricordo che arrivai tardi dal lavoro e pregai per un'ora e mezza. Una sera, appoggiata al divano, mi sono addormentata. Mi svegliai e vidi un vecchio grasso e grosso in giacca e cravatta che camminava. Mi sono alzata e mi sono avvicinata gridando; è scomparso. Mi ha fatto addormentare. Grazie a Dio, mi ha svegliata per vedere.

Il diavolo sa come rendervi stanchi, affamati, malati, oppressi, posseduti e molto altro ancora. Le sue armi sono quelle di non farvi pregare, digiunare, leggere la Bibbia o predicare e insegnare la Bibbia. Blocca il ministero.

Corinzi 15:32 Se a Efeso ho combattuto con le bestie alla maniera degli uomini, Timoteo 4:7 Ho combattuto un buon combattimento, ho terminato il mio corso, ho mantenuto la fede.

Se la madre è malvagia, la figlia seguirà le sue orme. Uno muore di cancro, e l'altro membro prende lo stesso demonio che lo uccide. Un alcolizzato, poi tutti i figli posseduti dallo stesso demonio. Cercate Dio per venire contro il demonio. Pregate, ungete i vostri luoghi con l'olio, ungete i vestiti e pregate per distruggere catene e schiavitù. Io prego sui vestiti o sui cuscini e li do alle persone perché siano liberate.

PREGHIAMO

Il Signore ci dà la forza dello Spirito Santo per combattere contro il diavolo avversario e sconfiggere il suo programma. Signore, dacci le armi della nostra guerra per abbattere le fortezze del nemico. Metti la giusta parola di Dio come spada per tagliare la testa a Satana e al suo esercito. Preghiamo per la nostra contea, il nostro Stato, la nostra provincia e la nostra città affinché siano benedetti e liberi dal potere di Satana di fermare e bloccare il progresso. Fa' che il Tuo popolo si svegli e preghi per distruggere il diavolo e la sua agenda nel nome di Gesù. Amen! Dio vi benedica!

11 APRILE

LA BENEDIZIONE DI DIO NON AGGIUNGE DOLORE A ESSA!

Che bello! Lasciate che Dio sia la vostra fonte, risorsa, provvista e ciò che desiderate. La benedizione di Dio che ci rende ricchi. Il Signore ha un'azione di moltiplicazioni e aggiunte. Dio ha il potere di rimproverare chi è divorato. Dio può rimproverare chiunque cerchi di rubare, uccidere e distruggere. Geova Dio ha una siepe di protezione infrangibile che il diavolo non può penetrare.

La benedizione di Dio porta il nome del marchio, è originale e non ha paragoni. Dio dice che nulla è impossibile. Il padrone dell'universo ha un potere assoluto. Promette di darci tutto se decidiamo di ascoltarlo. Quando il Re Giosia seguì il comandamento di Dio, questi gli diede un popolo fedele. Egli abbatté tutte le immagini e gli altari di altri dei e dee. La sua azione portò la benedizione di Dio. Il sacerdote Hilkia trovò un libro dato da Mosè.

2 Cronache 34:14b Il sacerdote Hilkia trovò un libro della legge del Signore dato da Mosè. 12a E gli uomini eseguirono il lavoro fedelmente: 18 Poi Shafan, lo scriba, disse al re: "Il sacerdote Hilkia mi ha dato un libro". E Shafan lo lesse davanti al re. 19 Quando il re ebbe ascoltato le parole della legge, si stracciò le vesti.

Il Re Giosia si pentì delle pratiche sbagliate. Il sacerdote lesse la legge della Torah all'orecchio di tutto il popolo, che cambiò le proprie azioni sbagliate. Dio rimosse anche il giudizio da loro. Dio fece di Giosia un re e non diede dispiaceri a lui e al suo regno. Fate il bene per guadagnare ciò che desiderate. Non fate il gioco sporco, non fatevi corrompere e non uccidete per arrivare in alto. Se non volete che la maledizione si applichi alla vostra vita, leggete la Parola e mettetela in pratica. Ricordate, ci sarà un giorno in cui riceverete la convocazione o il mandato di comparizione da parte di Dio, e quella sarà la vostra fine.

2 Cronache 34:27 Poiché il tuo cuore era tenero e ti sei umiliato davanti a Dio, quando hai ascoltato le sue parole contro questo luogo e contro i suoi abitanti, e ti sei umiliato davanti a me, ti sei stracciato le vesti e hai pianto davanti a me, anch'io ti ho ascoltato, dice il Signore. 28 Ecco, io ti riunirò ai tuoi padri e tu sarai raccolto nella tua tomba in pace, né i tuoi occhi vedranno tutto il male che farò venire su questo luogo e sui suoi abitanti". Così ricevettero di nuovo la parola del re.

Dio diede al Re Giosia pace, protezione e benedizione durante il suo regno. Ricordo che un ispettore di polizia, che aveva una carica, fece molti danni alle persone. Se ricordo bene, quell'uomo non faceva altro che tormentare e abusare del potere. Tutti i soldi che raccoglieva venivano bevuti dai suoi figli alcolizzati. In età avanzata, i suoi figli lo picchiavano. Ha anche seppellito molti dei suoi figli e delle sue nuore! Quando morì, non ci furono lacrime ma odio nei suoi confronti. Praticare la religione cristiana non ha alcun potere, ma mettere in pratica le leggi, i comandamenti e i precetti di Dio sì.

11 APRILE

Non desiderate la ricchezza di qualcun altro. Non pensate di rubare o di approfittare di orfani soli e vedovi. Non derubateli. Sarete maledetti e la fine sarà triste. Quando vedo questo tipo di persone, il mio cuore va ai figli e ai nipoti. Io dico: "Signore, punisci gli ingiusti, ma non i figli e i nipoti di un uomo invidioso".

Proverbi 10:21 Le labbra dei giusti nutrono molti, ma gli stolti muoiono per mancanza di saggezza. 11 La bocca del giusto è un pozzo di vita, ma la violenza copre la bocca dell'empio.

La Parola di Dio funziona come dice. Non c'è niente di meglio che obbedire alla Parola.

Deuteronomio 8:18 Ma tu ricordati dell'Eterno, il tuo Dio, perché è lui che ti dà il potere di procurarti ricchezze, per stabilire il patto che ha giurato ai tuoi padri, come è oggi.

Vivendo nel Ventunesimo secolo, molti cercano di scendere a compromessi e di adottare le vie del mondo. Raccogliamo ciò che seminiamo. Ho detto che sperimentiamo il dolore e ancora rifiutiamo di rivolgerci a Dio. Non credete in voi stessi, credete in Dio. So che alcuni corrotti non hanno paura di Dio. Il Suo giudizio non li scuote. Che tristezza: leggere la Bibbia porterà altre punizioni se non si obbedisce.

Genesi 26:12 Allora Isacco seminò in quel terreno e ricevette nello stesso anno il centuplo; e il Signore lo benedisse. 13 L'uomo divenne grande, andò avanti e crebbe fino a diventare molto grande.

La ricchezza non scompare quando si invecchia, se viene da Dio.

Genesi 24:1 Abramo era vecchio e ben provato dall'età, e il Signore aveva benedetto Abramo in ogni cosa.

Quando Dio dà, non toglie. È vostro. Il diavolo ci ha provato nel caso di Giobbe. Giobbe perse tutto. Sapeva che veniva da Dio, quindi gli andava bene. Disse: "Nudo sono venuto, nudo me ne andrò".

Giobbe 42:12 Così il Signore benedisse l'ultima fine di Giobbe più del suo inizio, perché egli aveva quattordicimila pecore, seimila cammelli, mille gioghi di buoi e mille asine.

Giobbe 8:7 Anche se il tuo inizio è stato piccolo, la tua ultima fine dovrebbe aumentare notevolmente.

Nel Nuovo Testamento ha mostrato il miracolo dei due pesci. I pesci si moltiplicarono e avanzarono. Mostrò il potere soprannaturale di compiere miracoli. Non c'è da stupirsi che chi confida nel Signore e non nella ricchezza di qualcuno per arricchirsi sarà benedetto.

Il Re Salomone ottenne le sue ricchezze dal Signore.

1 Re 3:13 Ti ho dato anche quello che non hai chiesto, ricchezze e onori, così che non ci sarà nessuno tra i re simile a te per tutti i tuoi giorni.

Ecclesiaste 5:19 Anche colui al quale Dio ha dato ricchezze e beni e gli ha dato il potere di mangiarne, di prendere la sua parte e di gioire del suo lavoro, questo è un dono di Dio.

Se non riceviamo le ricchezze nel modo giusto, ricordate che ci saranno malanni, malattie, maledizioni e molti dispiaceri legati a esse.

Proverbio 23:4 Non affannarti per essere ricco; abbandona la tua saggezza. 5 Vuoi posare i tuoi occhi su ciò che non è? Perché le ricchezze si fanno certamente le ali; volano via come un'aquila verso il cielo.

Imparate che Dio sa come trasferire la ricchezza degli ingiusti ai giusti.

Proverbio 13:22 Un uomo buono lascia un'eredità ai figli dei suoi figli, mentre le ricchezze del peccatore sono destinate ai giusti.

Dio può darvi ogni desiderio e benedizione se credete e obbedite al Signore.

Vedo molti genitori seppellire i propri figli e nipoti. Che tristezza! Fate attenzione! Molti bambini sono in prigione e in carcere, per strada, e non hanno una mente. Perché? I genitori hanno dimenticato di trasferire le benedizioni di Dio. Il nostro primo compito è insegnare le leggi, i comandamenti e le vie di Dio. Se lo farete, i vostri figli godranno delle ricchezze e dei tesori donati da Dio. Un giovane morì e lasciò delle ricchezze. Non ha potuto usarle. Alcune persone vengono sepolte in una bara con soldi e oro. Non vedo alcuno scopo. Questo tipo di ricchezza non ha benedizioni, ma dolore. Riceviamo la ricchezza con le benedizioni di Dio a essa collegate. Obbedite per ottenere le benedizioni di Dio.

PREGHIAMO

Nel nome di Gesù, dona la contentezza, che è il guadagno più importante. Dacci il potere di essere ricchi. Molti hanno ricevuto la benedizione facendo come hai chiesto loro. Noi desideriamo lo stesso. La nostra ricchezza porta pace e provviste per molti. Possiamo ricevere benedizioni se ci prendiamo cura dei poveri, degli orfani e delle vedove. Desideriamo benedizioni di addizione e moltiplicazione con la pace legata alla nostra ricchezza. Grazie perché il nostro Dio è ricco e sa come benedirci con le Sue ricchezze. Grazie, Signore; fa' che il Signore benedica senza dolore nel nome di Gesù. Amen! Dio vi benedica!

12 APRILE

DIO SCEGLIE GLI UMILI!

Che cos'è l'umiltà? Basso significa umile o sottomesso. È il contrario dell'orgoglio, dell'arroganza e dell'autoesaltazione.

Dio sceglie gli umili perché ha il progetto e ha bisogno solo di chi lo realizzi. Così sceglie gli umili per obbedire ai Suoi comandi. Se vi lasciate usare da Dio, Egli vi esalterà anche. È solo per far sapere agli altri che la forza che lavora dietro gli operai è Dio e non loro. Il Suo salario è un'abbondanza di benedizioni. Durerà per l'eternità. Quando si lavora come medico, avvocato, ingegnere o insegnante, il salario sarà di conseguenza.

1 Pietro 5:6 Umiliatevi dunque sotto la potente mano di Dio, perché egli vi esalti a suo tempo.

Dio chiese agli israeliti di spazzare via le nazioni circostanti, conoscendo il loro spirito e il loro cuore malvagio.

Numeri 33:35 Ma se non scaccerete gli abitanti del paese da davanti a voi, allora accadrà che quelli che lascerete rimanere tra di loro pungeranno i vostri occhi, e metteranno spine nei vostri fianchi, e vi tormenteranno nel paese in cui abitate.

Dio sapeva che il popolo della terra era forte e pericoloso. Dio disse: spazzateli via, o ne subirete le conseguenze. Avete bisogno di gente umile, che obbedisca, per portare avanti le istruzioni di Dio. Ascoltate, non ragionate con Dio: fatelo e basta. Israele fece come Dio gli aveva ordinato?

Giosuè 23:13 Sappiate con certezza che il SIGNORE vostro Dio non scaccerà più nessuna di queste nazioni di fronte a voi, ma saranno per voi insidie e trappole, flagelli nei vostri fianchi e spine nei vostri occhi, finché non perirete da questo buon paese che il SIGNORE vostro Dio vi ha dato.

Dio vive in cielo. Ha degli Angeli che si occupano delle nostre necessità. Lui non ha bisogno di aiuto, ma noi sì. Necessitiamo di indicazioni e di protezione. Dio, nella sua misericordia, ha dato tutte le informazioni. Tuttavia, la gente non ha ascoltato. Un giorno li porterà come prigionieri in altre nazioni. Ricordate, dobbiamo essere umili per essere benedetti. Solo gli umili sono obbedienti e sottomessi. L'"io" non ha importanza per gli umili. Insegnate ai vostri figli a essere sottomessi quando sono più piccoli. È possibile addestrare i bambini fin dalla loro tenera età. Tutti abbiamo bisogno di essere addestrati. Come? Ascoltando Dio; Egli ha il miglior interesse per il nostro benessere. L'uomo più umile era Mosè.

Numeri 12:3 (Mosè era molto mite, al di sopra di tutti gli uomini che erano sulla faccia della terra). Umile, Mosè ha permesso a Dio di essere Dio. Non cercate scappatoie trovando religioni. Lasciate che Dio sia il vostro padrone. Non siete stanchi delle vostre abitudini? Obbedite sempre a Dio sottostando alle sue Scritture. Non dovete mai ascoltare nessuno se non Dio. Maria, Ester, Paolo e molti altri erano coraggiosi e umili, non avevano paura della morte. Leggete la Bibbia e sottomettetevi alla Parola per ricevere le benedizioni. Se obbedite, Dio potrà e vi userà. Altrimenti, andate a cercare la vostra religione, e non troverete mai la fine della triste storia della vita.

Esodo 10:15 Il Signore rese il popolo favorevole agli occhi degli Egiziani. Inoltre, l'uomo Mosè era grande nel paese d'Egitto, agli occhi dei servi del faraone e del popolo.

Credetemi, se obbedite al Signore, alla Sua voce, e fate esattamente come Dio ha detto, sarete vincitori. Troverete il Suo favore. Dio sa come toccare e cambiare il cuore. Umiliatevi e ascoltate Dio; Egli vi aprirà la porta. Tutti i problemi, le prove, le malattie e le infermità sono dovuti al nostro cuore duro e alla nostra disobbedienza. Il cuore duro è il vostro nemico. Cadete a terra, gridate a Dio. Confessate al Signore. Dite: "Signore, fa' come vuoi, visto che io stesso ho fallito e sono stato arrogante". Trovate qualcuno che vi dica la verità e non che vi guidi in modo sbagliato o che vi dica quello che vi piace sentire. Il pentimento è il primo passo. Dio vi aiuterà.

Esodo 3:21 E io renderò questo popolo favorevole agli occhi degli Egiziani; e avverrà che, quando andrete, non andrete a vuoto.

Non dovete sottomettervi a tutti, ma al Signore Dio e alla Sua Parola. Come Daniele, era un uomo umile. Shadrac, Meshac e Abdenego si rifiutarono di adorare idoli, per Dio. Erano sottomessi a Dio. Essere umili non significa essere una persona che dice di sì. Dovete sapere che la massima autorità è Dio; sottomettetevi a Lui. Se ascoltate Dio, allora è Lui che comanda. Altrimenti, la vostra vita sarà caotica, confusa e tumultuosa.

C. S. Lewis: "La vera umiltà non è pensare meno a se stessi, ma pensare meno a se stessi".

Andrew Murray: "L'unica umiltà che ci appartiene non è quella che cerchiamo di mostrare davanti a Dio nella preghiera, ma quella che portiamo con noi nella nostra condotta quotidiana". Gesù, in quanto umile, ha svolto il ruolo di un essere umano. Dio si è manifestato nella carne per dare un esempio e pagare il prezzo dei nostri peccati. Che meraviglia! L'umile obbedisce ma non è orgoglioso. Dio non è morto, ma la carne sì.

Filippesi 2:6 Il quale, essendo in forma di Dio, non ritenne una rapina essere uguale a Dio: 7 ma, spogliatosi di ogni reputazione, assunse la forma di servo e fu fatto a somiglianza di uomo: 8 ed essendo trovato in forma di uomo, umiliò se stesso e si fece obbediente fino alla morte, fino alla morte di croce.

Gesù del Nuovo Testamento (inteso come Geova Salvatore) è Geova Dio dell'Antico Testamento. Geova Dio si è vestito di carne per un ruolo temporaneo di agnello per versare il sangue. Il sangue ha vita e Gesù ha dato la Sua vita attraverso il sangue per voi e per me. Come è successo, il Signore Gesù si è sottomesso. Il piano di Dio richiede che si sia umili. Non conosciamo il piano di Dio, quindi dobbiamo solo fidarci. Il capitolo 11 di Ebrei è il capitolo della fede che parla di persone umili che si arrendono alla volontà di Dio. Dio può usare chiunque si sottometta e si arrenda. Gli umili di cuore faranno la volontà di Dio; la nostra comprensione tace.

Senza fare domande, pregate per ricevere forza, aprite l'orecchio per ascoltare e sottomettetevi. È tutto ciò che dovete fare.

Quando Paolo incontrò il discepolo di Giovanni Battista, gli chiese dello Spirito Santo. Poiché non ne

12 APRILE

avevano mai sentito parlare, si informarono ulteriormente sul battesimo. Erano stati battezzati da Giovanni Battista, ma dopo aver versato il loro sangue, avevano bisogno di essere nuovamente battezzati nel nome di Gesù. Perché? Perché si trovavano in due dispensazioni in cui la remissione del peccato era praticata in modo diverso. I discepoli di Giovanni Battista non discutevano sul battesimo. Gli orgogliosi diranno che se Gesù è stato battezzato da Giovanni Battista, lo sono stata anch'io, allora perché ancora? Le persone umili obbediscono, non discutono.

Atti 19:2 Disse loro: "Avete ricevuto lo Spirito Santo da quando avete creduto?". Ed essi gli risposero: "Non abbiamo neppure sentito dire se c'è uno Spirito Santo". 3 Ed egli disse loro: "In che cosa siete stati battezzati?". Ed essi risposero: "Al battesimo di Giovanni". 4 Allora Paolo disse: "Giovanni ha veramente battezzato con il battesimo di ravvedimento, dicendo al popolo che credessero in colui che sarebbe venuto dopo di lui, cioè in Cristo Gesù". 5 Quando udirono questo, furono battezzati nel nome del Signore Gesù.

L'umiltà è un atteggiamento o una qualità mentale

[Atti 20:19 Servire il Signore con tutta l'umiltà della mente]. Vediamo l'importanza di Dio e la conoscenza della comprensione peccaminosa e limitata degli uomini. Un uomo umile riconosce la sua disabilità e dipende dalla capacità di Dio. Siate umili per essere benedetti.

PREGHIAMO

Signore, noi siamo la Tua creazione. Abbiamo bisogno di un creatore che ci porti avanti per il nostro bene. Abbiamo bisogni spirituali, fisici, finanziari ed emotivi. Ti prego, aiutaci. Dacci un cuore saggio e pulito, affinché Ti riconosciamo in tutte le nostre vie. La nostra giustizia è uno straccio sporco e sudicio, perciò aiutaci a obbedire, così dice il Signore. Ti ringraziamo, Gesù, perché sei misericordioso e gentile. Che la Tua misericordia e la Tua grazia non si allontanino mai da noi. Dio, tu conosci il meglio. Ti preghiamo di prendere in mano il regno della nostra vita. Conducici accanto ad acque tranquille, benedicici e concedici la Tua misericordia e la Tua grazia nel nome di Gesù. Amen! Dio vi benedica!

13 APRILE

IL PENTIMENTO È UN FONDAMENTO!

Prima di costruire una casa, la prima cosa da scavare sono le fondamenta. La casa non crollerà sotto la pressione esterna o interna se le fondamenta sono posizionate in modo corretto. Scavate in profondità per rimuovere ogni rifiuto, detrito e spazzatura prima di costruire. Le fondamenta significano insediamento o assestamento. La vostra casa sarà forte se le fondamenta sono solide, profonde e larghe.

Se le fondamenta della vita sono poste correttamente, allora, avrete una vita bellissima. Il fondamento della vita deve essere la Parola di Dio. Senza fondamenta, la vostra vita finirà in qualsiasi tempesta. Non sareste in grado di resistere alle insidie del nemico. Il diavolo ha molte astuzie. Con questo si intendono trucchi, schemi e tranelli per allontanarvi da Dio e distruggervi.

Efesini 6:11 Rivestitevi di tutta l'armatura di Dio per poter resistere alle insidie del diavolo.

Il diavolo del Giardino dell'Eden aveva dei tranelli, cioè dei trucchi. Il diavolo giocava con la concupiscenza della carne, degli occhi e l'orgoglio della vita.

Ecco perché la Bibbia dice:

Colossesi 3:5 Mortificate dunque le vostre membra sulla terra: fornicazione, impurità, affetti smodati, concupiscenza malvagia e cupidigia, che è idolatria; 8 ma ora togliete anche tutte queste cose: l'ira, la collera, la malizia, la bestemmia, il turpiloquio dalla vostra bocca. 6 Per queste cose l'ira di Dio viene sui figli della disobbedienza.

Il secondo passo è lavare i peccati battezzandosi nel nome di Gesù. Il Signore vi darà il potente dono dello Spirito Santo per iniziare la vostra nuova vita. Satana usa il pulpito, la TV e la radio con i suoi falsi insegnanti e profeti per non ferire i sentimenti. La Bibbia è un'istruzione corretta per chi cerca una vita ricca. La Bibbia non è fuorviante, ma guida le persone perdute. Vediamo come gli antichi veri profeti hanno collegato l'umanità con il Dio Creatore. Giovanni Battista stava riparando la relazione interrotta nel giardino dell'Eden. Battezzandoli di pentimento in acqua per la remissione dei peccati ha costruito il ponte tra Dio e noi.

Ha detto:

Marco 1:3 La voce di uno che grida nel deserto: "Preparate la via del Signore, raddrizzate i suoi sentieri". 4 Giovanni battezzava nel deserto e predicava il battesimo di ravvedimento per la remissione dei peccati.

Molti vennero da Giovanni Battista e cambiarono vita!

Matteo 3:7 Ma vedendo molti farisei e sadducei venire al suo battesimo, disse loro: "O generazione di vipere, chi vi ha avvertito di fuggire dall'ira che verrà?"

Il pentimento è il primo passo per rivolgersi al Signore. Se non ci si pente, non c'è alcun legame con Dio. Il peccato ci ha disconnessi dal Giardino dell'Eden. Per favore, rifiutate il falso insegnamento di Satana, pentitevi e allontanatevi dal vostro peccato. Pentirsi significa provare dolore, dispiacere o rammarico per qualcosa che si è fatto o detto.

Il primo messaggio di Gesù:

Matteo 4:17 Da quel momento Gesù cominciò a predicare e a dire: "Ravvedetevi, perché il regno dei cieli è vicino".

Il primo passo è il pentimento. Quando vedrete voi stessi come vede il Signore, questo vi aiuterà a pentirvi. La condanna del cuore cambia la vita. Dodici discepoli uscirono e predicarono il pentimento.

Marco 6:12 Poi uscirono e predicarono che gli uomini si ravvedessero.

Dopo la risurrezione, Gesù ha predicato di pentirsi.

Luca 24:47 e che nel suo nome venisse predicato il pentimento e la remissione dei peccati tra tutte le nazioni, cominciando da Gerusalemme.

Il peccato vi renderà sporchi, quindi pulitevi pentendovi e lavando il vostro peccato con il battesimo nel nome di Gesù. Il peccato ha una bacinella. Il battesimo d'acqua nel nome di Gesù rimuoverà i peccati sporchi, le macchie e le cicatrici. Il peccato è il cibo di Satana. Una volta eliminato, Satana non verrà più. Pietro rivolse il primo messaggio agli ebrei. Egli aveva la chiave del regno dei cieli, disse.

Atti 2:38a Allora Pietro disse loro: "Ravvedetevi e ciascuno di voi sia battezzato nel nome di Gesù Cristo per la remissione dei peccati".

La Chiesa primitiva aveva un fondamento posto dagli Apostoli e dai Profeti. Per questo il Signore operava attraverso di loro con segni e prodigi. Di nuovo, Satana ha iniziato a lavorare nelle chiese mettendo sul pulpito la sua banda di falsi insegnanti e profeti. Gesù ha detto di seguire Lui, non l'edificio che prende il nome dal loro falso insegnamento.

2 Corinzi 11:14 E non c'è da meravigliarsi, perché Satana stesso si è trasformato in un angelo di luce.

Il diavolo è un esperto della parola di Dio. Molti dei suoi discepoli si travestono da angeli della luce. Satana progetta di distruggere le fondamenta per poter abbattere la casa. Voi siete la casa di Dio.

Salmi 11:3 Se le fondamenta sono distrutte, cosa può fare il giusto?

La Bibbia è rigorosamente contraria al peccato. Esso manda in cortocircuito la relazione con Dio.

Giovanni 8:11b Vai e non peccare più.

Gesù disse all'uomo: il peccato causa le malattie, quindi pentitevi e allontanatevi dalla vostra vita peccaminosa.

Giovanni 5:14 Poi Gesù lo trovò nel tempio e gli disse: "Ecco, sei guarito; non peccare più, perché non ti capiti una cosa peggiore".

Romani 6:1 Che cosa diremo dunque? Continueremo nel peccato, affinché la grazia abbondi? 2 Dio non voglia. Come potremo noi, che siamo morti al peccato, vivere ancora in esso?

Staccatevi dal peccato e dalle persone peccaminose.

Romani 6:6 sapendo che il nostro vecchio uomo è stato crocifisso con lui, affinché il corpo del peccato sia distrutto, per non servire più al peccato.

Gesù è la roccia senza peccato. Sulle sue fondamenta abbiamo costruito.

Isaia 28:16 Perciò così dice il Signore Dio: "Ecco, io pongo in Sion come fondamento una pietra, una pietra provata, una pietra angolare preziosa, un fondamento sicuro; chi crede non deve affrettarsi".

Non cercate messaggi facili. Questa è la battaglia per la vostra anima. Il diavolo sta combattendo per portarla all'inferno. Cercate la verità per vincere. Dal 2006 al 2012, trentamila chiese hanno chiuso i battenti. Perché? Le persone non sono interessate alla musica, vanno in chiesa malate e ne escono malate. Trauma emotivo e non vedono la liberazione. Perché andare in chiesa dove non si parla o non si pratica la verità? Non c'è esperienza della nuova nascita. Studiate la Bibbia, cercate la verità ed essa vi renderà liberi. Assicuratevi di non essere fuorviati da un nemico che fa false promesse per ingannarvi. Ascoltate il Signore vostro Dio.

Matteo 7:24 Perciò chi ascolta questi miei detti e li mette in pratica, lo paragonerò a un uomo saggio che ha costruito la sua casa sulla roccia.

Il pentimento è il primo passo delle fondamenta. Pentitevi di tutti i vostri peccati, non di alcuni. E iniziate una nuova vita con Gesù. Godetevi la vostra nuova vita!

PREGHIAMO

Nel nome di Gesù, il Signore ci concede lo spirito di pentimento. La parola dice: "Il dolore divino opera il pentimento". Chiediamo perdono per i nostri peccati. Ci inchiniamo al Tuo altare della misericordia. Ti preghiamo di perdonare tutti i nostri peccati. Chiediamo perdono per quelli che abbiamo commesso consapevolmente o inconsapevolmente. Concedici una nuova vita. Perdona tutti i peccati nostri e dei nostri antenati. Grazie per il Tuo sangue. Lava i nostri peccati nel Tuo sangue prezioso. Il Tuo sangue parla della giustizia di Dio. Grazie per aver perdonato i nostri peccati e per averci guarito da tutte le malattie nel nome di Gesù. Amen! Dio vi benedica!

14 APRILE

LA VERSIONE DI SATANA DELLA BIBBIA!

Sì, la Bibbia è la parola scritta di Dio, ma Satana introduce molte versioni della Bibbia.

Una volta, parlando con mio fratello, mi ha detto che leggere la KJV, la versione della Bibbia di Re Giacomo, ti fa sentire lo Spirito di Dio. Sono stata coinvolta nella traduzione e nell'insegnamento della Parola, quindi ho confrontato le diverse versioni. Ho scoperto che il diavolo ha piantato alcune tare nella Bibbia. Non è la Bibbia, ma una sua versione fatta dal diavolo. Sono prudente quando leggo la Bibbia. È la mia luce, la mia lampada, il mio cibo, la mia spada, il mio martello e la verità che mi rende libera. La Parola di Dio dice di non aggiungere o sottrarre. Quindi chi può osare? Questa è la storia della mia vita se seguo la Parola.

È la mia vita, Manuel. Non vorrei essere fuorviata come il diavolo fece con Eva e Adamo. Essa ha il potere di liberare i prigionieri. La bella Parola di Dio serve a far sì che il mio cammino abbia successo. Confrontiamo ciò che il diavolo ha piantato, tolto e aggiunto alla Parola di Dio.

Il mio interesse e il mio viaggio alla ricerca della verità sono iniziati quando ho scoperto i versetti mancanti mentre facevo uno studio biblico a un gruppo di lingue diverse. Ho sorpreso il diavolo che chiedeva a un'altra persona di leggere dalla Bibbia che stava usando. Sorprendentemente, solo la KJV era la traduzione esatta dall'originale ebraico e greco. Teologi studiosi di ebraico e greco hanno tradotto la Bibbia KJV nel 1611. Cinquantaquattro studiosi di altissimo livello sono stati coinvolti in questo sacro lavoro di traduzione dai primi rotoli originali dei sessantasei libri della Bibbia! Non c'è da chiedersi perché lo Spirito di Dio parli quando si legge la Bibbia KJV. Permettetemi di condividere alcune versioni che possono infrangere il primo comandamento.

Deuteronomio 6:4 Ascolta, o Israele: Il Signore nostro Dio è un solo Signore.

Satana cambia una parola per far credere che esista la trinità.

1 Timoteo 3:16: "Dio si è manifestato in carne e ossa" (KJV).

Nella maggior parte delle altre versioni, il diavolo ha cambiato "Dio" con "lui". Chi è "lui"? Questo può sostenere la dottrina dei tre dèi. Togliendo la parola Dio, il primo comandamento della Bibbia è stato trasformato in tre dèi. Questo porta al politeismo.

La versione di Satana della Bibbia recita: "Apparve in un corpo" (molte Bibbie tradotte dal manoscritto corrotto dell'Alessandrino riportano questa menzogna. La Vulgata cattolica romana, la Bibbia Gujarati, la Bibbia NIV, la spagnola, la NKJV e altre versioni moderne della Bibbia).

{ΘC=Dio} in lingua greca, ma togliendo la lineetta da ΘC, "Dio" cambia {OC = "chi" o "egli"} in chi, che ha un significato diverso nella lingua greca. Si tratta di altre due parole perché "lui" potrebbe significare nessuno, ma Dio sta parlando di Gesù Cristo in carne e ossa.

Si tratta di modifiche volte ad attaccare la dottrina dell'Unico Dio. Satana ha cambiato o rimosso le Scritture su UN UNICO DIO.

1 Giovanni 5:7 eliminato. Questo versetto dimostra che c'è un solo Dio. Non aspettatevi che ce ne siano tre in cielo. Eliminando questo versetto, non troverete mai la verità.

1 Giovanni 5:7 KJV Perché sono tre quelli che registrano nei cieli: il Padre, la Parola e lo Spirito Santo; e questi tre sono uno.

Apocalisse 1:8 KJV: Io sono l'Alfa e l'Omega, il principio e la fine, dice il Signore, che è, che era e che viene, l'Onnipotente.

Traduzione NIV: Apocalisse 1:8 "Io sono l'Alfa e l'Omega", dice il Signore Dio, "colui che è, che era e che viene, l'Onnipotente".

(La Bibbia Gujarati, la NIV, la NKJV e altre traduzioni hanno tolto "Inizio e fine")

Apocalisse 1:11 KJV: dicendo: "Io sono l'Alfa e l'Omega, il primo e l'ultimo; e quello che vedi, scrivilo in un libro e mandalo alle sette chiese che sono in Asia: a Efeso, a Smirne, a Pergamo, a Tiatira, a Sardi, a Filadelfia e a Laodicea...".

NIV: Apocalisse 1:11 "Scrivi su un rotolo quello che vedi e mandalo alle sette chiese: a Efeso, Smirne, Pergamo, Tiatira, Sardi, Filadelfia e Laodicea".

(Le versioni moderne della Bibbia, il Gujarati e la Bibbia NIV, tutte le altre versioni hanno eliminato "Io sono l'Alfa e l'Omega, il primo e l'ultimo"). Insegnando dalla Bibbia, non potevo dimostrare che c'è "un solo Dio".

Il mio insegnamento stava andando avanti. Con mia grande delusione, utilizzando la versione del diavolo della Bibbia, non riuscivo a dimostrare che esiste un unico Dio. Questo mi ha spinta ad approfondire lo studio.

Atti 20:29 Ricordo che Paolo disse: So infatti che, dopo la mia partenza, entreranno tra voi lupi feroci che non risparmieranno il gregge.

Vorrei condividere il fatto cercando la verità della "Parola di Dio" corrotta. Il manoscritto alessandrino era una versione corrotta del vero manoscritto originale della Bibbia. Hanno rimosso molte parole come Sodomita, inferno e sangue, creato da Gesù Cristo, Signore Gesù, Cristo, Alleluia e Geova, insieme a molte altre parole e versetti dal manoscritto originale. Ad Alessandria, in Egitto, gli scribi erano l'anticristo. Non avevano la rivelazione dell'unico vero Dio. Per questo motivo la Bibbia è cambiata dal manoscritto originale alla loro versione del credo. Questa corruzione iniziò nel primo secolo.

All'inizio, le Bibbie greche ed ebraiche erano scritte su rotoli di papiro, che erano deperibili. Per questo motivo, ogni duecento anni ne scrivevano a mano cinquanta copie in Paesi diversi per conservarle per altri duecento anni. I nostri antenati, che avevano una copia accurata del manoscritto originale, hanno fatto questo. Anche gli alessandrini si vergognavano di conservare il manoscritto corrotto.

Questa corruzione è iniziata quando Paolo e Giovanni erano ancora vivi. Gli Alessandrini ignoravano la Parola di Dio. Nella conferenza di Nicea, nell'anno 325 d.C., stabilirono la dottrina della Trinità. Nicea è nell'odierna Turchia, conosciuta come Pergamo nella Bibbia, dove si trova la sede di Satana.

Apocalisse 2:12-13 E all'angelo della chiesa di Pergamo scrivi: "Queste cose dice colui che ha la spada affilata a due tagli: conosco le tue opere e il luogo in cui abiti, dove si trova la sede di Satana".

Nicea è la stessa di Pergamo o Pergamos nella Bibbia. Nell'anno 325 d.C., al concilio di Nicea, l'Unità di Dio fu rimossa da Satana e fu aggiunta la trinità. Falsi profeti e insegnanti di Satana si divisero in un unico Dio. Rimossero il nome "Gesù" dalla formula del battesimo aggiungendo il Padre, il Figlio e lo Spirito Santo.

Giovanni 10:10 Il ladro non viene per rubare, uccidere e distruggere; io sono venuto perché abbiano la vita e l'abbiano in abbondanza.

Pergamo (poi chiamata Nicea e oggi chiamata Turchia) è una città costruita a 1000 metri sul livello del mare. In questo luogo si veneravano quattro diverse divinità. Il dio principale era Asclepio, il cui simbolo era un serpente.

L'Apocalisse dice: 12:9 E il grande drago fu scacciato, quel serpente antico, chiamato diavolo e Satana, che inganna tutto il mondo; fu scacciato sulla terra e i suoi angeli furono scacciati con lui.

Apocalisse 20:2 E si impadronì del drago, quel serpente antico che è il diavolo e Satana, e lo legò per mille anni.

In questo tempio c'erano molti serpenti giganti; inoltre, migliaia di serpenti circondavano queste aree. La gente veniva al tempio di Pergamo in cerca di guarigione. Asclepio era chiamato il dio della guarigione ed era il principale tra i quattro dei. Introdusse erbe e medicine per la guarigione. Asclepio intendeva rimuovere le frustate e il nome di Gesù per la guarigione. Intendeva prendere il posto di Gesù e rilasciare Cristo come Salvatore. Anche Asclepio si dichiarava salvatore. La scienza medica moderna ha preso il simbolo del serpente da Asclepio (il suo simbolo è il serpente). Quindi fate attenzione alla versione della Bibbia che leggete. Che il Signore vi benedica con la verità e solo con la verità. Il mio libro "L'ho fatto a Suo modo" descrive in dettaglio questo argomento.

PREGHIAMO

Signore, nel Tuo nome glorioso, donaci la rivelazione della Tua parola. Dacci la rivelazione di chi è Gesù. Sappiamo che Satana vuole prendere il Tuo posto. Ha intenzione di portare confusione, ma Dio, tu non sei un autore di confusione. Signore, dacci la Tua rivelazione. Lascia che il Tuo Spirito di Verità insegni, conduca e guidi. Signore, la Tua parola è vera e ha il potere di liberare, guarire e rendere liberi i prigionieri, quindi dacci la verità e nient'altro che la verità. Crediamo in un unico Dio che si è manifestato nella carne di Gesù Cristo per redimerci. Ti ringraziamo per la Bibbia, il nostro manuale di vita. Insegnaci, Signore, nel nome di Gesù. Amen! Dio vi benedica!

15 APRILE

CAMBIATE LA STORIA DELLA VOSTRA VITA!

Tutti sognano di assomigliare a qualcuno, ma non a se stessi. Desiderano essere qualcun altro. Sì, è possibile. Un alcolista può cambiare la sua storia di vita.

Un assassino può cambiare la sua. Uno schiavo, un povero, un drogato, un adultero, un bugiardo e chiunque tu sia là fuori, la vostra storia di vita può cambiare se attingete alla dimensione della fede. Occorre il coraggio di lasciare andare se stessi, la propria idea, la situazione, la disabilità, l'ambiente circostante e i sentimenti di attaccamento. La vostra vita nella mano di Dio e diretta da Dio riscriverà la vostra storia. Per esempio, una volta sono stato assassinato, ma ora sono salvato. Una volta ero un pescatore, ma ora sono un apostolo. Una volta ero un bugiardo, ma ora servo in modo sincero. Ero un esattore delle tasse, ma ora sono un discepolo di Dio. Sono stato lavato nel sangue battezzandomi nel nome di Gesù e lavorando per il regno. Paolo ha detto che ero un assassino, ma Dio ha cambiato la storia della mia vita. Ho predicato ciò contro cui ero contrario. Una prostituta che è venuta a Dio si è pentita ed è stata ripulita dal suo stile di vita malvagio. Ora è il bene più prezioso del regno. La superpotenza di Dio colpisce la vita e la ribalta. È l'opera del Signore.

È il potere che Dio ci ha dato di fare ciò che l'uomo naturale non può fare. Si può aggiustare ciò che per l'uomo è irrimediabile. Una sorpresa!

Luca 7:39 Ora, quando il fariseo che lo aveva invitato lo vide, parlò dentro di sé dicendo: "Quest'uomo, se fosse un profeta, avrebbe saputo chi e che tipo di donna è quella che lo tocca, perché è una peccatrice".

Gesù stava mostrando ai farisei che la storia della sua vita stava per cambiare.

Luca 7:47 Perciò ti dico che i suoi peccati, che sono molti, sono perdonati, perché ella ha amato molto; ma a chi è perdonato poco, lo stesso ama poco. 48 Ed egli le disse: "I tuoi peccati sono perdonati". 50 E disse alla donna: "La tua fede ti ha salvato; va' in pace".

La storia della vita di una donna adultera o di una prostituta è cambiata da quel momento. Da quel momento fu utile al regno di Dio.

Matteo 17:15 Signore, abbi pietà di mio figlio, perché è lunatico e molto irritato, perché spesso cade nel fuoco e spesso nell'acqua. 18 Gesù rimproverò il demonio e questi se ne andò da lui; e il bambino guarì da quell'ora stessa.

Un pazzo si è liberato dal diavolo ed è stato guarito. Il vostro nuovo capitolo inizia quando incontrate il Signore. Ciò di cui avete bisogno non sono la chiesa, il medico o altre risorse, ma il Signore. Incontrate Gesù e riscrivete la vostra vita. Un cieco incontra la luce di questo mondo e riceve la luce negli occhi. Il cieco riceve la vista e tutto il suo mondo si apre.

Giovanni 9:1 Mentre Gesù passava, vide un uomo che era cieco dalla nascita. 6 Dopo aver parlato, sputò per terra, fece dell'argilla con la saliva e unse gli occhi del cieco con l'argilla, 7 e gli disse: "Va', lavati nella piscina di Siloam" (che significa, per interpretazione, Inviato).

Il cieco ha fatto esattamente ciò che Gesù gli ha chiesto di fare. L'obbedienza è la chiave per ricevere le promesse. Non chiedete perché, cosa, quando e come. Fatelo e basta. Ci vuole un'azione folle, ma ne vale la pena. Dare è la chiave per ottenere la benedizione della moltiplicazione. Dove e a chi date importanza? Se viene data ai profeti, agli operai del Signore, avrete una benedizione illimitata. La moltiplicazione sarà legata al vostro dare. Potete diventare miliardari, in modo da sfamare molti.

Giovanni 6:9 C'è qui un ragazzo che ha cinque pani d'orzo e due pesciolini.

Ha sfamato quasi cinquemila persone. La storia della tua vita è fatta di fame, di affamati, di voglia di essere saziati e di avanzi. La storia cambia quando si investe nel Regno.

Giovanni 6:13 Li radunarono dunque e riempirono dodici ceste con i frammenti dei cinque pani d'orzo che erano rimasti oltre a quelli che avevano mangiato.

L'obbedienza è la chiave per cambiare il capitolo della vita. Il Signore ha detto che avrebbe cambiato il vostro ramo; fidatevi e fate come vi ha chiesto, e la vostra storia sarà riscritta. I lebbrosi dovevano stare lontani dalle persone nell'area designata. Non possono toccare le persone. È la storia triste e peggiore della vita di un uomo. Un incubo!

Luca 17:1 Mentre entrava in un villaggio, gli vennero incontro dieci uomini lebbrosi che stavano in disparte: 3 e, alzando la voce, dicevano: "Gesù, Maestro, abbi pietà di noi". 14 Ed egli, vedendoli, disse loro: "Andate a presentarvi ai sacerdoti". E avvenne che, mentre andavano, furono purificati. 15 E uno di loro, vedendo che era stato guarito, si voltò indietro e a gran voce glorificava Dio, 16 e cadde con la faccia ai suoi piedi, rendendogli grazie; ed era un samaritano. 17 E Gesù, rispondendo, disse: "Non erano forse dieci i purificati? Ma dove sono i nove?"

Ha cambiato le storie di vita di tutti e dieci. Ma un miracolo notevole che si è verificato è stato il ringraziamento a Gesù. Ha beneficiato del fatto di aver ricevuto l'interezza. La storia della sua vita è cambiata al di là di quanto si aspettasse. Il suo corpo, la sua anima e il suo spirito divennero completi e perfetti. In un attimo, ha ereditato la più grande benedizione di completezza del mondo. Mi sono ricordata che al lavoro ero testimone di quest'uomo alcolizzato. Un giorno, stavamo guidando sull'autostrada a Los Angeles. Guardando in basso, disse: "Sorella Elizabeth, sono stato in tutte queste chiese di Los Angeles!". Disse: "Finora non è successo nulla. Sono sotto l'effetto di droghe e alcol, e la mia vita è ancora un disastro". Gli dissi: "Ma se ubbidisci alla verità del Signore, vedrai la differenza". In seguito, fu battezzato nel nome di Gesù e fu completamente liberato dalle droghe, dall'alcol e da tutti i disordini. Sposò la sua ragazza e divenne un predicatore.

Un giorno incontrò Gesù e la verità lo liberò. Non ha bisogno di false dottrine. Da quel momento la storia della sua vita è cambiata.

So che nessuno può rimanere lo stesso se incontra Gesù. Tutti sono stati trasformati, guariti, liberati e cambiati. La storia della vostra vita dipende dalla vostra obbedienza alla Parola di Dio. Frequentare la chiesa, iscriversi a un'organizzazione o cambiare religione non cambierà mai la storia della vostra vita. Ma il giorno in cui incontrerete il Signore, Egli vi metterà nel suo libro come un uomo libero, liberato, messo in libertà. Uno era zoppo, ora cammina, uno era povero, ora è ricco e molto altro ancora. Dovete incontrare il Creatore e benedicente di tutto ciò che desiderate. È meraviglioso! Molti pastori, frequentatori di chiese, predicatori, vescovi, teologi e studiosi hanno bisogno di incontrare Gesù. La loro storia di vita cambierà, e altre persone grazie alla loro testimonianza. Sottomettetevi e obbedite a Gesù. La storia della vostra vita cambierà.

PREGHIAMO

Nel nome di Gesù, abbiamo bisogno di un incontro divino con il Signore. So che la vita ha molte prove e problemi, ma se trovo la chiave per aprire la ricchezza, la guarigione, la direzione, e tutto ciò di cui ho bisogno, anche la storia della mia vita può essere cambiata.

Dio è colui che può e vuole se obbedisco alla Sua voce. Perciò, Signore, aiutami, incoraggiami a stare in piedi con coraggio per cambiare la mia storia. È una nuova vita quella che desidero. È con te, Signore, che devo entrare in contatto. Quindi, Signore, aiutami ad attingere alla dimensione in cui posso sperimentare la guarigione, la liberazione e la salvezza divine. Desidero che la storia della mia vita sia cambiata nel nome di Gesù. Amen! Dio vi benedica!

16 APRILE

IL SISTEMA DEL REGNO!

Il Regno dei Cieli ha un sistema per governare sulla terra. È la strategia particolare con cui Dio opera sulla terra. Noi non possiamo lavorare secondo il nostro disegno, ma attraverso quello di Dio. Tutte le chiese organizzate hanno i loro sistemi. Le nazioni, gli Stati, le contee e le città hanno dei sistemi per gestire il loro governo. Quando il sistema è ottimo e i governanti che vi lavorano sono bravi, avrà successo. Ma se il sistema e le persone che vi lavorano sono corrotte, non funzionerà e porterà distruzione.

Dio ha una strategia per il Suo Regno, che deve essere seguita. Dio ha detto che se vi rivolgete a Lui per lavorare, dovete nascere di nuovo. Quindi il primo passo è nascere di nuovo, cioè nascere dall'alto. Nella parola "nato di nuovo", ancora significa "anōthen", cioè dall'alto. Gesù disse a Nicodemo, un maestro dell'ebreo, che si poteva entrare nel Regno di Dio solo se si era nati dall'alto. La spiegazione che Gesù diede a Nicodemo sul fatto di nascere di nuovo fu: nato dall'acqua e nato dallo Spirito. Pietro, a cui il Signore diede la chiave per aprire il Regno,

disse in Atti 2:38: "Allora Pietro disse loro: "Ravvedetevi e battezzate (nascete dall'acqua) ciascuno di voi nel nome di Gesù Cristo, per la remissione dei peccati, e riceverete il dono dello Spirito Santo" (nati dallo spirito).

Se seguite questo insegnamento di Gesù, rispettato da Pietro e dagli altri discepoli, nascerete nel Regno di Dio. Ora potete pregare sui malati e scacciare i demoni solo se continuate a pregare, a digiunare e a vivere una vita retta e santa. In secondo luogo, Dio ha promesso nove doni dello Spirito. Lo Spirito di Dio verrà a compiere un'opera unica attraverso di voi. Voi siete solo un recipiente di olio, farina o riso. Il vaso è un contenitore per conservare.

Il vostro corpo diventa un contenitore o un vaso per tutti o alcuni dei nove doni spirituali. Siete solo un contenitore o un vaso per conservare lo Spirito di Dio. Il vostro corpo, dove vive lo Spirito di Dio, si comporta di conseguenza. La Bibbia dice che si possono desiderare questi doni.

1 Corinzi 12:31 Ma desiderate ardentemente i doni migliori: questi nove doni sono la parola di conoscenza, la sapienza, la fede, il miracolo, la guarigione, il discernimento dello spirito, la profezia, la lingua e l'interoperatività della lingua. Se qualcuno ha nove doni, può usarli per l'ufficio speciale. Se avete questi doni, potete lavorare per il Regno e dare gloria a Dio. Dio li ha dati per il miglioramento della Chiesa. Attraverso i doni spirituali, le persone crederanno in Dio e si rivolgeranno all'unico vero Dio, il padre e il Creatore. Molti non hanno i doni, ma affermano di averli. Andate da chi ha i doni dello spirito per capire la differenza.

Solo Dio ci ha dato il potere di compiere la grande operazione soprannaturale dei doni dello Spirito. Ricordate che è lo Spirito di Dio a operare e non la persona. Non possiamo; lo Spirito del Signore Gesù negli individui farà il soprannaturale solo se hanno i doni che sono chiamati carismi.

Il Regno di Satana ha lo stesso sistema. Alcuni hanno doni del diavolo. Satana li ha addestrati ad ammaliare stregoni, maghi, indovini, chiromanti o astrologi. Tutti non sono maghi, stregoni o stregoni, o sensitivi. Lo stesso sistema funziona con Dio se lo Spirito di Dio vive per farlo, altrimenti non può. Non frequentate tutte le chiese. Assicuratevi che siano nati di nuovo secondo l'insegnamento del Libro degli Atti e che continuino gli atti con lo Spirito di Dio.

La falsa dottrina ha confuso molti su questo argomento. Se avete bisogno di riso, aprite qualche contenitore? Il buon senso dice di no. Si apre solo quello che è pieno di riso. Quando avete bisogno di una parola d'ordine, cercate chi ha il dono della profezia. Parola di conoscenza e Parola di saggezza lavorano insieme. Questo dono dello Spirito di Dio fornisce informazioni su nome, data di nascita, indirizzo e problemi con una soluzione. Se avete bisogno di un miracolo, rivolgetevi a chi possiede questo dono di Dio.

Avevo un problema alla spina dorsale; ho cercato una persona con i doni dei miracoli e della guarigione. Per la benzina, andiamo dal benzinaio; per i soldi, andiamo in banca; per la spesa, andiamo al mercato. Io cerco il profeta, non colui che può dire i suoi pensieri o i suoi sentimenti. Non credo a tutti coloro che affermano di avere dei doni, ma a chi lo dimostra. Potrebbero darmi del veleno invece dell'acqua. Assicuratevi di andare da chi ha i doni dello Spirito di Gesù Cristo.

La Bibbia dice che solo 12, poi 70, ricevettero il potere.

Luca 9:1 Poi chiamò a raccolta i suoi dodici discepoli, e diede loro potere e autorità su tutti i demoni e di curare le malattie.

Luca 10:1a Dopo queste cose, il Signore designò anche altri settanta.

Non l'ombra di tutti può lavorare, ma quella di chi ha l'unzione dello Spirito. Non andate da tutti quelli che pensano di poterlo fare, ma andate da quelli che hanno i doni spirituali. Dio dà il dono dello spirito a chi chiama e se lo desidera. Hanno ingannato molti ad andare nelle chiese? Rifiutano l'operazione dei doni dello Spirito? Molti discutono sul fatto di ricevere lo Spirito Santo esattamente come dice la Bibbia.

Osea 4:6a: "Il mio popolo è distrutto per mancanza di conoscenza; poiché hai rifiutato la conoscenza, anch'io ti rifiuterò".

Giobbe 36:12 Ma se non obbediscono, periranno di spada e moriranno senza sapere.

Proverbi 5:23 Morirà senza istruzione e, nella grandezza della sua follia, si smarrirà.

Non lasciatevi ingannare dal titolo. Molti anticristi operano nel mondo. Osservate sempre i loro frutti, il loro lavoro e i loro doni spirituali in funzione. In caso contrario, allontanatevi da lì. Non guardate mai al funzionamento dei doni nella scatola delle organizzazioni, delle denominazioni e delle chiese. Poiché Dio non ha dato un'organizzazione, le denominazioni e le chiese non vanno cercate. Egli ha dato a coloro che lo desiderano i doni spirituali per edificare il Regno. I doni dimostreranno che Dio sta facendo miracoli, guarigioni, profezie ecc.

16 APRILE

Atti 19:11-12 Dio operò miracoli speciali per mano di Paolo, tanto che dal suo corpo furono portati ai malati fazzoletti o grembiuli, e le malattie se ne andarono da loro e gli spiriti maligni uscirono da loro.

Dio ha fatto un miracolo, ma ha usato Paolo perché Dio lo ha chiamato a predicare il Vangelo.

Se avete problemi al cuore, agli occhi, al sangue o alle ossa, trovate un medico specializzato in questa facoltà. Non si va all'istituto d'arte per fare il medico; si va all'istituto di medicina. Le persone sono fuorviate dall'anticristo, dai falsi insegnanti e dai profeti. Io vado da colui che opera per mezzo dello Spirito di Dio.

Sono nata di nuovo, battezzata nell'acqua nel nome di Gesù e nata dallo Spirito Santo parlando nella mia lingua. Dio mi ha dato alcuni doni dello Spirito, come la guarigione, la profezia, la fede, la lingua, l'interpretazione della lingua e il discernimento dello Spirito. Posso lavorare in questi uffici, o diciamo che Dio può usarmi in questo ruolo. Ricevo molte richieste di guarigione e di liberazione dall'oppressione demoniaca. Quando prego per queste persone, esse vengono guarite e liberate.

Chiedete a Dio di usarvi per il Suo Regno come operai. Si servì di dodici, settanta e poi di centoventi discepoli. Non riempì tutta Gerusalemme con lo Spirito Santo, ma con centoventi di essi e chiunque lo desiderasse. In breve, il Sistema del Regno ha un ordine preciso. Seguite quanto indicato e non sbaglierete.

PREGHIAMO

Nel nome di Gesù, Signore, abbiamo bisogno della conoscenza del Tuo Regno. Non permettere che inganniamo il lupo che si è trasformato in Angelo della luce. Proteggici dagli insegnanti e dai profeti anticristi. Guidaci verso gli autentici profeti, insegnanti e coloro che hanno i doni degli spiriti. Ti ringraziamo per aver dato allo spirito doni non comuni per edificare una Chiesa. Desideriamo questi doni dello spirito per glorificare il Tuo magnifico nome e il Tuo Regno in Nome di Gesù. Amen! Dio vi benedica!

17 APRILE

VERITÀ CONTRO FALSITÀ!

Gesù contro il Diavolo! Questi non è un avversario di Gesù. Gesù è la parte suprema, non il diavolo. In molti giochi, vediamo i due avversari che giocano e cercano di bloccarsi l'un l'altro, oppure si fermano per ottenere il punto. Allo stesso modo, nel gioco della vita, uno cerca di fare il bene e l'altro lo invoglia a fare il male.

Paolo scrisse una lettera a Roma.

Romani 7:21 Trovo dunque una legge che, quando voglio fare il bene, mi accompagna nel male. 23 Ma vedo un'altra legge nelle mie membra, che lotta contro la legge della mia mente e mi porta in cattività alla legge del peccato che è nelle mie membra.

Imparate che c'è una guerra in corso dentro di noi. Due nature dentro di noi hanno due idee diverse che lavorano per due leader stranieri. Chiunque vinca sarà il campione, indipendentemente dal trofeo che otterrà in cielo o all'inferno per chi gioca. Satana ha un trofeo all'inferno per la testa di Gesù, Paolo, Pietro e molti altri. Dedicati al cento per cento al partito, non si preoccupano della vita o della testa. Perdere la vita è guadagnare la vita; l'uno vince sull'altro.

Paolo dice in Filippesi 1:21 Perché per me vivere è Cristo e morire è un guadagno.

Una volta acquisita la convinzione della verità, non ha più importanza il guadagno o la perdita della vita o della morte. Si tratta solo di colui che si serve fino alla morte. Se si ottiene la mentalità di Cristo, non ha importanza. Una mentalità costruita è la chiave per ottenere il successo per chi si sta interpretando.

Galati 2:20 Io sono stato crocifisso con Cristo; tuttavia vivo; non io, ma Cristo vive in me; e la vita che ora vivo nella carne la vivo per la fede del Figlio di Dio, che mi ha amato e ha dato se stesso per me.

Paolo dice che una volta iscritti alla festa, bisogna mantenere la fede in Gesù. Molti operatori di Satana hanno la stessa mentalità di giocare per il diavolo. Non importa il risultato, ma solo la dedizione totale. Il diavolo offre a tutti sulla terra chi lavora per lui. Molti si lamentano e guardano queste persone cattive e ingiuste; a loro non succede nulla. I cristiani si lamentano perché abbiamo tutti i nostri problemi?

Bene! State lavorando contro il diavolo o contro Gesù? Qual è la vostra scelta? Sarebbe utile una correzione mentale. Il vostro pensiero ha bisogno di aiuto. Il diavolo gioca con la mente, Gesù con il cuore. Quindi la verità deve partire dal cuore. La menzogna è un gioco mentale che si basa sulla carne. Satana è il maestro e il padre della menzogna. L'ingannatore troverà ogni tattica, schema e gioco per sconfiggere l'avversario.

17 APRILE

Tutte le sue vittorie, medaglie e trofei sono temporanei e dureranno. Il gioco del diavolo per la conquista delle anime non ha valore. Gesù ha la certezza eterna, una corona eterna e preziosa per noi. Basta essere fedeli finché il gioco non finisce. Il diavolo non possiede nulla, ma attira per proibire, come ha fatto con Eva. La gloria di questo mondo appartiene a Gesù. Egli mostra cose diverse e gioca con la concupiscenza della mente, della carne e l'orgoglio della vita. Vuole che voi sacrifichiate il vostro talento, il vostro denaro e la vostra forza. Gesù non iscrive gli abili, ma li qualifica a chi chiama.

Scegliete il partito giusto per giocare. La vostra vita è un gioco. Il partito che scegliete è quello che servirete per l'eternità. Alla fine, l'inferno o il paradiso sono il luogo in cui andrete.

Era in corso una guerra tra i Filistei e gli Israeliti. I primi avevano un gigante dalla loro parte. Gli Israeliti vedevano i giganti ed erano intimoriti. Dio nascose la verità agli israeliti a causa di un leader sbagliato. Ma Davide aveva la verità e giocò per gli israeliti. Non importa quanto sia forte, alto o abile. Quando si gioca per la verità, si vince.

1 Samuele 17:45 Allora Davide disse al Filisteo: "Tu vieni da me con la spada, con la lancia e con lo scudo; ma io vengo da te nel nome dell'Eterno degli eserciti, il Dio degli eserciti di Israele, che tu hai sfidato". 49 Allora Davide mise la mano nella sacca, prese una pietra, la scagliò e colpì il Filisteo in fronte, in modo che la pietra gli affondasse nella fronte; ed egli cadde con la faccia a terra.

David giocava per il partito in cui prevaleva la verità. Esso vale la pena di giocare una partita dalla parte giusta. Il diavolo ha una bocca grande, false promesse e un inferno che brucia per distruggervi. Non ha protezione né vittoria. Lavorare per Gesù significa lavorare per la verità, mentre lavorare per il diavolo significa farlo per il falso. Lavorare per Gesù significa adoperarsi per un bel paradiso, mentre lavorare per il diavolo significa bruciare, urlare più di quanto si sia mai sperimentato in un luogo.

Scegliete la squadra. Il giocatore deve essere sicuro di quello per cui gioca. Molti sono sicuri del diavolo. Il diavolo offre oro, fama, denaro, posizione e potere, che finiscono quando si lascia la terra. Le promesse di Gesù non sono tangibili, ma possono diventarlo se si ha fede in esse. Gesù agisce mentre voi andate a giocare il ruolo dalla sua parte. Non vi lascia e non vi abbandona mai. È lì per proteggervi. La Sua verità è che voi crediate.

2 Cronache 32:8a Con lui c'è un braccio di carne, ma con noi c'è il Signore, il nostro Dio, che ci aiuta e combatte le nostre battaglie.

Gesù si allena come noi giochiamo in guerra. Il diavolo ci istruisce per farci uccidere e distruggere.

2 Samuele 22:35 Egli insegna alle mie mani a fare la guerra, tanto che un arco d'acciaio viene spezzato dalle mie braccia.

Davide ha giocato sulla verità di Dio e ha conquistato la regalità di Israele. Anche voi potete fare del vostro meglio se lo permettete a Gesù. La guerra sarà una vittoria se si gioca dalla parte giusta.

Salmi 144:1 Un salmo di Davide. Sia benedetto l'Eterno, mia forza, che insegna alle mie mani a fare la guerra e alle mie dita a combattere.

Scegliete da che parte volete vincere il trofeo, e la verità prevarrà contro il falso. Il falso è il falso del diavolo che andrà all'inferno a bruciare in eterno. Questo è il destino di Satana. Dio lo ha creato per il diavolo e i suoi angeli. Il diavolo gioca sulla menzogna e sull'inganno, fa false promesse. Niente funziona. Il suo partito subisce la violenza, l'oscurità, la paura, la preoccupazione, la malattia, l'oppressione, la possessione e la fame, ma promette la grande corona.

Quando due parti sono in gioco, sembra che la verità stia perdendo, ma ricordate che sarà falsa se manterrete la fede. Giocate con tutto il cuore, confidando in Dio. La fine sarà una guerra per la vittoria, la bellezza per la cenere, la pace, la calma e la sicurezza e molto altro ancora.

Daniel ha giocato per la verità. Il gioco si è concluso con una grande sorpresa.

Daniele 6:2 e su questi tre presidenti, di cui Daniele era il primo, affinché i principi rendessero loro conto e il re non ne avesse alcun danno.

Giocate il ruolo del lato della verità. Sarete il top, per primi, e oltre. Vi favorirà nel complesso.

I giochi della vita sono reali. Non pensate mai che il partito del falso stia vincendo. Se state dalla parte del partito chiamato verità, avrete successo. La verità prevale.

Proverbio 12:19 Il labbro della verità è stabilito per sempre; una lingua bugiarda non è che per un momento.

Scegliere il partito è scegliere la destinazione. Quindi siate saggi. Scegliete la verità e non il falso. Il diavolo è il capo del partito falso. Scegliete il gioco il cui capo è Gesù e vincerete.

PREGHIAMO

Signore, Ti ringraziamo; tu sei vero e le Tue promesse sono vere. Ti chiediamo di darci la Tua saggezza per scegliere ciò che è autentico e non ciò che sembra giusto. Noi camminiamo per fede e non per vista. Il luogo può sembrare orribile. Vediamo leoni, fuoco e morte a portata di mano, ma se scegliamo e giochiamo il ruolo del partito chiamato verità, il cui leader è Gesù, finiremo per vincere. A prescindere da tutto, avremo la vittoria. Riceveremo la corona della giustizia. Saremo il top, il capo, il più in alto e il più favorito nel nome di Gesù. Amen! Dio vi benedica!

18 APRILE

PRENDETE LA LAMPADA E ACCENDETELA!

La Bibbia dice nel Salmo 119:105 La tua parola è una lampada per i miei piedi e una luce per il mio cammino.130 L'ingresso delle tue parole dà luce; dà comprensione ai semplici.

Le tenebre sono l'assenza di luce. Diventiamo luce nel mondo oscuro quando seguiamo Dio e obbediamo alla sua Parola. Abbiamo bisogno di luce quando non ce n'è. Camminando nelle tenebre di notte, non si sa in cosa ci si imbatte. Una signora ha vissuto per anni nella stessa casa, ha cercato di alzarsi per andare al buio, è inciampata e si è rotta l'anca. Anche se viveva in quella casa da anni, la luce non la confondeva. Allo stesso modo, se permettete alla Parola di Dio di entrare nella vostra vita, non inciamperete in una trappola o in un ostacolo di Satana. Il compito del diavolo è quello di distruggervi. Una volta che cadete dentro il suo fossato, non potrete più uscirne.

Questo è il momento in cui dobbiamo riconoscere l'oscurità. Una volta che si vive nell'oscurità abbastanza a lungo, diventa una consuetudine. Non lasciate che diventi un'abitudine. Cercate la lampada e la luce, perché la Bibbia è ancora disponibile. Una coppia di anziani ci ha testimoniato che eravamo soliti leggere la Bibbia senza sosta. C'era un tempo per la lettura della Bibbia di 24 ore o fino a quando non si completava la Bibbia. Lei ha detto che lo faceva, il che significa che non lo fa più. Dopo che le chiese sono state stregate, non leggono più la Bibbia. Che cosa è successo? Il diavolo ha rubato quando si sono addormentati. Le tenebre sono così diffuse che la gente si diverte a viverci dentro.

Un pastore ha detto che per avviare la chiesa è necessaria una licenza. Il requisito per la licenza è finire la Bibbia una volta. Mi ha scioccata. Non voglio che questo tipo di persona sia il mio pastore. So che nel mondo naturale ci sono Satana, gli angeli caduti e i demoni. Adorano i predicatori e gli insegnanti ignoranti sul pulpito. Se non ho la Parola di Dio come luce e lampada sul cammino, inciamperò, cadrò e sarò uccisa. Volete dei leader ciechi? Io no. Provate a guidare al buio. Vedete cosa succede. Ricordo di aver letto la storia vera di una nazione straniera. La gente usa la Bibbia aperta per far risplendere la luce. Ora, chi limita questo Dio illimitato? Chi interpreta questo Dio al proprio livello?

Si impedisce a Dio di risplendere nella famiglia. Vediamo che le tenebre portano divorzi, droghe, alcol, suicidi, omicidi e così via. Niente Parola di Dio, niente Luce! Il nostro Dio è la Luce. Le persone imparano l'85% attraverso il loro stile di vita. Potete portare la luce se applicate bene la Parola.

Isaia 60:19-20 Il sole non sarà più la tua luce di giorno e la luna non ti farà più luce per il suo splendore, ma il Signore sarà per te una luce eterna e il tuo Dio la tua gloria. Il tuo sole non tramonterà più e la tua luna non si ritirerà più, perché l'Eterno sarà la tua luce eterna e i giorni del tuo lutto saranno finiti.

Wow! Non c'è da stupirsi che Dio sia una parola e che la parola scritta di Dio sia la Bibbia. L'opera del diavolo si ferma alla luce, quindi liberatevi della Bibbia. La Bibbia è la luce della vostra vita. Lavorate per provvedere alla vostra bella famiglia. Desidera tutte le cose buone. Lavora e si tiene occupata. Cosa succede alla fine? Satana non vede nessuna luce, nessuna parola di Dio. La Bibbia prende polvere. Wow! Satana arriva e distrugge. Mamma e papà separati, alcol, adulterio, alcol, depressione, bugie e furti. State aprendo le porte di prigioni e carceri per i vostri figli. Seppellite la famiglia e i soldi vanno all'avvocato. Capite che la vita senza la Parola di Dio è come guidare un'auto nel buio pesto? State guidando la vostra vita al buio; i passeggeri sono i vostri familiari. Fate incidenti significativi e poi venite uccisi, derubati e distrutti.

Il leader degli Stati Uniti ha rimosso la luce dalla scuola. Niente lettura della Bibbia a scuola! Ottimo lavoro, diavolo! Mi sono chiesta: Daniele, Davide, Shadrac, Meshac e Abdenego sono nel Paese? Che cosa è successo? I falsi insegnanti insegnavano loro a obbedirgli come autorità e non a Dio. Sapete di essere stati stregati? Non credete a nessuna autorità che vi dica di obbedire al governo e ignorare il governo di Dio. Un falso insegnante e i falsi profeti vi stabiliranno attraverso la Parola di Dio. Permettete solo allo Spirito Santo e alla Sua Parola di condurvi, guidarvi e insegnarvi. Se obbediscono alla Parola di Dio, non vi insegneranno cose sbagliate. Obbedite al governo finché non ostacola voi e Dio. Guardate quello che ha detto Gesù.

Giovanni 8:12 Allora Gesù parlò loro di nuovo, dicendo: "Io sono la luce del mondo; chi segue me non camminerà nelle tenebre, ma avrà la luce della vita".

Seguite Gesù, non false chiese, organizzazioni, pastori, insegnanti o profeti.

Non permettendo la lettura della Bibbia, la gente si è smarrita nelle tenebre. L'autorità religiosa ha messo in bocca alla gente prove critiche su Dio. Ora le persone stanno andando alla deriva nelle tenebre, chiedendosi che cosa, perché e come uscirne. Certo, il leader si chiama sacerdote o pastore, e i sommi sacerdoti, i vescovi o i sovrintendenti sono pronti a uccidere Gesù. Essi ingannano le persone che li seguono. Pensateci due volte, non andate in nessuna chiesa che abbia un buon coro, una croce, studiosi di ebraico e leader con una laurea in teologia lunga una pagina. La luce di Gesù è assente. È pieno di tenebre.

Iniziate a leggere la Parola di Dio tutto il giorno e la notte. Le parole si manifesteranno nella vostra vita se crederete e ubbidirete. Vedrete che i passanti guariranno, saranno liberati, i ciechi vedranno, il cuore spezzato guarirà. Non permettete a nessuno di prendere il sopravvento e di fuorviare la vostra vita. Falsi insegnanti e profeti possono condurvi a un'oscurità più profonda. Aprite la Bibbia e iniziate a lasciare che la Parola di Dio illumini la vostra vita.

Amo questa Scrittura e l'ho memorizzata.

Giovanni 3:20 Perché chiunque fa il male odia la luce e non viene alla luce, per non essere rimproverato delle sue opere. 21 Ma chi fa la verità viene alla luce, affinché siano rese manifeste le sue opere, che sono state fatte in Dio.

La luce arriva quando pronuncio questa Scrittura e il diavolo scappa. È come se il sole splendesse in quel luogo. Provate; il diavolo fuggirà da voi. Il diavolo avrà mal di testa, emicrania e confusione. Satana cercherà di convincervi che siete pazzi, che non siete voi, è lui. Ricordate che la Parola di Dio è spada, luce e lampada.

Luce significa luminoso, chiaro, non oscuro o tenebroso; come il mattino è chiaro.

18 APRILE

Proverbi 6:23 Perché il comandamento è una lampada, la legge è una luce e i rimproveri dell'istruzione sono la via della vita.

Sbarazzarsi dei comandamenti e delle leggi di Dio e guardate cosa si vede in TV. Sembra che nessuno abbia la risposta. Tutti si sono smarriti nelle tenebre, giusto? I media, i programmi che trasmettono in TV e i leader che non hanno verità portano più caos e oscurità. Voi e la vostra nazione state andando alla deriva nelle tenebre.

La vita è come dipingere un quadro. Dipingete un po' alla volta e ogni giorno. Provate a dipingere la vostra vita alla luce della Parola di Dio. Essa risplenderà. I ritratti della vostra vita porteranno luce a questo mondo. Quale ritratto volete dipingere, un quadro senza parola o con la luce della Parola? Il quadro si illuminerà in ogni sua parte.

Salmi 97:11a la luce è seminata per i giusti.

Dio sarà la vostra luce mentre camminate nelle tenebre. Anche nella prova più ardua, Egli vi porterà avanti. Ricordiamo che anche Dio fece due luci all'inizio della creazione.

Genesi 1:16 Dio fece due grandi luci: la luce maggiore per governare il giorno e la luce minore per governare la notte; fece anche le stelle.

All'inizio della creazione, Dio creò due luci prima.

Genesi 1:2 La terra era senza forma, e il vuoto e le tenebre erano sulla faccia degli abissi. E lo Spirito di Dio si mosse sulla faccia delle acque. 3 E Dio disse: "Sia la luce"; e la luce fu. 4 E Dio vide che la luce era buona; e Dio divise la luce dalle tenebre. 5 E Dio chiamò la luce giorno, e le tenebre le chiamò notte. E la sera e il mattino furono i primi giorni.

PREGHIAMO

Signore, dona fame e sete della Tua parola. Essa non è solo cibo, ma anche spada, luce e lampada. Senza di essa, possiamo inciampare nell'inferno. Signore, illumina le nostre menti con la luce della Tua parola. Tu sei la Luce della Parola. Aiutaci a seguirTi con passione per raggiungere il luogo in cui vivi. Vogliamo che la nostra eternità sia in cielo, dove Gesù è la luce. Signore, seguiamo la Tua parola. Vogliamo essere luce per molti, perciò benedicici con la parola da vivere rispettivamente nel nome di Gesù. Amen! Dio vi benedica!

19 APRILE

LA RELIGIONE CONFONDE!

Ogni volta che si aggiunge o si sottrae all'originale, non è purezza e si chiama adulterio. Ecco perché Gesù ha detto di seguirLo. Si può partecipare a una riunione o la comunione con altri, ma il punto fondamentale è che dovete cercare Dio e assicurarvi di essere in linea con la Sua parola.

Tutti gli edifici con croci e persone che portano la Bibbia non li rendono cristiani. Stabilire diverse religioni che interpretano la Bibbia porta confusione. State creando un problema piuttosto che risolverlo. Concentrarsi sul motivo per cui Gesù è venuto sulla terra cambierà il vostro modo di pensare. Dio mi ha indirizzata a guardare la chiesa su Internet. Se lo Spirito Santo conduce il servizio, la distanza non dovrebbe essere un problema.

Qualche mese fa ho detto: "Signore, vorrei andare in chiesa". Ho pregato per una chiesa magnifica. Quella notte, Dio mi ha fatto sognare l'edificio di una chiesa e io ero dentro. Ho sentito lo spirito nell'edificio che frequentavo quando Mi trasferii in Texas. Ma non era lo stesso spirito.

Qualcuno mi ha detto di portarlo in servizio e io stavo cercando delle cose. Mi sono accorta di aver perso la borsa. Pensavo che ne avrei trovata una, visto che ero qui. Il servizio iniziava ogni momento nel sogno e in una frazione di secondo è stato interrotto. Continuò fino a sera. Non riuscivo ancora a trovare la borsa. Più tardi chiesi a una signora se poteva accompagnarmi a Wylie. Mi guardò e non rispose. Non riuscivo a capire se non parlasse la lingua o se non avesse capito quello che stavo dicendo. Ma per tutto il giorno in quell'edificio arrivarono persone di ogni nazionalità e colore, e un attimo dopo sparirono. Mi resi conto che non potevo tornare a casa perché non avevo né la macchina né le chiavi di casa per aprirla. Il mio sogno era finito.

Stavo riflettendo per capire il significato del sogno. Quella settimana ho cercato di capirlo. Dio mi ha fatto capire che la mia borsa era la mia identità. Se vado nelle chiese di oggi, perderò la mia identità. Ho capito che sarei diventata cattolica, battista, testimone di Geova, mormone, pentecostale o qualsiasi altra chiesa avessi frequentato, ma non cristiana. Il cristiano segue Gesù.

Dio ha detto che la vostra identità è scacciare i demoni, guarire i malati e predicare il Vangelo vivente. Guarire i cuori spezzati, aprire gli occhi dei ciechi, far camminare gli zoppi e far sentire i sordi. Ora, frequentando una chiesa come questa, perderete la vostra identità. Molte chiese vorrebbero controllarvi e non permettere allo Spirito Santo di finire il suo lavoro. In alcuni luoghi mi hanno impedito di fare ciò che Dio mi aveva chiesto di fare. Dio ha detto che avreste perso la vostra identità se foste andati nelle chiese di oggi. Non si tratta di edifici o di figure che stanno sul pulpito.

Devo attenermi a quella che frequento su internet. Dio mi ha svegliata una mattina e mi ha messo questa chiesa sul telefono. Lo ha fatto due volte. Mi ha svegliata alle 2 di notte per frequentare questa chiesa. Il pastore mi ha ministrato a distanza perché stava permettendo allo Spirito di Dio di fare il lavoro. Lo Spirito non ha distanze e lo Spirito sa tutto. Ho capito che Dio si preoccupa del benessere dell'anima. Ora so come le persone hanno perso la loro identità frequentando chiese di diverso nome stabilite dalla falsa dottrina. Finora tutte parlano di Gesù, ma il loro insegnamento differisce da quello di Gesù. Utilizzando la stessa Bibbia, aggiungono e sottraggono la parte che a loro piace o non piace.

La religione crea così tanta confusione che oggi sono più numerosi i crimini commessi nel mondo religioso dai leader religiosi. Ricordate, le autorità religiose che Gesù ha affrontato erano dei criminali. Hanno addestrato le persone a distruggere il Dio del cielo. Dio deve uscire dal tempio dividendo la cortina. I cosiddetti santi e le autorità ecclesiastiche sono pericolosi. Seguite il Signore Gesù!

Avere chiese e l'assenza della Sua presenza renderà le persone confuse. Gli uomini perderanno la speranza e la fede nel Signore. Le persone sono più ferite nella chiesa che nel mondo secolare. I gruppi religiosi, le denominazioni e i cosiddetti gruppi cristiani allontanano le persone dalla loro fede in Gesù.

Dio ha detto che non dobbiamo farci ingannare dalla formula di Satana attuale per essere salvati. Hanno promesse false. Se frequentate l'edificio chiamato chiesa, non avete altra scelta che seguirli, altrimenti si coalizzeranno contro di voi. Il Signore ha detto: "Fate quello che vi ho detto. Seguitemi. La gente saprà che siete miei seguaci grazie alla vostra identità indicata nella Bibbia".

Marco 16:17 E questi segni seguiranno quelli che credono: nel mio nome scacceranno i demoni; parleranno con lingue nuove; 18 prenderanno in mano i serpenti; e se berranno qualche cosa di mortale, non farà loro male; imporranno le mani ai malati e questi guariranno. 20 Poi partirono e predicarono dappertutto, mentre il Signore operava con loro e confermava la parola con segni successivi. Amen.

Luca 10:9 Guarisce i malati che vi si trovano e dice loro: "Il regno di Dio si avvicina a voi". 16 Chi ascolta voi ascolta me; e chi disprezza voi disprezza me; e chi disprezza me disprezza colui che mi ha mandato. 19 Ecco, io vi do il potere di calpestare i serpenti e gli scorpioni e tutta la potenza del nemico; e nulla vi potrà in alcun modo ferire. 17 E i settanta tornarono di nuovo con gioia, dicendo: "Signore, anche i demoni ci sono sottomessi per il tuo nome".

Dio voleva che rimanessi concentrata e non cercassi l'edificio dove non stava accadendo nulla. I miracoli, le guarigioni e le liberazioni avvengono al di fuori dell'edificio. Dobbiamo raggiungere i malati, gli indemoniati, i cuori spezzati, gli orfani, i poveri, le vedove e i bisognosi. Essi accetteranno il Vangelo. Frequentando l'edificio, che il Signore Gesù ha detto di negare, si perde l'identità del discepolo.

Sono felice che Dio mi abbia insegnato nel sogno. Il cristiano deve farsi notare. Quando Pietro e Giovanni guarirono lo zoppo, fu un miracolo evidente. Il sacerdote e il sommo sacerdote non volevano che pronunciassero il nome di Gesù.

La gente riconosceva l'identità dei discepoli di Gesù:

Atti 4:13 Ora, quando videro l'audacia di Pietro e Giovanni e compresero che erano uomini non istruiti e ignoranti, si meravigliarono e presero conoscenza di loro, che erano stati con Gesù.

La nostra identità è il nostro lavoro soprannaturale. La nostra identità sarà rubata dal diavolo, che ha creato chiese, denominazioni e organizzazioni con diversi nomi. Il loro compito è controllare voi e me. Ci pescano e ci mettono nei loro granai di marca. Fate attenzione ai ladri. A volte guardo i casi giudiziari e noto come i leader religiosi abbiano mantenuto le persone con uno spirito di perversione. Alcuni predicatori hanno la dottrina della prosperità. È la peggiore di tutte. La predicazione della prosperità ha reso i leader ricchi. Si comportano come re e regine.

Romani 16:18 Quelli che sono tali, infatti, non servono il Signore nostro Gesù Cristo, ma il proprio ventre e con belle parole e discorsi ingannano il cuore dei semplici.

Intorno a noi ci sono persone depresse, alcolizzate, possedute, confuse, ospedali pieni di malati, bambini che uccidono i genitori, genitori che molestano i figli, che uccidono moglie e figli, e oppresse. Perché? La frequentazione di chiese religiose li ha resi occupati. Le persone lavorano per l'agenda della chiesa per riempire il loro banco e non il Regno di Dio. Il Regno di Dio ha lo Spirito di Dio che opera attraverso di noi. Ha nove doni. Questi doni spirituali straordinari, spesso definiti "doni carismatici", sono la parola di saggezza, la parola di conoscenza, la fede avanzata, i doni di guarigione, il dono dei miracoli, la profezia, il discernimento degli spiriti, i diversi tipi di lingue e l'interpretazione delle lingue (fonte: wikipedia.org).

1 Corinzi 14:12 Anche voi, per quanto siate zelanti dei doni spirituali, cercate di eccellere per l'edificazione della chiesa.

Dio ha dato la Parola con il Suo Spirito. Non è per servire la nostra pancia e le nostre tasche. Egli aveva in mente malati, sofferenti, poveri, afflitti e bisognosi. Il Padre amava i suoi figli; ha rubato in carne e ossa per aiutarci. Portate avanti l'opera che ci è stata data come ha fatto Lui. Non seguite le cosiddette chiese, organizzazioni e denominazioni confuse. Leggete la Bibbia. In questa dispensazione voi e io dobbiamo dare ai poveri, alle vedove, agli ignudi e agli orfani e prenderci cura degli operai facendo ciò che ha fatto il Signore. La vostra benedizione si sprigionerà quando vi prenderete cura di queste persone e non farete diventare milionari i ladri frequentando le varie tane. Per favore, formate anche le persone a seguire Gesù! Dio vi benedica!

PREGHIAMO

Signore, hai scelto noi per lavorare per te. Desideriamo continuare la Tua opera nel mondo. Molti si perdono e vanno all'inferno. Dacci molti operai per fare la tua volontà. Aiutaci a portare il tuo peso. Aiutaci ad andare in giro a predicare il Vangelo e a svuotare l'inferno. È un Tuo incarico, Signore. Dacci audacia, coraggio e un cuore obbediente per portare avanti la Tua opera. Signore, fa' che la confusione religiosa scompaia nel nome di Gesù. Amen! Dio vi benedica!

20 APRILE

LA FINESTRA DEL CIELO!

Il cielo ha una finestra. In molti punti della Bibbia si parla della finestra del cielo. Dio apre la finestra per inviarci qualcosa. In casa o negli edifici, la finestra è l'apertura nella parete che permette di illuminare e di accedere all'interno e all'esterno. Vediamo alcuni esempi della finestra del cielo.

Genesi 7:11 Nel seicentesimo anno di vita di Noè, nel secondo mese, il diciassettesimo giorno del mese, nello stesso giorno furono interrotte tutte le sorgenti del grande abisso e furono aperte le cateratte del cielo. Chiudendo la finestra, Dio ha fermato la pioggia. Vedi in:

Genesi 8:2 Anche le sorgenti degli abissi e le cateratte del cielo furono fermate e la pioggia dal cielo fu trattenuta.

Dio mandò la pioggia per giorni aprendo le finestre. Dio compie un'opera potente e soprannaturale aprendo le finestre del cielo. Quando la terra fu corrotta dal peccato, Dio mandò una pioggia incessante e distrusse la terra e tutto ciò che conteneva. Ora capite che la pioggia era un potere soprannaturale di Dio Onnipotente. Non avete mai visto e non vedrete mai più il diluvio di Noè.

Dio apre la finestra per compiere un'azione sulla terra.

2 Re 7:2 Allora un signore, alla cui mano il re si appoggiava, rispose all'uomo di Dio e disse: "Ecco, se l'Eterno facesse delle finestre nel cielo, questo potrebbe essere?". Ed egli rispose: "Ecco, tu la vedrai con i tuoi occhi, ma non ne mangerai".

Secondo la Bibbia, il profeta o veggente vede e trasmette il messaggio di Dio. Un profeta è un uomo scelto da Dio per lavorare tra l'umanità e Dio. Dio mostra il piano a un profeta e il suo compito è di farcelo sapere. Che bello! Come ha detto il profeta, hanno calpestato quell'uomo per non aver creduto al profeta. Che tristezza! Avrebbe prosperato credendo in lui. Se fate ciò che il Signore vi ha chiesto, la finestra del cielo si aprirà per benedirvi.

Malachia 3:10 Portate tutte le decime nel magazzino, affinché ci sia cibo in casa mia, e mettetemi alla prova, dice il Signore degli eserciti, se non vi aprirò le cateratte del cielo e non vi spargerò una benedizione che non ci sarà spazio sufficiente per riceverla.

Le benedizioni di Dio entrano dalla finestra. La chiave per aprirla è nella vostra mano. Molti pensano: perché dare soldi agli operai di Dio? Per la dispensazione che stiamo vivendo, diamo all'operaio che segue il Signore Gesù.

Vi spiego perché.

Volete ricevere una benedizione in abbondanza, dove gli avanzi sono molto più di quanto avete dato? Vi piacerebbe che il 10% ricevesse così tanto che non c'è spazio per metterlo? Avete la chiave per aprire la finestra agendo sulla parola della profezia. Voi avete la chiave.

Non solo Dio tiene il distruttore lontano dal vostro giardino, dalla vostra banca, dalla vostra fattoria, dai vostri figli e da tutto ciò che vi appartiene.

Malachia 3: 11 Io rimprovererò il divoratore per il vostro bene, ed egli non distruggerà i frutti del vostro suolo, né la vostra vite getterà i suoi frutti prima del tempo nel campo, dice il Signore degli eserciti. 12 E tutte le nazioni vi chiameranno benedetti, perché sarete un paese delizioso, dice il Signore degli eserciti.

Vi interessa la protezione gratuita oppure no? La chiave sta nella vostra azione per aprire la finestra del cielo alle benedizioni. Voglio vivere nell'abbondanza e non mancare mai. Tutto sta nell'obbedire e nel credere. Ricordate a chi credete. Seguendo la Parola avrete molto di più.

Non tenete la finestra chiusa. Mi piacerebbe che Dio compiesse il soprannaturale tenendo la finestra aperta. Sì, il Signore ha tenuto la finestra aperta alla pioggia per quaranta giorni e notti. Ogni volta che prego, Dio apre la finestra perché gli Angeli escano a portarmi le benedizioni. È il modo di vivere credendo, obbedendo e mettendo in pratica la parola.

L'idea di Dio non è quella di tenere la finestra chiusa, ma è la nostra. Dio ci ha mostrato che ha tutto ciò che volete, desiderate e vi piace, ma voi possedete la chiave. Usatela per aprire la finestra. Gesù può aprirla e mandarvi la buona notizia. Chiedete a Dio di trasmettere molte visioni e sogni. È tutto nelle vostre mani, poiché Dio vive in voi. È il paradiso in terra se obbedite.

Giacomo 1:17 Ogni dono buono e ogni dono perfetto viene dall'alto e discende dal Padre delle luci, presso il quale non c'è variabilità né ombra di mutamento.

Volete che la finestra del cielo sia aperta per i regali?

Giacomo 1:22 Ma siate facitori della parola e non uditori soltanto, ingannando voi stessi. 23 Infatti, se uno ascolta laparola e non la mette in pratica, è simile a un uomo che guarda la sua faccia naturale in un vetro: 24 perché vede se stesso, se ne va per la sua strada e subito dimentica che tipo di uomo era.

Siate uomini che agiscono e non predicatori o pastori. Vi state ingannando da soli. Ricordate che Dio non ha l'Alzheimer. Lui sa già chi e cosa siete, voi no. Mi dispiace, quando si mente o si inganna, si danneggia se stessi e nessun altro. Dio è un grande Dio e vede, sa e fa tutto. Un giorno aprirà la finestra ed ecco che arriverà il giudizio come al tempo di Noè. Dio aprì la finestra nel giorno del giudizio e mandò la pioggia per curare tutti gli ingannatori, i bugiardi e i malvagi. L'acqua li seppellì insieme ai loro figli. Chi ha causato la calamità? Le persone che si rifiutarono di obbedire e nessun altro! Potete trasformare il vostro giudizio in una benedizione prima che apra la finestra.

Pentitevi e dite: "Signore, voglio fare pace prima di lasciare questa terra". Se avete cercato di attirare un'altra donna per stringerla a voi, chiedete scusa al Signore. Potreste dire che nessuno stava guardando in macchina, ma il Signore ha visto. Siete così ciechi? Quando vostra moglie è in viaggio o fuori casa, cercate di approfittare della donna che vive sotto lo stesso tetto. Fate la pace con Dio. La vostra posizione non vi aiuterà, perché tutti quelli che ingannate e a cui mentite sono come voi. Loro possono essere ingannati, ma non Dio. Il Signore ha visto e si è ricordato. Sperate prima che il giudizio vi colga; fate la pace con Dio. Non stupitevi nel giorno in cui sarete calpestati, il diluvio o il fuoco verranno su di voi. Griderete aiuto, ma non ci sarà rimedio. Non rifugiatevi o nascondetevi sotto il titolo di pastore, l'anello al dito, la moglie, il titolo di evangelista o di santo. Affrontate la realtà e mettetevi d'accordo con il Creatore. L'inferno è caldo e non c'è via d'uscita. Dio è misericordioso per aver fatto scorrere il Suo sangue e aver dato lo Spirito di pentimento.

Dio ha aperto la finestra del cielo per i credenti pentiti e per chi mette in pratica la Parola. Il Signore ha Angeli per aiutarvi, un'arca per salvarvi, per proteggervi dal male e dal pericolo. Che il Signore apra la finestra del cielo per la rettitudine, per salvarci dalla povertà, dall'oppressione, dalla depressione e dal giudizio. Dio vi benedica!

PREGHIAMO

Signore dall'alto dei cieli, ascolta la nostra preghiera e fa' di noi degli apritori di finestre per le benedizioni. Ti ringraziamo per averci dato la chiave della Tua Parola. Tutte le promesse possono essere liberate se osserviamo la Tua Parola. Ti prego di aiutarci a essere chi attua la Parola e non chi la ascolta. Quindi, Signore, ti prego di aprire la Tua finestra, di vedere la nostra situazione e di mandare il Tuo aiuto soprannaturale, la Tua guarigione, la Tua liberazione e la Tua protezione dall'alto, nel nome di Gesù. Amen! Dio vi benedica!

21 APRILE

NON PECCATE PIÙ!

La Bibbia parla delle conseguenze dei peccati. Il peccato è il nemico distruttivo più mortale che abbiamo.

Gesù guarì l'uomo e gli disse: "Non peccare più o la cosa peggiore potrà accadere a te". Oggi, nessuno vuole confrontarsi con il fatto che il proprio peccato gli ha procurato le cose peggiori. Le scienze mediche non sono in grado di curarlo. Gesù disse: "Il tuo peccato è la causa delle tue malattie". Gesù è il vostro rimedio: "Posso perdonare se vi confessate e vi pentite. Ho il mio sangue, che laverà i peccati se entrerete nell'acqua nel mio nome".

Prego per molte persone. Alcune ricevono la guarigione. Alcuni sono così malati e non vedono mai la necessità di pentirsi. Credono di essere santi perché frequentano la chiesa. Ho visto molte persone andare sotto l'acqua per essere battezzate nel nome di Gesù, guarite da malattie e liberate da droghe, alcol, sigarette, adulterio ecc. La Bibbia dice nella Sua Parola:

Giovanni 8:11 Ella disse: "Nessuno, Signore". E Gesù le disse: "Neppure io ti condanno; va' e non peccare più"
.
Dio la salvò da avversari che stavano per ucciderla. Invece di giudicarla, Gesù le disse di non peccare più.

Giovanni 5:5 C'era lì un certo uomo che aveva un'infermità da trentotto anni. 6 Quando Gesù lo vide giacere e seppe che era da molto tempo in quella condizione, gli disse: "Vuoi essere guarito? 7 L'impotente gli rispose: "Signore, quando l'acqua è agitata non ho nessuno che mi metta nella piscina; ma mentre vengo, un altro scende davanti a me". 8 Gesù gli disse: "Alzati, prendi il tuo letto e cammina". 9 E subito l'uomo fu ristabilito, prese il suo letto e camminò; in quello stesso giorno era il sabato.

Il Signore guarì un uomo che era malato da trentotto anni. Il Signore Gesù lo avvertì.

14 Poi Gesù lo trovò nel tempio e gli disse: "Ecco, sei guarito; non peccare più, perché non ti capiti una cosa peggiore".

Gesù dice all'uomo e a noi: "Non peccare, perché io ti ho reso integro". Gesù spiega che la causa della malattia era un peccato.

Molti cristiani sostengono la medicina e lodano la conoscenza dei medici. Questo dimostra la mancanza di verità. È difficile dire: "Signore, sono un bugiardo, un ingannatore, un imbroglione e un adultero? Confesso che in mia presenza tutto crolla. Sono il grande pettegolo, il malvagio, l'alcolizzato, l'egoista, la prostituta, l'avido e chi più ne ha più ne metta. Ti prego, perdonami e aiutami a liberarmi. Sono stanco delle mie malattie".

Luca 7:48 E le disse: "I tuoi peccati sono perdonati".

50 E disse alla donna: "La tua fede ti ha salvato; va' in pace".

Il peccato le procurò angoscia, agonia e confusione, ma il Signore la perdonò e le diede pace. Ricordate che il peccato si lega a Satana. Il suo compito è quello di lavorare contro l'anima, il corpo e lo spirito. Lode a Dio che abbiamo il rimedio per i peccati. Adamo ed Eva morirono senza rimedio. Dio li avvertì il giorno in cui mangiarono: significava disobbedire, morire. Intendeva la morte eterna all'inferno, dato che vissero a lungo dopo aver peccato.

Giacomo 5:14 C'è qualche malato tra voi? Chiami gli anziani della chiesa e preghino su di lui, ungendolo con olio nel nome del Signore; 15 la preghiera della fede salverà il malato e il Signore lo risusciterà; e se ha commesso dei peccati, gli saranno perdonati. 16 Confessate le vostre colpe gli uni agli altri e pregate gli uni per gli altri, affinché possiate essere guariti. La preghiera efficace e fervente di un uomo giusto produce molto.

Il Dio misericordioso sa quanto sia terribile il peccato. Il peccato è disgustoso e terribile! I peccatori vi facciano un favore, si pentano e dicano: "Signore, sono un peccatore, perdona il mio peccato". La vostra lingua può aiutarvi a dire la verità. Mettete dell'olio santo sulla vostra lingua bugiarda e ingannevole. Una volta, parlando con qualcuno, mi confessò che non ero riuscita a raggiungerli. Sono malvagi. La loro lingua è ingannevole e litigiosa. Bugiardi, fate attenzione: siete pericolosi per voi stessi.

Nessuno, se non voi stessi! Il peccato vi farà venire il diabete, l'alta pressione sanguigna, il cancro e molte malattie e disturbi fisici, mentali ed emotivi.

Una volontà umile si pente e confessa, ma non l'orgoglio.

Salmi 25:18 Guarda alla mia afflizione e al mio dolore e perdona tutti i miei peccati.

Alcuni sono bugiardi e ingannatori di professione. Sono sempre malati, ma vanno in chiesa ogni domenica. Cosa succede se diventano seri e dicono: "Signore, ti prego, liberami dalla mia falsità, dalle mie bugie e dai miei peccati? Desidero essere sano e integro"? Se vi pentite dei vostri peccati, Gesù vi assicurerà il perdono e vi darà la pace. Per favore, scegliete di pentirvi delle vostre colpe. Invece, continuate a essere bugiardi, a coprire e a vivere nel peccato. Non c'è rimedio per voi. State ingannando tutti intorno a voi e voi stessi andando in chiesa e mantenendo una posizione.

2 Pietro 2:20 Se infatti, dopo essersi sottratti alle polluzioni del mondo mediante la conoscenza del Signore e Salvatore Gesù Cristo, vi sono di nuovo impigliati e ne sono vinti, l'ultima fine è per loro peggiore del principio. 21 Infatti, sarebbe stato meglio per loro non aver conosciuto la via della giustizia che, dopo averla conosciuta, allontanarsi dal santo comandamento che è stato loro consegnato. 22 Ma è accaduto loro secondo il vero proverbio: "Il cane torna al suo vomito e la scrofa che è stata lavata torna a sguazzare nel pantano".

Ascoltate Dio e pentitevi. Una delle Sue tante promesse è la guarigione. Quanto è facile inginocchiarsi e chiedere perdono. Quando lo riceverete, vi sentirete più leggeri. Vi alzerete e vivrete serenamente. E ora non peccherete più!

Non combattete contro la verità, ma per la verità. Se lo farete, porterete molti alla croce e molti all'altare del pentimento. Vedendo il cambiamento in voi, crederanno in Dio. Le persone vedranno quanto siete diventati forti, sani e come siete cambiati. Vivendo nel tempo della fine, ho notato che il peccato è sempre meno predicato contro. Tutti hanno peccato, si sono pentiti e sono stati battezzati per lavare i loro peccati.

Salmo 107:20 Ha inviato la sua parola, li ha guariti e li ha liberati dalle loro distruzioni.

Non peccare più! Dio ha istruito i "fare" e i "non fare" nel Suo manuale di vita chiamato Bibbia. Apritela e leggete.

Salmi 103:3 che perdona tutte le tue iniquità, che guarisce tutte le tue malattie.

PREGHIAMO

Signore ti ringraziamo per essere così meraviglioso, pur sapendo che siamo peccatori salvati dalla Tua grazia. Ci hai salvati versando il Tuo sangue, che ha vita, e dando te stesso a noi. I miei peccati sono stati lavati via nell'acqua nel nome di Gesù. Sono sempre grata per il perdono dei peccati e per la guarigione delle malattie causate dai peccati. Signore, c'è voluto tanto per pagare il prezzo. Hai preso trentanove frustate per ogni malattia causata dai peccati. Guarisco sempre quando confesso i miei peccati e mi pento. Signore, benedicimi per rimanere umile e pentirmi nel nome di Gesù. Amen! Dio vi benedica!

22 APRILE

IL MINISTERO È LÀ FUORI!

Da quando ho ricevuto lo Spirito Santo, sono avvenuti cambiamenti significativi nella mia vita.

Atti 1:8 Ma voi riceverete potenza, dopo che lo Spirito Santo sarà sceso su di voi; e mi sarete testimoni a Gerusalemme, in Giudea, in Samaria e fino all'estremità della terra.

Nel mio lavoro ho amministrato i colleghi. Dopo averli guariti, se ricevevano la guarigione o la liberazione, parlavo loro del Vangelo. Il Vangelo è la morte, la sepoltura e la risurrezione di Gesù. Ciò significa che dobbiamo pentirci di tutti i peccati per cambiare il nostro pensiero con l'azione. Il secondo passo è quello di immergersi nel Battesimo d'acqua nel nome di Gesù per ricevere la remissione o il perdono dei nostri peccati. Usciamo dall'acqua parlando in nuove lingue ricevendo il Suo Spirito. È il battesimo dello Spirito o dello Spirito Santo.

Al lavoro avevo una preziosa amica di nome Lena. Nel 2000 ero molto malata. Un giorno la mia amica mi chiamò e mi disse che anche lei era malata e aveva subito un intervento chirurgico. All'inizio della nostra amicizia, rifiutò il Vangelo e mi disse: "Non voglio la tua Bibbia o le tue preghiere; ho il mio Dio". Non mi ha ferita, ma ogni volta che si lamentava della malattia, mi offrivo di pregare. Lei diceva sempre: "No".

Ma un giorno ebbe un dolore insopportabile alla schiena e all'improvviso un dolore al ginocchio. Era un male più forte di quello alla schiena. Si lamentò e io chiesi se potevo pregare per lei. Lei mi ha risposto: "Fai tutto quello che serve". Ho colto l'occasione per insegnarle come combattere questo dolore nel Nome del Signore Gesù. Il male era insopportabile, così ha iniziato a rimproverare il dolore nel Nome di Gesù. Esso se ne andò all'istante. Tuttavia, questa guarigione non ha cambiato il suo cuore. Dio usa l'afflizione e i problemi per ammorbidire il nostro cuore. È il bastone della correzione che usa per i suoi figli.

Un giorno del 2000, Lena mi chiamò piangendo dicendo che aveva un grosso taglio sul collo, molto doloroso. Mi pregò di pregare. Fui più che felice di pregare per la mia cara amica. Lei continuava a chiamarmi ogni ora per avere conforto e mi chiedeva: "Puoi venire a casa mia a pregare?". Quel pomeriggio ricevette una telefonata in cui le veniva comunicato che le avevano diagnosticato un cancro alla tiroide. Ha pianto molto e quando sua madre ha saputo che sua figlia aveva il cancro, è crollata. Linda era divorziata e aveva un figlio piccolo.

Ha insistito perché venissi a pregare per lei. Sentendo questa notizia, anch'io rimasi ferita. Ho cercato qualcuno che mi accompagnasse a casa sua per pregare su di lei. Lode a Dio, se c'è una volontà, c'è un modo. La mia compagna di preghiera venne dal lavoro e mi portò a casa sua. Lena, sua madre e suo figlio erano seduti e piangevano. Abbiamo pregato. La prima volta che l'ho fatto, ho sentito un piccolo movimento dello spirito; tuttavia, credevo che Dio avrebbe fatto qualcosa. Mi offrii di pregare di nuovo. Lei disse: "Sì, prega tutta la notte; non mi dispiacerà". Mentre pregavo per la seconda volta, ho visto una luce radiosa provenire dalla porta, anche se questa era chiusa e i miei occhi anche. Ho visto Gesù entrare da quella porta e volevo aprire gli occhi, ma il Signore mi ha detto: "Continua a pregare".

Quando finimmo di pregare, Linda sorrise. Non riuscivo a capire la causa del cambiamento del suo volto. Le chiesi: "Che cosa è successo?". Lei disse: "Liz, Gesù è il vero Dio". Le dissi: "Sì, te l'ho detto negli ultimi dieci anni, ma voglio sapere cosa è successo". Lei disse: "Il mio dolore è completamente scomparso. Per favore, dammi l'indirizzo della chiesa. Voglio essere battezzata". Lena accettò di fare uno studio biblico con me. In seguito, fu battezzata. Gesù ha usato questa afflizione per attirare la sua attenzione.

Lode a Dio! Per favore, non abbandonate il vostro caro. Continuate a pregare giorno e notte. Un giorno, Gesù risponderà se noi non ci arrendiamo.

Galati 6:9 E non stanchiamoci nel fare bene, perché a suo tempo raccoglieremo, se non ci stanchiamo.

Lena mi chiamò sul letto di morte di sua madre per farle visita in ospedale. Ha spinto la mia sedia a rotelle nella sua stanza d'ospedale. Quando abbiamo assistito la mamma, lei si è pentita e ha gridato al Signore Gesù per ottenere il perdono. Il giorno dopo, la sua voce era completamente scomparsa e il terzo giorno morì. Ora la mia amica Linda è una buona cristiana. Lode al Signore!

Una collega, Jenny, originaria del Vietnam, era una donna dolcissima. Aveva sempre un bellissimo spirito. Un giorno era malata e le chiesi se potevo pregare per lei. Lei accettò subito la mia offerta. Ho pregato e lei è guarita. Il giorno dopo mi disse: "Se non è troppo disturbo, prega per mio padre". Egli era stato costantemente malato negli ultimi mesi. Le dissi che ero più che felice di pregare per lui. Gesù, nella sua misericordia, lo toccò e lo guarì.

Qualche settimana dopo vidi Jenny, che era malata. Mi sono offerta di pregare di nuovo. Lei mi rispose: "Non prenderti la briga di pregare per me"; tuttavia, il suo amico che lavora come meccanico in un altro turno aveva bisogno di preghiere. Non riusciva a dormire né di giorno né di notte; questa malattia si chiama Insonnia Fatale. Ha continuato a darmi informazioni ed era molto preoccupata per questo signore. Il medico gli aveva somministrato dosi massicce di medicinali, ma niente lo aiutava. Ho detto: "Sono più che felice di pregare".

Ogni sera, dopo il lavoro, pregavo per quasi un'ora e mezza per tutte le richieste di preghiera e per me stessa. Mentre pregavo per quest'uomo, ho notato che non dormivo profondamente. All'improvviso sentivo un battito di mani nell'orecchio o un rumore forte che mi svegliava. Quasi ogni notte da quando avevo pregato per lui. Alcuni giorni dopo, mentre digiunavo, tornai a casa dalla chiesa e mi sdraiai nel mio letto.

Poi, all'improvviso, con mia grande sorpresa, qualcosa passò attraverso il muro sopra la mia testa ed entrò nella mia stanza. Grazie a Dio per lo Spirito Santo. Immediatamente lo Spirito Santo parlò attraverso la mia bocca: "Ti lego nel nome di Gesù". Sapevo nello spirito che avevo trovato qualcosa e ho spezzato il potere nel nome di Gesù.

Matteo 18:18 In verità vi dico: tutto ciò che legherete sulla terra sarà legato in cielo; e tutto ciò che scioglierete sulla terra sarà sciolto in cielo.

Non sapevo cosa fosse, ma più tardi, mentre lavoravo, lo Spirito Santo ha iniziato a rivelarmi quello che era successo. Allora ho capito che i demoni controllavano questo meccanico e non lo facevano dormire. Ho chiesto alla mia amica di informarsi sulle condizioni di sonno del suo amico. Più tardi, Jenny è tornata nella mia area di lavoro con il meccanico. Mi disse che stava dormendo bene e voleva ringraziarmi. Le dissi: "Per favore, ringrazia Gesù. È Lui che ti ha liberato". In seguito, gli ho dato una Bibbia bilingue cinese/inglese e gli ho chiesto di leggere e pregare ogni giorno.

Ci sono state molte persone che si sono convertite a Gesù durante il mio lavoro. È stato un grande momento per me per testimoniare diverse nazionalità.

Salmo 35:18 Ti renderò grazie nella grande assemblea: Ti loderò in mezzo a molti popoli.

PREGHIAMO

Padre celeste, nostro Signore e salvatore, ci rivolgiamo a Te in preghiera. Ti preghiamo di ungerci con lo Spirito Santo e la forza. Vogliamo che tu ci conduca alle persone bisognose, disagiate, malate, afflitte e depresse, per aiutarle. Che il nostro piano sia il Tuo piano per condurre molti alla croce. Il nostro Dio è un vero Dio e compie molte opere meravigliose, e anche noi possiamo farlo, se lo seguiamo. Benedici il nostro lavoro e usaci per darti tutta la gloria e l'onore nel nome di Gesù. Amen! Dio vi benedica!

23 APRILE

TRAFFICO DI ANIME!

Che cos'è la tratta? Tratta significa commercio, affare e scambio tra paesi o luoghi diversi.

Il diavolo sta trafficando la vostra anima perché il suo lavoro è uccidere, rubare e distruggere. Il diavolo è chiamato bugiardo e padre della menzogna. La menzogna ha influenzato qualsiasi suo prodotto.

Giovanni 8:44 Voi siete del diavolo, vostro padre, e le voglie del padre vostro le farete. Egli era un omicida fin dal principio e non dimorava nella verità, perché in lui non c'è verità. Quando dice una menzogna, la dice di suo pugno, perché è bugiardo e ne è il padre.

Dovete imparare a conoscere questo diavolo; è molto ambizioso. Esso desidera distruggere la sposa di Dio. Ci siamo pentiti, abbiamo battezzato il nome di Gesù in acqua e siamo stati riempiti del Suo Spirito. Pronunciare il nome di Gesù nel battesimo d'acqua porta il sangue dell'agnello a revocare i nostri peccati. Il diavolo viveva in cielo. Il cielo era il precedente indirizzo di Satana. Ma si è corrotto con la menzogna. Dio lo ha spinto fuori. Il diavolo sa cosa c'è lassù in cielo.

La Bibbia dice: Giacomo 2:19 Tu credi che c'è un solo Dio e fai bene; anche i diavoli credono e tremano.

La verità rende nervoso il diavolo. A lui non importa se fate tutti i miracoli, le guarigioni e le operazioni dei doni dello spirito, ma non parlate della verità.

Giovanni 8:31 Allora Gesù disse a quei Giudei che avevano creduto in lui: "Se rimanete nella mia parola, siete davvero miei discepoli". 32 Conoscerete la verità e la verità vi farà liberi.

La freccia di Satana è puntata sulla verità. Il diavolo desidera confondervi per colpire la verità. Tuttavia, egli sta trafficando la sposa di Dio ingannando e mentendo. Ricordate sempre di dipendere dallo Spirito Santo. Una volta conosciuta la verità, non lasciate che nessuno vi dica il contrario. Ricordate che Gesù, Giovanni Battista, Pietro e molti altri sono morti per la verità. Se fossero scesi a compromessi, sarebbero stati multimilionari o miliardari, mentre il diavolo mostrava a Gesù tutta la gloria che aveva promesso di dare. La rettitudine non permetteva al diavolo di trafficare l'anima. Satana era in cielo; era un cherubino unto.

Isaia 14:12 Come sei caduto dal cielo, o Lucifero, figlio del mattino! Come sei ridotto a terra, che hai indebolito le nazioni! 13 Poiché hai detto in cuor tuo: "Salirò in cielo, esalterò il mio trono sopra le stelle di Dio: Mi siederò anche sul monte del convegno, ai lati del monte del Paradiso: 14 Salirò al di sopra dell'altezza delle nubi, sarò come l'Altissimo. 15 Ma tu sarai portato all'inferno, ai lati della fossa.

23 APRILE

Stella significa Angeli nella Bibbia. Il diavolo desidera trafficare la vostra anima, vuole rapirvi. Ha fatto questo lavoro per secoli, quindi è un esperto. Cercate la verità da soli. Tutte le parole di Dio hanno bisogno di una rivelazione. Essa si ottiene solo con lo Spirito di Dio e non con la carne e il sangue. Non è necessario essere un teologo per conoscere la verità, ma lasciare che lo Spirito di Dio vi insegni. Lo Spirito Santo ha scritto la Parola di Dio. C'è un solo spirito e Dio è questo spirito.

1 Giovanni 2:20 Ma voi avete un'unzione dal Santo e conoscete ogni cosa. 27 Ma l'unzione che avete ricevuto da lui rimane in voi e non avete bisogno che alcuno vi insegni; ma come la stessa unzione vi insegna ogni cosa, ed è verità e non è menzogna, così come vi ha insegnato, voi rimarrete in lui.

Quando ero molto malata, non potevo fare molto se non digiunare e pregare. Una volta mi sono vista camminare all'inferno ed esso ha tremato mentre camminavo. Satana teme la verità! La chiave è sapere chi è Gesù. Il diavolo trema perché l'inferno non può prevalere contro la rivelazione di Geova Dio nella carne di Gesù. Se avete una rivelazione di Gesù, potete costruire la vostra chiesa sulla roccia. La roccia è la rivelazione dell'identità di Gesù. Io ho questa chiave. La sua idea ha agito contro Adamo ed Eva e ha portato la maledizione all'umanità. Il diavolo ha impedito l'accesso al sangue, che è il rimedio per i peccati. Qual era il piano di Satana per non ricevere la remissione dei peccati? Il diavolo ha cambiato il battesimo nel nome di Gesù e ha modificato il titolo in Padre, Figlio e Spirito Santo. Il sangue si è nascosto sotto il nome di Gesù. Quanto è connivente il diavolo? Mentre tentava Gesù, il diavolo ha citato tutte le Scritture. Il diavolo è un esperto nel contorcere e rigirare le cose.

1 Giovanni 4:1 Amati, non credete a ogni spirito, ma provate gli spiriti se sono da Dio; perché molti falsi profeti sono usciti nel mondo.

Dopo aver rivelato l'identità di Gesù, il Signore si è servito di Paolo e Pietro. Non è necessario sapere chi è Gesù come autorità o leader religioso.

1 Pietro 5:8 Siate sobri, vigilate, perché il vostro avversario, il diavolo, come un leone ruggente, va in giro cercando chi divorare.

Satana è come un ruggito, ma Gesù è un leone. Una volta ho visto un grosso leone entrare nel mio giardino e sedersi sull'erba il giorno di Halloween. Il Signore ha protetto Daniele dai leoni e fa lo stesso anche oggi. Ricordate che Gesù è lo stesso ieri, oggi e in eterno. Non avrete preoccupazioni se vi baserete sulla verità. Egli è un aiuto potente nei momenti di difficoltà; non vi abbandonerà mai. Il nostro corpo è la chiesa 24 ore su 24, sette giorni su sette, ed è l'edificio fatto da Dio.

Abbiamo perso i nostri diritti disobbedendo a Dio. Geova, manifestatosi nella carne di Gesù, ha acquistato i nostri diritti versando il suo sangue senza peccato. Non pensate mai di appartenere al diavolo. Diventate violenti con Satana e riprendetevi la vostra anima, i vostri figli, la vostra città e il vostro governo. Riprendetevi tutto ciò che egli sta uccidendo, rubando e distruggendo.

Predicate la verità, poiché il diavolo ha molte scuole superiori per formare falsi insegnanti e profeti. Anche il diavolo sta preparando il suo esercito! Ho provato alcune volte ad andare all'università di teologia, ma ogni volta il Signore mi ha fermata. Aprite la Bibbia e studiatela. Lo Spirito Santo vi insegnerà la verità. Cercate la chiave che i falsi insegnanti e profeti rubano.

Ho lavorato con un potente uomo di Dio. L'ho visto compiere un grande miracolo, una guarigione e una liberazione. Mi disse: "Sorella, ricordati che c'è un solo Dio e che la conoscenza arriva solo per rivelazione". Io avevo già una rivelazione di Geova in Gesù. La carne e il sangue o la facoltà di teologia non possono insegnare chi è Gesù. La verità non è ovvia, ma nascosta. Cercate la verità per proteggere la vostra anima dal diavolo.

Matteo 25:41 Poi dirà anche a quelli della sinistra: "Andate via da me, maledetti, nel fuoco eterno, preparato per il diavolo e i suoi angeli".

Il nuovo indirizzo di Satana sarà l'inferno. Cercate, chiedete e bussate, pregate e digiunate per scoprire questa verità. Nessuno può dare rivelazioni se non lo Spirito di Dio. C'è un solo Spirito di Dio; lasciate che lo Spirito della verità vi insegni e vi guidi. Mi interessa la verità, non le chiese, le posizioni o i titoli di studio. Amo la verità e non voglio altro che la verità. Il mio incarico da parte di Gesù è di guarire i malati, scacciare i demoni e curare i cuori spezzati.

Se ho la verità, Gesù farà il resto. Gesù scaccerà i demoni, farà camminare gli zoppi e vedere i ciechi, e farà attraverso di voi un miracolo più grande di quello che ha fatto. Il diavolo giocherà con la vostra brama di occhi, di carne e di orgoglio. Satana vi butterà fuori con il vostro consenso. È un esperto e ha fatto un ottimo lavoro per generazioni.

Mentre scacciava un demone, disse che stavano cantando nel coro. Ascolta il messaggio di ventitré minuti all'inferno su YouTube. Il diavolo si prende gioco dei falsi insegnanti e dei profeti all'inferno. Ha molte croci a cui appendere chi ha lavorato per lui. L'inferno è reale. Solo la verità ha il potere di rendervi liberi. Continuate a leggere il libro degli Atti. Fate del paradiso il vostro destino eterno amando, insegnando e predicando la verità. Non lasciate che l'ingannatore del diavolo traffichi la vostra anima. Siete la sposa di Dio, acquistata dal Suo sangue e sigillata dal Suo prezioso Spirito Santo. Dio vi benedica!

PREGHIAMO

Dio Onnipotente, Re di tutti i Re e Signore di tutti i Signori, ti ringraziamo per la Tua Parola. Ti ringraziamo per l'aiuto del Tuo Spirito. Aiutaci in questi giorni e tempi. Rendici vigili e sobri per sfuggire al diavolo trafficatore di molte anime. Nessuno dei prodotti del diavolo è buono. Egli ruba, uccide e distrugge ciò per cui Dio ha un progetto. Solo la verità può renderci liberi. Benedicici con la verità. Siamo solo di passaggio. La nostra temporanea dimora sulla terra brucerà presto, perciò donaci saggezza, conoscenza e verità per proteggere le nostre anime nel nome di Gesù. Amen! Dio vi benedica!

24 APRILE

NON L'ATTACCO ESTERNO, MA QUELLO INTERNO VI DISTRUGGERÀ!

Potete scappare dagli attacchi esterni, ma le persone che pensate vi siano vicine possono attaccarvi e distruggervi.

Ricordate che Giuda non era un estraneo. Giuda era un discepolo ed era stato addestrato dal Signore. Ha tradito il Signore! Il vostro corpo può combattere l'attacco esterno, ma la malattia interna può indebolirvi. L'attacco interiore è mortale. La famiglia sarà distrutta se non vive in armonia e unità.

Il diavolo interpreta male la formula della Bibbia per corrompere. Il diavolo aggiunge e sottrae nella Parola. Fate attenzione ai falsi insegnanti e profeti e alle versioni corrotte della Bibbia. Il diavolo non scherza. Perché Gesù ha pregato? Per darci un esempio di come vincere la carne.

Giovanni 13:15 Perché vi ho dato un esempio, affinché facciate come io ho fatto a voi.

1 Pietro 2:21 A questo siete stati chiamati, perché anche Cristo ha sofferto per noi, lasciandoci un esempio, affinché seguiate i suoi passi.

Dio è venuto in carne e ossa per lasciare un esempio. Che meraviglia! Abbiamo un esempio da seguire, quindi lo superiamo. Fate quello che ha detto il Signore e smettete di seguire denominazioni e non denominazioni. Il compito del diavolo è quello di dividere, rubare, uccidere e distruggere l'opera del Signore. Egli è contro Dio e i Suoi piani. Il diavolo sa che il suo tempo è vicino.

Apocalisse 12:12 Rallegratevi dunque, voi dei cieli e voi che abitate in essi. Guai agli abitanti della terra e del mare, perché il diavolo è sceso su di voi con grande ira, perché sa di avere poco tempo a disposizione.

Satana è sceso con la sua squadra di un terzo di angeli. L'arcangelo Gabriele ha un terzo, Michele anche e gli angeli di Lucifero lavorano per un terzo sotto ciascuno degli arcangeli. Quando il diavolo è caduto nel peccato, ha corrotto gli angeli che lavoravano sotto di lui. Grazie a Dio, Dio ha il potere supremo di scacciare il diavolo.

Apocalisse 12:4a La sua coda attirò la terza parte delle stelle (stelle = angeli) del cielo e le gettò sulla terra; 9 e il grande drago fu scacciato, quel serpente antico, chiamato diavolo e Satana, che inganna il mondo intero; fu scacciato sulla terra e i suoi angeli furono scacciati con lui.

Alcuni membri della famiglia possono essere sconfitti se al loro interno c'è un traditore. Si può essere distrutti se c'è un peccatore in famiglia. Si può essere rovinati se in famiglia c'è un membro sciocco come Eva. Il potere e l'opera di Dio possono essere distrutti da uno dei membri. Seguite Gesù e non chiunque. Sarebbe bello se aveste un familiare come Maria o Elisabetta che hanno ascoltato e creduto in Dio. Non si tratta di inseguire ciò che sembra bello, che ha un buon sapore o che segue l'orgoglio della vita.

Il suo orgoglio ha distrutto Eli. Il sacerdote Eli non riuscì a disciplinare i suoi figli. La distruzione continuò nella discendenza di Eli. Al giorno d'oggi, il diavolo etichetta la malattia e dice che è nella vostra famiglia. Ma io dico, nel nome di Gesù, che la mia discendenza è stata ripulita nel nome di Gesù. Il cambiamento interno manifesta il cambiamento esterno. Se vi pentite e vi lavate nel sangue, questo porterà anche la guarigione. Nessuna stregoneria, incantesimo, maledizione, malattia causata dal peccato o linea di sangue continuerà. La conoscenza della verità è la più potente. Scoprite la causa di tutti i problemi, inseguite il diavolo e frustatelo. Scacciatelo. Pentitevi dei peccati generazionali nella vostra linea di sangue.

I problemi interni sono molto dannosi. Un figlio o una persona ribelle in famiglia distruggeranno la famiglia stessa. Tutti sappiamo che nella nostra famiglia c'è una pecora nera che fa scelte sbagliate. Ma se avete pregato e vi siete presi cura di voi, i genitori combatteranno una potente battaglia contro Satana e la sua strategia. Quando i depistatori sono i vostri coniugi, amici o parenti, giocare un gioco sporco vi abbatterà. Anche i vostri familiari, amici e parenti avranno un cattivo motivo per buttarvi giù. Molti pensano che la famiglia sia tale e che tutto vada bene. Fate attenzione! Rimanete in sintonia con il Signore. Non fate come Eli, Re Saul o Eva. È sempre un pericolo quando si entra nella terra, che è stata consegnata da una donna imprudente di nome Eva.

Sarebbe pericoloso se uno dei vostri familiari, antenati o amici vi consegnasse a Satana. Vi dico di correre e camminare con Dio, Lui è straordinario! Imparate a combattere con il diavolo con la forza dello Spirito Santo e l'autorità nel nome di Gesù. Non siate violenti con una persona che sta facendo stregoneria sulla famiglia, ma con Satana. Satana si serve di quella persona. Ritornate ai mittenti.

Nel Giardino dell'Eden non c'erano esseri umani, il diavolo andò dal serpente e gli permise di usare il suo corpo. Abbiamo così tanti esseri umani che chiunque farà il suo sporco lavoro mettendo il proprio corpo contro la propria famiglia o i propri amici. I luoghi migliori sono il pulpito, la chiesa, i religiosi, i profeti e gli insegnanti. Fate attenzione, andate solo nei luoghi in cui Dio vi permette di andare. Ogni luogo dove si vede la croce o la scritta chiesa non significa nulla. Il diavolo ha portato in molte chiese i falsi insegnanti, i teologi, i collegi battesimali, i falsi profeti e i cosiddetti santi. Molte volte qualcuno dice di essere un pastore, la moglie di un pastore o Dickens; io sono molto cauta. È il tempo della fine, le persone più fidate ci sconfiggeranno.

Ricordo questo particolare episodio. Nella chiesa che ho visitato c'erano molte dee sul pulpito. Ho chiesto all'amica se c'era una comunità indù qui intorno. Lei mi rispose: "Sì, è tutto intorno a questa chiesa". Non ho mai più parlato con questa chiesa. La chiesa era pentecostale. Il nome o il titolo non hanno nulla a che fare. Posizione e titolo non significavano nulla. La signora che frequenta la chiesa mi ha detto che la moglie, le figlie e la suocera del pastore gestiscono la chiesa. Il pastore vive nel garage. Vedete, quelle signore diventano dee permettendo a questo demone di operare attraverso di loro.

Se lo spirito sbagliato sta operando nella vostra famiglia, state lontani dai membri della famiglia che vi stanno fuorviando. Non è la famiglia, ma il diavolo dietro di loro. Non è un serpente, ma un diavolo travestito da membro della famiglia. Sanno come comportarsi correttamente. Geova Dio camminò con Eva e Adamo interagendo faccia a faccia. Tuttavia, essi hanno fatto crollare il bellissimo piano di Dio. Non è l'attacco esterno, ma quello interno che vi distruggerà. Occupatevi degli affari di Dio. Non preoccupatevi degli altri.

24 APRILE

L'amore per il denaro è la radice di tutti i mali. Giuda non poteva spendere il suo denaro; una prostituta non poteva usare il suo denaro. Ogni offerta che il diavolo porta ha un piano segreto di distruzione.

Chi ci casca? Le persone che hanno la brama degli occhi, l'orgoglio della vita e la brama della carne. Trovate Dio e il suo comandamento.

Geroboamo diventa re.

1 Re 12:26 Geroboamo disse in cuor suo: "Ora il regno tornerà alla casa di Davide; 27 se questo popolo sale a fare sacrifici nella casa del Signore a Gerusalemme, allora il cuore di questo popolo si volgerà di nuovo verso il suo Signore, fino a Roboamo, re di Giuda; mi uccideranno e torneranno da Roboamo, re di Giuda". 28 Allora il re prese consiglio, fece due vitelli d'oro e disse loro: "Non è molto per te salire a Gerusalemme; guarda i tuoi dèi, o Israele, che ti hanno fatto uscire dal paese d'Egitto". 29 E pose l'uno a Betel e l'altro a Dan. 30 E questo divenne un peccato, perché il popolo andava ad adorare davanti all'uno, fino a Dan. 31 Fece una casa di alture e fece sacerdoti gli infimi del popolo, che non erano figli di Levi.

Il Signore spazzò via Israele nell'anno 722 a.C. I Re del Nord fecero cadere Dio e il popolo. Le persone buone, come i genitori, le mogli, i mariti, i fratelli e le sorelle, i suoceri, i pastori, i profeti, gli insegnanti e i dirigenti della chiesa vi costruiranno. Il programma di Dio è di benedirvi e farvi prosperare solo se fate ciò che vi ha chiesto. Se non lo farete, allora porterete Dio e voi stessi alla rovina. La disobbedienza è pericolosa per l'io. Obbedite al Signore e otterrete benedizioni. Siete voi i controllori della vostra distruzione e costruzione.

PREGHIAMO

Signore, portiamo noi stessi come sacrificio vivente. Sacrifichiamo tutto ciò che ostacola il nostro cammino con il Signore Gesù.

Ci hai dato la Parola di Dio da leggere, quindi aiutaci a studiare e a obbedire alla luce della verità. Sappiamo che molti stanno portando il cristianesimo verso il basso, quindi aiutaci, Signore. Signore, donaci l'amore per noi stessi e l'attaccamento a Te e alla Tua Parola. Tutto intorno a noi cambia, ma tu sei lo stesso da sempre. La Tua verità resiste per sempre. Metti il Tuo sangue con la goccia di Spirito Santo nei nostri occhi, orecchie, bocche e narici per vedere e sentire. Aiutaci a diventare ciò che hai progettato per noi nel Nome di Gesù. Amen! Dio vi benedica!

25 APRILE

CERCATE IL PIÙ GRANDE!

La Bibbia parla di questa dispensazione dei due pesci più grandi moltiplicati in migliaia dal Signore. Pietro pescò nella direzione data da Dio, e trovò in abbondanza. Non riusciva a gestire l'abbondanza di pescato. Dio disse: "Immagina cose più grandi". Tutto il Nuovo Testamento è la vendetta del Signore sul diavolo nemico, che ha mentito, rubato, ucciso e distrutto. La direzione di Dio nel Nuovo Testamento è quella di restituire l'abbondanza che ci è stata tolta.

Può succedere una cosa fantastica. È sulla punta della lingua. Nessun'arma può prosperare. È la potenza dello Spirito Santo. La potenza di Dio che vive nell'uomo e nella donna comuni come voi e me. Che bello! Egli ha detto: "Io rimarrò dentro di te e tu potrai chiedere qualsiasi cosa e io la farò". Viviamo in un tempo chiamato Grazia o dispensazione di Dio. Egli è uscito dal tempio costruito dall'uomo per vivere con noi. Noi siamo il tempio o la casa di Dio. Dio ha cacciato l'autorità corrotta del tempio. Egli vuole darci non poco, ma in abbondanza. La conoscenza è la chiave. Tutta la fatica della notte non poté aiutare Pietro. Ma obbedendo alla voce di Gesù, catturò le folle. Alleluia! Dobbiamo cambiare la nostra mentalità. Cercare Dio per evitare che la mancanza, la paura, la preoccupazione e il dubbio fermino, blocchino e divorino la nostra vita. Mi stupisco della grandezza del nostro Dio e del perché ci accontentiamo di poco. L'apprendimento di una tecnologia informatica avanzata può cambiare il pensiero limitato. Lo stesso discorso può essere fatto da limitato a illimitato leggendo la Parola di Dio. La Bibbia ci fa sapere che ho qualcosa di più incredibile per voi. Potete fare cose più significative di quelle che ho fatto io.

Giovanni 14:12a In verità, in verità vi dico: chi crede in me, le opere che io faccio le farà anche lui; e ne farà di più grandi di queste.

Dio ha vinto la battaglia e ha ripreso tutto ciò che era stato rubato nel giardino dell'Eden. Ci ha anche dato potere sulla forza invisibile delle tenebre; il regno invisibile di Satana ci sta ingannando e dominando. Il diavolo può dominare solo sugli ignoranti. Lui vuole che voi siate innocenti; io mi rifiuto di essere ignorante. Credo ciecamente a ciò che dice il Signore. Quando prego, credo nel pretendere e nel ricevere costantemente. Mettete la mano su ciò che desiderate e pregate. Vedo miracoli potenti, liberazioni e guarigioni. Prego follemente per vedere Dio muoversi in quella direzione.

Isaia 35:1 Il deserto e il luogo solitario si rallegreranno per loro; il deserto si rallegrerà e fiorirà come una rosa. 2 Fiorirà in abbondanza e si rallegrerà persino con gioia e canti; le sarà data la gloria del Libano, l'eccellenza del Carmelo e di Sharon, vedranno la gloria del Signore e l'eccellenza del nostro Dio. 3 Rafforzate le mani deboli e confermate le ginocchia deboli. 4 Dite a quelli che hanno il cuore impaurito: "Siate forti, non temete; ecco, il vostro Dio verrà con una vendetta, anche Dio con una ricompensa; verrà e vi salverà. 5 Allora si apriranno gli occhi dei ciechi e si schiuderanno gli orecchi dei sordi. 6 Lo zoppo balzerà come un leprotto e la lingua del muto canterà, perché nel deserto sgorgheranno le acque e nel deserto i torrenti.

Isaia ha profetizzato la venuta di Geova in carne e ossa come Gesù. Egli ha ripreso tutto e ci ha restaurato. Quando un bambino viene concepito, il diavolo è lì per far sì che il bambino venga posseduto, sia malato, sia pazzo e così via. Dio ha detto che l'era del diavolo è finita dopo aver pagato il prezzo sulla croce. Non vedrete una piccola ma significativa vittoria. Basta credere.

Marco 6:56 E dovunque entrasse, in villaggi, città o campagna, deponevano i malati per strada e lo pregavano di poter toccare, se non il lembo della sua veste; e quanti lo toccavano guarivano.

Non hanno ricevuto solo una restaurazione fisica: il corpo, l'anima e lo spirito sono diventati perfetti. Non accontentatevi di meno. Cercate qualcosa di straordinario, qualcosa di nuovo e grande, qualcosa di inaudito! Quando la gente vede, potete testimoniare, wow! Incredibile! Meraviglioso! Quando si vede il soprannaturale, ciò che ogni uomo può fare è sorprendente. Il medico prova una buona dose di medicinali per curare un caso. Dio non fa esperimenti, ma sa esattamente di cosa abbiamo bisogno per curarci. Il diavolo è arrabbiato ed è impegnato a creare tutti i prodotti, i computer, le tecnologie e le ricerche mediche per stupire gli esseri umani. Ma se conoscete Zaccaria 4:6 Non per forza né per potenza, ma per il mio spirito, dice il Signore degli eserciti. Se conoscete la verità, allora il peccato, la malattia, la malattia mentale, la depressione, lo scoraggiamento e la morte all'inferno saranno storia. Gesù è venuto sulla terra per riacquistare i nostri diritti.

Isaia 61:1 Lo Spirito del Signore Dio è su di me, perché il Signore mi ha unto per annunziare buone novelle agli umili; mi ha mandato a fasciare il cuore spezzato, a proclamare la libertà ai prigionieri e l'apertura del carcere a quelli che sono legati; 2 a proclamare l'anno di grazia del Signore e il giorno della vendetta del nostro Dio; per consolare tutti quelli che fanno cordoglio; 3 per dare a quelli che fanno cordoglio in Sion, bellezza per la cenere, olio di gioia per il lutto, veste di lode per lo spirito di tristezza, affinché siano chiamati alberi di giustizia, la piantagione del Signore, perché egli sia glorificato.

Quando il Signore Gesù camminava su questa terra, proclamava la libertà liberando i prigionieri dalle malattie e guarendo da tutte le malattie. Scacciò i demoni e distrusse l'opera del nemico. Giorno e notte lavorava e addestrava i discepoli a fare lo stesso.

Luca 9:1 Poi chiamò a raccolta i suoi dodici discepoli, e diede loro potere e autorità su tutti i demoni e di curare le malattie.

Luca 10:1 Dopo queste cose, il Signore ne designò altri settanta e li mandò a due a due davanti alla sua faccia in ogni città e in ogni luogo dove sarebbe venuto.

Poi Gesù disse: "Rimanete a Gerusalemme finché non riceverete lo Spirito di Dio".

Luca 24:49 Ed ecco, io mando su di voi la promessa del Padre mio; ma restate nella città di Gerusalemme, finché non siate rivestiti di potenza dall'alto.

Questo è per voi e per me, per continuare l'opera attraverso la potenza dello Spirito Santo. Possiamo scacciare i demoni, guarire i malati, risuscitare i morti e fare di più nel nome di Gesù. Il problema è che non abbiamo tempo per Gesù. Per essere un operaio ci vogliono tempo, sforzo e impegno. L'operaio ha bisogno di un impegno totale. Abbiamo bisogno di veri insegnanti e profeti che ci addestrino.

Il Vangelo vivo può portare il Regno di Dio sulla terra se ci comportiamo secondo l'insegnamento di Gesù. Gli apostoli e i profeti hanno fatto esattamente così e hanno ottenuto un risultato significativo.

Ho visto molti fare un lavoro potente. È possibile. Seguite l'insegnamento di Gesù e le vie del Signore.

Geremia 33:3 Chiamami e io ti risponderò e ti mostrerò cose grandi e potenti che non conosci.

Immaginatevi grandi e potenti se invochiamo Dio. Lui lo farà. Scatenatevi nella vostra immaginazione, non sullo schermo o al computer, ma nella realtà, e Gesù lo farà per voi.

PREGHIAMO

Mio Signore, sappiamo che tutte queste persone camminano senza l'arto; le chiamiamo e chiediamo: manda l'arto e rendile integre. Raccomando alla nuova mente di venire a risolvere i problemi mentali. Chiediamo al potente spirito dei miracoli di lavorare sul suono della nostra voce. Malati guariti e integri. Disattivate l'orecchio sordo. Che gli occhi dei ciechi siano aperti nel nome di Gesù. Signore, cancella ogni morte immatura. Lascia che Dio sia il nostro Dio. Fa' che il nostro rapporto sia come quello nel giardino dell'Eden. Vogliamo parlare e camminare con te, Signore! Che questa relazione non si rompa mai più, nel Nome di Gesù. Amen! Dio vi benedica!

26 APRILE

COME SI PUÒ ESSERE INGANNATI DI NUOVO?

Il Signore ha riacquistato tutto dopo aver pagato il prezzo dei nostri peccati al diavolo. Ha dato la vita, che è nel sangue.

Levitico 17:11 Poiché la vita della carne è nel sangue, ve l'ho dato sull'altare per fare un'espiazione per le vostre anime, perché è il sangue che fa un'espiazione per l'anima.

Geova Dio si è vestito di carne e ha versato il sangue. Ha preso i colpi per tutte le malattie in modo da poter ricevere la guarigione, essere liberati e liberare. Gesù ha offerto il suo sangue nel luogo santo del tempio di Dio in cielo. Ha terminato il lavoro di pagare il prezzo per i nostri peccati. Poi è sceso a prendere il prigioniero che è morto nel Signore senza sangue e ha tolto a Satana la chiave dell'inferno e della morte. Che meraviglia! Satana aveva perso la chiave dell'inferno e della morte; ora ce l'ha Gesù.

Efesini 4:8 Perciò dice: "Quando è salito in alto, ha condotto in cattività i prigionieri e ha fatto doni agli uomini. 9 (Ora che è salito, che cosa è se non che prima è sceso anche nelle parti basse della terra? 10 Colui che è disceso è lo stesso che è salito al di sopra di tutti i cieli, per riempire tutte le cose). 11 E ad alcuni diede degli apostoli, ad altri dei profeti, ad altri degli evangelisti, ad altri ancora dei pastori e dei maestri, 12 per il perfezionamento dei santi, per l'opera del ministero, per l'edificazione del corpo di Cristo.

L'inferno non è sotto il controllo di Satana, ma di Dio. Non si trattava di mangiare il frutto proibito nel Giardino dell'Eden, ma di perdere la vita eterna e di diventare prigionieri di Satana. Potreste pensare di aver commesso un peccato minore. Il peccato ha un piano misterioso più grande. Le idee di Satana sono sempre cattive e hanno un piano di uccisione ingannevole! Una volta che il diavolo vi intrappola per farvi cadere nel peccato, si prende voi, i vostri figli, la vostra famiglia e la vostra discendenza. Potreste dire: solo un piccolo piacere. Il peccato non dovrebbe essere un piacere; solo uno sciocco non conosce la realtà. I peccatori ignoranti non conoscono il Creatore.

Apocalisse 1:18 Io sono colui che vive ed era morto; ed ecco, sono vivo in eterno, amen, e ho le chiavi dell'inferno e della morte.

Non partecipate alle attività ingannevoli della chiesa, leggete la Bibbia il più possibile e pregate affinché Dio possa parlarvi. La preghiera è l'arma più potente. La conoscenza di Dio è la chiave della vittoria. Le persone muoiono se non hanno una rivelazione di Gesù. La Parola di Dio è una rivelazione. Dio ha dato indicazioni per ogni passo nel libro degli Atti.

Il primo passo è il pentimento. Sì, nessuna carne potrà essere scusata. Pentitevi di tutti i peccati come l'adulterio, la fornicazione, l'impurità, la lascivia, l'idolatria, la stregoneria, l'odio, la discordia, le emulazioni, l'ira, le lotte, le sedizioni, le eresie, l'invidia, gli omicidi, le ubriachezze, le rivelazioni.

Dopodiché, lavatevi e purificatevi nel sangue dell'agnello entrando nell'acqua nel nome di Gesù. Riceverete la remissione dei peccati con una nuova coscienza. Riceverete il potere dello Spirito Santo di operare. Lo Spirito Santo è la più grande guida, insegnante e conduttore della verità. Non posso vivere senza lo Spirito Santo; è la mia guida. Parlerà, insegnerà, ammonirà, ricorderà, darà potere e molto altro ancora. Sono così felice del pacchetto che riceviamo dal Signore.

Ora siate violenti con il diavolo per riprendervi tutto ciò che ha rubato, ucciso e distrutto. Avete l'autorità di far uscire il diavolo dal corpo degli altri, di guarire i malati e di predicare il Vangelo con segni e prodigi. Il diavolo non vuole che conosciate la verità, quindi vi fuorvia, mente, inganna e manipola. Lasciate che vi dica di usare la Parola di Dio per distruggere questo nemico da lontano. Cosa accadde quando Gesù pregò? Venne un Angelo e lo rafforzò.

Popolo di Dio, non restate nell'ignoranza. Una volta il mio stomaco ha avuto un attacco. Ho iniziato ad avere mal di pancia e un cattivo odore. La situazione è peggiorata. Una sera sono tornata dal lavoro molto malata e non riuscivo a pregare. Mi sono sdraiata a letto e ho detto: "Signore, ti amo con tutto il mio cuore, la mia mente, la mia anima e la mia forza". Mi sono svegliata guarita. Il Signore mi disse: "Ho combattuto la tua battaglia, non dovrai più soffrire". Ma il diavolo ostinato continuava ad attaccarmi con le stesse malattie. So che il Signore non può mentire. Così ho chiesto a Dio il perché di questa situazione. Il Signore mi ha detto di adorarmi e lodarmi. Così ho fatto. Il problema è scomparso. Di tanto in tanto, ho iniziato ad avere lo stesso problema. L'adorazione e la lode non funzionavano, così ho iniziato a mettere una Bibbia aperta sullo stomaco e ha funzionato. Alleluia! Pensate che il diavolo si arrenda? No, imparate dal diavolo, non mollate. Trovate le armi giuste che funzionino, inseguite il diavolo e frustatelo.

Pietro sarebbe stato ucciso se la gente avesse dormito e avesse detto che il Signore si sarebbe preso cura di lui. No, la gente sa cosa serve. Vedete, la conoscenza è necessaria per il vostro aiuto; hanno continuato a pregare 24 ore su 24 finché non è arrivato l'aiuto dal cielo.

Qual è il nostro problema? Diventiamo frequentatori di chiese, persi, fuorviati, fuorvianti e ignoranti del popolo di Dio. Ci vogliono sforzo, dedizione, determinazione e conoscenza della verità per combattere un nemico. Le chiese antiche continuavano a insegnare a Gesù e ai suoi discepoli. Nel nostro caso, troviamo la chiesa dove la nostra carne si adatta. Scopriamo che la chiesa non si prende cura della vostra anima e non conosce la verità. Vogliono controllare. Se uscite dal loro programma, predicherete contro di loro e sarete perseguitati. Se qualcuno segue la verità, mormorano e mettono i loro seguaci contro di voi. Ma con lo stesso pegno nei loro bisogni, vi chiameranno. Mi chiedo perché non vadano da quelle persone che li hanno ingannati. Credo che sappiano che non possono.

Non c'è aiuto se non la falsa simpatia. Imparate la via corretta, documentandovi su Gesù, Pietro, Paolo e sulla storia della Chiesa antica, e smettete di farvi ingannare dai leader perduti. Pagherete anche il loro stile di vita lussuoso. Satana, gli affari delle denominazioni, delle non denominazioni e delle organizzazioni si reggono sul vostro denaro. Il diavolo ha messo la croce sull'edificio e vi ha convinto che questa è una chiesa; pagate i vostri soldi. Ricordate che in questa dispensazione siete voi la chiesa. Date denaro agli operai, ai poveri, alla vedova, agli ignudi, agli affamati e agli orfani e sarete benedetti.

Guarigione, liberazione, salvezza, pace e gioia sono disponibili. Basta fare un passo di fede. Rimanere in piedi sulla verità obbedendo e sottomettendosi. La verità non cambia, è piantata nella Parola di Dio. Amo la verità e nient'altro. È meglio della depressione, dello scoraggiamento, del denaro di questo mondo, del potere, della posizione, della brama degli occhi, dell'orgoglio della vita e della brama della carne. Voglio fare tutto ciò che è necessario per ordinare al diavolo di farmi perdere le mie benedizioni, le promesse, la mia famiglia, la febbre, le malattie del sangue, le malattie, l'oppressione demoniaca e l'oppressione mentale e spirituale. Ho il potere e l'autorità; so come viaggiare e alzarmi presto per incontrare Dio. So come distruggere il diavolo e la sua strategia nel nome di Gesù. Lo Spirito Santo mi addestra e mi insegna. Controllo ciò che mi circonda con occhi spirituali. Nel nome di Gesù si ordina al diavolo di andarsene, di perdere e di uscire. Il diavolo deve lasciare in pace i bambini. Mi oppongo a tutti i piani di incidenti, morti immature, infarti, ictus, sparatorie, uccisioni e attacchi alla mia famiglia nel nome di Gesù. Il diavolo ha un piano contro i cristiani in molte nazioni e io mi oppongo. Il Signore si è compiaciuto di congelarli e distruggerli. Che vadano indietro, che cadano e non si rialzino mai. Il Signore manda lo spirito di guarigione in ogni ospedale. Uno spirito miracoloso a tutti coloro che hanno bisogno di un miracolo.

Prego per coloro che non conoscono il Creatore che il Signore li visiti. Che il Signore tolga l'accecamento degli occhi e la sordità delle orecchie. Che il Signore dia nuovo coraggio e forza, e aumenti la potenza ogni giorno.

Mi sono ricordata che qualcuno ha portato a casa mia la sorella posseduta da un demone. Quest'ultima aveva avvertito che avrebbe ucciso i suoi figli. Quando iniziai a scacciare il demone, i suoi occhi divennero grandi. I suoi occhi erano già enormi e sono diventati ancora più grandi. Quando ho iniziato a legare e a spezzare il potere del demone nel nome di Gesù, è diventato come un povero cucciolo. Ha iniziato a implorare e a supplicare. Le ho detto: "Esci, diavolo ingannatore, nel nome di Gesù". In un attimo fu libera. Imparate a non farvi ingannare dal diavolo e dai suoi programmi. Fate attenzione alle operazioni di Satana attraverso le chiese religiose da parte del suo agente chiamato "qualunque". Avete il potere di usarlo. Non preoccupatevi del rifiuto.

PREGHIAMO

Signore, veniamo davanti al Tuo altare; sappiamo che hai fatto tutto e hai dato tutta l'autorità per calpestare il serpente e lo scorpione. Signore, aiutaci a prendere il controllo e a essere corretti con te. Crediamo e pretendiamo di fare ciò che dici. Abbiamo perso la strada seguendo la menzogna delle chiese e delle organizzazioni religiose. Ma oggi veniamo davanti a te per riprenderci ciò che il diavolo ci ha rubato. Ridedichiamo la nostra vita e ricominciamo seguendo e obbedendo alla Tua Parola di verità. Recupereremo ciò che ci appartiene e vedremo una vittoria gloriosa nel Nome di Gesù. Amen! Dio vi benedica!

27 APRILE

QUAL È IL MIO LAVORO?

Il mio lavoro è guardare un film, fare festa, andare in discoteca, bere, giocare d'azzardo, andare in chiesa o fare ciò che ritengo importante?

Tutti dicono che lo faranno se Dio gli dice di fare qualcosa. La descrizione del vostro lavoro è nel libro chiamato Bibbia. Leggiamo cosa dice; Gesù nella sua parabola ha detto: "Dite agli altri che c'è una stanza nel mio regno". Fate del lavoro per il Regno. Non siate troppo occupati quando non avete tempo per me.

Luca 14:23 Il Signore disse al servo: "Esci per le strade e le siepi e costringili a entrare, perché la mia casa sia piena".

Di nuovo, Gesù ha dato istruzioni di lavoro dopo la Sua risurrezione. Rimanete sintonizzati, non vagate per falsi insegnanti e pastori, organizzazioni e chiese, e non mancate a Dio. Non siete chiamati a sostenere gli affari sotto il nome dell'organizzazione, della chiesa, delle denominazioni o delle non denominazioni. Seguite Gesù come ha dato l'esempio con la Sua vita.

Marco 16:15 Poi disse loro: "Andate in tutto il mondo e predicate il Vangelo a ogni creatura. 16 Chi crederà e sarà battezzato sarà salvato, ma chi non crederà sarà dannato".

Dopo la risurrezione, andò in cielo e donò il Suo sangue nel luogo santo del tabernacolo per i nostri peccati. Tornò e iniziò a insegnare. Ha equipaggiato bene i suoi discepoli per andare in giro.

Atti 1:8 Ma voi riceverete potenza, dopo che lo Spirito Santo sarà sceso su di voi; e mi sarete testimoni a Gerusalemme, in tutta la Giudea, in Samaria e fino all'estremità della terra.

Avete letto questo? Ha detto di rimanere in sintonia e armonia e di concordare con l'insegnamento del Signore. Sottolineate il vostro dovere nella Bibbia. Studiate e preparatevi.

1 Tessalonicesi 4:11 e che vi studiate di stare tranquilli, di fare i vostri affari e di lavorare con le vostre mani, come vi abbiamo ordinato.

Amo molto la Bibbia. Ogni giorno imparo qualcosa di nuovo dalla Sua Parola. È il mio libro di istruzioni. Non voglio che nessuno mi guidi in modo sbagliato. Ricordo che una volta ho partecipato a una riunione nella tenda. Il predicatore disse che avevo una visione e io vidi una pozza di acido. Un uomo nuotava intorno, tirando su le persone per i capelli e facendole cadere. Qualcuno chiese: "Chi stai cercando?". L'uomo ha risposto che stavo cercando quel maestro che mi ha insegnato male. A causa di quel falso insegnante, sto bruciando qui. L'uomo disse che il falso insegnante doveva essere lì.

Ora è troppo tardi. Non lasciatevi fuorviare da nessuno. Cercate Dio perché la vostra anima trovi il riposo eterno. È mio compito studiare la Parola.

2 Timoteo 2:14 Di queste cose ricordali, incaricandoli davanti al Signore di non affannarsi in parole che non servono a nulla, ma a sovvertire chi le ascolta. 15 Studiati di mostrarti gradito a Dio, operaio che non ha bisogno di essere svergognato, dividendo rettamente la parola della verità.

Trovate la verità, insegnate la verità. Dio ha detto di studiare la Sua Parola. Lo Spirito Santo vi insegnerà. È mio compito studiare la Parola. Questo libro non deve uscire dalla vostra bocca.

Giosuè 1:8 Questo libro della legge non si allontanerà dalla tua bocca, ma lo mediterai giorno e notte, per osservare di fare secondo tutto ciò che vi è scritto; perché così farai prosperare la tua strada e avrai successo. 9 Non ti ho forse comandato? Sii forte e coraggioso; non temere e non ti sgomentare, perché l'Eterno, il tuo Dio, è con te dovunque tu vada.

Da quando ho trovato la verità, sono rimasta fedele alla fede e ho predicato la verità. Mi oppongo a tutte le opposizioni. Non sono impressionata da lauree, titoli, miracoli o altro. Il lago di fuoco è un luogo reale; devo amare me stessa per sfuggirvi. Mi concentro sull'opera di Dio. Impariamo la Bibbia facendo e non solo ascoltando. Nulla mi ha impressionata finora, ma ho sperimentato la verità obbedendo. Non posso spiegare quanto siano grandi le esperienze; basta obbedire e vedere ciò di cui sto parlando. Ora posso insegnare e predicare ciò di cui parla il Signore. Non posso deludere le persone o il Signore. Egli è così reale e la Sua Parola è sorprendente.

Il Signore vuole che preghiamo. Mi sveglio alle 3:50 del mattino e prego. A volte mi sveglio all'1 o alle 2 del mattino e inizio a pregare. Il digiuno settimanale è un obbligo per noi. Ogni mese digiuniamo per una settimana. C'è una preghiera che dura tutta la notte. Tutti vengono al telefono da ogni parte e intercedono per tutta la notte. Voglio fare il mio lavoro come Dio mi ha chiesto.

1 Timoteo 2:1 Esorto dunque, prima di tutto, a fare suppliche, preghiere, intercessioni e ringraziamenti per tutti gli uomini; 2 per i re e per tutti coloro che hanno autorità, affinché possiamo condurre una vita tranquilla e pacifica in tutta pietà e onestà. 3 Perché questo è buono e gradito agli occhi di Dio, nostro Salvatore; 4 il quale vuole che tutti gli uomini siano salvati e giungano alla conoscenza della verità.

Prego per le persone al telefono mentre chiamano, mandano messaggi o e-mail. Il mio compito è quello di pregare, di togliere l'anima dalla bocca del leone, della tigre e dell'alligatore. Ci sono molti scorpioni, serpenti e traditori in questa giungla spaventosa. Non solo io, la mia famiglia, ma il Signore dipende dalla mia preghiera per gli altri. Egli guarda in basso e dice: "C'è qualcuno che sa che esisto per poterlo aiutare? C'è qualcuno che sa che sono morto e mi sono spogliato per lui? C'è qualcuno che sa che può chiamare e che io posso occuparmi delle sue necessità? Sono pronto e disposto ad aiutare".

Salmo 46:1 Dio è il nostro rifugio e la nostra forza, un aiuto molto presente nelle difficoltà.

Invocate il Signore. Egli ha creato molti tipi di Angeli per rispondere alle nostre necessità. Il nostro compito è quello di invocare l'Angelo.

Ebrei 1:13 Ma a quale angelo ha mai detto: "Siediti alla mia destra finché non abbia fatto dei tuoi nemici lo sgabello dei tuoi piedi"? 14 Non sono forse tutti spiriti ministranti, inviati per servire coloro che saranno eredi della salvezza?

Le persone dall'udito duro sono la causa di tutti i problemi e le difficoltà. Prima pregate, poi aspettate di ricevere una risposta, oppure continuate a pregare finché non vedrete la mossa di Dio. Abbiamo bisogno di lavorare. Andare in chiesa non è un lavoro. Cantare nel coro non è lavorare. Dio non ha creato nessuno per il coro, la musica o il pulpito.

Luca 10:2 Perciò disse loro: "La messe è veramente molta, ma gli operai sono pochi; pregate dunque il Signore della messe che mandi operai nella sua messe".

Dio farà tutto ciò che gli chiedete se cedete allo Spirito nella direzione in cui Dio vuole che andiate. Egli vuole guarire voi, la vostra terra e molte malattie e patologie mentali, fisiche e spirituali. Ma ci siamo dati da fare e ci siamo rovinati di nuovo. L'Onnipotente controllerà tutto se lo preghiamo.

Cronache 7:14 Se il mio popolo, che è chiamato con il mio nome, si umilia, prega, cerca il mio volto e si converte dalle sue vie malvagie, allora io ascolterò dal cielo, perdonerò il suo peccato e guarirò il suo paese.

PREGHIAMO

Nel nome di Gesù, veniamo davanti al Tuo altare. Ti preghiamo di perdonare i nostri peccati. Ti chiediamo di darci il Tuo peso. Ti preghiamo di darci il desiderio di lavorare per te. Ungici con il Tuo Spirito. Vogliamo essere Tuoi operai per lavorare nel Tuo campo. Abbiamo bisogno di una direzione da parte Tua. Dacci la rivelazione di te e della tua Parola. Vogliamo essere maestri di verità. Fa' che il Tuo regno sia stabilito sulla terra dal Tuo vero maestro, profeta e operaio. Rendici sinceri e diligenti per il Tuo lavoro nel nome di Gesù. Amen! Dio vi benedica!

28 APRILE

LE OPERE E I PIANI DI DIO SONO IN ORDINE!

Dio è l'autore dell'ordine. Studiate la creazione di Dio. È avvenuta in un ordine in cui non c'era confusione o conflitto. Ammiriamo il piano maestro di Dio, così come l'ha terminato. Il sistema di Dio è bellissimo, tanto che la mente umana non può comprenderlo. Un tale ordine divino e una tale potenza di creazione. Ha sempre visto ciò che ha fatto e ha detto che era buono. Dio è buono e fa il bene.

Genesi 1:31a Dio vide tutto ciò che aveva fatto ed ecco, era molto buono.

Dio mostrò a Mosè il modello del centro di culto. Mosè fece esattamente secondo il piano di Dio. Egli è un Dio di pianificazione. Lavora facendo piani. Ha creato e continua a creare con la mente. Non pianificate senza la Sua approvazione. Il piano sopra il piano di Dio si chiama confusione. Potete essere come Abramo e Isacco nel piano di Dio. Abramo ha fatto a metà tra il piano chiamato Ismaele e ha fatto il danno.

Esodo 25:9 E rivestirai il tabernacolo secondo il modello che ti è stato mostrato sul monte. 40 E guarda di costruirli secondo il modello che ti è stato mostrato sul monte.

Esodo 26:30 E rivestirai il tabernacolo secondo la forma che ti è stata mostrata sul monte.

La mente di Dio ha progettato il tutto con un'importante ragione dietro di essa. Lode a Dio!

Nel 2004, Dio mi chiese di trasferirmi in Texas dalla California. Ho pensato di comprare una casa e di vivere ovunque in Texas. Così iniziai a cercare e mi sentivo frustrata perché non ricevevo l'approvazione di Dio. Così, alla vigilia, ho sentito la voce di Dio: "Ho una casa bellissima per te, che non conosci". Così ho parlato con l'agente immobiliare, che è stato paziente e comprensivo. Accettarono l'offerta. Sono tornata in California e ho venduto la mia casa. Dopo averlo fatto, sono tornata in Texas e ho iniziato a cercare una casa. Mi guardai intorno per qualche giorno, ma non riuscii a trovarla. Verso l'ultimo giorno, trovai la casa e il Signore mi confermò che era mia. Ho firmato i documenti e sono partita per la California. Il Signore si è preoccupato della città, del luogo e del progetto della casa. Vivo in Texas da diciotto anni (mi sono trasferita nel 2005). Ricordate sempre che tutti i piani di queste persone prevalgono sul piano di Dio, come Eva e Adamo, il Re Saul, il sacerdote Eli e il Re Geroboamo, per distruggere voi e la vostra famiglia e portare desolazione nel Paese.

Divorzi, carcere, malattie mentali, suicidi e molti altri problemi rivelano che il piano di qualcuno è superiore a quello di Dio. Fallirà. Poiché Dio dice in

Efesini 2:10 Noi siamo infatti opera sua, creati in Cristo Gesù per le opere buone che Dio ha prestabilito perché camminassimo in esse.

Molti di noi avevano pianificato, ma quando troviamo Gesù, Lui cerca di ripristinare dal caos. Non è fantastico? Mi piace vedere gli alcolizzati, gli indemoniati, le prostitute, i malvagi e i peccatori rivolgersi a Dio e vedere come il Signore aggiusta, ripara e ricostruisce la mente, il corpo e Saul.

Ricordate l'uomo con le legioni; il Signore lo ha guarito. Il Signore risuscitò Lazzaro dopo quattro giorni. Non possiamo immaginare come Egli lavori in ordine e progetti per mantenere la Sua creazione nella Sua perfetta volontà. C'è qualcosa di troppo difficile per il Signore? È saggio rivolgersi a Dio e aspettarlo. Egli può prendere in mano la situazione e rimetterla nel suo piano. Giona stava scappando, ma Dio creò un grosso pesce per tenerlo in vita per tre giorni e tre notti. È l'opera e il piano di Dio che farà tutto in ordine.

Avete mai visto un Paese che ha molti dei e nessun ordine? Tutto è caos, disordine e confusione. Un Dio fedele è autore di ordine e attento a ogni dettaglio. Per questo, quando ci rivolgiamo a Gesù, vediamo il potere di ricostruire e ricreare la vita, il Paese o la vita personale. La Sua opera vi stupirà. Non ho mai visto il Giardino dell'Eden, ma credo che debba essere il posto più bello della terra.

Vedere il piano di Dio, come ha fatto uscire gli ebrei dalla terra della schiavitù, come ha distrutto la terra d'Egitto e il piano generale di instradamento verso la terra promessa. Questo è sorprendente. Attraversare il Mar Rosso non è solo per far conoscere a Israele la potenza di Dio, ma anche per distruggere il nemico e i carri dei nemici. Perché mettere in discussione la Sua opera? O fare un programma al posto del Suo piano? In ogni caso, il piano di Dio sulla terra è di darvi un soggiorno tranquillo e temporaneo.

Geremia 29:11 Poiché io conosco i pensieri che penso verso di voi, dice il Signore, pensieri di pace e non di male, per darvi una fine attesa. 12 Allora mi invocherete, andrete a pregarmi e io vi ascolterò. 13 Mi cercherete e mi troverete quando mi cercherete con tutto il vostro cuore. 14 E io mi farò trovare da voi, dice l'Eterno; e farò tornare la vostra cattività, vi raccoglierò da tutte le nazioni e da tutti i luoghi dove vi ho condotto, dice l'Eterno, e vi ricondurrò nella casa da cui vi ho fatto portare in cattività.

Pensate di saperne di più di Dio? Ignorare il piano di Dio invita alla morte immatura, alle malattie, alle maledizioni e alla confusione. Dio ha fatto uscire gli ebrei dall'Egitto al momento stabilito.

Esodo 3:17 Ho detto: "Vi farò uscire dall'afflizione dell'Egitto per portarvi nel paese dei Cananei, degli Ittiti, degli Amorrei, dei Perizziti e degli Aborigeni, degli Hiviti e dei Gebusei, fino a un paese ricco di latte e miele.

Salmo 139:14 Io ti loderò, perché sono fatto in modo pauroso e meraviglioso; meravigliose sono le tue opere, che l'anima mia conosce bene.

Salmi 118:23 Questa è l'opera del Signore, è meravigliosa ai nostri occhi.

Salmo 40:5 Molte sono, o Signore mio Dio, le tue opere meravigliose che hai fatto e i tuoi pensieri che vanno verso di noi; non si possono contare in ordine a te; se volessi dichiararle e parlarne, sono più di quante se ne possano contare.

Salmi 92:5 O Signore, quanto sono grandi le tue opere! E i tuoi pensieri sono molto profondi.

Tutte le opere di Dio menzionate nella Bibbia sono una prova della Sua grandezza. Hanno dimostrato che la scienza si sbagliava quando non era d'accordo. Noi ci stupiamo e ammiriamo la conoscenza di Dio e ne decantiamo le lodi e la grandezza. Io preferisco non sapere nulla e comunque avere fiducia e rispetto per il

28 APRILE

Suo lavoro. Chi conosce la mente di Dio? Nessuno! Dio ci ha dato le stagioni, il giorno e la notte, perché possiamo ordinare la nostra vita. Seguiamo la Sua opera e impariamo i Suoi pensieri profondi. Seguiamo Dio in ogni caso, che lo capiamo o meno. Non ve ne pentirete.

Amen! Troverete protezione poiché la nostra mente limitata non ha la minima idea della bellissima opera di Dio.

PREGHIAMO

Nel nome di Gesù, veniamo davanti al Tuo altare. Fa' che la Tua opera benedica la nostra vita. Glorifichiamo l'opera del Signore facendo e obbedendo ai Suoi comandi. Abbiamo Dio, il cui progetto è quello di creare, benedire e mostrare che Egli è meraviglioso. Signore, noi siamo l'opera del Grande Dio. Aiutaci a mostrare agli altri il Dio di Abramo, Isacco e Israele. L'opera e il piano di Dio ci danno la conoscenza del grande Dio e della Sua opera. Aiutaci, o Signore, nel Nome di Gesù. Amen! Dio vi benedica!

29 APRILE

DOBBIAMO SAPERE COSA C'È A DISPOSIZIONE

Il potere e l'autorità sono disponibili nel nome di Gesù. Potreste dire: "Io regno da quando Gesù ha pagato il mio prezzo". Sì, il potere è stato tolto al diavolo sugli esseri umani. Gesù ha sconfitto Satana sul Calvario. Se sapete cosa avete in mano, potete rivendicare e sconfiggere il nemico. Usate il potere e l'autorità che vi sono stati dati contro il diavolo. Mettete il diavolo in prigione legandolo e poi distruggendo il suo territorio per vincere ovunque. Voi sarete liberi e il diavolo sarà in prigione.

Matteo 18:18 In verità vi dico: tutto ciò che legherete sulla terra sarà legato in cielo; e tutto ciò che scioglierete sulla terra sarà sciolto in cielo.

Paolo ha ottenuto l'autorità di legare:

Atti 9:14 E qui ha ricevuto dai capi dei sacerdoti l'autorità di legare tutti coloro che invocano il tuo nome.

Trovate colui che può darvi l'autorità. Permettetemi di dirvi che solo Gesù può darvi l'autorità e anche il potere. Essere nati nel regno di Dio, avere autorità. Ho bisogno di potere per andare in battaglia contro il diavolo, che mi ha rubato la salute, i figli, il coniuge, l'azienda ecc. Satana usa la carestia o il diluvio per spazzare via le vostre case e i vostri raccolti. Andate in ogni direzione e dite: "Diavolo, principe dell'aria, io ti lego e distruggo il tuo potere". Comandate agli spacciatori di droga, alle bande, alle streghe, agli stregoni e alla tavola Ouija, chiamata gioco del divertimento, di uscire nel nome di Gesù. Impongo di distruggere, nel nome di Gesù, l'opera della magia nera, grigia e bianca, la chiromanzia, i governanti in alto loco e il sistema corrotto della nazione. Ordino a tutto il potere delle tenebre di uscire e di perdere la luce. Leghiamo tutti i sistemi e il potere su di noi e li spezziamo nel nome di Gesù. Libero gli Angeli, lo Spirito Santo, il Fuoco dello Spirito Santo, la saggezza, la conoscenza, le ricchezze, la comprensione, la protezione e tutte le benedizioni che appartengono a me, alla mia famiglia e alla mia nazione. Esci da Satana e non tornare mai più.

Per favore, andate in giro per la città, a scuola, al mercato e in centro, e suonate lo "shofar" al telefono, seduti in macchina o a piedi. Abbatto tutti i muri della confusione, del confinamento delle droghe, dell'ignoranza e delle tenebre, nel nome di Gesù. Oggi i demoni religiosi sono in azione. Essi agiscono come spirito di luce. Il diavolo non viene dove io mando gli Angeli per guarire, liberare e rendere liberi i prigionieri. Sconfiggo Satana e il suo esercito, poiché ho l'autorità nel nome di Gesù. Alleluia! Si vince solo se si è consapevoli dei propri diritti, della propria autorità e del proprio potere. Qual è il vostro problema? Qual è l'ostacolo? Cosa vi tiene indietro, stagnanti, giù e depressi? La chiave è stata rubata di nuovo.

Luca 11:52 Guai a voi, avvocati! Perché avete tolto la chiave della conoscenza; non siete entrati voi stessi, e quelli che entravano li avete ostacolati". 46: E disse: "Guai anche a voi, avvocati! Perché caricate gli uomini di pesi gravosi da portare, e voi stessi non toccate i pesi con un dito.

Non entro in nessun territorio senza digiunare, pregare, legare il nemico e perdere la potenza di Dio con tutti gli Angeli. Copro sempre tutto con il sangue di Gesù. Entro con la spada del Signore, che è la Parola di Dio. Prendo il mio scudo della fede; non dimenticate mai quest'arma vitale. Se Gesù ha dato la chiave, perché la razza umana sta perendo? La chiave della verità viene rubata dal demone religioso se l'ombra del discepolo porta la guarigione. Perché oggi non accade? Uscite dalla vostra religione, organizzazione, denominazione e non denominazione.

2 Timoteo 3:5 Hanno una forma di pietà, ma ne negano la potenza; da costoro allontanatevi. 6 Sono infatti di questa specie quelli che si insinuano nelle case e conducono in cattività donne sciocche e cariche di peccati, trascinate da diverse concupiscenze, 7 imparano sempre e non riescono mai a giungere alla conoscenza della verità.

Dio è là fuori a cercare i veri insegnanti e i veri profeti che hanno la chiave. Non credete a tutti, ma verificate i loro frutti. I falsi profeti e insegnanti non si trasformano perché non sono mai venuti ad avere una relazione con Dio, come Paolo, Abramo e Giacobbe, che divenne Israele.

Il Signore disciplina l'esercito per il Suo Regno. Permettetemi di istruirvi su come vincere la battaglia. La conoscenza è la chiave, l'arma più potente. Molte chiese religiose non sono potenti perché il diavolo nemico ha rubato la chiave. I loro seguaci non si chiedono mai dove essa sia. Perché Satana sta vincendo contro la Chiesa e sta prevalendo? Non avete la rivelazione di Gesù, che è Geova in carne e ossa.

La Bibbia dice:

Matteo 16:15 Disse loro: "Chi dite che io sia?". 16 Rispose Simon Pietro e disse: "Tu sei il Cristo, il Figlio del Dio vivente". 17 Rispose Gesù e gli disse: "Beato te, Simon Bariona, perché non te l'ha rivelato la carne e il sangue, ma il Padre mio che è nei cieli". 18 E ti dico anche che tu sei Pietro e su questa pietra edificherò la mia Chiesa e le porte dell'inferno non prevarranno contro di essa. 19 E ti darò le chiavi del regno. E ti dico anche che tu sei Pietro e su questa pietra edificherò la mia Chiesa e le porte degli inferi non prevarranno contro di essa. 20 Poi incaricò i suoi discepoli di non dire a nessuno che egli era Gesù il Cristo.

Non lasciate che il diavolo e la sua gente vi influenzino e vi monopolizzino. Ottenete una vittoria sul nemico, chiamate la menzogna e cercate una conoscenza accurata. Voi servite un solo Re di nome Gesù. I leader religiosi vi domineranno insegnando false dottrine attraverso alcuni versetti. Il loro scopo è avere il controllo su di voi. Il potere di rendere liberi è nella verità. Accettate la verità, amatela: vi renderà liberi. Questo accade solo se obbedite a essa. La mancanza di conoscenza è il vostro nemico. Cos'è la conoscenza: significa comprensione, istruzione, saggezza, informazione, intelligenza, educazione, comprensione e padronanza.

Il mio Signore ci aiuta a trovare ogni chiave per distruggere il diavolo, che mente, ruba, uccide e distrugge. Continuate a ungervi con l'olio. Vado in giro a ungere scuole, mercati, pazienti negli ospedali, alberi, parchi e case. Tengo sempre dell'olio nella mia auto e nella mia borsa. Per spezzare il potere di Satana, uso l'olio. Rompe la catena, il territorio e il giogo. Metto l'olio dell'unzione nell'acqua, nel cibo e nei vestiti. Fa miracoli.

Il Signore ha detto: "Ti ho dato il potere":

Luca 10:19 Ecco, io vi do il potere di calpestare i serpenti e gli scorpioni e tutta la potenza del nemico; e nulla vi potrà in alcun modo ferire.

Cercate la chiave usata nel Nuovo Testamento, il libro degli Atti. Studiate le fondamenta della Chiesa costruite da Pietro e da Paolo, il detentore della chiave del regno. Tutti coloro che hanno fatto e seguito Gesù hanno la chiave, la rivelazione di Gesù. Potete far piangere il diavolo, legarlo, distruggerlo e farlo tacere solo se sapete dove sono il potere e l'autorità. Come usare i vostri diritti e la vostra sovranità? Siete deboli, disabili, moribondi e state perdendo la battaglia per mancanza di conoscenza. Siete ignoranti. I falsi insegnanti e i profeti hanno rubato la vostra chiave.

Aprite la Bibbia KJV e iniziate a leggere, studiare, meditare, reclamare, cercare, chiedere, bussare e vivere con essa nel nome di Gesù.

PREGHIAMO

Signore, sappiamo che sei il Dio della verità. Sei sincero con quello che hai detto. Dacci un cuore credente per credere in te. Abbiamo bisogno di concentrarci su di te per ottenere ciò che è disponibile. Fa' che i nostri passi siano ordinati nelle Tue vie, nella Tua verità e nel Tuo insegnamento. SeguendoTi e obbedendoTi, faremo esperienza della Tua potenza e così anche gli altri. Ci hai dato veri maestri e profeti. Ti ringraziamo per aver sconfitto il nemico e per averci restituito non solo ciò che abbiamo perso nel giardino dell'Eden, ma anche il potere sul diavolo nemico e sul suo esercito. Nel nome di Gesù, ti ringraziamo per averci amato così tanto. Amen! Dio vi benedica!

30 APRILE

CAMBIAMENTO PER ENTRARE NELLA TERRA PROMESSA!

Il giusto, l'ingannatore, il bugiardo, l'adultero, l'assassino, il cliente di prostitute hanno bisogno di essere corretti prima di entrare nella terra promessa.

Apocalisse 22:15 Perché fuori ci sono i cani, gli stregoni, i bordellisti, gli assassini, gli idolatri e chiunque ami e faccia la menzogna.

La Bibbia contiene un elenco di peccati carnali. Prima di entrare nella terra promessa, dovete pentirvi e rivolgervi a Gesù. Mortificate tutto questo:

1 Corinzi 6:9 Non sapete che gli ingiusti non erediteranno il regno di Dio? Non v'ingannate: né fornicatori, né idolatri, né adulteri, né effeminati, né abusatori di se stessi con gli uomini, 10 né ladri, né bramosi, né ubriaconi, né libertini, né estorsori erediteranno il regno di Dio.

C'è un altro elenco di peccati carnali riportato nel libro di Galati nel Nuovo Testamento.

Galati 5:19 Ora, le opere della carne sono manifeste: adulterio, fornicazione, impurità, lascivia, 20 idolatria, stregoneria, odio, discordia, emulazioni, ira, lotte, sedizioni, eresie, 21 invidie, omicidi, ubriachezze, bagordi e cose del genere; e di queste cose vi ho già detto, come vi ho detto anche in passato, che chi fa queste cose non erediterà il regno di Dio.

Tutti desideriamo entrare nel regno promesso del re e Signore di Gesù Cristo. Nel Suo regno, nessuno pratica il male. Chi fa il male ha un posto chiamato inferno e un lago di fuoco. È un luogo reale se si sceglie di non pentirsi e di fare il bene.

Luca 13:28 Ci sarà pianto e stridore di denti quando vedrete Abramo, Isacco, Giacobbe e tutti i profeti nel regno di Dio, e voi stessi cacciati fuori. 29 Verranno da oriente, da occidente, da settentrione e da mezzogiorno e siederanno nel regno di Dio.

Avete la possibilità di cambiare per entrare nella terra promessa il cui sovrano è e sarà Gesù, il Re.

Daniele 2:44 - Al tempo di questi re il Dio dei cieli instaurerà un regno che non sarà mai distrutto; e il regno non sarà lasciato ad altri popoli, [ma] farà a pezzi e consumerà tutti questi regni, e resterà in piedi per sempre.

Gesù sta preparando questo luogo per voi e per me. Dobbiamo cambiare e prepararci per entrare in questo regno. Nessuno entra nella terra promessa se prima non soddisfa i requisiti.

Giovanni 14:2 Nella casa del Padre mio ci sono molte dimore; se non fosse così, ve lo avrei detto. Io vado a prepararvi un posto. 3 E se vado a prepararvi un posto, tornerò e vi accoglierò presso di me, affinché dove sono io, siate anche voi. 4 E dove vado lo sapete, e la via la conoscete.

Giacobbe non può entrare nella terra promessa come soppiantatore o ingannatore. L'angelo deve combattere questo male lottando tutta la notte. Impedisce a Giacobbe di entrare nella terra promessa data ad Abramo e alla sua discendenza. Quella notte, per grazia dell'Onnipotente, trasformò Giacobbe in Israele. Da ingannatore a principe con Dio! Dio deve cambiare il nome perché è il Dio giusto e santo.

Dio cambiò il nome dell'"alto padre" di Abram in "Abramo", "padre di una moltitudine", e il nome di sua moglie da "Sarai", "mia principessa", a "Sara", "madre delle nazioni". Quando cambiamo, Dio ci cambia dentro con il nostro nome. Si può entrare nella terra promessa solo se la natura carnale e il nome ad essa collegato cambiano. Ho parlato con molti nuovi convertiti. Prendere il loro nome porta alla battaglia e alla presenza di spiriti maligni. Cercando Dio, ho scoperto che il loro nome ha un legame con gli dei o le dee. Consiglio loro di cambiare nome. Vi state impedendo di entrare nella terra promessa.

Il nome di Saulo cambiò in Paolo. Paolo significa "piccolo"; "Saulo" significa "desiderato". Abbandona il nome che profetizzava favori e onori per adottarne uno che reca sulla sua facciata una professione di umiltà. Non si può entrare nella terra promessa che è il Regno di Dio se non ci si mette nelle sue condizioni. Nel Nuovo Testamento, il bugiardo, l'alcolizzato, l'adultero, il geloso, il malvagio e l'ingiusto non trovano posto in Paradiso. Attenzione! Cambiate il vostro nome in sobrio, amorevole, gioioso, meraviglioso, fedele, pacificatore, sincero ecc.

L'angelo di Dio vi fermerà alla porta del Paradiso. È vero che il Paradiso è per la Sua creazione, disposta a obbedire e a sottomettersi. È necessario un cambiamento in noi prima di ricevere la promessa. Incontrate il Dio vivente; Egli può aiutarvi a cambiare prima di entrare. Il Signore ha detto:

Marco 10:15 In verità vi dico: chi non accoglierà il regno di Dio come un bambino, non vi entrerà.

I servi di Dio devono pentirsi e mortificare la carne che contaminano. E diventare buoni, giusti e fedeli al Signore.

Matteo 25:21 Il suo signore gli disse: "Ben fatto, servo buono e fedele; sei stato fedele su poche cose, ti costituirò capo di molte cose; entra nella gioia del tuo signore".

Dobbiamo pentirci, lavare i nostri peccati nel nome di Gesù e ricevere lo Spirito di Dio per nascere di nuovo, come ha detto il Signore. L'intervento chirurgico della nostra coscienza e l'innalzamento nella novità di vita avvengono solo nel nome di Gesù. Vedrete il cambiamento. Dovete sperimentare il cambiamento dentro di voi, altrimenti non potrete entrare nella terra promessa del Regno di Dio.

Colossesi 1:13 che ci ha liberati dal potere delle tenebre e ci ha trasferiti nel regno del suo caro Figlio.

30 APRILE

Non si tratta di un cambiamento di religione, ma di una relazione. Ora siete entrati in contatto con Dio e siete andati verso la terra promessa. Il vostro viaggio inizia verso la terra chiamata Regno dei Cieli.

Ebrei 11:5 Per fede Enoc fu tradotto affinché non vedesse la morte; e non fu trovato, perché Dio lo aveva tradotto; infatti, prima della sua traslazione, ebbe questa testimonianza: che era piaciuto a Dio.

Tradotto significa trasferimento. Come fece Enoc ad andare nella Terra Promessa?

Genesi 5:24 Enoc camminava con Dio e non lo era, perché Dio lo prese.

Una lezione da imparare: le promesse di oltre cinquemila persone possono essere riscattate solo se si cambia la propria personalità interiore che è frenata, bloccata e ostacolata. Voi parlate: "È la volontà di Dio che io sia sano, ricco e prospero". Sì, potete entrare nella terra promessa della salute e della ricchezza facendo ciò che è richiesto. Avete un passo da compiere affrontando la vostra natura carnale. Giacobbe confessò all'Angelo: "Io sono Giacobbe", cioè "sono un sovversivo e un ingannatore". E mentre confessava, Dio cambiò il suo nome in Israele, che significa "Che Dio prevalga".

Confessate anche voi. Dio ha detto in *1 Giovanni 1:9 che se confessiamo i nostri peccati, Egli è fedele e giusto da perdonarci i peccati e purificarci da ogni iniquità.*

PREGHIAMO

Signore, ti siamo grati perché solo Tu puoi cambiarci. Ti ringraziamo per la terra promessa. Aiutaci, Signore, a cambiare ogni giorno e a trasformarci per essere i figli della luce invece che figli delle tenebre. Da peccatori a santi, da malati a guariti, da oppressi a posseduti per essere liberi. Eravamo poveri, ma tu ci hai resi ricchi. Ci stavamo smarrendo, ma abbiamo trovato il nostro destino. Nessuno, se non il Signore, ci ha cambiato e ci ha dato tranquillità e serenità. Grazie, Signore, per la terra promessa chiamata Regno dei Cieli. Desideriamo ardentemente il luogo che hai preparato per noi. Proteggici da ogni male nel nome di Gesù. Amen! Dio vi benedica!

INFORMAZIONI SULL'AUTRICE

Salve, sono Elizabeth Das, autrice del libro "Dieta spirituale quotidiana" (titolo originale inglese " Daily Spiritual Diet"), un libro devozionale per ogni giorno e di "L'ho fatto "a Suo modo"" (titolo originale inglese "I did it His way"). Come ho già detto, non sono la vera e propria autrice, ma ho obbedito alla voce del Signore di scrivere.

"Dieta Spirituale Quotidiana" è una serie di dodici mesi tradotto in italiano, inglese, hindi e gujarati. Il mio libro "L'ho fatto "a Suo modo"" è stato pubblicato in diverse lingue.

Il nome inglese è: I did it 'His Way'.

Il nome francese è: Je l'ai fait à "sa manière". Il nome spagnolo è 'Lo hice a "a Su manera". Il nome gujarati è 'Me te temni rite karyu'

Il nome in hindi è 'Maine uske tarike se kiya'

È anche narrato a voce in diverse lingue. Prego che siate in salvo e soprattutto che ritroviate la speranza. Che il Signore vi benedica.

ELIZABETH DAS

nimmidas@gmail.com, nimmidas1952@gmail.com

www.ingramcontent.com/pod-product-compliance
Lightning Source LLC
Chambersburg PA
CBHW081838230426

43669CB00018B/2745